21世纪物流管理系列规划教材

物流运输

组织与管理

（第3版）

袁伯友　主　编

魏　然　副主编

電子工業出版社.

Publishing House of Electronics Industry

北京·BEIJING

内 容 简 介

本书根据国内外现代物流及运输业的发展变化，系统介绍了物流运输的基本理论、运输市场与政策、主要的运输方式、国际运输和特种品运输的基本知识，重点阐述了企业运输市场营销管理、运输决策管理、托运人和承运人运输管理等内容。

本书知识系统、内容丰富，注重理论性与实践性相结合，贴近企业实际，突出运输管理，反映行业发展热点与趋势，适用于高等院校本科物流管理专业及其他相关专业的教学，也可作为其他院校以及从事物流管理相关人员的学习参考用书。

图书在版编目（CIP）数据

物流运输组织与管理 / 袁伯友主编. —3 版. —北京：电子工业出版社，2018.12

21 世纪物流管理系列规划教材

ISBN 978-7-121-35762-6

Ⅰ. ①物… Ⅱ. ①袁… Ⅲ. ①物流—货物运输—管理—高等学校—教材 Ⅳ. ①F252

中国版本图书馆 CIP 数据核字（2018）第 273464 号

策划编辑：姜淑晶
责任编辑：刘露明
印　　刷：北京虎彩文化传播有限公司
装　　订：北京虎彩文化传播有限公司
出版发行：电子工业出版社
　　　　　北京市海淀区万寿路 173 信箱　邮编 100036
开　　本：787×1 092　1/16　印张：22.5　字数：505 千字
版　　次：2006 年 3 月第 1 版
　　　　　2018 年 12 月第 3 版
印　　次：2024 年 12 月第 12 次印刷
定　　价：49.00 元

凡所购买电子工业出版社图书有缺损问题，请向购买书店调换。若书店售缺，请与本社发行部联系，联系及邮购电话：（010）88254888，88258888。

质量投诉请发邮件至 zlts@phei.com.cn，盗版侵权举报请发邮件至 dbqq@phei.com.cn。

本书咨询联系方式：（010）88254199，sjb@phei.com.cn。

前　言

运输是人类社会生活中最基本的活动之一，为人类社会的发展做出了重大贡献。伴随着世界经济和科学技术的迅速发展，运输活动在各国的社会、政治、军事、经济、文化等方面的发展中发挥出越来越重要的作用。进入 21 世纪以来，随着现代物流的快速发展，运输作为现代物流的重要环节，受到各国政府、学界、企业等的高度重视。同时，运输作为国民经济的一个重要行业，与过去相比发生了翻天覆地的变化。在公路、铁路、水路、航空和管道 5 种运输方式中，无论哪种运输方式，其运输规模都在不断增大，并达到了较高的水平；信息技术的不断更新和应用，正在逐渐改变运输业务的运作模式和管理方式；供应链管理获得了更广泛的应用和发展，更加强调物流一体化，促使人们将运输与仓储、信息处理、流通加工、包装等有效地衔接起来；随着市场竞争更加激烈，企业降低成本、提高效率的压力增大，物流及运输业面临着更大的挑战。为适应上述种种变化，运输这个古老的行业也在不断变革和发展。

本书自 2011 年第 2 版出版至今，我国物流业及运输业又有了长足的发展，一方面吸引了大量的物流人才进入物流行业，另一方面对我国物流人才的教育与培养提出了更高的要求。我国高校物流教育应以此为动力，为满足我国经济发展和物流业发展的需要，在教育体制、培养模式、学科建设、教材体系、资源投入等方面付出更大的努力。本书正是在这种背景下，为适应物流业发展和物流教育发展新的变化和需要进行的修订。本次修订在第 2 版的基础上进行了创新，对教材框架结构进行了调整，对内容进行了修改和补充。

本书结合国际、国内现代物流的发展和运输业的变化，以经济学和管理学理论为基础，运用国内外运输组织与管理的先进理论与方法进行了阐述。考虑到篇幅所限，整体结构安排如下：第 1 章阐述物流运输管理有关基础知识；第 2 章阐述运输市场供给与需求的基本理论和我国运输市场管理的政策，主要分析企业运输管理所面临的市场竞争环境和政策环境；第 3～6 章分别阐述公路、铁路、水路、航空 4 种运输方式的组织形式与管理内容；第 7、8 章分别阐述国际运输、特种品运输的组织与管理；第 9 章着重阐述企业运输市场营销管理的内容；第 10 章主要阐述一般企业面临的几种重要的运输决策内容；第 11、12 章分别从托运人和承运人的角度阐述运输的组织与管理。由于管道运输涉及的企业较少，相关内容相对简单，所以本书只是在相关章节中对其做了简要介绍，不再单独安排章节做详细阐述。

　　修订后的教材更加关注物流行业的发展，吸收了学界近几年新的研究成果；围绕企业物流运输，更贴近企业实际；突出运输管理，基本不再保留操作性内容；突出应用性，突出对学生理论素质与专业能力的培养。本书尝试做到理论性与应用性相结合，力争内容全面、结构严谨、语言简洁、通俗易懂。

　　本书由袁伯友任主编，魏然任副主编，各章编写具体分工为：第 1、9、11、12 章由袁伯友编写；第 2、3、6、10 章由魏然编写；第 4、5、7 章由郭鹏编写；第 8 章由刘海滨编写。刘铁男、李亚伶、吴向悦、张贺、王乔博、陈晓宇等参与了资料的收集、整理及书稿校对等工作。

　　本书在编写过程中，原书主编王述英教授自始至终十分关注，并给予了热心指导和帮助，对此表示诚挚的感谢。本书参考和使用了前两版的部分内容，在此向原作者表示衷心的感谢。书中参考或引用了国内外有关物流和运输方面论著的内容，吸收了许多学者的研究成果，在此谨向这些作者致以衷心的感谢。对于因工作疏忽，而没有将参考资料及其作者在参考文献中列出的，特此向作者致以歉意并表示感谢。

　　由于时间限制，加上作者水平和所掌握的资料数量有限，书中可能会有一些错误和疏漏之处，敬请读者指正并提出宝贵意见。

袁伯友
2018 年 7 月 16 日

目 录

第1章 物流运输管理概论

学习目标

- 理解物流运输的基本知识，包括物流运输的含义及特点、主要功能及原理、企业运输系统构成及企业运输管理的基本内容等。
- 理解物流运输成本构成及运价。
- 熟悉物流运输方式的分类及其特性。
- 了解物流运输的地位及其意义。
- 了解物流运输发展的历史及趋势。

1.1 物流运输管理基础知识

1.1.1 运输的定义及特征

运输是人类社会的基本活动之一，是现代社会人们所熟悉的一种社会经济活动。运输涉及人类社会的许多方面，如人们日常出行、生活所需的各种消费品，制造企业所需的原材料等都离不开运输。随着现代物流实践和理论研究的不断发展，人们对运输的基本规律有了更为深刻的认识。

1. 运输的定义

在日常生活中，人们上下班乘坐公共汽车，或者外出旅游可能要乘坐火车或飞机；在国际贸易活动中，火车或飞机将商品从一个地区或国家运送到另一个地区或国家；在工业生产中，不同的运输工具将各种原材料、零部件从供应地运送到需求地的港口、车站或工厂仓库。这些活动都实现了人或物从一个地点到另一地点的空间位移，都属于运输活动。这些运输活动都涉及公共线路（如公路、铁路）及其设施、运载工具、组织管理技术和客货对象（人或物）等几个方面的要素，所以运输就是借助公共运输线路及其设施和运载工具，通过一定的组织管理技术，以实现人与物空间位移的一种经济活动和社会活动。

并非所有人或物的空间位移都是运输活动。如果没有使用人们一般公认的公共运输工具，或者直接目的不是为了完成人或物的空间位移，而是为了完成特定任务，这些都不属于运输范畴，如城市输电、输水、供暖、供气和电信传输等活动，电视转播车、洒水车、消防车、环境监测车、吊车、扫路车、空中救援飞机等。

从带给人们的效用角度看，运输可以定义为空间效用和时间效用的创造。企业生产的产品通过运输发生了地点与位置改变，实现了价值增加，运输就产生了空间效用。另一方面，在顾客需要的时候提供运输服务并在相应的时间内实现了人或物的位移，这就是运输的时间效用。

与运输密切相关的另一个概念是运输业。运输业（又称"交通运输业"）是从事运输经济活动的所有企业或单位的集合，是为社会组织及个人提供客货运输服务的公共服务行业。

相关链接：运输与交通的关系

《辞海》对运输的解释是"人和物的载运和输送"；而对交通的解释是"各种运输和邮电通信的总称。即人和物的载运和输送，语言、文字、符号、图像等的传递和播送"。但是随着科学技术和社会分工的发展，交通一般不再包括语言、文字、符号、图像等的传递和播送电信传输等活动，而是特指"运载工具在交通网络上的流动"。而运输则强调的是运载工具上载运人或物的多少、位移的距离，所以交通和运输反映的是人或物同一运载过程的两个方面，二者既有区别又互相联系。

2．运输的特征

（1）运输具有生产的本质属性。运输过程（货物或旅客的位移）与一般实体产品生产过程一样，需要投入人们的劳动，包括活劳动和物化劳动。例如，运输者的体力与智力消耗，运输使用的工具、运输能源及道路、港口、码头、机场、输送管道的建设等。运输这种劳动表现为一种生产性劳动，是生产过程在流通领域内的继续。

运输的生产属性决定了运输业的性质。运输业已经成为国民经济中的一个产业部门，即国民经济中专门从事运送货物和旅客的社会生产部门。运输业（运输企业）向需求者提供产品的过程称为运输生产。运输生产的产品不改变劳动对象的性质和形态，而只改变运输对象——被运送的货物（或顾客）在空间上和时间上的存在状态，具体体现在空间位置的移动上。这种空间位置的改变，也是一种物质变化的形式，即物品的"位移"或者"运输""运输产品"。它既是运输生产活动产生的效用，也是运输业用以出售的产品。

（2）运输是一种服务。例如，运输者将 A 地的货物（如冰箱）运送到 B 地，这种运输活动改变了劳动对象的空间位置，但没有增加社会产品的实物总量，也没有产生新的实物形态产品，所以运输提供的是一种劳务服务。运输的服务特性决定了运输业的服务特性，所以人们又将运输产品称为"运输服务"，或者"运输服务产品"，将运输业列入第三产业。

一般使用这种服务的顾客往往还有取货和交货时间及方式、装卸、包装，以及货物损坏程度等方面的要求。这对于运输者来说，往往意味着如何选择运输工具及设施、付出相应的服务成本及组织管理方面的努力。所以，运输不只是人或物简单的空间位移，它是运输者需要花费一定的代价为顾客提供的一揽子服务。这种服务往往包括满足客户对于服务的速度、及时性、可靠性等方面的要求；如果是客运，还会包括满足顾客舒适性、安全性等方面的要求。

（3）运输服务的公共性。首先，运输能够为社会生产和流通提供运输服务，以满足生产过程对于原材料、半成品的需求和人们对于生活必需品的需求；其次，运输能够为人们出行提供运输服务，以满足人们在生产和生活过程中的出行需求。运输影响到社会生产和人们生活的方方面面，所以运输服务具有在全社会范围内与公众有利害关系的特性。

1.1.2　物流运输相关概念及特点

1. 货物或物品的定义

前文中涉及的三个名词"物""货物"和"物品"，本书将其视为具有相同意义的词。物品在《中华人民共和国国家标准物流术语》（GB/T 18354—2006）（以下简称《物流术语》）中的定义为：经济活动中涉及实体流动的物质资料，如生产领域中的材料、半成品、产成品、回收品及废弃物等，流通领域中形形色色的消费品。

根据对运输、装卸和储存的环境和技术要求，货物可以分为成件物品、液态物品、散碎物品、危险物品、易腐物品、超长超重物品等大类。根据重量和体积的比例不同，货物可以分为重货（重质货物）和轻货（也叫轻浮货物、泡货、抛货、轻泡货）。如果货物重而体积小者为重货，如钢铁、矿石等；如果体积大而货物轻者为轻货，如棉花、塑料制品等。但是不同运输方式对于重货和轻货的划分标准有所不同。一般来说，轻货的划分标准为：汽车小于 $333kg/m^3$、铁路小于 $500kg/m^3$、水运小于 $1\,000kg/m^3$、航空小于 $166.7kg/m^3$ 或大于 $6\,000cm^3/kg$。

2. 物流运输的定义

在《物流术语》中，运输的定义为："用专用运输设备将物品从一个地点向另一地点运送，其中包括集货、分配、搬运、中转、装入、卸下、分散等一系列操作。"物流运输即指物流范畴中的运输。

运输活动除了物品运送过程之外，还包括许多操作业务。例如，在图 1-1 中，汽车将货物从 A 工厂直接送到 B 工厂。而在 A 工厂到 C 工厂之间，汽车运送物品的过程经过了停顿点 M（运输站点）。在起点 A、中点 M 和终点 B、C，可能要进行搬运、包装、装上、卸下等操作，甚至可能还要将物品入库储存。装卸搬运是随运输活动而产生的必要活动。

3. 物流运输的特点

物流运输在许多方面具有自己的特点，主要表现在以下几个方面：

（1）运输对象不同。一般运输的对象包括人员与物品，而物流运输的对象只包括物品，也就是说，一般运输包括货运和客运，而物流运输只包括货运。

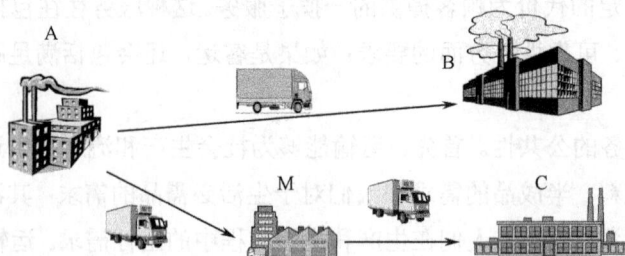

图 1-1　物流运输过程

（2）工作范围不同。一般运输主要指流通领域的运输，不包括生产领域的运输；而物流运输不仅包括流通领域的运输，还包括生产领域的运输。流通领域的运输主要是将物质产品从生产领域向消费领域在空间位置上进行的物理性转移活动，如将电视机从生产企业仓库运送到零售企业仓库。生产领域的运输一般在生产企业内部进行，因此又称厂内运输，如生产企业机器零部件分厂到成品分厂的运输。物流运输与一般运输之间的关系如图 1-2 所示。

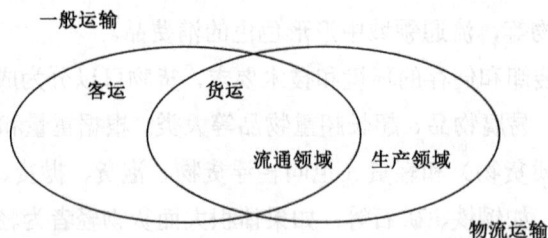

图 1-2　物流运输与一般运输之间的关系

（3）运输工具不同。一般运输使用的工具包括客运车辆和货运车辆，如公交汽车和卡车；而物流运输使用的是货运车辆，特别是在生产企业内部的运输，一般使用较为特殊的车辆，如叉车、托盘车等。

本书所述的物流运输是指流通领域和生产领域中货物的运输，以后的阐述中不再包括一般运输中的客运。如无特别说明，下面所提到的运输均指物流运输。

1.1.3　运输的功能与原理

1. 运输的功能

（1）物品转移。无论是生产领域中材料、零部件、在制品、半成品的运输，还是流通领域人们日常消费品的运输，都实现了跨越一定时间的空间位移，这就是运输的物品转移功能。物品转移是顾客的最基本要求，是运输的最基本功能和目的。

（2）物品储存。运输过程包括装载物品的运输工具在运输线路上运动、在运输站点静止等过程。此时运输工具所载运的物品没有投入使用，而是客观上处于储存的状态，所以这时的运输工具已经作为储存设施起到了储存物品的作用，也使得运输过程具备了物品储存的功能。

一般在下列情况下可以考虑利用物品储存功能：一是在运送过程中，运输目的地发生改变，需要停顿下来并将物品临时储存起来；二是由于卸货点（如码头）拥挤、要入库的仓库没有储存能力无法卸货，需要将运输工具作为临时仓库储存物品；三是作为管理策略，将运输工具作为临时仓库使用，如企业短时间用集装箱存货，以减少仓库占用、节约装卸搬运等费用，所以运输的物品储存功能可以用来作为降低库存的手段。

2. 运输的原理

运输的一些基本原理是指导运输管理和运营的基本理论，它是企业运输方式的选择、运输规划与设计、运输计划与调度等运输决策与活动的理论依据。

（1）规模效益原理。运输活动与生产活动一样，一般也遵循规模效益原理。规模效益是指随着运输工具装运量的增加，每单位重量货物的运输成本就会被降低，如图 1-3 所示。例如，一辆汽车装载量越大，每吨货物分担的汽车购置成本等固定运输成本就会越小，那么该汽车运输的规模效益就越好。相对于货运汽车和轮船来说，汽车一般装载量较小，其规模效益较低。

（2）距离效益原理。距离效益原理与规模效益原理基本相似。距离效益是指每单位距离的运输成本随着运输距离的增加而减少，也就是说单位运输成本符合"递远递减原则"，如图 1-4 所示。这是因为运输端点所发生的固定费用要分摊到运输距离上，运输距离增加导致分摊在每单位距离的固定费用越来越小。根据距离经济原理，与短途运输相比，长途运输的单位运距成本低，距离经济比较明显；相对于铁路运输，海洋运输在长距离运输中距离经济比较明显。

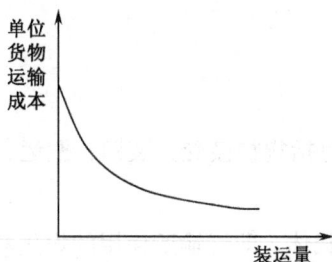

图 1-3　单位货物运输成本与装运量的关系　　　　图 1-4　单位距离运输成本与运输距离的关系

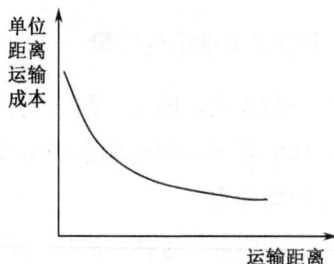

（3）效益悖反（背反）原理。效益悖反亦即二律悖反，是物流领域中很常见的、很普遍的现象。物流效益悖反是指物流的若干功能要素（运输、保管、装卸搬运、包装、流通加工、配送、物流信息处理）之间存在着损益的矛盾，即某一个功能要素的优化和利益发生的同时，必然会带来另一个或另几个功能要素的利益损失，反之也如此。运输与物流其

他功能要素乃至运输服务水平之间的效益悖反矛盾非常突出。例如，要降低库存成本，就要设法减少库存量，但这样就会频繁补充库存，必然要增加运输次数与运输距离，从而无形中增加了运输费用；如果要节约包装费用，就要设法简化包装、降低包装强度，但这样就会使装卸搬运过程中的破损现象增加，从而带来运输效率的降低和成本的增加。

■ 提 示

规模效益和距离效益原理的启示是：在运输过程中，可以通过增大单位运输工具的运输量或速度，以降低单位成本，增大运输效益。而效益悖反原理的启示是：在运输管理中，"悖反"现象普遍存在，不能消除但可以减小；要综合考虑储存、包装、装卸搬运、流通加工、物流信息处理等所有相互影响的因素，找到"平衡点"，以使整体效益最优。

1.1.4　企业运输系统的含义及要素

1．企业运输系统的含义

无论运输企业还是制造、贸易企业，要实现货物的运输，都必须依赖一套运输系统来完成。企业运输系统是在一定的时间、空间内，由相互联系的运输诸要素组成并具有特定运输功能的有机整体，目前一般属于企业物流系统的子系统。根据系统论的思想，企业运输系统是企业整体系统的子系统，也是社会经济大系统的一个子系统或组成部分，它和一般系统一样，具有输入、处理及输出三大功能。

运输系统的输入包括人、财、物和信息等资源。运输系统的处理就是管理主体为实现运输管理目标，对运输活动及这些活动所涉及的资源进行计划、执行、控制。运输系统输出就是物流服务，包括组织竞争优势、时间和空间效用及货物（原材料、在制品、制成品）向客户的有效移动。

2．企业运输系统的要素

（1）一般要素。即人、财、物、信息等资源。

（2）功能要素。即运输系统所具有的基本能力，包括货物接受、装卸、搬运、运送、交付等方面的能力。

（3）流动要素。包括：流体，即运输对象（物）；载体，即运输所使用的设施和设备，如汽车和道路；流向，即物移动的方向；流量，即物移动的数量；流程，即物移动的里程；流速，即流体流动的速度；流效，即流体流动的服务水平、成本高低、效率和效益。

（4）支撑要素。包括国家体制制度、法律法规、行政命令、标准化体系，及社会的商业习惯等。

（5）物质基础要素。包括：基础设施，即运输线路（如公路、铁路、航线、管道等）和运输节点（如公路运输的停车场、公路枢纽、铁道运输编组站、水路运输的港口、航空运输的空港、管道运输线路上的管道站、公共仓库、物流中心及物流园区等）；运输设备，即运输车辆、火车、飞机，以及装卸搬运机械等；运输工具，即包装工具、维修工具、办公设备等；信息技术及网络，即信息传递所需要的技术及相关设备；组织及管理，即系统的软件，能够连接、调动、运筹、协调、指挥其他各要素以实现系统的目的。

提　示

根据系统论思想，由于运输系统各个要素相互关联、相互依存，形成一个有机整体，但各要素之间往往存在着二律背反现象，所以在企业运输管理中，必须将运输系统视为一个整体，常常需要全面、整体、系统地去处理问题。在解决某个要素的问题（如运输车辆的选择）或者整个运输系统的问题时，不能仅仅关注某一个或某几个要素，还要同时考虑与其他要素的相互影响及对系统整体的影响，从而找到一个对系统整体有效的解决方法。

3. 企业运输网络

运输网络由运输线路和运输节点构成。企业运输网络（简称运输网）属于企业运输系统的一部分，是指在一定空间范围（国家或地区）内，按照一定的原则和要求，企业将一种或多种运输方式的运输线路和运输节点组成的实体网络，包括单一运输方式运输网（如铁路网、公路网、水上航道网、航空网和管道网等）和综合运输方式运输网。不同企业有各自不同的运输（物流）网络。

运输节点目前一般都属于物流节点，运输只是其功能之一。从宏观角度看，区域物流中心城市、次级物流中心城市和一般物流中心城市都属于物流节点。从微观角度看，高层次的节点是物流园区或大型物流中心、配送中心、水路港口、航空空港等；中等层次的物流节点是小型物流中心、配送中心、物流基地、货运枢纽等；基层节点是货运场站、停车场（库）、保修场（站）等。本书主要从微观角度讨论物流节点。

运输节点一般有以下功能：①衔接功能。即节点将各个运输线路连接成一个系统，使各个线路通过节点变得更为贯通。具体方法是：通过转换运输方式衔接不同运输阶段；通过加工衔接干线运输及配送运输；通过物品储存衔接不同供需时间；通过使用集装箱、托盘等进行集装处理衔接整个"门到门"运输。②信息功能。即节点在整个系统中发挥了信息传递、收集、处理、发送的作用。③管理功能。即节点往往集中了系统的管理和指挥机构，大都是集管理、指挥、调度、衔接及货物处理为一体的综合设施，所以具有运输组织、中转换乘换装、装卸储存和辅助服务等功能。④作业功能。即能够进行装卸搬运、包装、流通加工、配送、信息处理及结算等作业。⑤物流系统设计、需求预测等增值功能。特别是一些公路运输枢纽、物流中心、配送中心等都拓展了增值功能，具有综合性的服务能力。许多节点大都是企业分支机构，所以还要开展其他多种经营活动。

应用案例

某物流公司运输网络

如图 1-5 所示为某物流公司运输网络的基本构成。图中显示，该物流公司从汽车制造公司生产线上将车辆接走，通过公路短途运输送达本公司整车物流中心。根据客户订单，物流中心通过公路短途运输将车辆送达周边地区 4S 店；针对外地客户订单，物流中心通过公路长途运输，将车辆送达一些中心城市的中转库，或者直接送达 4S 店或汽车销售中心。车辆从中转库到各地 4S 店，由物流公司负责运输。

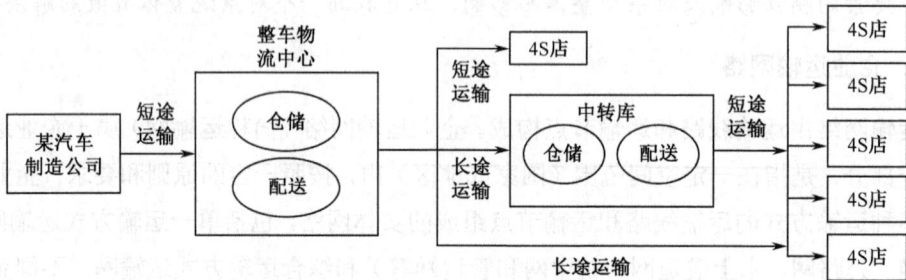

图 1-5　某物流公司运输网络的基本构成

1.1.5　企业运输管理的任务

一般来说，企业运输管理就是指按照运输的规律和规则，以高效率、低成本地完成运输任务为目的，通过有效利用企业内部和外部各种资源，对全部运输业务或具体运输活动进行合理地规划、组织、协调、指挥、监督。不同类型的组织业务范围不同，其涉及的货物运输及管理不尽相同。本书着重以企业运输管理为研究对象，重点阐述工商企业和运输企业的运输管理，并明确：工商企业主要包括制造企业、商业企业和贸易企业，以采购、生产、销售产品为主，是运输服务的需求者；运输企业是运输服务的提供者，本书是指单纯提供运输服务的运输企业和提供运输、仓储等综合物流服务的物流企业。

1. 工商企业运输管理的任务

工商企业运输管理的任务主要是通过运输管理活动保证企业供应、生产、销售活动的顺利进行，所以工商企业运输管理主要是企业对采购、生产、销售产品的运输活动进行的规划、组织和控制，是保证企业正常生产经营的手段，它主要涉及企业运输规划、运输自营与外包、自营运输车队规模确定、运输设备管理、运输活动组织、承运人管理及运输决策管理等方面内容。

2．运输企业运输管理的任务

运输企业运输管理的任务主要是提供客户（工商企业及其他组织）所需要的运输服务，并以此获得营业收入。运输企业运输管理涉及企业运输战略管理、市场营销管理、供应商（其他运输企业）与客户管理、运输成本控制、运输项目管理、运输设备管理、运输信息管理、运输合同管理、运输计划与组织、运输合理化及决策管理、运输绩效评价等。

在运输业务或运输合同中，一般工商企业为货物运输的托运人，运输企业为承运人，相关内容将在后面章节中阐述，并在第 9～12 章阐述其主要内容。

3．企业运输决策的含义及方法

运输决策是企业运输管理中的重要内容，是物流管理中的基本决策，它涉及运输方式的选择、运输网络及节点的设置、供应商的选择、运输自营与外包选择、营销策略的选择等。

运输决策会用到很多种决策或分析的方法，第 9～12 章中有相应阐述。许多不同的决策都会涉及总成本分析法，即运输决策除考虑运输成本之外，还要考虑其他相关的成本及影响因素，如仓储、库存、客户服务、信息处理、产品生产、销售等多方面的成本。

根据效益悖反原理，运输与物流其他环节及其他方面既相互联系、不可分割，又相互矛盾，所以在运输决策中进行总成本分析时，必须符合效益悖反原理，应该考虑三个层次的优化：①运输、仓储、库存、信息处理、配送、客户服务等方面的相互关系，减少运输决策对其他方面的影响；②运输对企业其他方面（如企业生产、市场营销等）的影响，使得运输能够促进企业生产、产品销售，而不是产生消极影响；③运输对于上、下游企业及供应链伙伴的影响，如使用非标准的托盘会增加下游企业供应和使用过程中产生转换成本。

1.2　运输方式的分类及特性

1.2.1　运输方式的分类

按照不同的分类标准，运输方式可以划分为不同的类别，以下是几种主要的分类方法。

1．按运输工具分类

根据运输工具的不同，运输可以划分为 5 种基本方式：公路运输，即主要使用汽车或其他运输工具（如拖拉机、人力车等）在公路上载运货物的一种运输方式；铁路运输，即利用列车载运货物的运输方式，与公路运输共同组成陆路运输；水路运输，即利用船舶及其他航运工具，在江河、湖泊、海洋上载运货物的一种运输方式；航空运输，即使用飞机或其他航空器载运货物的一种运输方式；管道运输，即利用管道输送气体、液体和粉状固体的运输方式，其目前已成为陆上油、气运输的主要运输方式。

2．按运送距离分类

根据运送距离远近，运输可以分为长途运输、中途运输与短途运输。各种运输方式对中、短、长途的定义不一样。例如，汽车运输 50km 以内为短途运输，200km 以内为中途运输，200km 以上是长途运输；航空运输 600km 以内是支线运输，600～1 100km 是中程航线运输；1 100～3 000km 是长途航线运输，3 000km 以上是超长途航线运输。

3．按运输线路的性质分类

按运输线路的性质分类，分为干线运输、支线运输、二次运输和厂内运输。

（1）干线运输。干线运输是指利用铁路与公路的骨干线路、大型船舶的固定航线、枢纽机场的定期航线进行的长距离、大批量的运输方式。我国京沪、京九、陇海等铁路大通道的货物运输，以及高速公路货物运输都属于干线运输。干线运输相对于同种工具运输速度更快，成本较低。

（2）支线运输。支线运输是指与干线相接的分支线路上的运输。支线运输是干线运输与收、发货地点之间的补充性运输方式，一般路程较短，运输量较小。我国的三级铁路和四级公路的货物运输都属于支线运输。

（3）二次运输。二次运输是指干线、支线运输到目的站后，目的站与用户仓库或指定地点之间的运输。这是一种补充性的以满足个体单位需要的运输方式。

（4）厂内运输。厂内运输是指在企业内部直接为生产过程服务的运输方式。厂内运输一般在车间与车间之间、车间与仓库之间进行，而小企业内部及大企业的车间内部、仓库内部的运输也称为"搬运"。

4．按运输的协作程度分类

按运输的协作程度分类，运输方式可以分为：一般运输，即孤立地采用某一种运输工具或同类运输工具而不与其他运输工具协作的运输方式，如单纯的汽车运输、火车运输等；联合运输，即使用同一运输凭证，由不同的运输方式或不同的运输企业进行协作运送货物的一种综合运输方式。

5．按货物特点、装卸保管条件及方法分类

根据货物特点及运输保管条件不同，运输方式可以划分为一般货物运输和特种品运输。一般货物运输指货物本身没有突出特点、对运输过程没有特别要求的运输方式。某些具有危险、长大、笨重、易腐、贵重等特点的货物统称为特种品或特殊货物（special goods），它们对装卸、运送和保管等运输作业流程有着特殊要求，对这些货物的运输称为特种品运输。特种品运输包括危险品运输、超限品运输、鲜活易腐品运输及贵重品运输。

按照货物装卸方法分类，运输方式可以分为计件运输和散装运输。计件货物指可以用件计数的货物，可以根据货物的质量、形状和体积，按件重或体积计量装运。散装货物包括堆积货物和灌装货物。堆积货物如煤炭、沙土、矿石等，不能计点件数，只能散装散卸。

灌装货物如水、油类等，可以用灌装方法进行装卸搬运和运输。

除此之外，运输还可以按货物的运送速度分为普通货物运输、快件运输和特快专运；按运输中途是否换载分为直达运输和中转运输；按货物是否保险或保价分为不保险（不保价）运输、保险运输和保价运输；按运输领域划分为生产领域的运输和流通领域的运输；按运输主体划分为自有运输、营业运输（外包运输）和公共运输；按运输作用划分为集货运输和配送运输；等等。

1.2.2　各种运输方式的技术经济特性

不同的运输方式都能实现货物的位移，达到运输的目的，但它们在运输速度，运输能力，运输能耗及成本，运输的通用性、便利性、安全性与可靠性等方面表现出不同的技术经济特性。

1．运输能力

汽车载重量少、容积小，普通货运汽车载重量 5～10t；运送大件货物较为困难；经济里程在 200km 以内。航空运输飞机载运量小，只能承运小批量、体积小的货物，但能够进行远程运输。火车装载量要比汽车、飞机大得多，一般一列货车可载货数千吨，重载列车可载货 20 000t 以上，经济里程在 200km 以上。轮船装载量较大，如远洋运输中，20×10^4t 的油轮和 10×10^4t 的干散货船已较为普遍，并且能够进行长途运输。管道运输量较大，如管径 529mm 的管道年输送能力可达 1×10^7t，管径为 1 200mm 的管道可达 1×10^8t，并能够进行远程运输。

2．运输速度

航空速度极快，如现代喷气式飞机时速都在 900km 左右，大约是汽车、火车的 7～12 倍，轮船的 20~30 倍。铁路运输一般是：常规货运列车 60~80km/h，高速铁路可达 120 km/h 以上。我国一般高速公路货车最高限速 90km/h，营运速度更低。水运速度较慢，一般船只的行驶速度为 40km/h。管道运输在 5 种运输方式中速度最慢。

3．运输能耗

管道运输能耗最小，每吨每千米的能耗不足铁路运输的 1/7，在大批量运输时与水运接近。水路运输由于船舶的载运量较大、运输里程远、燃料利用率高，所以运输的单位能耗较低。铁路运输轮轨之间的摩擦阻力小于汽车车轮和地面之间的摩擦力，所以铁路运输的单位能耗小于公路运输。汽车运输能耗比较高，但低于航空运输。飞机燃油消耗量大，所以单位能耗最高。

4．运输成本

尽管水路运输由于港口建设项目的费用较大而使其场站费用较高，但是由于船舶的载运量较大、运输里程远、燃料利用率高，所以水路运输的单位成本较低。管道运营费用较少，运输成本低，与水运接近。铁路运输由于运距长、运量大，因而单位成本较低。由于公路运输的运输量小，因此公路运输比水路、铁路运输的单位成本高。飞机购置、租借、维修费用高，燃油消耗量大，所以航运输成本最高。

5. 运输通用性

几乎所有货物都可以通过公路运输，公路运输对地区及道路条件约束较少，通用性最强，但气候对其有一定影响，少数大件货物不适应。而铁路运输几乎全天候不停运营，连续性、可靠性强，但受地区及线路的约束。对于水路运输来说，受气候条件影响大，能适应各类货物特别是大件货物，但可靠性差。航空运输基本不受地理条件限制，但受气候影响较大。管道运输较少受地理条件限制，不受气候条件影响，但管道固定，适应的货物较少。

6. 运输便利性

公路运输在空间、时间、批量、服务、组织方式，以及运营条件上具有灵活性，能够实现"门到门"运输，所以便利性最强。铁路运输、水路运输、航空运输需要有固定的站点（车站、港口或机场），只能在固定的线路上行驶。管道运送货物种类单一，且管线固定，运输灵活性差。以上 3 种运输方式可达性较差，都不能实现"门到门"运输。

相关链接："门到门"运输

门到门运输，是指运输企业按照客户要求，到指定的地点取货，经运送过程，将货物送达客户指定地点并予以交付的一种运输服务方式或运输组织形式。这种运输方式对客户来说便利性非常强，能够获得较高的客户满意度。

7. 运输安全性

公路运输事故率较高，但一般货损货差较小，包装要求低。铁路运输事故率较低，但货损货差较大。水路运输货损货差较大，安全性较低。航空运输货物破损率较低，包装要求低，安全性较高。管道运输由于货物在密闭的管道中运输，所以安全可靠。

8. 投资建设

公路运输车辆购置费较低，公路建设的周期短，原始投资的回收期短。铁路初始建设的投资包括铁路线路的修建和机车的购买成本，所以基本建设投资高，建设周期长，并且固定资产投资比例要远远高于其他运输方式。水路运输除必须投资船舶、建设港口之外，运输航道的开发及其他费用较少。航空运输只要购置飞机和修建机场，与修建铁路和公路相比，建设周期短，占地少，投资省。管道建设只需要铺设管线、修建泵站，土石方工程量比修建铁路要小，其建设周期及费用比铁路小得多。

9．环境影响

公路运输占地多，容易造成环境污染及城市交通拥挤。铁路运输的废气排放、噪声等对环境和生态的影响要比公路运输和航空运输小得多，电气化铁路对环境和生态平衡的影响则更小。水路运输土地占用、环境污染要比公路、铁路运输少得多。航空运输占地较少，但噪音较大。管道运输占用的土地很少，分别仅为公路的 3%、铁路的 10% 左右，对环境无污染。

10．劳动生产率

公路运输的生产率相对铁路运输和水路运输而言较低。公路运输的劳动生产率只有铁路运输的 10.6%，水路运输的 7.5%，但比航空运输的劳动生产率高，是航空运输的 3 倍。管道运输劳动生产率最高。

11．适用范围

公路适用于中短途、小批量货物运输，与铁路、航空、轮船运输方式衔接；支线运输和二次运输；山区及偏远地区运输。铁路适用于批量大、时间长、可靠性要求高的运输，中长距离货物运输及干线运输。而水路适用于运距长、对运送时间要求不高的大宗货物运输、干线运输及超限品运输。航空运输适用于体积小、价值高的贵重物品运输，时间性强的鲜活、易腐和季节性强的特殊物品运输。管道运输适合单向、定点、量大的流体且连续不断货物的运输。

1.3 运输成本、运价及运费

1.3.1 运输成本的构成

运输成本是运输生产中耗费的物化劳动和活劳动的货币表现，也就是运输生产中耗费的生产资料（如原材料、燃料、动力、固定资产等）的价值、支付劳动者的劳动报酬，以及管理费用的货币表现。它是运输企业确定运价、收取运输费用的基本依据。通常，运输成本可根据成本的特性划分为变动成本、固定成本、联合成本和公共成本。

1．变动成本

变动成本是指与每一次运输直接相关的费用，它与运输里程和运输量成正比。变动成本包括与承运人运输每一票货物有关的直接费用、劳动成本、燃料费用和维修保养费用等。

2．固定成本

固定成本是指在短期内不随运输里程和运输量的变化而变化的成本，一般包括各种设施设备费用、投资、利率、保险和税收等。此外，企业的运输端点站、运输设施、运输工具、信息系统的设立和购置等方面的费用也属于固定成本。

3．联合成本

联合成本是指决定提供某种特定的运输服务所发生的不可避免的费用。例如，当承运人决定装载一卡车的货物从 A 地运往 B 地时，卡车从 B 地返回 A 地的费用是不可避免的，这部分费用为联合成本。

4．公共成本

公共成本是指承运人代表所有的托运人或某个分市场的托运人支付的费用，如端点站、路桥费或管理部门收取的费用，它具有一般管理费用的特征。

运输成本的高低受运输距离、运输数量、货物特点、装卸难易程度，以及市场变化等多种因素的影响。以后相应章节中将具体讨论不同运输方式的运输成本。

1.3.2　运价特点

运输价格（简称运价）是指运输企业对特定货物所提供运输服务的价格，是运输服务价值的货币表现。运价依据不同情况具有不同的表达方式，如每单位货物重量的价格、每单位重量单位距离的价格等。

与一般商品价格相比，运价有自己的特点。一是运价只有单一的销售价格形式，而不像其他有形商品那样有出厂、批发、零售价之分；二是由于不同线路因自然条件、地理位置等有明显差别，运价与运输路线或距离有密切的关系；三是在商品销售中，运价是商品销售价格的组成部分。

1.3.3　运价结构

运价结构是指运价体系各部分构成及其相互间的比例关系，主要有如下三种类型。

1．按距离别的差别运价结构

差别运价也称里程运价或距离运价，包括均衡里程运价和递远递减运价，如图 1-6 和图 1-7 所示。

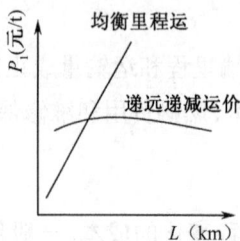

图 1-6　每吨货物运价与运距关系　　　　图 1-7　每 t·km 货物运价与运距关系

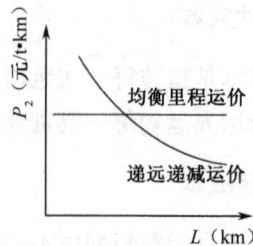

（1）均衡里程运价。均衡里程运价指对同一货种而言，每吨货物运价的增加与运输距离的增加成正比关系，即每 t·km 运价不论运输距离的长短均为不变值。

我国国际集装箱运输国内段的公路运价就属于均衡里程运价，即以每箱千米进行定价，目前公路运输也实行均衡里程运价。公路货物运价之所以采用均衡里程运价结构，主要是因为在公路运输中，货物在始发地、终到地的作业成本占全部运输成本的比重很小，所以每 t·km 运输成本基本上不随运输距离的变化而变化，因此，均衡里程运价能较好地反映运输成本的变化。

（2）递远递减运价。对同一货种而言，每 t·km 货物运价随运输距离的增加而逐渐降低，即递远递减运价。

递远递减运价被广泛应用于我国水路运输（包括沿海和内河）和铁路运输中。在水路和铁路运输中，由于运输工具的载重量比汽车大得多，因此在始发地、终止地发生的作业成本也较大。例如，在港（站）停留同样时间，船舶和火车发生的折旧费较汽车大得多，因此在分析单位运输成本因运输距离的变化而发生变化时，这部分费用则不能忽略，在短途运输中尤其如此。无论在长距离还是短距离运输中，如果港口（站）的作业条件一样，作为同一运输工具在始发地、终止地的作业成本没有改变，那么随着运输距离的增加，每 t·km 的停泊成本（发生在水路运输）或停驶成本（发生在铁路运输）会随之下降，最终使每 t·km 运输成本也随之下降。所以，在水路和铁路运输中多采用"递远递减"运价，以适应运输成本随运输距离的变化状况。

在运输实践中，属于里程运价结构的类型还有以下几种。

（1）邮票式运价结构。它是指在一定区域范围内，不论运输距离长短，就像信件的邮票那样，运价保持不变。

（2）基点式运价结构。基点式运价结构作为里程式运价结构的变形，是不同运输方式及不同运输线路之间竞争的结果。它是把某一到达站作为基点，制定基点运价，用发送站到基点的运费，再加上或减去由基点到终点站的运费来计算运费总额，即利用超过或低于基点运价的差数来制定运价，所以这种运价结构又称为差数运价系统。例如，某铁路公司经营的铁路 A 至 C 段之间，有一点 B 受到其他交通运输企业（如水运公司）的竞争威胁。为了争取货源，战胜对手，该公司不得不在 B 点降低运价，同时在无竞争威胁的其他路段收取较高运价以弥补损失。

（3）成组式运价结构。它又称为区域共同运价结构，是递远递减运价与邮票式运价相结合的结果。它是将某一区域内所有发站或到站集合成组，在一个组内的所有各站都采用同一运价。也就是说，在每一个区域内部均采用邮票式运价结构，但对不同的区域之间，则考虑运价的长短，采用递远递减运价结构。

2．按线路别的差别运价结构

这是指按运输线路或航线不同分别确定的货物运价体系。按线路别的差别运价也称为线路运价或航线运价，它被广泛应用于国际海运和航空货物运输中，在部分公路运输中也有应用。在运输实践中，由于不同运输线路的自然条件可能差别较大，市场竞争情况也不同，所以其相同距离的运输成本可能差别较大，因此，以运输成本为基础的距离运价有时在现实中无法实施。因此，对上述情况只有按不同线路（或航线）分别确定运价才更符合实际。例如，同一艘船舶，在运输条件较差的长江上游行驶 200 km 的每 t·km 成本，可能比在运输条件较好的长江下游行驶 100 km 的每 t·km 成本还要高，并不呈现"递远递减"；此时，若将整个长江作为一个航区统一实行距离运价，显然会严重脱离实际。

3．按货种别的差别运价结构

按货种别的差别运价结构是指对承运的不同货物制定高低不等的运价。采用这种运价结构的原因主要是不同种类货物由于在性质、体积、比重、包装等方面不同，它们要求使用的车辆、运输服务条件不同，因此，在运输成本上就存在较大差异；同时根据运价政策和运输市场供求状况，个别货物的运价可以有不同程度的差别。

1.3.4 运费

运费（Freight）是承运人根据运输契约完成货物运输而向托运人收取的报酬，或者是托运人购买运输服务产品所支付的费用。运费依据不同运输方式及其不同情况会有多种计算方法。

如果仅考虑运量而不考虑运距及其他因素时，运费与运价基本关系的数学表达式为：

$$F=RQ \tag{1-1}$$

式中：F——运费；R——运价；Q——运量。

如果仅考虑运距而不考虑运量及其他因素时，运费与运价基本关系的数学表达式为：

$$F=RS \tag{1-2}$$

式中：F——运费；R——运价；S——运量。

如果仅考虑运量和运距而不考虑其他因素时，运费与运价基本关系的数学表达式为：

$$F=RQS \tag{1-3}$$

式中：F——运费；R——运价；Q——运量；S——运距。

1.4 运输的地位和意义

1.4.1 运输在现代物流中的地位

1．运输是最基本的物流功能

物流的定义为："物品从供应地向接收地的实体流动过程。根据实际需要，将运输、储存、装卸、搬运、包装、流通加工、配送、信息处理等基本功能实现有机结合。"运输与其他物流功能的关系如图 1-8 所示。

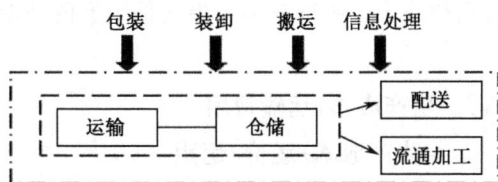

图 1-8　物流各个功能之间的关系

整个物流过程中，通过储存、装卸搬运、包装、流通加工、信息处理等功能的衔接与配合，由运输（配送）实现了物品的空间位移流动即实体流动。所以，运输是物流活动最基本的功能。

2．运输影响着物流其他功能

在运输过程中，不同运输工具对包装的要求不同，如铁路和轮船运输与汽车运输相比，要求包装更坚固些；汽车短途运输与长途运输相比，要求包装更简单，在为客户送货的时间方面，如果时间紧迫，要求装卸搬运的速度要快，在仓库中货物储存的时间短，分拣、出库的速度快；运输所使用的车辆及客户要求不同，需要考虑仓储作业应该包括哪些具体内容，如是否提前开箱、开捆或打包、打捆，是否需要提前贴标签、装箱、装托盘等。

3．运输是实现物流合理化的关键

运输与物流其他环节密切的关系，直接或间接影响其他物流活动的合理化程度及物流整体合理化程度。例如，对于储存来说，高效的运输系统可以快速、及时地将货物运进、运出储存地点，从而可以降低库存量，提高库存周转率。我国国家发改委、中国物流与采购联合会联合发布的《全国物流运行情况通报》显示，2016 年运输费用占社会物流总费用的比重为 54.05%，所以运输费用的降低可以促进物流合理化。

在经济全球化的背景下，物质产品的产销矛盾越来越突出。另外，随着市场需求的变化，制造企业在柔性化和定制化方面的能力不断增强，以此缩短产品生产与消费在时间上的差距，同时，流通和消费企业也在努力缩短商品流通与消费在时间上的差距。这些就对运输网络、能力、速度、成本、及时性、安全性等方面提出了更高的要求，从而使得运输在现代物流中的地位和作用更为显著。

1.4.2　运输发展的意义

1．经济意义

从微观层次来看，运输对于工商企业生产经营有着巨大的影响。下面根据费特（Fetter）和洛施（Losch）的研究做进一步的说明。

一般来说，一家生产企业的产品能够被市场接受的价格主要包括产品的生产成本和运输费用，也就是销售地的到货成本，所以在不考虑其他因素的情况下，产品市场价格（到货成本）可以表示为：

市场价格（到货成本）=生产成本+运输费用

$$=生产成本+运价×运距 \tag{1-4}$$

如果企业产品的生产成本确定，那么市场价格（到货成本）与运输费用成正比关系。下面通过例子说明市场价格（到货成本）、生产成本和运输费用，以及运价、运距的关系。

例 1-1 假设 A、B 为分处不同地区的两家企业（见图 1-9），相距 200km，同时假定他们生产相同的产品，单位生产成本均为 50 元，A 企业产品运价 0.5 元/单位·km，B 企业产品运价 0.6 元/单位·km。

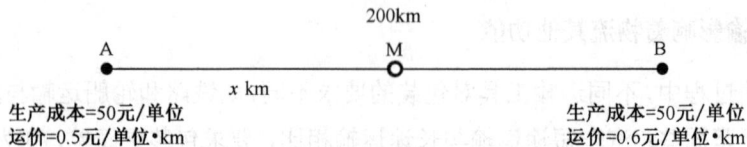

图 1-9 运价对企业产品市场的影响

在不考虑其他因素的情况下，A、B 企业产品市场应有一个临界点为 M（假定 AM=x），此时两家企业产品价格（到货成本）相同，同时被市场接受。也就是说，在 M 点右侧，A 企业产品运费高，产品价格高，市场不接受；而在 M 点左侧，B 企业产品运费高，产品价格高，市场不接受。于是得到下面等式：

到货成本（A）=到货成本（B）

即：生产成本（A）+运输费用（A）=生产成本（B）+运输费用（B）

代入已知条件，得：

$50+0.5x=50+0.6（200-x）$

解得：$x=109.1$

结果说明，A 企业产品的市场范围是 109.1km 之内，B 企业产品的市场范围是 90.9km 之内。也就是说，运输价格及运输费用较低的企业要比运输价格及运输费用较高的企业有更大的市场范围。这说明，运输价格高低影响制造企业的市场范围及产品的市场竞争力。

从宏观层次看，运输与农业、工业、建筑业、商业等部门一样，历来都是整个国民经济中的一个极为重要的行业，如我国各级政府都设立了相应的交通运输管理部门，我国每年国民经济统计都包括物流业中的运输业，如表 1-1 所示。运输对于现代工业、农业、商业及其他行业的发展具有巨大的推动作用。例如，跨国企业在不同国家和地区建立工厂、配送中心等机构，快捷便利的交通运输使各个部分形成完整系统、成本降低、获取更大的利益成为可能；港口能够使当地贸易量不断增加，铁路建设能够为沿线地区的经济发展带来活力，一些地区提出"要想富，先修路"的口号，以此带动当地经济发展，这都是依赖于运输业的支撑作用。

表 1-1 交通运输、仓储和邮政业统计

单位：亿元

年　份	国内生产总值（GDP）	交通运输、仓储和邮政业
2010	413 030.3	18 783.6
2011	489 300.6	21 842.0
2012	540 367.4	23 763.2
2013	595 244.4	26 042.7
2014	643 974.0	28 500.9
2015	689 052.1	30 487.8
2016	743 585.5	33 058.8

数据来源：国家统计局网站"年度数据"。

阅读材料：《"黄金通道"见证世界级城市群崛起》

2. 社会意义

自古至今，运输在社会进步和历史发展中起到了巨大的推动作用。例如，我国历史上的京杭大运河对于中国各个历史阶段的社会发展具有重大的意义。大运河始建于春秋时期，形成于隋代，发展于唐宋，最终在元代成为沟通海河、黄河、淮河、长江、钱塘江五大水系，纵贯浙江、江苏、山东、河北四省及天津、北京两市的水上交通要道。京杭大运河一向为历代漕运要道，直接影响所经之地的水利工程、农业生产、商品流通发展及城镇兴衰。漕运成为维系历代中央政权不可或缺的、最重要的物质基础，是维护王朝稳定和制衡社会的重要手段，尤其是古代社会中后期，统治者熟练而频繁地利用漕运进行社会制衡与调控，消弭诸如重赋、灾祸，以及物价波动等造成的社会不安定因素。

在现代社会，由于运输业可以吸纳大量的劳动力，所以运输业的发展对于增加就业、维护社会稳定具有重大的社会意义。表 1-2 显示了 2012—2016 年我国交通运输、仓储和邮政业（物流业）就业人数情况，其中每年交通运输业就业人数占 80%以上。交通运输业就业人员中从事物流运输的占大多数。

表1-2 交通运输、仓储和邮政业就业人数统计

单位：万人

年 份	交通运输、仓储和邮政业人数	其中 交通运输业	
		人数	比例（%）
2012	667.5	572.3	85.7
2013	846.2	706.1	83.4
2014	861.4	725.7	84.2
2015	854.4	724.4	84.8
2016	849.5	725.4	85.4

数据来源：根据 2013—2017 年《中国统计年鉴》整理。交通运输包括铁路运输、道路运输、水上运输、航空运输、管道运输、装卸搬运和运输代理。

3．政治意义

运输业对于一个国家的统一与稳定、民族团结具有重要意义。例如，19世纪50年代到70年代加拿大早期的铁路发展对于整个国家来说影响巨大。1867年加拿大摆脱英国殖民统治建立联邦制国家，但长期以来的殖民地身份使加拿大的各地区有着很深的地方保护主义意识，隔阂、淡漠成为各地区的主旋律，特别是面临着邻国吞并威胁。经过早期铁路发展之后，1879年再次出任联邦总理的联邦之父约翰·A.麦克唐纳为了实现自己心目中建立独立国家的梦想，提出了国家政策（National Policy）这一宏伟的联邦建国方略，其中"保护关税、移民草原、修建太平洋铁路"被看作横贯大陆国家赖以建立的三大根基。横贯加拿大东西部的太平洋铁路修建完成，促进了国家各个地区的联合，促使加拿大西部的加拿大化，消除了外部威胁，同时铁路规模的不断壮大，为最终加拿大成为一个从海洋到海洋的国家打下了坚实的基础。

4．军事意义

古兵谚云"兵马未动，粮草先行"，现在人们说"交通运输线是战争的生命线"，可见运输对于军事战争的重大意义。我国抗美援朝期间，由于初期对运输供应缺乏经验，作战时每个战士所带粮食、弹药有限，所以志愿军每次攻势只能持续7～10天，曾被敌人称为"礼拜攻势"。后来志愿军采取多种措施，提出"建设铁路、公路、小路相结合，火车、汽车、手推车相结合，快装、快卸、快运相结合，抢运、抢修和防空相结合"的方案，形成了"打不断、炸不烂"的钢铁运输线。1953年金城反击战役时，志愿军万炮齐发，一次40分钟的火力急袭，即消耗弹药1 900余吨，折合汽车运力1 000余台次。而后勤供应游刃有余，粮弹充足，仅粮食储备即可供参战部队食用8个月，弹药储备亦达12.3万余吨。

运输同样对和平时期的军事活动及战争动员具有巨大的作用。交通运输设施是军队平时进行军事训练及重大军事活动的基本条件。每个国家一般都有战争动员体制，其中重要的一项就是交通运输动员，即一个国家将交通运输部门迅速转入战时体制，利用交通运输线、设施和运输工具保障军队兵员和武器装备、作战物资的运输，并完成居民疏散、工厂

搬迁，以及其他人员、物资的前送、后运任务。

5．环境意义

物流运输的发展对于一个国家和地区的社会、政治、经济、军事等方面的发展都有积极的影响，与此同时，也会带来诸如资源消耗、环境污染等消极的影响。各种运输方式除消耗大量的自然资源和社会资源之外，还会带来环境污染、生态破坏及交通拥挤等问题。例如，汽车尾气排放的可吸入颗粒物、硫化物、碳氢化合物、氮氧化物等污染物是大气污染的主要"元凶"；城市交通运输带来了严重的噪声污染、拥挤问题、安全问题等。这些会影响经济的发展以及人们的生活质量。

由于物流运输发展对社会积极的影响远远大于其消极的影响，而且其也是经济、社会、政治、军事等方面发展所必需的，所以运输发展对于环境的意义不会因为其负面影响而受到遏制，而是应当在发展运输的同时，尽可能地减小其负面影响，从而获得两者协调的可持续发展。

1.5　运输的发展历史及趋势

1.5.1　运输的发展历史

自从有了人类，运输就已存在。早期的人类主要依靠人力进行运输活动，即将自己身体作为运输工具，以步行、肩扛、背驮、手提、头顶或人抬等作为运输方式。随着社会的进步，人类逐渐学会了利用畜力、自然力从事运输活动。人类驯养牛、马、骆驼、狗、象等动物驮运或拉曳重物；利用水的浮力，把砍倒的原木做成独木舟、木筏或木船载运货物，后来又造出能利用风力行驶的帆船；学会了利用轮子制成车辆，并用牲畜加以拖曳。人类社会进入中世纪，运输工具还没有大的改进。到了近代，机械运输开始出现，运输技术获得进步，运输的工具种类和数量增加了，但马车等以人力或牲畜为动力的运输工具仍然是交通运输的主要工具。直到 19 世纪初，随着蒸汽机被应用于水路运输，现代运输才开始发展起来。

1．水路运输的发展

继 1765 年瓦特发明蒸汽机之后，1807 年美国的富尔敦在哈德逊河上试航了他发明的汽船，开创了机械为动力的现代交通运输的新纪元。1833 年，加拿大"皇家威廉"号汽船首次横渡了大西洋。此后，汽船的技术不断改进：船身由木制变成铁造，然后又变成钢制；螺旋桨推动器取代了早期的边轮推进器；20 世纪蒸汽涡轮取代了蒸汽机，被先后运用于客轮、货轮；船用柴油机的试用成功又进一步提高了轮船的功率与速度。目前，我国水路运输已初步形成干支衔接的水运网，建成了以"两横一纵两网十八线"为主体的内河航道体系。截至 2016 年年底，全国内河航道通航里程 12.71 万 km；全国港口万吨级及以上泊位数量 2 317 个，位居世界第一。我国运输业总量中，水路运输主要承担着大量的货物运输任务，其货物周转量占总量的比重多年来一直维持在 50%上下。

2．铁路运输的发展

1804 年，英国的特里维西克制成了牵引货车在铁轨上行驶的机车。1825 年，英国在斯托克顿和达林顿之间修建的世界上第一条公共铁路建成通车。由于铁路能够高速、大量地运送旅客和货物，因此 19 世纪开始，工业化的欧美国家相继进入修建铁路的高潮。从 19 世纪后期起，铁路运输成为当时世界上最重要的运输方式，几乎垄断了当时的陆上运输。第二次世界大战以后，比较先进的内燃机车和电力机车逐步取代了传统的蒸汽机车，并且在重载、高速和运营组织管理技术等方面取得了新的突破，在陆路运输中发挥着重要作用。目前，我国多层次的铁路网基本形成，形成了横跨东西、纵贯南北的大能力通道，物流设施同步完善，逐步实现了货物运输直达化、快捷化、重载化。截至 2016 年年底，我国铁路营业总里程达 124 万 km，规模居世界第二；其中高速铁路超过 2.2 万 km，位居世界第一；我国国内几乎所有大批量的货物都是依靠铁路进行运输的。

3．公路运输的发展

1887 年德国人哥德利普·戴姆勒首次尝试将四行程引擎应用在汽车上取得成功。8 年后美国开始发展汽车业。但是直到 20 世纪初，随着工业国家逐步形成公路系统，客运汽车和载货汽车才得以迅速发展。随着世界各国建立起庞大的公路系统，公路运输在一个国家的社会生活和国民经济中发挥着越来越重要的作用。截至 2016 年年底，我国公路通车总里程达 469.63 万 km，其中高速公路通车里程达 13.10 万 km，位居世界第一。国省干线公路网络不断完善，连接了全国县级及以上行政区。据国家统计局统计，多年来我国公路运输量占总运输量的比重最大，如 2016 年占比达到 75%以上。

4．航空运输的发展

美国莱特兄弟在研制成功了可装在滑翔机上的轻型汽油发动机之后，于 1903 年利用螺旋桨做动力实现了第一次成功的飞行。随着飞机设计技术的不断进步和机场的不断完善，航空运输不断发展，特别是在第一次世界大战后得到迅速发展。第二次世界大战后，随着喷气式飞机的出现，飞机的飞行速度及操作和保养的经济性都大大提高。中国的民航事业起步于 1929 年，改革开放以后获得了快速发展。截至 2016 年年底，我国民航运输机场达 218 座，初步形成了以北京、上海、广州等国际枢纽机场为中心，省会城市和重点城市区域枢纽机场为骨干，以及其他干、支线机场相互配合的格局。据国家统计局相关统计，2001—2016 年，我国航空货物运输量由 171.0 万 t 增长到 666.9 万 t，年均增长速度为 18.1%；航空货物周转量由 43.7 亿 t·km 增长到 221.1 亿 t·km，年均增长速度为 25.4%。

5．管道运输的发展

美国开发宾夕法尼亚州油田不久，于 1865 年开始实验用管道运送石油并获得成功，但之后管道运输发展缓慢。进入 20 世纪之后，随着大量油田的发现，管道运输才得以重视并发展起来，管道运输的货物由最初的原油逐渐扩展到成品油、天然气、矿砂和煤浆等。中国于 1958 年修建了第一条长距离原油管道，1963 年修建了第一条输气管道。截至 2015 年年底，我国陆上油气管道总里程达 11.2 万 km，初步形成了覆盖全国 31 个省（区、市）的原油、成品油和天然气三大主干网络和"西油东送、北油南运、西气东输、北气南下、海气登陆"的油气输送网络。中亚油气管道、中俄油气管道、中哈石油管道，以及中缅油气管道的建设已经完成或正在实施，使中国管道运输得到了迅速发展。

阅读资料：2017 年交通运输行业发展统计公报；《中国交通运输发展》白皮书

1.5.2　我国运输发展趋势

1．运输综合化

经过多年改革发展，我国多节点、全覆盖的综合交通运输网络初步形成，"五纵五横"综合运输大通道基本贯通，一大批综合客运、货运枢纽站场（物流园区）投入运营，运输装备发展不断升级，运输服务水平显著提升，科技创新和应用实现重大突破，交通运输市场体系、管理体制和法规体系不断完善。根据《"十三五"现代综合交通运输体系发展规划》，我国将深入推进综合交通运输改革发展，继续加快交通基础设施建设，不断提升基础设施网络技术等级，持续提升交通运输发展技术和管理的水平，着力强化各种运输方式的协同和融合发展，加快构建安全、便捷、高效、绿色、经济的现代综合交通运输体系，这必将推动我国综合运输的发展。

2．运输信息化与智能化

随着我国物流业信息化水平的不断提高，条形码（条码）技术、射频标识技术、无线射频识别技术（RFID）、全球卫星导航系统（GNSS）等技术得到推广应用。近年来，交通运输领域在不断推广应用大数据、云计算、物联网、移动互联网等先进信息技术，如铁路客运联网售票系统、高速公路电子不停车收费系统（ETC）、港口电子数据交换系统（EDI）、船舶交通管理系统（VTS）、船舶自动识别系统（AIS）、民航商务信息系统等。未来我国交通运输业信息化和智能化技术将在更深层次和更大范围应用。

3．运输绿色化

尽管运输为人们带来了许多好处，但其负面影响也不容忽视。运输会带来污染问题，如空气污染、水污染、土地污染、噪声污染及振动污染等，还会带来人身安全、财产安全及环境安全等问题。我国已经开始重视运输带来的问题，在节能减排、保护生态环境等方面采取多种措施发展绿色化运输。按照《"十三五"现代综合交通运输体系发展规划》的要求，我国将推进交通运输绿色发展，节约集约利用资源，加强标准化、低碳化、现代化运输装备和节能环保运输工具的推广应用。

应用案例

阿里带头用绿色快递，引导消费者乃至整个社会的绿色环保意识

菜鸟曾与阿里公益基金、中华环保基金会成立菜鸟绿色联盟公益基金，圆通、中通、申通、 韵达、百世、天天六家快递公司是重要出资方。2017年4月21日，阿里巴巴宣布将在全国的办公园区使用绿色包裹，在阿里小邮局寄快递时，将统一使用100%可生物降解的快递袋，首批杭州和北京已经替换完成。同一天，美的、海尔、飞利浦、奥克斯、西门子、AO史密斯、容声、夏普、沁园、Blueair、 海信、科龙12家品牌商与菜鸟网络、阿里公益基金共同发出绿色宣言，宣布启动"阿里地球日"。12家品牌承诺每年拿出在阿里平台销售收入的一部分，捐赠给阿里巴巴公益宝贝基金，这笔绿色公益基金将用于扶持中小商家，推广绿色包裹。

结合政府出台的《全国仓储配送与包装绿色发展指引》《推进快递业绿色包装工作实施方案》等政策的引导，政府、商家、 物流企业、平台和消费者多方联动，将会促进物流及运输的绿色化发展。

4．运输集约化

近年来，集装箱、厢式货车等标准化运载单元加快推广，多式联运、甩挂运输、共同配送等先进运输组织模式及冷链等专业物流快速发展，运输的集约化程度有所提高。按照《"十三五"现代综合交通运输体系发展规划》的要求，未来我国将以提高货物运输集装化和运载单元标准化为重点，积极发展大宗货物和特种货物多式联运，推动公路甩挂运输联网；加快建设城市货运配送体系，完善县、乡、村三级物流服务网络；加快完善邮政普遍服务网络，推进大件运输、冷链运输等专业物流发展，进一步提升运输集约化水平。

5．干线运输高速化和重载化

据交通运输部综合规划司统计，2016年全国公路货运增长主要来自高速公路，全年高速公路完成货运量130亿t、货物周转量23 373亿t·km，分别增长15.3%和10.8%，高于同期全国公路货运量和货物周转量9.2个和5.4个百分点，对全国公路货运量和货物周转量的增长贡献率高达81%和70%。从高速公路货运车辆结构比重来看，6轴及以上货

车对货物运输贡献突出，其货运量完成 78 亿 t·km 和 17 024 亿 t·km，同比增长 22.6% 和 11.9%，占比分别达到 69.9% 和 78.2%。

随着我国基础设施建设技术和装备制造技术快速进步，以高速铁路、高速公路、深水港口和现代化机场为代表的快速运输网络逐步完善，货运列车、汽车、轮船及飞机大型化、高速化趋势更为明显，将进一步促进我国干线运输高速化、重载化的发展。

本章小结

运输是指物流范畴中的运输，包括流通领域和生产领域中货物的运输。运输具有产品转移和产品储存的功能，其基本活动符合规模效益、距离效益及效益悖反基本原理。企业运输系统的要素主要有基础设施（又可分为运输线路与运输节点）、运输工具和运输参与者。

根据不同的标准划分，运输方式有不同的分类。五大运输方式各有其经济技术特点以及相应的适用范围。

企业耗费了物化劳动和活劳动，形成运输成本。运价是承运人提供运输服务的价格。而运费则是承运人根据运价向托运人收取的报酬。

运输作为物流重要的功能要素和实现物流目的的手段，在现代物流中占有十分重要的地位，并且对于经济、社会、政治、军事及环境等方面的发展具有重要意义。

随着物流业及运输业的快速发展，我国运输呈现出一些新的发展趋势，主要有物流运输的综合化、信息化和智能化、绿色化、集约化、高速化和重载化等。

复习及练习

一、主要概念

运输　物流运输　运输系统　运输线路　运输节点　运输工具　运输参与者　联合运输　特种品运输　运输成本　运价　运费

二、思考及练习题

1. 如何理解物流运输与一般运输的关系？
2. 考察具体企业，说明企业哪些做法是在利用运输的物品储存功能。
3. 举例说明企业运输管理中的效益悖反现象。
4. 考察一家企业，分析其运输系统（网络）的构成。
5. 试述 5 种运输方式的适用范围。
6. 怎样理解企业运输成本、运价和运费之间的关系？

7. 运输对于制造企业和物流企业的影响及作用一样吗？请分析并说明理由。

8. 以某一地区为例，分析其运输发展的现状及趋势。

案例分析

五大快递公司上市，中国快递业呈现新格局

2016 年，顺丰、圆通、申通、韵达借壳上市，中通赴美上市。有业界人士分析认为，随着五大民营快递企业相继上市，中国快递业将呈现出新的格局，2017 年也将成为中国快递业发展的关键年。而在快递业成为新经济代表的当下，如何通过自身升级做好经济增长新动能将是快递业未来发展的重要课题。

一、快递业成经济增长新动能

近些年来，快递业成为中国经济增长的新亮点。据国家邮政局统计，2006—2015 年，我国快递业务量复合增速达 40%。并在 2014 年首度超过美国，规模持续保持全球第一。业务收入规模近十年复合增速达 28%。2017 年，我国邮政业完成业务总量 9 765 亿元，同比增长 32%；业务收入 6 645 亿元（不含邮政储蓄银行直接营业收入），同比增长 23.5%。其中，快递业务量完成 401 亿件，同比增长 28%；业务收入完成 4 950 亿元，同比增长 24.5%。而在快递业高速增长的同时，一批快递企业也开始迅速成长起来。

据由北京交通大学、阿里研究院和菜鸟网络联合发布的《全国社会化电商物流从业人员研究报告》数据显示，当前物流从业员工已达 203.3 万人，相较于十年前增长近 13 倍。其中包括快递员、分拣员和货车司机等多种岗位。对此，阿里研究院物流专家粟日对记者表示，我们发现每增加 10 000 个快递，可以带动一个人就业，快递物流行业已经成为中国经济转型的重要新引擎。快递业看似只是物品传递，但其背后所蕴含的新产业、新业态、新商业模式正在逐步孕育壮大。快递业的迅速发展正在从一个侧面体现出中国经济的转型态势和新生动力。

二、并购重组或成升级重要方式

对于快递业自身来说，2017 年是极具挑战的一年。由于快递公司之间同质化竞争日益加剧，企业纷纷通过降价，甚至恶性价格竞争的方式来吸引用户，最终导致行业利润大幅下降，越来越多的快递企业呈现出微利、无利，甚至是亏损的趋势。面对行业内部的高度竞争，快递企业开始欲借资本的力量取得突破，而上市成为各大民营快递企业共同的计划。

2016 年 10 月 11 日，顺丰借壳鼎泰新材的方案获得有条件通过；10 月 20 日，圆通速递成功借壳正式登陆 A 股；10 月 28 日，中通正式在美国纽交所挂牌交易，募资规模 14

亿美元。除此之外，申通快递作价 169 亿元借壳艾迪西上市，韵达宣布作价 177.6 亿元借壳新海股份。

快递公司上市后将会利用资本市场进行融资，能够解决企业资金链持续问题，在资金充足的情况下可以快速扩大业务规模及提升服务质量，同时有可能会向上下游延伸，并向多元领域发展。从圆通速递上市后公告定增预案来看，公司募集资金就将主要用于转运仓储一体化建设，转运中心信息化、自动化建设，运能购置等项目，旨在扩展升级快递主业业务。

"五家快递企业完成上市后，体量上会有别于其他快递公司，快递业将会形成新的格局。而对于中小快递公司来说，或将加速与同行业其他企业合并与并购以实现弱弱联合，这样以便快速扩大自身实力，构建核心竞争力，抵抗其他企业竞争。同时也有可能转行做快运业务。此外，电商平台企业也有可能加速对中小快递企业的并购。"邵钟林表示。中国快递咨询网首席顾问徐勇也表示，中等快递公司打不起价格战，被清洗出局或者被并购将成为趋势。

农历春节刚过，业内就已传出了一起并购事件。据"曹操到"透露，其将并购重组城际速递。无论此并购事件细节如何或是否能最终顺利达成，但这似乎预示着 2017 年快递行业并购大幕即将开启。业界人士分析，未来 3~5 年，中国全网型快递企业不会超过 5 家，一般是 3 家左右，大量并购重组将成为快递行业升级的重要方式。

至于未来到底留下几家大型综合快递，到底哪几家笑到最后或仍有变数。

三、快递企业经营策略

在激烈的市场竞争中，每家快递公司都在选择适合自己的经营模式和策略。

顺丰是采用直营模式的快递公司。目前，顺丰除了巩固自己的优势业务速运，正在拓展多种类型业务。顺丰投入资源积极拓展冷运、同城配、仓配、重货、国际快递、同城快递等新业务领域，加强提供整体解决方案的能力；同时，顺丰将持续加大对信息系统和自动化设备的投入，提高操作效率。顺丰是中国最早提出和布局物流领域无人机应用的公司，2013 年已开始测试无人机送递包裹。截至 2017 年 2 月，顺丰申报和获得在无人机领域专利数量达 111 项，包括发明专利 51 项，实用新型 54 项，以及外观专利 6 项；除了布局无人机，顺丰还在不断加码货机拥有量；顺丰现有 51 架飞机，包括 36 架自有飞机；货运机场枢纽项目正在筹建。

中通是加盟制快递公司。中通采用了"同建共享"模式，即关键区域的总经理持有中通股份，网络内各方利益高度平衡协同。而干线自营上，中通干线运输车辆超过 4 200 辆，自营卡车数量增至 2 930 多辆，其中超过 1 145 辆为 15~17m 的高运力卡车，拥有分拨中心 75 个（其中 69 个自营，6 个由网络合作伙伴运营），这一系列布局促成了线路路由优化和成本管控。设备技术方面，一是增加自营设备，中通上市后的第四季度，新增 500 多辆自营卡车，其中超过 320 辆为高运力卡车；新建 7 条高效率的自动化分拣流水线。二是增加仓储面积，已先后在全国各主要城市购置近 4 000 亩土地，积极布局全网各地分拨中心、仓储中心、电子商务中心等建设。中通在信息化建设、人才队伍培养、新科技研发、基层装备改进上投入颇大。

电商和快递已开始联动发展。现在我国每天快递量近 1 亿件，其中有 60%以上是服务电商的。电商的发展给传统快递业带来了巨大红利，同时也倒逼着传统快递业转型。行业内，通达系、顺丰、EMS 组成的第一梯队你追我赶；行业外，阿里、京东等电商开始染指快递，互联网企业也利用自身技术优势向快递行业不断渗透。

电商触及快递业及网络平台型快递新势力的介入，结束了传统快递行业独霸天下的时代。目前，虽然传统快递企业仍然是市场的主导者，但快递行业市场产业结构已发生了一定的变化。正如业内人士表示，快递企业与电商平台深化合作，加强线上线下衔接的紧密性，深度融合将成主要趋势。

如在互联网菜鸟网络介入传统快递行业之前，快递行业是烦琐、低效的。不仅服务同质化，还需要依靠廉价劳动力进行低价竞争，拼体力，快递的规模也远没有今天这么大。

2013 年，阿里巴巴与多家快递公司共同成立菜鸟网络，并向快递企业输出大数据、云计算等技术，其打造的数据平台便于快递员集中配送同一区域的包裹，提供更加快速、高效的服务。圆通、中通、天天等快递企业在与菜鸟网络合作后，利用互联网的大数据极大地提升了其快递链条的运行效率和管理能力。过去邮政编码不准确、城市迅速扩张导致新地址层出不穷等问题普遍存在，而菜鸟网络通过实施地址标准化管理和使用数字标签码减少了配送时间、成本和差错。

据了解，目前通达系为代表的中国快递，70%的物流都使用菜鸟网络的大数据服务。而未来随着互联网技术的不断发展，快递行业将进一步完善和精细化运营，订单处理系统、大数据等技术的应用也将会在产业链中发挥越来越大的作用。

四、不对称的营收与业务量窘境

从几家快递企业的情况也可以看出中国快递业存在的问题。在营利方面，整个行业营收不及一个 DHL，16 年 313 亿件的快递天量，成为中国骄傲的同时，也是一件尴尬事。

据悉，2016 年中国虽然占全年全球快递业务量近一半，但营业收入却只有 4 005 亿元。虽然单看数值很高，不过跟几家国际巨头一比，高下立显。根据三大巨头财报数据预估，2016 年 DHL 营业收入为 5 337.6 亿元，UPS 营业收入 4 542.5 亿元，FedEx 营业收入为 3 450.0 亿元，而整个中国快递行业只有 0.75 个 DHL、0.88 个 UPS、1.16 个 FedEx。

这除了证明中国快递（主要是加盟制快递）的单票价格过低外，还表明中国快递龙头们的规模实在太小了。这也说明中国快递业及快递企业未来面临着巨大的压力。

注：本案例根据 2017 年 3 月 8 日《现代物流报》文章"中通利润为何能远超桐庐帮兄弟"（记者周艳青）、2017 年 2 月 7 日《人民政协报》文章"五大快递公司上市：2017 年中国快递业呈现新格局"（记者孙琳）等资料改编。

案例问题

1. 分析并说明案例包含的运输原理。
2. 结合案例并查阅资料，具体说明主要的快递企业使用的运输方式。
3. 分析并具体说明快速公司所使用的先进技术。
4. 结合案例并查阅资料，分析目前快递业面临的问题及发展趋势。

第 2 章 　运输市场与政策

学习目标

- 了解运输市场的基本含义、构成、特征及类型。
- 熟悉运输市场需求的含义、特点及影响因素。
- 掌握运输市场需求弹性的含义及特点。
- 熟悉运输市场供给的含义、特点及影响因素。
- 掌握运输市场供给弹性的含义及特点。
- 能够运用运输市场需求与供给的知识分析具体运输市场。
- 了解我国运输市场的主要政策。

2.1　运输市场概述

2.1.1　运输市场的含义及其构成

任何一家企业都是生存在一定的市场环境中的，所以企业必须了解所处的市场。一般市场包括三个要素，一是市场的主体要素，即市场交换的当事人，包括商品的供给者和需求者；二是市场的客体要素，即能够满足需求者需要的一定量的商品或劳务；三是市场交换行为要素，即市场主体之间的交换行为。作为整个社会市场体系的一部分，运输市场具有一般商品市场的共性，同时也具有其特殊性。

1. 运输市场的含义

运输市场一般为供需双方提供运输服务交易的场所，但也并非所有的交易活动都是在该场所中进行，诸如双方信息沟通、谈判、货物运送等活动也通过其他渠道进行，现在也有大量的物流企业和客户通过一些物流信息平台进行沟通，建立了广泛的联系，并可以有效地进行市场交易。例如，传化物流集团公司创建的"公路港"，成为向客户提供物流服务的平台。

与一般的商品市场类似，运输市场有狭义和广义之分。狭义的运输市场是运输供给者和运输需求者之间进行运输交易的场所和领域。广义的运输市场是指运输参与各方在交易中所产生的经济活动和经济关系的总和。本章主要讨论广义的运输市场，其包括如下三方面的含义。

（1）运输市场是运输产品或服务交换的场所。在该场所内，运输服务需求方（如货主或运输代理人）与运输服务供给方（如运输企业或运输代理人）见面，在条件具备的情况下，发生交换（买卖）行为。

（2）运输市场是运输产品供求关系的总和。一方面，运输产品供给和需求的数量在不同时期形成不同的比例关系，"买方市场""卖方市场"就反映了供求力量的对比结果；另一方面，运输产品供给者和需求者之间因谈判、订购、交易、结算、售后等一系列活动而产生产品交换关系，同时还会形成竞争、合作等方面的经济关系。所以，运输市场体现的是一种交换关系和其他经济关系的总和。

（3）运输市场是在一定条件下对运输产品或服务的需求总和。人们在分析现实的运输市场大小时，往往着重考察运输需求群体所带来的市场容量，即运输的需求（包括现实需求和潜在需求）总和。特别是物流企业分析自己的市场大小时，主要是分析自己所面对的客户的总需求量。

应用案例

传化物流港

在 2003 年传化物流就建成全国首个公路港——杭州公路港，在全国首创"公路港物流服务平台"模式。截至目前，公路港城市物流中心已在全国近 150 个城市布局，覆盖浙江、四川、山东、江苏、福建、重庆、天津、黑龙江、吉林、辽宁、安徽、河南、湖南、河北、贵州、云南、内蒙古等 30 多个省直辖市。每个地区公路港都入住了大量物流企业，为货主企业、物流企业及个体货运司机等公路物流主体提供综合性物流及配套服务，共同形成"高效的货物调度平台""优质的货运生活服务圈"及"可靠的物流诚信运营体系"。

2．运输市场的构成

从运输市场参与者来看，运输市场由运输的供给者、需求者和利益相关者组成，他们直接或间接参与运输产品的交换，如图 2-1 所示。

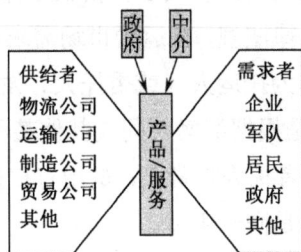

图 2-1 运输市场的构成

（1）运输市场的供给者。即运输市场的卖方、运输产品生产者或供应商、承运商，也就是本书所指的运输企业。它能够向市场提供各类运输产品或服务，满足运输需求者对货物的空间位移要求，包括各种运输公司、具有运输能力的物流公司、有自有车辆的制造和贸易企业、货运代理人，以及个体运输从业者等。其中，少部分是为自身提供运输服务的企业，大部分都是向社会销售运输产品的主要供给者。

依据货物运输相关法律法规，运输市场供给者中，本人或者委托他人以本人名义与托运人订立货物运输合同者称作承运人。承运人可以接受托运人委托，根据托运人的要求或在不影响托运人要求的前提下，合理地组织运输活动，包括选择运输方式、确定运输线路、进行货物配载等。

承运人既包括拥有运输工具、专门经营货物运输业务的实际承运人，又包括本身没有运输工具、委托有运输工具的其他承运人完成运输任务的无船承运人和无车承运人。

从运输方式来看，承运人包括提供相应运输服务的公路运输企业、铁路运输企业、水路运输企业、航空运输企业及管道运输企业（将在第3～6章着重介绍前4种企业提供的运输服务内容）。

相关链接：无车承运人

近年来，移动互联网技术与货运物流行业深度融合，货运物流市场涌现出了无车承运人等新的经营模式，但还处于起步和探索阶段。2016年8月26日，交通运输部办公厅印发《关于推进改革试点加快无车承运物流创新发展的意见》，当年10月至2017年12月，交通运输部在全国开展道路货运无车承运人试点工作，并提出重点围绕"规范经营行为、强化信用建设、落实税收政策、鼓励模式创新、探索管理制度"5个方面开展相关工作，按照"初选论证、企业实施、过程监管、总结评估"的步骤推进。

（2）运输市场的需求者。即运输市场的买方、运输产品消费者，包括向市场购买运输产品的各种企业、军队、政府、居民等，其中大部分是从市场上购买运输产品的主要需求者。这里主要指的是工商企业，也可称为运输企业的客户。一般来说，客户是运输企业的服务对象，是企业收入的主要提供者，公司的收入水平大都受控于客户的需求，满足客户需求是企业更新技术或产品的催化剂，有利于促使企业保持持久的竞争优势。

按照运输业务和运输相关法律法规，在运输市场需求者中，以本人名义将货物交给承运人托运并支付相应的运费者称为托运人（或委托人、发货人）。托运人既可以是货物的所有人（货主或物主），也可以是根据买卖合同或其他某种有义务安排货物运输的人，如货运代理人。还有一种运输参与者称为收货人，是指有权提取货物的人。有时收货人与货主或托运人是同一主体，有时不是同一主体。

（3）运输中介者。运输中介者是指为运输需求与供给牵线搭桥，提供各种服务的运输代理企业、经纪人和信息服务公司等，如海运货运代理、铁路货物代理、航空保险销售代理、航空运输技术协作中介服务人等。

货运代理人，是指根据委托人的要求，代办货物运输业务的机构。它们可以分别或同时作为托运人和承运人的代理人招揽货物、组织运输。有的货运代理人作为无船承运人或无车承运人，与托运人签订运输合同，承担承运人的责任和义务，通过委托实际承运人完成运输任务，扮演了托运人和承运人双重角色。有关货运代理知识将在 7.4 节中阐述。

（4）政府及其他机构。主要包括代表国家对运输市场进行监督、管理和调控的政府有关机构和各级交通管理部门。政府通过规划与协调、制定法律规范和政策，能够有效地弥补单纯市场运作带来的不足。还有其他提供运输相关服务的组织，如港站经营、理货、运输工具租赁、船员劳务等方面的企业。

提示：运输市场构成对于运输企业的启示

通过分析运输市场结构，可以使企业明确：①运输服务对象的基本情况，如客户的具体单位及数量、位置及分布、具体服务要求、需求量多少（市场容量）及未来变化；②同行业的基本情况，如同行业竞争企业的数量、分布、规模、经营策略、管理水平、运输产品的种类、服务水平等；③与本企业业务相关的中介服务机构，如货代、船代等；④政府及行业协会相关机构及其关系。

2.1.2　运输市场的特征及类型

1. 运输市场的特征

（1）运输市场具有较强的空间性和时间性。不同国家和地区在社会、经济、文化、科技等方面的发展水平不同，运输需求和供给情况往往差异很大。另外，同一区域运输需求和供给在不同的年份或季节存在着数量、内容、结构等方面的差异。同样，对于一家工商企业或运输企业来说，运输业务的状况在不同时间差异也很大。

（2）运输市场是典型的服务性市场。运输市场因其产品是运输服务，所以它是一个典型的劳务或服务性市场，具有以下一般服务性市场的基本特征。

1）运输产品不可感知性。运输产品本身无形无质，人们无法触摸或用肉眼感知其存在，消费者只有通过货物位移、运输时间、运输成本，以及运输满意度才能感觉到。

2）运输产品生产、消费的同步性，即不可分离性。物流企业利用运输工具将物品运送到客户指定地点，运输产品的生产过程、消费过程是融合在一起的，生产与消费同时开始，同时结束。运输生产过程就是运输供给过程，运输消费过程就是运输需求满足的过程。

3）不可贮藏性。运输产品没有实物形态，在生产过程中同时被消费掉，所以运输产品不可能像工业产品一样进行存储、转移或调拨。另外，如果运输产品不能及时出售，也不会像工业产品那样积压，而是带来机会损失和设施设备及人员等方面资源的浪费。

4）缺乏所有权。运输产品的消费过程没有像实物产品那样发生所有权的转移，只是运输服务者提供了货物位移服务。

（3）运输需求市场上存在较多的联合产品。运输企业在提供运输服务时，往往利用同一运输工具为多家客户装运货物，如发往同一路线的货运汽车，为沿途多家客户运送不同的货物，这样就形成了联合产品。

（4）个别运输市场的进入存在困难。由于历史、政策、技术或者巨大初期投资等原因，某些运输市场（如航空、铁路等）存在较高的进入壁垒，容易形成垄断的行业。

（5）运输产品价值构成较为特殊。一般商品的价值由转移价值（劳动对象、劳动工具和燃料等物化劳动的消耗价值）和新创造的价值（活劳动消耗的价值）两大部分组成。运输产品的转移价值不包括劳动对象的消耗，只包括劳动工具和燃料等运行材料的消耗，所以这也使得运输产品与一般商品的成本构成不同。

2．运输市场的类型

依据不同的研究目的，可以对运输市场进行多种分类。

（1）依据运输方式划分，运输市场可分为公路运输市场、铁路运输市场、水路运输市场、航空运输市场、管道运输市场。这些市场共同作用形成一个地区的综合运输体系。

（2）依据市场供求状况划分，运输市场可分为买方运输市场、卖方运输市场和均势运输市场。买方运输市场也可称为货方市场，其基本特点是：运输供给大于运输需求；运输供给方竞争激烈；运输需求者掌握市场的主动权，这种市场对运输需求者有利。我国普通公路货运市场基本上属于买方市场。卖方运输市场也可称为车方市场或者运方市场。其基本特点是：运输需求大于运输供给；运输需求方竞争激烈；运输供给者掌握市场的主动权，这种市场对运输供给者有利。我国铁路货运市场供小于求，基本属于卖方市场。均势运输市场则是供求基本平衡的市场。

（3）依据运输市场结构划分，运输市场可分为完全竞争运输市场、垄断竞争运输市场、寡头垄断运输市场和完全垄断运输市场。

对于完全竞争运输市场，运输企业和货主对运输市场价格均不能产生任何影响，双方只能接受市场价格，而市场价格的高低则完全取决于供求关系，运输企业进入或退出市场比较容易。海运中的不定期船市场即属于这类市场，我国国内的普货运输市场是以承包为主的个体分散经营方式，基本呈现出完全竞争市场的基本特征。

垄断竞争运输市场是一种垄断、竞争并存的市场结构，其特点是市场上买、卖者数量较多，每个生产者行为独立，没有占明显优势的市场竞争者，不同运输企业提供的运输产品质量上差异较大，而某些运输企业由于存在某种优势而产生了一定范围的垄断性。沿海运输、内河运输和公路运输基本属于这一类型。

寡头垄断运输市场的特点是少数几家规模较大的运输企业垄断着市场，它们对市场运价和供求状况有明显的影响，这些大企业通常通过协议或某种契约规定市场运价。快速货运市场、集装箱运输市场、超限货运市场基本符合寡头垄断运输市场的特征。在海运中的班轮运输市场中，在某一具体航线上经营班轮运输的船公司数量少、规模大，并且往往由班轮公会通过共同制定所控制航线的运价来避免无休止的激烈竞争，因此班轮运输市场一般是比较典型的寡头垄断运输市场。

完全垄断运输市场是指某一运输市场完全被一个或少数几个运输企业所控制，而不存在任何市场竞争的市场结构。我国铁路货运市场主要由中国铁路总公司专营，类似于完全垄断运输市场。

阅读材料：《洋班轮涨费，从私奔到裸奔》

（4）依据其他方法划分的市场，如依据运输区域范围划分，运输市场可分为地方性运输市场、国内运输市场、国际运输市场；依据运输距离划分，运输市场可分为短途运输市场、中途运输市场和长途运输市场等。还有近些年发展比较迅速的、特殊行业的运输市场，如快递运输市场、冷藏品运输市场、农产品运输市场、网络运输市场（物流信息服务平台）等。

相关链接：物流信息服务平台

一般来说，凡是能够支持或者进行物流服务供需信息的交互或交换的网站，均可称为物流信息服务平台。平台一般能够提供各类物流资讯，包括在线提供车源、货源、运输专线、公路，铁路、水运、空运等运输信息，甚至能够提供网上物流招标、物流投标、物流外包、园区仓储招商、物流设备、物流管理、物流人才招聘、物流论文、物流知识、物流培训、物流联盟等物流信息服务。这实际上就形成了网络物流（运输）市场。我国一些政府部门、物流行业组织及物流企业利用互联网，建立了物流信息服务平台，如"全国物流信息网"（参见 http://www.56888.net/）。

2.1.3　运输市场环境

对于运输企业来说，运输市场环境是指企业经营活动所处的社会经济环境中不可控制的各种因素，是企业经营和决策的基础条件。如图 2-2 显示了运输市场环境中的宏观市场环境（外环）和微观市场环境（内环）。

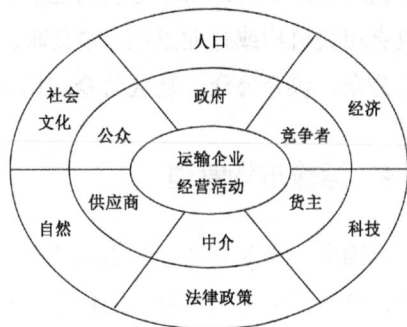

1. 宏观市场环境

宏观环境主要包括人口、经济、科学技术、

图 2-2　运输市场环境因素与运输企业经营活动

36　■■■ 物流运输组织与管理（第 3 版）

政治法律、自然、社会文化、生态与可持续发展等方面的因素。人口因素包括人口总量及其增长、人口的地理分布、人口构成，以及流动趋势等因素；经济因素包括社会购买力水平、消费者收入与支出状况、消费者的储蓄与信贷等；科学技术主要包括相关的基础设施、运输设备、信息技术等；政治法律因素主要是指国内外政治状况及国家间政治关系、有关运输的法律和国家产业、价格、环保等政策；自然因素包括自然地理位置、气候、自然资源分布等；社会文化因素包括一个国家、地区的民族特征、价值观念、生活方式、风俗习惯、宗教信仰、伦理道德、教育水平等。

2．微观市场环境

微观环境是指与运输企业紧密相连的，直接影响企业服务能力和效率的各种参与者，包括运输企业自身、供应商、中介、货主、竞争者、政府和公众，他们的关系如图 2-3 所示。

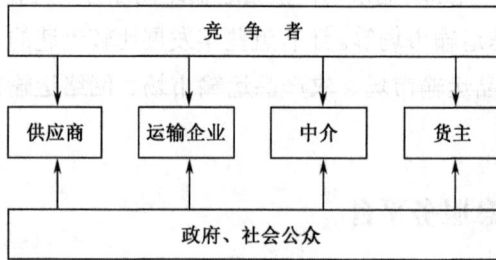

图 2-3　运输市场微观环境

运输企业自身条件主要包括：企业拥有或可以使用的基础设施，包括铁路、公路、水路、航空及管道运输线路、节点、信息技术等；企业内部相关部门组成的组织体系及其管理体制。供应商包括为企业提供所需的人员、生产资料、资金等资源的组织单位。中介主要是对运输企业在获取货源、拓宽销售渠道、市场调研、广告宣传等方面发挥重要作用的组织机构。货主则是运输企业的服务对象。企业竞争者包括同种运输方式内部的企业和不同运输方式的企业，同时还包括运输行业潜在进入者。政府主要是调节、监控、服务市场的政府相关机构或行业组织，如交通、工商、税务、财政等部门。社会公众包括融资公众、政府公众、媒介公众、社区公众、内部公众和一般公众等组织机构。

2.1.4　运输市场管理

运输市场管理亦即运输市场监管，是政府通过对运输市场依法进行监察、督促和管理，有效地解决运输市场自身缺陷问题，如市场供需失衡、过度竞争、资源浪费等，促使运输资源的优化配置，保证运输业健康有序地发展。

1. 运输市场管理机构及其职能

运输市场管理的主体是政府及其运输行业主管部门、其他相关管理部门，主要包括：中央政府及交通部、铁道部、民航总局及其下属管理机构；地方政府及其运输行业主管部门；各级政府经济综合管理、工商、税务、安监等部门。其管理职能主要包括如下两个方面。

一是对运输市场的宏观管理。主要是按照社会运力总供给和运输总需求基本平衡的要求，根据国家的产业政策，通过对运输市场进行综合的调查与分析，从宏观角度制定相应的政策或提出意见和建议，运用经济、法律、行政的手段来指导和管理运输市场的各种交易行为。

二是对运输市场的微观管理。主要是针对运输市场主体、客体的管理和规制，主要包括：企业准入资格管理，即交通运输管理部门和行政管理机构依据相关法律法规，对运输企业进入或退出市场的资格进行审查、核准的一种行政管理；运营管理，主要包括路单、票据的管理，经营范围和业务量的核定等；还有运输价格管理、规费征收管理、运输安全管理、违章监督处罚管理等。

2. 运输市场管理手段

（1）宏观管理的手段。运输市场的宏观管理就是国家及其交通主管部门为实现运输市场快速、稳定与协调发展，综合运用经济、法律和行政等手段对运输市场进行调节与控制，是政府通过对市场的间接干预来影响市场主体的经济选择行为，具有一定的诱导性、选择性。一是法律手段，制定和实施各类调节运输市场的法律法规；二是经济手段，主要包括制定和执行政府计划和规划、产业政策、金融政策、财政政策等；三是行政手段，即运用国家行政机构的行政权力对运输活动进行管理。

（2）微观管理的手段。运输市场的微观管理主要是指微观监控机构通过规制运输市场主体、客体的竞争行为、经营行为和交易行为，维持自由稳定的市场秩序，规范市场行为，充分发挥市场机制资源配置的功能。一是法律手段，如制定和实施市场竞争法、产品质量法、消费者权益保护法等；二是行政手段，如工商行政管理部门登记注册、发放许可证等。

2.2 运输市场需求

2.2.1 运输市场需求的含义及特点

了解运输市场需求及特点、影响因素及需求弹性，对于企业分析市场及服务对象、进行运输决策具有十分重要意义。

1. 运输市场需求的含义

制造企业或贸易企业由于需要运送物品而产生了运输需求，这些运输需求形成了运输市场需求（简称运输需求）。运输需求是在一定时期内和一定价格水平下，社会经济生活在货物空间位移方面所提出的具有支付能力的需要。这种运输需求是现实的需求，同时具备两个条件：一是货主有货物运输的愿望；二是必须有购买能力的需求。当然，现实的需求能否实现，还要看是否具备一定的前提条件，如运输供给者必须在设施、设备及人员等方面具备相应的能力，有供给双方都能够接受的价格等。

在经济活动中，还存在着许多有购买愿望但没有支付能力的，或者没有显露出来被发现的需要，这被称作潜在运输需求。在条件成熟时，有些潜在需求可以转化为有效的现实需求。例如，有些山区盛产水果等土特产，但苦于交通不便，无法运出山外，但是，当当地修建了通往其他地区的公路，使得土特产得以外运，潜在的运输需求遂转变为现实需求。

如无特别说明，后面讨论的运输需求就是现实需求。一个具体的运输需求一般包括对象、流量、流向和流程、流时和流速、运价、流效等。根据运输对象、流程、流量、时效性等方面的要求，运输市场需求及供给可以划分为不同的种类，其方法与1.2节内容类似。

2. 运输市场需求的特点

（1）派生性。因为市场有商品需求，需要将商品从某地运送到异地，这样就产生了运输的需求，所以运输需求是商品需求衍生出来的，它是一种派生需求或引致需求，而商品需求为本源需求。如图2-4所示，假设A地生产某型号冰箱的压缩机，B地不生产该型号冰箱，对该种压缩机没有需求；C地生产该型号冰箱，需要500台该种压缩机。所以B地没有该种压缩机的运输需求，而C地有运送500台压缩机的运输需求。

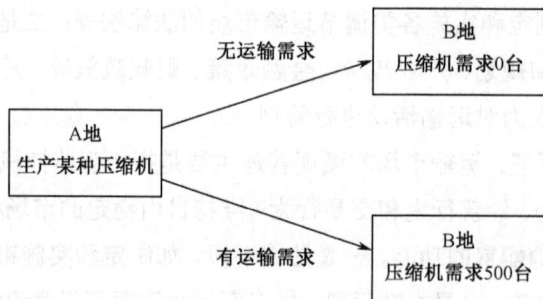

图2-4 本源需求引致运输需求

（2）与经济的相关性。运输需求的派生性说明，运输需求与社会经济状况、贸易活动密切相关。当经济处于高涨期时，运输需求旺盛；当经济处于低迷期时，运输需求相应下降。

（3）不平衡性。具体表现在时间和空间的不平衡。在时间上，社会经济及工业经济的发展具有一定的波动性，如大多数产品在生产和消费上都具有季节性特征；在空间上，资源分布、生产力布局、经济发展状况、运输网络分布等方面存在差别，致使不同地区运输需求差异很大，如中原地区农产品丰富、东北地区盛产木材，所以外运的需求量就很大。

（4）部分可替代性。运输需求的部分可替代性是指不同的运输需求在一定范围内可以相互替代，包括内部替代性和外部替代性。内部替代性是指在不同的运输方式之间的替代，如铁路和公路可以相互替代；外部替代是指运输方式与非运输方式的替代，如科技的发展使得煤炭的运输可以通过长距离高压输电线路来替代。

2.2.2　运输市场需求的影响因素

1. 政治因素

政治因素会影响运输市场需求。例如，国内政局稳定，会促进社会经济的不断发展，带来运输货物量的增加；国家之间如果存在严重的贸易保护主义、贸易壁垒和关税壁垒，这必然约束国家之间贸易的发展，从而影响运输需求的变化。

2. 法律因素

一个国家或地区相关的法律法规往往直接或间接地影响到运输市场的需求。例如，我国改革开放和发展区域经济政策使得东部沿海、长三角等地区经济迅速发展，促使当地运输量的增加，带动了物流业、运输业的发展。

3. 经济因素

经济因素会对运输需求产生重要影响。例如，一个国家工业化初期，大宗、散装货物运输需求不断增加，而随着工业化的不断发展，杂货运输、集装箱运输需求不断增大；一个地区农业、工业和商业的结构比例，决定了相应的产品结构，所以必然影响到总体运输需求的结构比例。

4. 价格因素

在运输服务品质基本一致的情况下，运价变化和运输需求变化呈反比关系。运输价格上升，运输需求量会相应减少；反之，运输需求量则增加。这被称为运输需求定理，如图 2-5 所示。运输价格会直接影响到运输需求量，但是，不同的需求者对于运输价格的敏感性不同，所以价格对其运输需求的影响程度也不同。例如，对于特别重视运输服务品质的需求者，运输价格对于需求量的影响就会很小，甚至为零。

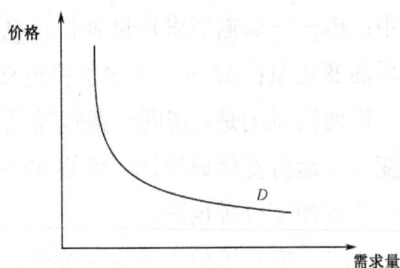

图 2-5　运输需求曲线

5. 科学技术因素

科学技术的发展促进了工业、农业、商业的发展，使得需要运输的商品品种、数量增加，从而增加了运输需求量。某种运输方式（如公路运输）在运输工具、信息技术等方面技术水平提高，会促使更多的客户及货源选择该运输方式，从而增加运输需求量。

另外，自然资源分布、社会文化、人口分布及结构等因素也会影响运输市场的需求。

应用案例

韩航运巨头陨落

近几年来，全球经济萎靡不振，航运企业也面临运力过剩、运费/租金下降等发展困境，长期入不敷出的状态致使许多船企债台高筑，生活在水深火热之中，船东、航运公司、船厂等破产事件不绝于耳。

韩进海运曾是韩国第一大班轮公司和龙头企业在全球排名第八。2016年8月，受54亿美元债务的拖累，加上债权人不愿给予更多的支持，穷困潦倒的韩进海运向法院申请破产保护。2017年2月被法院宣布破产。

2.2.3　运输市场需求弹性

运输需求弹性反映运输需求变动相对于运输服务价格及其他相关经济变量变化的敏感程度。运输需求弹性包括运输需求的价格弹性、服务弹性、收入弹性、交叉弹性、派生弹性等。

1. 运输需求的价格弹性

（1）运输需求弹性的表达式。运输需求的价格弹性反映运输需求量对价格变化的反应敏感程度（一般而言，如果不作特殊说明，需求弹性均指需求的价格弹性），其表达式为：

$$E_p = \frac{\Delta Q_d / Q_d}{\Delta P / P} \tag{2-1}$$

式中：E_P——运输需求价格弹性；Q_d——运输需求量；P——运输价格；ΔQ_d——运输需求量的变化量；ΔP——运输价格的变化量。

需要注意的是，在同一条运输需求曲线上不同点的价格弹性是不同的；一般运输需求量变化与运价变化成反比，价格弹性计算结果为负值，实际往往取其绝对值。运输需求弹性一般有如下五种情况。

$E_p>1$，表示运输需求富于弹性，说明需求量变动幅度大于价格变动幅度；

$E_p<1$，表示运输需求缺乏弹性，说明需求量变动幅度小于价格变动幅度；

$E_p=1$，运输需求是单位弹性，说明需求量变动幅度与价格变动幅度相同；

$E_p=0$，运输需求无弹性，在图上表现为一条竖直的直线，表示价格无论如何变化，需求量都不变；

$E_p=\infty$，运输需求完全富于弹性，在图上表现为一条水平的直线，表示对于某一价格水平，有无数个需求量与之对应；价格的微小变动都将引起需求量极大的变化。

例 2-1 已知运输需求函数为 Q_d=500-100P，计算价格 2～4 元的需求价格弧弹性。

解：由已知得，P_1=2，Q_1=500-200=300；P_2=4，Q_2=100

$$E_p= -(\Delta Q/\Delta P)(P_1/Q_1) = (200/2)\times(2/300)$$
$$= 2/3$$

（2）影响运输需求价格弹性的因素主要有如下几个方面。

1）运输需求的可替代性。在运输活动中，如果运输服务的替代性越大，当价格变动时，消费者更容易去消费替代品，因而，弹性越大；反之替代性越弱，弹性越小。如同一地区的多家汽车运输公司都可以提供中短途运输服务，这就增加了货主的选择机会，相应的运输需求的弹性就较大。

2）货物的价值。例如，用汽车运输同样重量的电脑和大米，电脑价值较高，运费在产品成本中的比重较低，运价提高或降低，对产品的市场价格影响不大，因而对产品需求量及运输需求量的影响也不大。一般地，当运输价格发生变化时，高价值货物运输需求弹性较小，而低价货物的反应会更加敏感，运输需求的价格弹性较大。

3）货物运量的大小。一般来说，货物运输量大，其运输需求弹性较小；反之，运输量小，其运输需求弹性较大。例如，大宗的铁矿石运输，由于运量大，运输方式和运输路线选择范围较小，因而运输需求对价格变动的反应较小，需求弹性小。

4）市场的供求关系。如果运输市场供给大于需求，运力较为富余，这样货主对于运输企业、运输方式、运输路线的选择范围较大，运输需求量变化相对于运输价格的变化更大，所以运输需求的价格弹性大；反之，则运输需求的价格弹性较小。

此外货物的性质也会影响运输需求弹性，一般来说，时效性强的货物，如鲜活易腐商品和急于上市的商品可选择的运输方式受到限制，对价格变动的敏感性要弱一些，因而弹性会小一些。以上价格弹性的影响因素也可以作为其他需求弹性因素分析的参考。

2．运输需求的服务弹性

由于运输业本身就属于服务业，所以运输需求服务弹性分析对于运输需求分析具有重要意义。运输需求的服务弹性反映运输需求量对服务水平变化的反应敏感程度，其表达式为：

$$E_S = \frac{\Delta Q_d / Q_d}{\Delta S / S} \tag{2-2}$$

式中：E_S——运输需求服务弹性；Q_d——运输需求量；S——运输服务水平；ΔQ_d——运输需求量的变化量；ΔS——运输服务水平的变化量。

运输需求服务弹性表明，运输服务的水平直接影响企业运输需求量；一般在不考虑其他因素情况下，运输需求量变化与服务水平变化成正比，即服务弹性计算结果往往是正值。

3．运输需求的交叉弹性

在实际的运输活动中，汽车运输的运价下降，会引起中短途铁路运输需求量的减少，所以这里引入交叉弹性反映一种运输方式、一条运输路线和一家运输企业的运输价格变化引起另一种运输方式、另一条运输路线或另一家运输企业的运输量变化的程度，其表达式为：

$$E_{dxy} = \frac{\Delta Q_x / Q_x}{\Delta P_y / P_y} \qquad (2\text{-}3)$$

式中：E_{dxy}——运输需求交叉弹性；Q_x——另一种被替代的运输服务 X 的需求量；ΔQ_x——另一种被替代的运输服务 X 需求量的变化量；P_y——一种可替代的运输服务 Y 的价格；ΔP_y——一种可替代的运输服务 Y 的价格变化量。

运输需求的交叉弹性一般有如下三种情况。

（1）$E_{dxy} > 0$，表示运输服务 X 的价格变动会引起运输服务 Y 的需求同方向变动，说明两种运输服务具有可替代性。例如，某区域内铁路和水路运输可以相互替代，所以铁路运价提高，致使水路运输需求量增加。

（2）$E_{dxy} < 0$，表示运输服务 X 的价格变动会引起运输服务 Y 的需求反方向变动，说明两种运输服务存在互补性。例如，水路运输与港口集疏运系统存在着互补关系，所以水运价格提高会使港口汽车运输需求量减少。

（3）$E_{dxy} = 0$，表示运输服务 X 的价格变动对运输服务 Y 的需求没有影响，说明两种运输服务互相独立、互不相关。例如，中短途公路运输与航空运输无替代性和互补性，所以航空运价提高，对公路运输需求量没有影响。

4．运输需求的派生弹性

运输需求派生弹性用来分析运输需求随其本源需求的变化而变化的灵敏程度。运输需求派生弹性分为运输需求生产派生弹性和运输需求商品派生弹性。运输需求生产派生弹性，简称运输需求生产弹性，是指运输需求量对工农业生产水平变化的反应程度，主要应用于宏观运输经济分析，这里不再赘述。

运输需求商品派生弹性是指运输需求量对商品需求变化的反应程度，用弹性系数表示为：

$$E_c = \frac{货运需求量变化率（\%）}{商品需求变化率（\%）} = \frac{\Delta Q}{\Delta C} \times \frac{C}{Q} \qquad (2\text{-}4)$$

式中：E_c——运输需求交叉弹性；Q——商品运输需求量；ΔQ——商品运输需求量的变化量；C——商品需求量；ΔC——商品需求量的变化量。

运输需求商品派生弹性主要用于微观运输经济分析，通过商品派生需求弹性的计算和分析，可以比较不同商品对运费的负担能力，也可以分析运输量相对于商品需求量增大或减小的原因。例如，如果 E_c 是正数，可能商品的需求量转化为企业货运的需求量，如果大于 1，说明自己还增加了其他商品的货运量；反之，如果小于 1，说明增加的商品需求量没有形成本企业的货运量，流失了客户。如果是负数，说明自己的货运量反向减少，不但增加的商品需求量没有抓住，反而流失了原来的货运量。

5. 运输需求弹性的基本特点

（1）从社会运输总需求来看，货物运输的需求是缺乏弹性的。这主要是因为：运输需求源自实体产品的需求，而运输费用只占一般产品成本的小部分，所以从整个社会来说，货物运输价格的降低不会明显增加社会总的货运需求量；只有运输价格显著降低，以至于使得产品价格明显下降了，产品需求才会大量增加，从而引起货物运输需求量的大量增加。

（2）从不同运输方式来看，运输需求是富有价格弹性的。例如，由于替代性的存在，在几种相互竞争的货物运输方式中，一种运输方式（如铁路运输）降低运价，就会夺走另一种运输方式（如公路运输）的货运量，从而引起该方式的货物运输量增加。例如，在同一流向，铁路运输费率的下降就会使铁路货物运输的份额增加。

（3）就某种运输方式的具体承运人来说，运输需求是富有价格弹性的。例如，由于存在同行业的竞争者，在其他条件基本相同的情况下，某一运输企业运价下降，就会获得更多的客户和货源，从而获得更大的运输量。

（4）一般来说，运输需求是富有服务弹性的。假设运价不变，对于运输方式需求的变化或对于具体运输者的需求变化相对于运输服务水平变化较为敏感，也就是说运输需求对于服务水平是富有弹性的。例如，如果甲公司运送货物准时到货率是 95%，乙公司的准时到货率为 70%，那么，就会有更多的货主选择甲公司，所以该公司的货物运输量就会增加。

提示：需求弹性对企业的启示

（1）企业在进行运输定价或改变价格时，应考虑到价格弹性的影响因素，如替代性、货物特点、运量等。价格弹性大，对于价格的改变应特别慎重。提价，可能会丧失客户；降价，应考虑自己的承担能力。价格弹性小，价格调整余地较大，但应考虑潜在竞争者的进入。企业可以针对不同的市场，灵活应用不同的运价策略。单位弹性时，可依据不同经营目标，灵活采取定价策略，如要扩大市场份额时，将竞争对手挤出市场，可降低运价；如要树立企业讲求质量的形象，可提高其运输服务质量，并适当提高运价。

（2）根据服务弹性的特点，运输企业在制定经营策略时，要了解客户对于运输服务水平的重视程度或者服务水平高低的影响程度。服务水平高，一般会带来运输量的增加，但同时也会使运输成本及其他成本增加，所以要综合考虑确定合理的服务水平。

（3）鉴于运输需求交叉弹性的特点，企业可以通过降低运价，吸引行业内企业甚至是不同运输方式的运输企业的客户；企业在提高运价时，要注意客户会流向行业内企业甚至是不同运输方式的企业。

（4）通过分析派生弹性，企业可以掌握本身运输量相对于商品需求量的变化情况及其原因，了解企业适应运输市场变化的设备、技术、营销等方面的能力，为企业制定运价及其他经营决策提供依据。

2.3 运输市场供给

2.3.1 运输市场供给的含义及特点

1．运输市场供给的含义

在运输市场中，物流公司或其他企业拥有运输车辆，向社会提供运输服务，即向运输市场供给运输产品。所谓运输市场供给，就是指在一定时期内和一定价格下，运输的提供者愿意并且能够提供的运输服务的数量。运输市场供给有两个需要同时具备的条件：一是供给者具有出售这种运输产品的愿望；二是供给者必须有提供运输产品的能力。

运输供给从范围上可分为个别供给、局部供给和总供给三种。个别供给是指特定的运输生产者所能提供的运输产品或服务；局部供给是指某个地区的运输生产者所能提供的运输产品或服务，或者是某种运输方式所能提供的运输产品或服务；总供给是从全社会、整个国民经济角度来考察的运输供给，它是千千万万个运输生产者从不同角度、不同地区、不同运输方式所提供的个别供给和局部供给的总和。

一家运输公司向当地提供运输服务，会涉及多方面的内容，包括：①运输供给能力，即承运货物的数量；②运输方式，即水运、铁路、公路、航空和管道五种运输方式；③运输布局，即运输基础设施在空间的分布、运输工具和设备的配备状况；④运输经济管理体制，包括为指导运输业发展而建立的运输所有制结构、运输企业制度、运输资源配置方式，以及相应的宏观调节机构、政策和法规等。任何一种运输供给都是这几个方面相互衔接与配合、共同作用的结果。

2．运输市场供给的特点

（1）不可贮藏性。运输产品的不可贮藏性表明运输业不能采取产品贮备的形式，而只能采取运输能力贮备的形式来适应运输市场变化。这就需要超前投资运输设施和运输设备，但这会使运输业面临适应市场增长需求需要和可能因市场供过于求而产生风险的局面。

（2）整体性。由于运输供给涉及许多方面，所以任何一种运输供给即运输服务的完成，都需要运输设施与设备、运输网络的衔接与配合，甚至包括公路、铁路、水运、航空线路等运输线路与车站、港口、机场等节点的统一规划和协作。

（3）不平衡性。除了运输需求不平衡性带来的时间、空间上供给的波动性之外，运输供给的不平衡性还表现在运输方向上。例如，矿区矿石的外运需求非常大，而矿区生产及生活资料的反向运输需求相对很小；同时，因运输车辆的特殊性致使回程运输需求几乎为零，这都使得运输供给出现不平衡。这种不平衡使得运力浪费，运输成本上升。

（4）公共性。一般来说，道路、铁路、车站、机场等基础设施都是社会基础设施的一部分，并且也是为整个国家和地区服务的，因此作为一项公共事业，运输的基础设施大多是由政府投资并为大众服务的。

（5）部分可替代性。不同运输方式可以相互替代，但是有一定的条件限制。例如，我国一些地区在治理"超载超限"的背景下，公路运输在一些大宗物资上的运输量减少，转由铁路和水路运输。

（6）巨大的外部性。如 1.4.2 节所述，运输对于政治、经济、社会和军事等都具有重要意义，这些是运输供给带来的正外部性。与此同时，大气污染、水和土地污染，以及交通拥挤、安全问题等，这些是运输供给带来的负外部性。

2.3.2　运输市场供给的影响因素

与运输市场需求类似，运输市场供给也受政治、法律政策、经济、价格、科学技术等因素的影响。在价格方面与运输需求相反，运价水平与运输供给量成正比关系，如图 2-6 所示。图中 S 表示运输供给曲线。在通常情况下，运输价格上升，运输供给量会相应增加；反之，则运输供给量减少，这被称为运输供给定理。

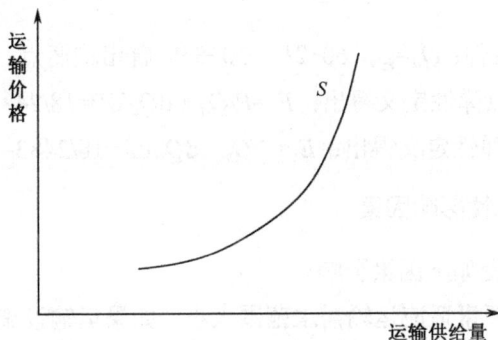

图 2-6　运输供给曲线

阅读资料：《班轮行业规模经济新空间在哪》

2.3.3　运输市场供给弹性

1. 运输供给价格弹性表达式

供给价格弹性与需求的价格弹性相对称，反映某一运输供给对于运价变化的敏感程度，其表达式为：

$$E_S = \frac{\Delta Q_s / Q_s}{\Delta P / P} \qquad (2\text{-}5)$$

式中：E_S——运输供给弹性；Q_S——运输供给量；P——运输价格；ΔQ_S——运输供给量的变化量；ΔP——运价的变化量。

根据式（2-5），运输供给的价格弹性为正值。应注意在同一条运输供给曲线上不同点的价格弹性是不同的。运输供给价格弹性一般有以下五种情况。

$E_S > 1$ 说明运输供给曲线富于弹性；

$E_S < 1$ 说明运输供给曲线缺乏弹性；

$E_S = 1$ 说明运输供给是单位弹性；

$E_S = 0$ 说明运输供给无弹性，在图像上表现为一条垂直的供给曲线，表示无论价格如何变动，供给量都保持不变；

$E_S = \infty$ 说明运输供给完全富于弹性，在图像上表现为一条水平的供给曲线，表示对于某一给定的价格，供给者愿意提供任意数量的产品或服务；而只要价格稍有变化（使变化量是无穷小），供给量也会骤降至零。

例 2-2 已知某产品的需求函数为 $Q_d=60-2P$，供给函数为 $Q_s=-30+3P$，求均衡点的需求弹性和供给弹性。

解：（1）供求均衡条件：$Q_d=Q_s$，$60-2P=-30+3P$，解出均衡点：$P=18$，代入 $Q_d=Q_s=24$；

（2）根据需求点弹性定义得出：$E_d=P/Q_d \cdot dQ_d/dP=18/24 \times (-2)=-3/2$；

同理，根据供给点弹性定义得出：$E_s=P/Q_s \cdot dQ_s/dP=18/24 \times 3=9/4$。

2．运输供给价格弹性影响因素

运输供给价格弹性受如下因素影响。

（1）运输供给的各要素适应运输需求范围大小。如果运输设施、运输工具，以及劳动力等要素适应运输需求的范围大，则供给弹性大；反之供给弹性就小。例如，对于某一运输市场来说，普通货车适运货物范围广，便于灵活调配，供给价格弹性大；而冷藏车专用性强，难以在不同运输市场间转移，因此供给价格弹性较小。

（2）运力调整的难易程度。通常情况下，能够较快增加或减少运力的运输方式，其供给价格弹性较大；反之，难以增加或减少运力的运输方式，对价格变动的反应不敏感，其供给价格弹性较小。例如，定期船市场和不定期船市场相比，定期船市场难以调整运力，供给价格弹性较小；后者较为灵活，供给价格弹性较大。

（3）运输成本增加幅度的大小。一般地，如果一种运输供给增加使得运输成本增加较多，则其供给价格弹性较小；反之供给价格弹性较大。例如，利用超载增加运力和购置新车增加运力比较，如果前者因支付罚款等费用增加运输成本小于后者增加的成本，那么运输者会更多地选择前者，所以前者供给价格弹性较大，而后者则供给价格弹性较小。

3. 运输供给价格弹性的特点

（1）与考察期间的长短有关。一般来说，由于运输业投资大、周期长、运力储备风险大，短期内增加或减少运力较难，所以短期供给价格弹性较小；反之，则长期供给价格弹性较大。

（2）与供需状况有关。如果某种运输市场运输需求量低，供大于求，则供给价格弹性较大；反之，运输市场供不应求，则供给价格弹性较小。

（3）与运价波动趋势有关。如果运价上涨趋势明显，供给者更愿意增加运力，则供给价格弹性较大；反之，出现运价下跌趋势，一些运力难以退出或不情愿退出市场，所以供给价格弹性较小。

（4）各种运输方式供给价格弹性不同。由于不同运输方式调整运力或进出市场的难易程度有差异，所以不同的运输方式供给价格弹性也是不同的。一般来说，供给价格弹性由大到小的顺序是：最大的是公路运输供给价格弹性，其次是由于空运和水运供给价格弹性，然后是铁路运输供给价格弹性，最后是管道运输供给价格弹性。

（5）个别市场与整体市场供给价格弹性不同。一般来说，个别市场的供给价格弹性较大，整体市场的供给价格弹性较小。

4. 运输供给的交叉价格弹性

运输供给交叉价格弹性反映某种运输服务价格的变动引起的另一种运输服务供给变动的程度，其表达式为：

$$E_{sxy} = \frac{\Delta Q_x / Q_x}{\Delta P_y / P_y} \tag{2-6}$$

式中：E_{sxy}——运输供给交叉弹性；Q_x——另一种被替代的运输服务 X 的供给量；ΔQ_x——另一种被替代的运输服务 X 供给量的变化量；P_y——一种可替代的运输服务 Y 的价格；ΔP_y——一种可替代的运输服务 Y 的价格变化量。

一般地，运输供给交叉价格弹性与需求交叉价格弹性符号相反。$E_{sxy} > 0$，表示运输供给具有可替代性；$E_{sxy} < 0$，表示两种运输供给存在互补性；$E_{sxy} = 0$，表示两种运输供给互相独立。

运输行业管理者及运输企业在制定行业、企业的运输发展规划时，应当考虑不同运输项目的替代性和互补性影响。同样，运输企业在选择价格策略时，要考虑不同运输方式之间的替代性和互补性。

2.3.4 运输市场供给与需求之间的关系

从整体来说，运输市场供给和需求是相互依存、互为前提的。一方面，运输需求引起运输供给。一个地区制造业发达，有大量的原材料和产品等货物需要运输，必然吸引众多运输企业与制造企业合作以提供运输服务，同时，运输需求的增加会刺激更多的资金投入到运输行业，使之增加更多的基础设施和设备，吸收更多的劳动力，从而促使运输供给量增加。另一方面，运输供给满足运输需求。运输企业通过提供运输服务，可以将工商企业的产品运送到指定地点。同时，随着整个社会运输工具的技术水平提高和数量增加，某一地区运输能力增加，会吸引更多的货物在本地区集散，增加更多的运输需求。所以，在一个完全竞争的市场中，运输市场供给和需求的变化一般情况下是同向变化的。

各种运输方式适合不同的运输对象。一个地区有多种不同的产业，其运输需求在数量和质量水平上不同，这就要求运输服务供给者在车辆、人员、服务等方面与之对应，运输需求的规模和特征直接影响到运输供给的规模与特征。例如，我国东部沿海地区经济发达，无论运输需求的规模还是运输需求的质量都比中西部地区的水平高，所以我国东部地区运输业发达，运力的规模与质量水平普遍比中西部地区高。

从运输需求与供给状况来看，与一般的商品市场类似，运输市场需求与供给仍然存在供大于求和供小于求的现象。

应用案例

某山区新开通了公路，交通有了很大改观，因此当地的山货及农产品可以方便外运。M运输公司首先开始山区货运的业务，由于山区产品广受欢迎，所以业务量不断增加，运价也逐渐提高，因此获取了丰厚的利润。但好景不长，2年之后许多运输公司也开始陆续加入该地区货物运输，使得甲公司的业务量减少，价格降低，利润大幅下降，并开始出现了车辆装货量少、恶意压价等现象。

案例说明，对于M公司来说，市场运输供给弹性比较大，需求弹性也比较大；当价格较高、有利可图时，就会有更多的运力增加，逐渐造成运输市场供需平衡，甚至供大于求的局面。这就需要依据市场的力量优胜劣汰，也需要政府依据政策加强监管。

2.4 运输市场管理政策

2.4.1 运输市场管理政策的含义及类别

运输市场管理政策亦即运输政策，是指国家或国际组织按照一定时期内经济与社会发展对运输的需要，而制定的约束运输参与者行为的依据和准则，具体体现为与交通运输有关的法律、条例、规章、政府或其他相关组织具体文件等。

我国现行运输政策的基本形式可以分为如下两类。

（1）法律类运输政策，表现为有关运输的各种法律、法规；

（2）行政类运输政策，表现为有关运输的各种"意见""通知""规划"等。

运输政策也可以按照运输方式分为综合运输政策、铁路运输政策、公路运输政策、水路运输政策、航空运输政策、管道运输政策、城市交通政策等。有关我国运输及物流的政策可以参考近几年的《中国现代物流发展报告》（国家发展和改革委员会经济运行调节局、南开大学现代物流研究中心主编，中国物资出版社出版）。

2.4.2　法律类运输政策

1．公路运输法

我国公路运输法律法规相对比较健全。《中华人民共和国公路法》是我国公路运输方面的主要立法，此外还有《中华人民共和国道路运输条例》《道路货物运输及站场管理规定》《超限运输车辆行驶公路管理规定》《道路货物运输服务业管理办法》《中华人民共和国道路交通管理条例》《城市道路管理条例》《道路零担货物运输管理办法》《高速公路交通管理办法》等一系列法律规范。

2．水路运输法

我国在水路运输方面的法律规范主要有《中华人民共和国海商法》《中华人民共和国海上交通安全法》《中华人民共和国航道管理条例》《中华人民共和国水路运输管理条例》《中华人民共和国国际海运条例》等。

3．铁路运输法

《中华人民共和国铁路法》是我国铁路运输方面的主要立法，此外还有《铁路货物运输管理规则》《铁路运输安全保护条例》《铁路货运事故处理规则》《铁路集装箱运输管理规则》等。

4．航空运输法

我国航空运输的法律规范主要有《中华人民共和国民用航空法》《通用航空飞行管制条例》《中华人民共和国民用航空安全保卫条例》《航空货物运输合同实施细则》《中国民用航空货物国内运输规则》和《中国民用航空货物国际运输规则》等。在国际方面，我国先后签署、批准了多个国际公约和议定书，并与一些国家签订了双边航空运输协定，这也是我国的民用航空运输法律体系的一部分。

5．货运代理法

我国有关货运代理的法律规范主要有《中华人民共和国国际货物运输代理业管理规定》《中华人民共和国国际货物运输代理业管理规定实施细则》《外商投资国际货物运输代理企业审批规定》。

6．其他法律

除上述法律、法规外，对运输活动同样具有调节作用的法律、法规还有《石油天然气管道保护条例》《中华人民共和国合同法》《中华人民共和国运输合同法》《中华人民共和国城市规划法》《中华人民共和国土地管理法》《中华人民共和国环境保护法》《中华人民共和国水污染防治法》《中华人民共和国海洋环境保护法》和《外商投资国际货物运输代理企业管理规定》等。

2.4.3　行政类运输政策

运输政策在一个国家或地区的运输市场中，对于优化资源配置、支持和协调运输业发展、弥补市场缺陷和促进公平竞争等都具有重要作用。运输政策主要包括如下几个方面。

（1）支持性政策。就是利用财政、税收、金融、技术等方面的政策，以鼓励和支持运输业发展。例如，政府投资兴建铁路、公路、港口等大型基础设施；在土地、税收方面给予优惠政策；对于中小型企业提供融资方面的支持；利用财政和金融手段对企业设备和信息技术的升级提供支持。

（2）管制政策。包括企业市场准入管制、价格管制、竞争管制、外企进入管制、道路交通管制等，目标是创造一个公平、公正的竞争环境。

（3）协调政策。主要是促使各级政府、不同部门、不同区域在管理上和政策上合理分工、有效协同、规范有序。例如，通过协调，可以解决地方保护、区域封锁、行业垄断、市场分割的现象。

📖 应用案例

GB1589—2016 实施后货车市场的变化

被称为"史上最严治超法规"——GB1589—2016 实施后，如同给 2016 年下半年的重卡市场打了一剂强心针，使重卡市场在短期内实现了久违的高速增长。

中国重汽集团销售部鲁南分公司负责人说："我们在法规实施前就已经意识到市场会出现一定提升，但没想到涨幅会如此之大。"据他介绍，目前鲁南分公司主要负责山东省南部五个地市中国重汽豪沃、豪瀚等品牌的销售与服务。新 GB1589 实施后，鲁南地区重卡市场销量增速非常快，且主要用户群体来自物流行业，因此，牵引车在整体销售中占比达到 60%。此外，受新规影响，6×4 驱动车型成为主销车型。

另外，新规实施之后，市场对高端车型的需求也呈上升趋势，搭载 10L 大排量发动机的大马力车型受到欢迎。特别是豪沃 T7H540 马力 6×4 牵引车，在跑云贵川、新疆干线的用户中口碑非常好。平原地区的干线运输用户更加偏爱类似于豪沃 T7HB 版 440 马力牵引车，偏向经济性车型的用户则对搭载 MC11 发动机的大马力、大排量豪瀚平台牵引车更为关注。

《汽车、挂车及汽车列车外廓尺寸、轴荷及质量限值》（GB1589—2016）是强制性国家标准，规定了汽车、挂车及汽车列车的外廓尺寸及质量限值，所以它成为路政、交管等部门公路超载超限治理的基本技术依据，将极大地支撑车辆运输车治理、货车非法改装整治和货车超载超限行为整治等专项行动，大大促进符合标准要求的新车型推广。所以GB1589—2016 的实施一方面增大了标准车型的市场供给，另一方面减少了不符合标准车辆的供给。

资料来源：改编自 2017 年 2 月 8 日《现代物流报》文章"新规上马后运输市场哪变了？听听销售一方怎么说"（作者吴斯）。

本章小结

任何运输企业都会依赖于市场环境及政策。运输市场的参与者包括需求者、供给者、中介者、政府，他们共同组成了运输市场。运输市场有较强的空间性和时间性，是典型的服务性市场。依据不同的研究目的，可以对运输市场进行多种分类。运输市场按运输方式可分为公路运输市场、铁路运输市场、水路运输市场、航空运输市场、管道运输市场；按市场供求状况可分为买方运输市场、卖方运输市场和均势运输市场；按市场结构可分为完全竞争运输市场、垄断竞争运输市场、寡头垄断运输市场和完全垄断运输市场。

物流运输市场的需求具有派生性、与经济的相关性、广泛性、多样性、部分可替代性、时空的不平衡性等特点，受到经济因素、价格因素、政治因素、技术因素、运输网的布局与运输能力等方面的影响，而需求弹性则是反映需求量相对于对应影响因素变化的敏感程度。物流运输市场的供给具有整体性、不平衡性、时空差异性、公共性、部分可替代性等特点，也会受到经济因素、政治因素、技术因素、市场价格因素等方面的影响，而供给弹性则是反映供给量相对于对应影响因素变化的敏感程度。

政府是运输市场管理的主体，可以运用法律的、经济的和行政的手段进行宏观管理和微观管理。运输政策是政府制定的约束运输参与各方行为的依据和准则，包括法律类运输政策和行政类运输政策。

复习及练习

一、主要概念

运输市场　运输市场需求　运输市场需求价格弹性　运输市场需求交叉弹性
运输市场供给价格弹性

二、思考及练习题

1. 运输市场的构成是什么？

2. 运输市场的特征对于运输企业的启示是什么？

3. 根据本章及第 1 章内容，如何理解运输产品、运输供给、运输需求，以及运输生产、运输消费之间的关系？

4. 分析说明下面运输市场属于何种运输市场。

海运中的不定期船市场，我国铁路运输市场，我国沿海、内河运输市场，公路运输市场，海运中的班轮运输市场，快速货运市场，集装箱运输市场，超限货运市场。

5. 以某具体运输市场为例，分析其运输需求的影响因素。

6. 试举例说明运输市场需求价格弹性。

7. 举例说明运输市场供给价格弹性的影响因素。

8. 某运输市场需求函数为 $Q_d=500-50P$，供给函数为 $Q_s=-25+25P$，通过计算说明市场均衡价格、均衡产量，以及均衡时的需求价格弹性和供给价格弹性。

9. 在其他因素影响忽略的情况下，试比较下列不同运输需求价格弹性。

（1）运送 800 吨水泥与运送 10 吨洗衣粉；

（2）运送儿童服装与运送体积相同的笔记本电脑。

10. 经测算，Y 运输企业第三季度运输某商品 0.4 万吨，第四季度是 0.45 万吨，而当地几家主要商家签订合同购买该商品的量，第三季度是 1 万吨，第四季度是 1.2 万吨。计算该企业运输需求的商品派生弹性，并说明此结果对该企业意味着什么。

11. 试举例说明，政府某项运输政策的出台及实施对运输企业的影响。

案例分析

川藏公路运输：因青藏铁路而变

2006 年 7 月 1 日，青藏铁路开通，青藏公路上的客货运输日趋低迷，川藏公路客运量急剧萎缩，公路货运量大幅度下滑。青藏铁路的开通打破了进藏的交通运输格局。

青藏铁路开通之前，已经形成了 5 条进藏路线，分别是新藏公路、飞机航线、川藏公路、滇藏公路和青藏公路。由于地理位置的天然优势，成都历来是进藏门户。不过，青藏铁路的开通使得其"门户"地位发生动摇。川藏公路运输已是风光不再，面临着巨大的压力。

此前，这条线路无疑是一条热线。2006 年春节后的高峰期，即使一天发四五列班车，五块石客运站每天至少还有两三百人滞留，周围的旅馆里挤满了等待去拉萨的淘金者。这样的火爆场面曾持续了多年，而现在是另一番景象。7 月 5 日，成都五块石客运站的一位司机说："我们的客源减少了至少 60%！"

"由于铁路的分流，现在整个东货运站一天最多才发两车货到拉萨，总重 40 多吨，比原来的发货量少了近三成。"一位长期跑成都至拉萨的货运老板颇显无奈。在成都，因青藏铁路开通而受影响的货运老板不在少数。据了解，目前在成都货运市场上长期跑成都至拉萨等线路的货运车辆至少在 250～300 辆。这些货运车虽然不少挂着藏、甘字头的车牌，但车老板绝大多数仍是四川人。

"青藏铁路的货运价格至少比公路运输低一半，大约为 650～700 元/吨，而公路运输整车的价格至少都要 1 000～1 200 元/吨。"从事西藏、甘肃青藏一线的某货物运输公司总经理说，"火车的价格优势相对汽车太明显了，今年国内几次提高成品油价格，我们都不敢提高成都至拉萨一线的货运价格，反而还主动降价，前几年整车的货运价格至少在 1 300～1 500 元/吨，而现在最多才 1 200 元/吨。现在火车运输在时间上尚比汽车长，但等火车货运走上正轨后，今后这一线的货运老板转跑其他线路将是一种必然。"不少货运老板也表示，观望一段时间后将决定是否再继续做这一线运输。

但是也有一些运输公司认为，青藏铁路会促进进藏公路货运的发展，进藏公路货运前景看好。新三环货运场内的某货运公司经理说，青藏铁路的运营对从成都到西藏的公路货运的影响肯定会有；青藏铁路通车伊始，一些货主可能会选择铁路运输，进而从速度、成本等方面和进藏公路运输作对比，公路货运量会相应减少，对公路运输可能不利，但从长远看，进藏公路货运前景看好，他对与铁路货运的竞争充满信心。

注：案例根据 2006 年有关新闻报道整理。

案例问题

1. 运用本章知识分析川藏公路货运变化的原因。
2. 成都一些运输公司对于未来进藏公路运输前景看好，请你谈谈自己的看法。

第3章 公路运输

学习目标

- 了解公路运输的基本知识，包括组织形式、车辆及工具、场站等。
- 理解公路整车运输的条件、组织方法。
- 理解甩挂运输的运营模式及条件。
- 理解公路零担运输的条件、组织形式。
- 掌握公路运输企业生产计划编制的基本内容。
- 掌握公路运输成本的构成、影响因素及控制方法。

3.1 公路运输概述

3.1.1 运输工具

运输企业在货物的装卸、运送及包装等多个运输环节中，需要使用多种工具及相应的道路、货场或仓库等设施。公路运输工具一般包括运输车辆、装卸搬运工具和包装工具等。

1. 公路运输车辆

根据我国国家标准 GB/T 3730.1—2001《汽车和挂车类型的术语和定义》，公路运输车辆主要包括以下种类。

（1）普通货车。一种在敞开（平板式）或封闭（厢式）载货空间内载运货物的货车。

（2）多用途货车。在其设计和结构上主要用于载运货物，但在驾驶员座椅后带有固定或折叠式座椅，可运载 3 名以上的乘客的货车。

（3）牵引车与挂车。牵引车是专门或主要用于牵引挂车的汽车。挂车是一种无动力，需要牵引车牵引的车辆。半挂牵引车是装备有特殊装置用于牵引半挂车的车辆。全挂牵引车是一种牵引牵引杆式挂车的货车。

（4）越野货车。在其设计上所有车轮同时驱动（包括一个驱动轴可以脱开的车辆）或其几何特性（接近角、离去角、纵向通过角、最小离地间隙）、技术特性（驱动轴数、差速锁止机构或其他形式的机构）和它的性能（爬坡度）允许在非道路上行驶的一种车辆。

越野车根据其在较差道路上的装载质量不同可分为轻型、中型和重型越野车。

（5）专用货车。在其设计和技术特性上用于运输特殊物品的货车。例如，罐式车、乘用车运输车、集装箱运输车等。

（6）特种车。特种车即变型车，这类车辆是在汽车底盘上安装了专用设备或车身，专供完成特种任务的汽车。特种货车包括罐车、自卸车、冷藏车等。

（7）汽车列车。是指一辆汽车（包括牵引车、普通汽车等均可）与一辆或一辆以上挂车的组合。根据组合方式的不同，汽车列车又分为全挂汽车列车、半挂汽车列车和双挂汽车列车。

此外，运输车辆按驾驶室结构分为长头式货车、短头式货车、平头式货车、双排座货车、卧铺式货车、偏置式货车等；按车厢结构分为栏板式货车、厢式货车、油罐车、自卸车、汽车列车等；按最大总重量可分为微型货车（<1.8t）、轻型（1.8～6t）货车、中型（6～14t）货车、重型（>14t）货车 4 种类型。

2. 装卸与包装工具

汽车运输常用的装卸（搬运）机械包括固定式、移动式和随车式装卸机械 3 种基本类型。

固定式装卸机械指安装于固定工作地点的装卸设备，多用于货运量大、货流稳定及装卸地点固定的场合，如固定式起重机、气动运输机、汽车翻倾机等。

移动式装卸机械有自行移动式和非自行移动式两种。非自行移动式装卸机械，指仅有移动装置而无移动动力机构的装卸机械。在汽车货运装卸工作中采用较多的有移动式起重机、移动式输送机等，一般用在货运量大、货流有季节性变化、装卸货地点工作时间较长的场合。

随车式装卸机械即安装在运输车辆上的装卸机械，适于在货运批量小、货流不稳定、装卸点多而分散的情况下采用，如轻型汽车吊车、自卸汽车、起重后栏板式汽车等。

运输包装以运输储运为主要目的，其包装工具主要包括打包机、封箱机、封膜机、封口机、贴标机、缠膜机等。

3.1.2　运输设施

公路运输的基本设施主要包括道路、公路场站等。功能齐全、网络发达的公路基础设施是提高公路运输组织化程度、实现公路运输现代化、发挥公路运输优势的条件和保证。

1. 道路

根据《公路工程名词术语（JTJ 002—87）》，道路是供各种车辆（无轨）和行人等通行的工程设施。按其使用特点分为公路、城市道路、林区道路、厂矿道路及乡村道路等。

公路是指连接城市、乡村和工矿基地等，主要供汽车行驶且具备一定技术条件和设施的道路。按照《公路工程技术标准（JTG—2003）》规定，公路根据功能和适应的交通量分为高速公路、一级公路、二级公路、三级公路、四级公路5个等级。公路上设有交通标志、路面标线和路标、交通信号等交通控制设备，如表3-1所示。

表3-1 公路等级

公路等级	公路使用任务、性质或意义	AADT（辆/天）	标准车
高速公路	一般设计为四车道以上，具有特别重要的政治和经济意义，专供汽车分向、分车道高速行驶，并全部控制出入的干线公路	≥25 000	小客车
一级公路	一般设计为四车道，连接重要政治、经济中心，通往重点工矿区、港口、航空港，专供汽车分道行驶，并根据需要控制出入的公路	15 000～30 000	小客车
二级公路	一般设计为二车道，连接政治、经济中心或大型工矿区、港口、机场等地专供汽车行驶的公路，或运输任务繁忙的城郊公路	3 000～7 500	中型货车
三级公路	一般设计为二车道，是沟通县以上城市的一般干线公路	1 000～4 000	中型货车
四级公路	一般设计为一车道或二车道，沟通县、乡、村等的支线公路	≤1 500（双车道） ≤200（单车道）	中型货车

注：AADT为标准车的平均日交通量。

资料来源：根据张敏、黄中鼎编著的《物流运输管理》第13页与张旭凤编著的《运输与运输管理》第110页相关资料整理而得。

根据作用及使用性质，公路还可以划分为国家干线公路（国道）、省级干线公路（省道）、县级干线公路（县道）、乡级公路（乡道）及专用公路。

按照《城市道路工程设计规范（CJJ37—2012）》，根据道路在道路网中的地位、交通功能及对沿线的服务功能等，城市道路分为快速路、主干路、次干路和支路4个等级。

2. 节点

传统意义上的运输节点是指进行储存、转运等功能活动的场所，主要包括公共仓库、货运港口、公路场站、火车货运站、停车场、维修站等。而现代意义上的运输节点即物流节点，主要包括物流园区、物流基地、物流中心、配送中心、公路货运站场。

（1）物流园区。物流园区是对物流节点进行相对集中建设与发展的，具有经济开发性质的城市物流功能区域。在《物流术语》中的定义是：为了实现物流设施集约化和物流运作共同化，或者出于城市物流设施空间布局合理化的目的而在城市周边等各区域，集中建设的物流设施群与众多物流业者在地域上的物理集结地。

（2）物流基地。物流基地与物流园区含义接近，但没有统一的定义。一般是指具有专业性、综合性物流功能的区域，一般能够衔接干线、支线运输和市内配送、集散运输的主要物流节点；规模较大、处理货物的能力较强；有一定储存能力和调节功能。

（3）物流中心。物流中心是物流网络的节点或基础设施，具有物流网络节点的系列功能。在《物流术语》中的定义是：从事物流活动且具有完善信息网络的场所或组织（面向快递业、运输业的称分拨中心）。其基本要求：主要面向社会提供公共物流服务；物流功能健全；集聚辐射范围大；存储、吞吐能力强，能为转运和多式联运提供物流支持；为下游配送中心客户提供物流服务。

（4）配送中心。在《物流术语》中的定义是：从事配送业务且具有完善信息网络的场所或组织，应基本符合下列要求：主要为特定的用户服务；配送功能健全；辐射范围小；多品种、小批量、多批次、短周期；主要为末端客户提供配送服务。

（5）公路货运站场。货运站场是一个交通运输行业的通俗名称，一般指货物集结、待装运、转运的场所，没有严格的定义，规模和功能没有明确界限。公路货运站有时也称汽车站或汽车场，一般具有运输组织、中转换装、装卸储存、中介代理、信息服务、辅助服务等功能；其中最主要的是运输组织，包括货源组织、受理托运、货物的交付、装卸、保管，以及运输车辆的调度、检查、加油、停放、维修等。货运站主要有整车货运站、零担货运站、集装箱货运站等。

相关链接：公路运输枢纽

公路枢纽是指在公路运输网络中两条或者两条以上交通干线的交会场所，由客运枢纽站场和货运枢纽站场组成，具有运输组织与管理、中转换乘与换装、装卸存储、多式联运、信息流通和辅助服务 6 大功能。公路运输枢纽是位于重要节点城市的国家级公路运输中心，与国家高速公路网共同构成国家最高层次的公路运输基础设施网络。2007 年 8 月，交通部公布了在《全国公路主枢纽布局规划》的基础上制定的《国家公路运输枢纽布局规划》，共确定 179 个国家公路运输枢纽，其中 12 个为组合枢纽，共计 196 个城市。

3.1.3　运输组织形式

由于运输的货物往往性质、品种、数量差异很大，需要相应的运输工具、运输设施及技术与之相适应，所以运输便产生了多种不同的运输组织形式。公路运输除了参考 1.2 节中"运输方式的分类"之外，还可以根据不同的标准分为不同的类别。

1．按货物的营运方式划分

（1）整车运输。整车运输是指一批货物的重量或容积至少需要占用一辆货车的运输形式。汽车整车运输则是指托运人一次托运货物的重量必须在 3t（含 3t）以上的运输组织形式。

（2）零担运输。零担运输是指一批货物的重量或容积不满一辆货车，需要与多批货物共用一辆货车装运的运输形式。汽车零担运输则是指托运人一次托运货物的重量不足 3t 的运输组织形式。

（3）联合运输。联合运输的方式有公铁联运、公水联运、公航联运及公公联运等。

（4）集装箱运输。集装箱运输是利用集装箱组织的汽车运输。

2．按货物的运送速度划分

（1）普通货物运输，即一般货物运输或称慢运。

（2）快件运输。根据《道路零担货物运输管理办法》的规定，快件运输从货物受理的当天 15 时起算，300 km 运距内，24 小时以内运达；1 000 km 运距内，48 小时以内运达；2 000 km 运距内，72 小时以内运达。快件运输一般是由专门从事该项业务的公司和运输公司、航空公司合作，派专人以最快的速度在发件人、货运中转站或机场、收件人之间递送急件。

（3）特快专运。特快专运是指应托运人的要求即托即运，在约定时间内运达的运输方式。

3．按运输的服务对象划分

（1）公共运输。公共运输是指专门经营汽车货物运输业务并以整个社会为服务对象的运输形式，其经营方式有定线定期（不论货载多少，在固定路线上按时间表行驶）、定线不定期（在固定路线上视货载情况，派车行驶）、定区不定期（在固定的区域内根据货载需要，派车行驶）。

（2）契约运输。契约运输是按照托运人与承运人签订的运输契约来运送货物。托运人一般都是一些大型企业，常年运量较大且稳定。契约期限一般都比较长，短的有半年、一年，长的可达数年。按契约的规定，托运人保证提供一定的货运量，承运人保证提供所需的运力。

（3）自用运输。自用运输是指工厂、企业、机关自购汽车，专为运送自己的物资和产品，一般不对外营业。

（4）代理运输。代理运输是指公路货运代理人本身既不掌握货源也不掌握运输工具，他们以中间人的身份一面向货主揽货，一面向运输公司托运，借此收取手续费用和佣金。

4．按照运送货物的时间和地点是否固定来划分

按照运送货物的时间和地点是否固定来划分，公路运输可以分为定时和定点运输。定时运输是车辆按运行计划中所拟定的行车时刻表进行工作的运输组织形式。定点运输是对于固定装货点或固定卸货点来说，相对固定车队，专门完成固定货运任务的运输组织形式。定点运输适用于装卸地点都比较固定、集中的货运任务，也适用于装货地点集中而卸货地点分散的固定货运任务。

3.2　公路整车运输

3.2.1　公路整车运输的条件及特点

公路整车运输形式因其货运量大、业务简单、安全高效而受到物流企业的重视，并被普遍应用。

1．公路整车运输的条件

托运人一次托运货物在 3t 以上，或不足 3t，但其性质、体积、形状需要一辆 3t 以上的汽车运输时应按整车办理。整车运输通常是一车一张货票、同一发货人、同一收货人。某些货物重量虽在 3t 以下，但不能与其他货物拼装运输，需单独提供车辆办理整车运输。这些货物包括：

（1）鲜活货物，如冻肉、冻鱼、鲜鱼，活的牛、羊、猪、兔、蜜蜂等；

（2）需要专车运输的货物，如石油、烧碱等危险货物，粮食、粉剂等散装货物；

（3）不能与其他货物拼装运输的危险品；

（4）易于污染其他货物的不洁货物，如炭黑、皮毛、垃圾等；

（5）不易于计数的散装货物，如煤、焦炭、矿石、矿砂等。

2．公路整车运输的特点

（1）货源相对单一。一般情况下，如果一个托运人运往同一个收货点的货物在 3t 以上或体积在 15m³ 以上，都可以采用整车进行运输。

（2）货运量较大。运输对象主要是大宗货物，货源的构成、流量、流向、装卸地点都比较稳定。

（3）运输过程中出现差错的可能性小。由于是整车运输，途中不进行装卸搬运，货物损坏、丢失的概率大为降低。

（4）运输业务过程较简单。承托双方谈判或协商涉及的内容较少，主要是交接方式、地点及运价等，并且可直接确定。在组织过程中，只要在装货点和卸货点交接清楚即可，有时甚至由驾驶员一个人就可以完成全过程。因此，运输公司较喜欢整车运输业务。

（5）与零担运输相比运费较低。整车运输中，单位货物的运输成本要比零担运输低。

3.2.2　公路整车运输组织方法

公路整车运输可以根据货物特点和实际情况，采用双班或多班运输、直达运输或分段运输、拖挂运输等多种组织方法。

1．双班和多班运输

这是按照车辆工作的班次多少来划分的。运输车辆在一昼夜内工作两个班次就是双班运输。运输车辆在一昼夜内工作两个以上班次就是多班运输。采用双班或多班运输的目的是增加车辆的工作时间，避免司机疲劳驾驶，提高车辆的利用率，降低运输成本。一般情况下，双班运输车辆的利用率比单班运输可提高 60%～70%。

就双班运输来说，根据驾驶员劳动组织的不同，它可以分为多种组织方法：一车两人，日夜双班；一车三人，二工一休；一车两人，日夜双班，分段交班；一车三人，日夜双班，分段交班；两车三人，日夜双班，分段交班；一车两人，轮流驾驶，日夜双班。

要做好双班或多班运输，需要做好多方面的工作。要加强劳动组织，科学地安排好驾驶员的工作、学习和休息时间，合理选择交接班的地点；加强技术管理，合理安排好车辆的保修时间，保证有较高的完成率；合理安排日班与夜班任务，将难运的任务（如零星货物运输及循环运输）安排在日班，好运的任务（如大宗货物运输、往复式的货运）安排在夜班；加强企业内外的协作与配合，特别注意和收、发货单位搞好协作关系，内部加强与物资部门、装卸部门，以及其他运输部门之间的联系；必须贯彻安全第一的方针，注意行车安全，尽可能做到定车、定人，确保作业计划的执行。

2．直达运输和分段运输

公路长途运输行车组织常采用直达运输和分段运输两种方法。

直达运输是指每辆汽车装运货物由起点经过全线直达终点，卸货后再装货或空车返回，即货物中间不换车。其特点是车辆在路线上运行时间较长，因此驾驶员的工作制度可以根据具体情况采取单人驾驶制、双人驾驶制、换班驾驶制等方式。

分段运输是指将货物运输路线全线适当分成若干段（区段），每一区段均有固定的车辆工作；在区段的衔接点，货物由前一个区段的车辆转交给下一个区段的车辆接运，每个区段的车辆不出本区段工作。分段运输需要运输企业有严密的运输计划，对货物、车辆、时间，以及人员做出详细安排，特别是做好各个阶段有效地衔接。为了缩短装卸货交接时间，在条件允许时，也可采取甩挂运输。

3．拖挂运输

拖挂运输也称汽车运输列车化，是利用牵引车和挂车组成的汽车列车进行运营的一种运输形式，它有定挂运输和甩挂运输两种形式。定挂运输是指牵引车与挂车不分离，一直作为一个整体进行运输活动。甩挂运输是指载货汽车或牵引车不固定挂车，而是按照一定的运输计划更换挂车运行的形式。在运输过程中，牵引车在卸货点卸下挂车，再挂上另外挂车继续运行。甩挂运输既保留了直达行驶法的优点，又克服了分段行驶法转运时装卸时间长的缺点，使得车辆载重量和时间利用均能得到充分的发挥，所以甩挂运输是一种高效、先进的运输组织形式，具有较佳的经济效益。下面将具体介绍甩挂运输内容。

3.2.3　整车甩挂运输

甩挂运输一般适用于货运量较大、装卸能力不足、装卸时间占汽车列车运行时间比重较大的运输情况。这里以整车货物甩挂运输为主阐述甩挂运输的相关内容。

1. 甩挂运输的适应性

由于货物类型、货源条件和运输组织方式不同，各种运输形式对于甩挂运输适应性各不相同，如表 3-2 所示。

表 3-2　汽车货物运输类别及甩挂运输适应性

运输类别	货源条件	运输组织方式	甩挂运输适应性
零担货物运输	零散货物(每票货物 3t 以下)，件杂货，包裹类	零担班车集零为整，定班定点定线，固定运输网络；干线适用重型车辆	干线适宜一线多点往复式、环形式甩挂运输模式；支线不适宜甩挂运输
快件货物运输	零散小件、包裹类，限时快递	定班定点定线，固定运输网络，干线支线分级运送，干线适用重型车辆	干线适宜一线多点往复式、环形式甩挂运输模式；支线不适宜甩挂运输
整车货物运输	每票货物 3t 以上；件杂货、厂对厂原材料运输，厂对商产成品运输，工商企业专用物流	固定货源按定点定线直达或中转运输；临时货源按直达运输；干线适用重型车辆	固定货源适宜点对点短距离和长距离往复式、滚装和驼背甩挂模式；其他不适宜
大宗货物运输	煤炭、矿石、粮食等的港站对厂商、港站对港站运输	固定货源按定点定线直达或中转运输；临时货源按直达运输；干线适用重型专用车辆	固定货源适宜点对点短距离和长距离往复式、滚装和驼背甩挂模式；其他不适宜
集装箱运输	港口、车站及集装箱中转站对厂商运输，港站对港站运输	固定货源按定点定线直达或中转运输；临时货源按直达运输；干线适用集装箱专用车辆	固定货源适宜点对点往复式、辐射式甩挂模式；其他不适宜
危险货物运输	危险品厂对厂、厂对商、厂对港站专门运输	货源固定，定点定线直达或中转运输；适用危险品专用车辆	大运量固定货源适宜点对点往复式、辐射式甩挂模式；其他不适宜甩挂
鲜活货物及冷链运输	鲜活动物、水产品、蔬菜、冷冻食品等厂(产地)对商专门运输	货源固定，定点定线直达或中转运输；市场内冷链配送；适用专用车辆	干线适宜点对点往复式、辐射式甩挂模式；其他不适宜
物流配送运输	工商企业产成品或零配件配送中心对厂、商专用配送运输	货源固定，定点定线运输；适用专用车辆	干线适宜点对点往复式、辐射式甩挂模式；支线运输不适宜

资料来源：曲衍国："汽车甩挂运输的货源条件及组织模式"，《物流技术》2012 年第 10 期。

2. 甩挂运输的基本运营模式

（1）一线二点甩挂运输，即牵引车在两个作业点之间作短途往复式甩挂运输。根据货流情况或装卸能力不同，可组织"一线两点，一端甩挂"和"一线两点，两端甩挂"，如图 3-1（a）和图 3-1（b）所示。图 3-1（a）说明只在收货点甩挂，即牵引车拖着载货挂车从起点 A 出发，至 B 点后卸下挂车，然后挂上空挂车返回至 A 点，待装货后再发车。图 3-1（b）说明发货点和收货点两端甩挂，即牵引车拖着载货挂车从起点 A 出发，至 B 点后卸下挂车，然后挂上载货挂车返回 A 点，接着拖着另一载货挂车发车。

（a）

（b）

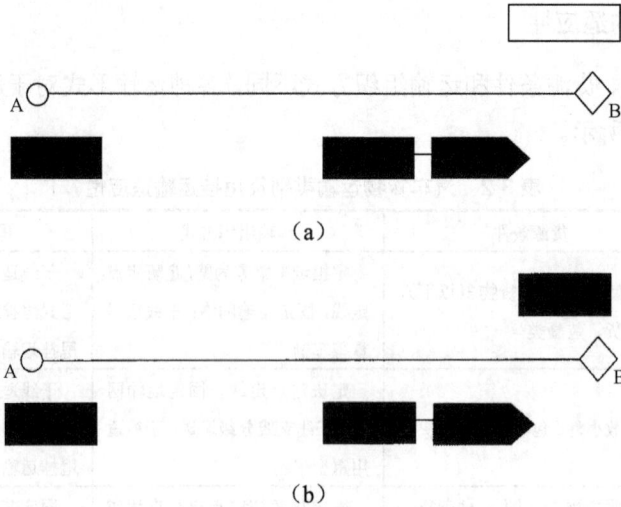

图 3-1　一线二点甩挂运输

　　一般情况下，一线二点甩挂运输适用的条件是：货源稳定，货运量较大，装卸货地点比较固定，运输距离较短，中短途整批货物运输或集装箱运输。整批货物的长途运输和短途零散客户的货物运输一般不适宜采用甩挂运输。

　　（2）一线多点、沿途甩挂。该运输形式是指汽车列车在始发站，按照卸货作业地点的先后次序，本着"远装前挂、近装后挂"的原则编挂汽车列车；在沿途有货物装卸作业的站点，甩下汽车列车的挂车或挂上预先准备好的挂车，直至运行到终点站；汽车列车在终点站整列卸载后，沿原线路返回，经由原甩挂作业站点时，挂上预先准备好的挂车或甩下挂车，直至运行到始发站，如图 3-2 所示。

图 3-2　一线多点、沿途甩挂运输

　　这种运输组织方式适用于装货（卸货）地点集中、卸货（装货）地点分散、货源比较稳定的运输线路。

　　（3）驮背/滚装甩挂运输。在汽车与火车运输的联结点，牵引车将载有集装箱的底盘车或挂车直接开上铁路平板车或船舶上，停妥摘挂后离去；载运集装箱底盘车或挂车的火车或船舶运行至前方换装点，当地的牵引车开上火车或船舶，挂上集装箱底盘车或挂车，直接运往目的地。这种组织形式如图 3-3 所示，其中铁路运输过程称为驮背运输，海上运输过程称为滚装运输。驮背/滚装甩挂运输适用于汽车与火车或轮船进行的联合运输。

　　（4）循环甩挂运输。在闭合循环回路的各装卸点上，配备一定数量的周转挂车（或集装箱），牵引车每到达一个装卸点甩下所带挂车（或集装箱），然后装（挂）上事先装备好的挂车（集装箱）继续行驶。这种组织方法的实质，就是用循环调度的主法来组织封闭回路上的甩挂作业，如图 3-4 所示。

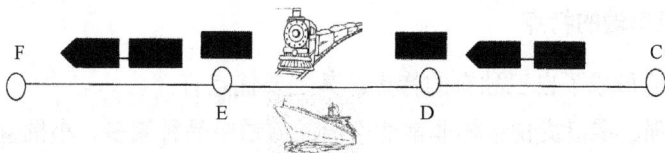

图 3-3　驮背/滚装运输

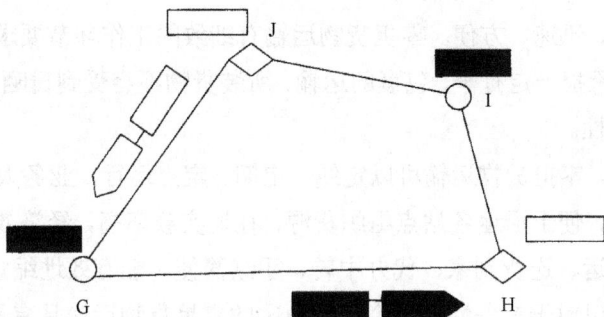

图 3-4　循环甩挂运输

这种甩挂形式适用于经济发达、总体物流量大的区域，具有"小批量、多品种、高时效、高品质"的特征的货物，特别适合已经具有成熟的运输网络，且网络中的货源条件稳定的公路快速货运行业。

阅读材料：《甩挂运输的发展研究》《甩挂运输公路货运切实可行的发展方向》《甩挂运输发展中的制度因素分析》

3.3　公路零担运输

3.3.1　公路零担运输的条件及特点

1．公路零担运输的条件

托运人一次托运重量不足 3t，又不符合整车托运条件的货物都应按照零担运输办理。与整车运输情况相反，某些货物一次托运虽不足 3t，但也不能按零担运输办理，如鲜活货物、需用专车运输的货物、不能与其他货物拼装运输的危险品、易于污染其他货物的污秽货物、难以计数的散装货物等。

适宜公路零担运输的货物具有明显的特点：货物数量小、批次多、品种多、包装不一、到站分散、价格较高。同时，企业经营零担货运需要更多的基本设施，如库房、货棚、货场等，还需要有与之配套的装卸、搬运、堆码机具和苫垫设备等。

2．公路零担运输的特点

零担货物运输形成了自己独有的特点。其主要优点有：

（1）适应性强。零担货物运输非常适合商品流通中品种繁多、小批量、多批次、价高贵重、时间紧迫、到站分散的货物特点，因此，它能满足社会不同层次商品流通的需求，方便大众物资生产和流动的实际需要。

（2）运输安全、迅速、方便。零担货物运输有细致的工作环节要求，零担班车一般都有固定的车厢，可承担一定行李、包裹的运输，所装货物不会受到日晒雨淋，体现出安全、迅速、方便的优越性。

（3）机动灵活。零担货物运输可以定线、定期、定点运行，业务人员和托运单位对运输情况都比较清楚，便于沿途各站点组织货源，往返实载率高，经济效益显著。可以做到上门取货、就地托运、送货到家、代办中转、手续简便，能有效地缩短货物的送达时间，加速资金周转，所以对于竞争性、时令性和急需的零星货物运输具有重要意义。

（4）运送方法多样。零担货物可采用专用零担班车、客车捎带等不同的运送方式，组织工作比较灵活、复杂。

零担货物运输也有明显的缺点，主要包括：

（1）货源不确定。零担货物运输的货物流量、数量、流向具有一定的不确定性，并且运输需求随机性较强，难以预测。这就需要企业加强对零担货运流量、数量、流向的调查，尽可能掌握其变化的规律。

（2）计划性差。零担货物的特点，决定了难以通过运输合同等方式将其纳入计划管理范围。企业需要在货源调查的基础上，灵活地制订货运计划。

（3）组织工作复杂。零担货物运输货运环节多，作业工艺细致，对货物配载和装载要求也相对较高，加上货源不确定、计划性差，所以组织工作较为复杂。

（4）单位运输成本较高。为了适应零担货物运输的要求，货运站要配备一定的仓库、货棚、站台，以及相应的装卸、搬运、堆置的机具和专用厢式车辆。此外，相对于整车货物运输而言，零担货物运输周转环节多，更易出现货损、货差，赔偿费用较高。因此，导致了零担货物运输成本较高。

3.3.2 公路零担运输组织形式

公路零担货物运输的组织形式，主要有固定式零担运输（零担班车）和非固定式零担运输两种。

1．固定式零担运输

固定式零担运输是类似客运班车的一种运输组织形式，也叫"四定运输"，即定线路、定班期、定车辆、定时间，通常又称为汽车零担货运班车（简称零担班车）。零担班车一般是以营运范围内零担货物流量、流向及货主的实际要求为基础组织运行。运输车辆主要以厢式专用车为主。零担班车包括 3 种营运组织形式：直达零担班车、中转零担班车和沿途零担班车。

（1）直达零担班车。直达零担班车是指在起运站将多个托运人托运的同一到站且可以配载的零担货物装在同一车内，直接送达目的地的一种零担班车。这种形式可加快零担货物的送达速度，避免中转换装作业，确保货物完好并节省中转费用，效果较好，在组织零担货物运输时应尽可能地利用这种形式，但它受到货源数量、货流及行政区域的限制，如图 3-5 所示。

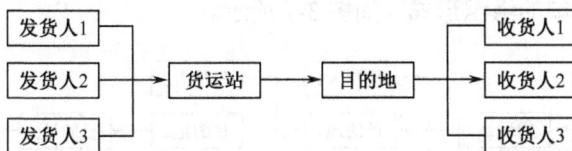

图 3-5 直达零担班车

（2）中转零担班车。中转零担班车是指在起运站将多个托运人托运的同一线路、不同到达站，且允许配装的零担货物装在同一车内运至规定中转站，卸后复装，重新组织成新的零担班车运往目的地的一种零担班车。这种零担运输形式对运量零星、流向分散的零担货物的运输很适用，符合零担货物的特点，但耗费的人力、物力较多，作业环节也较复杂，还涉及中转环节的理货、堆码、保管等作业，中转站必须配备相应的仓库等作业条件，确保货物及时、安全、准确地到达目的地，如图 3-6 所示。

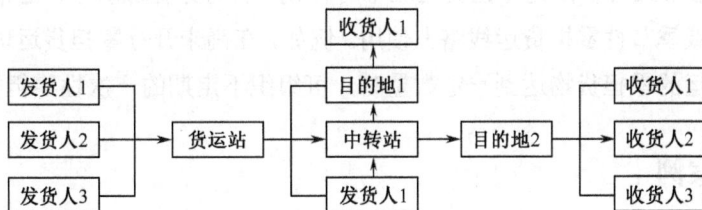

图 3-6 中转零担班车

零担货物的中转作业方法有 3 种：落地法、坐车法和过车法。

①落地法。即将整车零担货物全部卸下交中转站入库，由中转站按货物的不同到站重新集结，另行安排零担货车装运，继续运到目的地。这种方法简便易行，车辆载重量和容积利用较好，但装卸作业量大，仓库和场地的占用面积大，中转时间长。

②坐车法。即核心货物不动，其余货物卸下，另行配装。使用这种方法部分货物不用卸车，减少了装卸作业量，加快了中转作业速度，节约了装卸劳动力和货位，但对留在车上的货物的装载情况和数量不易检查清点。

③过车法。即直接换装中转。当几辆零担车同时到站进行中转作业时，将车内部分中转零担货物由一辆车向另一辆车上直接换装，而不到仓库货位上卸货。组织过车时，既可向空车上过，也可向留有核心货物的重车上过。这种方法在完成卸车作业时即完成了装车作业，提高了作业效率，加快了中转速度，但对到发车辆的时间等条件要求较高，容易受意外因素干扰而影响运输计划。

（3）沿途零担班车。这种形式类似城市公交运输，它是指在起运站将多个托运人托运的同一线路不同到达站且允许配装的零担货物装在同一车内，在沿途各计划停靠站卸下或装上零担货物继续前进，直至抵达终点站的一种零担车。这种方式组织工作较为复杂，车辆在途中运行时间较长，但它能更好地满足沿途各站点的需要，能充分利用车辆的载重和容积，是一种不可或缺的组织形式，如图3-7所示。

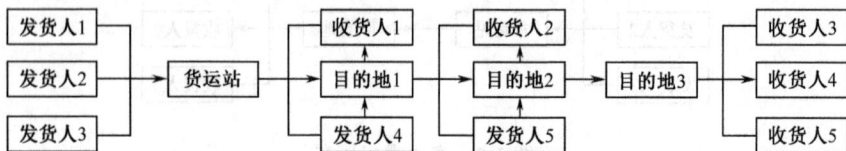

图3-7　沿途零担班车

根据不同的运行速度，零担班车形式还可以划分为普通零担货运班车和快件零担货运班车。快件零担货运班车将在其他章节中阐述。

2. 非固定式零担运输

非固定式零担运输是指按照零担货流的具体情况，根据实际需要，临时组织而成的运输形式。该运输形式可以作为零担货运班车的补充，有时亦称加班车。通常也可以在新辟零担货运线路或季节性零担货运线路上使用。例如，在尚未开行零担货运班车的运输线路上，当受理托运的零担货物达到一定数量时，可组织不定期的一次性零担货物运输。

应用案例

公路货运客运化——货运班车

原来，成都到周边城市的货物只能整车单独发货，货运成本高，而且时间不定。"为什么我们不能像客车一样，让货物也搭上班车，整合零散的货运资源呢？"物流专家的想法，得到了成都传化物流基地的响应。

2009年5月20日，随着成都传化物流基地正式开业，零担快运中心也投入运营。该中心计划开通以成都为起点的，来往于全国220多个中心城市的100多个"城际货运班车组"，形成一个覆盖全国28个省、市、自治区的专线公路运输网络。

货运班车实现了"公路货运客运化",实行定时、定点、定路线,使货物也能搭班车,实现了货物集中,化零为整,整合了零散货运资源,同时也使得客户节约了费用,提高了货运效率。成都市一直都鼓励物流企业开通成都到周边城市的城际班车,并对这些企业给予政策扶持。

继传化物流之后,金桥物流、大西南物流、远成物流、新加坡叶水福集团等物流企业相继涉足货运班车领域。

这种货运班车基本属于过去沿途零担班车的货运组织形式,但在新形势下,它以迅速发展的经济为基础,以企业经济实力、物流网络、信息技术为支撑,在运输规模、范围、管理水平及其对社会的影响方面都有了巨大的提升。

3.3.3　零担运输业务流程

零担运输业务流程主要包括受理托运、验货检斤与起票、入库集结、配载装车、车辆运行、货物中转、货物交付等环节,如图 3-8 所示。

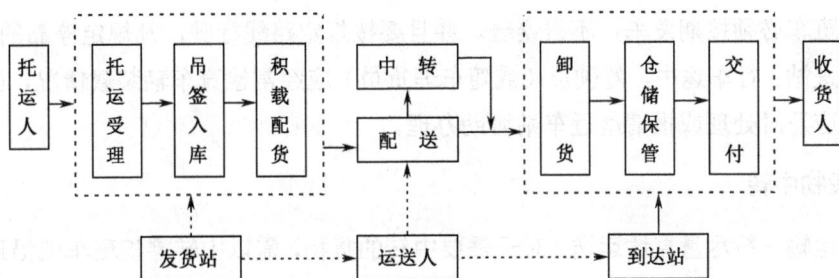

图 3-8　零担运输业务流程

1. 受理托运

受理托运是指零担货物承运人根据营运范围内的线路、站点、运距、中转范围、各车站的装卸能力、货物的性质及收运限制等业务规则和有关规定接受零担货物,办理托运手续。受理托运的方法有:

(1)随时受理。即托运日期无具体规定,托运人在营业时间内均可办理托运。此方法方便了货主,但货物在库时间长、设备利用率低,比较适用于作业量较小的货运站、急运货物货运站及始发量小、中转量大的中转货运站。

(2)预先审批。即托运人事先申请,货运站根据货运数量、方向,以及设备和作业能力做出日期、进货集结等安排。对于发货量小的货主来说,不宜采用预先审批制。

(3)日历承运。即货运站根据零担货物流量和流向规律编写承运日期表并事先公布,托运人则按规定日期来站办理托运手续。

2．验货检斤与起票

验货检斤与起票的作业就是货物受理人员在收到托运单后，审核托运单并与货物核对，检查包装与标记，过磅量方，填写零担运输货票，核收运输费用。

3．入库集结

入库集结是指零担货物验收后，将其按规定存放于指定货位。对经过不同托运人的货物进行集结，为下一步货物配载装车做准备。集结的目的是同一方向可配载的货物，重量或体积达到可装载一辆货车的要求。

4．配载装车

根据车辆核定吨位、车厢容积和起运货物的流向、重量、理化性质、长度、大小、形状等合理配载，编制货物交接清单。货运仓库接到货物装车交接清单后，应逐批核对货物台账、货位、货物品名、到站，点清件数，检查包装标志、票签或贴票，并组织装车。

5．车辆运行

零担班车必须按期发车，不得误班。并且要按规定路线行驶，凡规定停靠的中途站，车辆必须进站。行车途中，驾驶员（或随车理货员）应经常检查车辆装载情况，如发现异常情况，应及时处理或报请就近车站协助办理。

6．货物中转

零担运输一般尽量直达运送。对于需要中转的货物，需以中转零担班车或沿途零担班车的形式运到规定的中转站进行中转。货物如需中转，要选择合理的中转站和路线。中转站的作业主要按货物流向或到站进行分类整理，重新集结待运。

7．货物交付

货物到达后，到达站完成卸货、理货和验收等工作，并及时向收货人发出到货通知。收货人凭提货单取货，办理交付手续。

3.4 公路运输生产计划

3.4.1 公路运输生产计划的含义及任务

1．公路运输生产计划的含义

运输生产计划是指货运企业对计划期内本企业应完成的货物运输量、货运车辆构成和车辆利用程度等方面进行必要的部署和安排，是企业经营计划的组成部分。运输生产计划由运输量计划、车辆计划和车辆运用计划3部分组成。运输量计划和车辆计划是货运企业生产计划的基础部分，车辆运用计划是车辆计划的补充计划。

2．公路运输生产计划的任务

企业运输生产计划是组织运输生产的依据，其基本任务是：摸清货源情况，落实货源；科学分派各基层单位的运输任务；促进与其他运输方式密切配合；最大限度地组织合理化运输；组织均衡生产，合理利用现有的运输能力。

3.4.2　公路运输生产计划的编制

综合平衡是编制计划的基本方法。在编制公路货运生产计划时，必须实现生产任务同设备能力、物资供应、劳动力之间的平衡，各项计划指标之间的平衡。通常，先编制运输量计划，明确任务；然后，编制车辆计划与车辆运用计划，以满足运输量计划的要求。

1．运输量计划的编制

运输量计划以货运量和货物周转量为基本内容，主要包括：关于货运量与货物周转量的上年度实绩、本年度及各季度的计划值，以及本年计划与上年实绩比较等内容。编制运输量计划通常有如下两种方法。

（1）当运力小于运量时，以车定产。公路货物运输产业活动中经常存在运力与运量的矛盾。当运力不能满足社会需要时，只能通过对运输市场的调查，掌握公路货物运输的流量、流向、运距，确定实载率和车日行程后，本着确保重点、照顾一般的原则，采取以车定产的办法确定公路货物运输量的计划值。

（2）当运力大于运量时，以需定产。就是根据运输需求量，决定公路货运服务供给投入运力的多少。一般情况下，此种公路货运服务供给应在保持合理车辆运用效率指标水平的基础上，预测投入的车辆数，并将剩余运力另作安排。

2．车辆计划的编制

车辆计划是衡量企业运输生产能力大小的重要指标。它是企业计划期内运输能力计划，主要反映运输企业在计划期内营运车辆类型及各类车辆数量增减变化情况及其平均运力。车辆计划的主要内容包括：车辆类型及区分年初、年末及全年平均车辆数、各季度车辆增减数量、标记吨位等。

3．车辆运用计划的编制

车辆运用计划是企业计划期内全部营运车辆生产能力利用程度的计划，它由一套完整的车辆运用效率指标体系组成，是计划期内车辆的各项运用效率指标应达到的具体水平。车辆运用计划的主要内容包括：区分主车、挂车及主挂车综合统计的各项指标，如平均车辆数（辆）、总吨位（t）、平均吨位（t）、车辆完好率（%）、工作车日数（d）、平均每日出车时间（h）、平均车日行程（km）、里程利用率（%）、载重行程（km）、载重行程周转量（t·km）、吨位利用率（%）、拖运率（%）、平均运距（km）、货运量（t）、货物周转量（t·km）等；各项指标的上年度实绩、本年度及各季度计划值、本年度计划与上年度实绩比较等。

3.4.3　车辆运行作业计划的编制

车辆运行作业计划工作是运输生产计划的继续，对运输生产的细节做出作业性的安排。车辆运行作业计划是有计划地、均衡地组织日常运输生产活动，建立正常生产秩序的重要手段，能够将运输生产计划中所规定的各项任务，按照月、旬、日以至工作班，具体、合理地分配到各基层生产单位，保证企业生产计划能够按质、按量、按期完成。

1．车辆运行作业计划的类型

根据执行时间的长短，车辆运行作业计划可以分为以下几种。

（1）长期运行作业计划。适用于经常性的运输任务，通常其运输线路、起讫地点、运输量及货物类型等都比较固定。

（2）短期运行作业计划。其形式适应性较广，对于货运起讫地点较多、流向复杂、货种也比较繁多的货运任务，可对其编制周期为 3 日、5 日、10 日等作业计划。

（3）日运行作业计划。主要在货源多变、货源情况难以早期确定和临时性任务较多的情况下采用。

（4）运次运行作业计划。通常适用于临时性或季节性、起讫地点固定的短途大宗货运任务。

2．车辆运行作业计划的编制步骤

（1）根据有关资料确定货源汇总分日运送计划，如表 3-3 所示。

表 3-3　货源汇总分日运送计划表

年　　月　　日至　　日

线别	托运单号	发货单位	起运点	收货单位	品名	包装	运距	托运吨数	分 日 达 送 计 划										剩余物资	
									日		日		日		日		日		吨数	处理意见
									吨数	车号	吨数	车号	吨数	车号	吨数	车号	吨数	车号		
合　　计																				

（2）认真核对出车能力，妥善安排车辆进保送修日期，如表 3-4 所示。

表 3-4 出车能力计划表

| 班组 | 车号 | 吨位 | 保修日期 | | 上次保修至 | 完好车日 | 备注 |
			保修类别	起止日期	（ ）日已行驶里程数		

年　　　　月　　　　日

（3）根据有关信息，分析研究前期运行作业计划存在的问题。

（4）着手编制运行作业计划。根据有关资料，采用数学方法合理确定行驶路线，妥善安排运行周期、选配适宜车辆，如表 3-5 所示。

表 3-5 货车五日运行作业计划

年　　　月　　　日至　　　日

日期	作业计划内容	运量（t）	周转量（t·km）	执行情况检查
1				
2				
3				
4				
5				

指标	计划实际	工作率（%）	车日行程（km）	里程利用率（%）	实载率（%）	拖运率（%）	运量（t）		周转量（t·km）	说明		

编制日期：　　　年　　　月　　　日

（5）核准车辆运行作业计划。车辆运行作业计划编制完成后，一般应在车辆调度、车辆动态、作业状况等方面采取措施，认真执行计划，并做好计划外情况的处理。

3.5 公路运输成本

3.5.1 公路运输成本的构成及特点

1. 公路运输成本的构成

（1）变动成本。变动成本通常按照汽车运行每公里或每单位重量的费用来衡量。这类成本包括燃料费用、司机工资及福利费、车辆维修保养费用、轮胎费、交通事故直接损失、其他费用、出差补助费等。

（2）固定成本。固定成本一般包括行政管理人员工资，按直线法计提的固定资产，如车辆折旧费、保险费、起点终点站的费用、信息系统的维护费用等。

（3）联合成本。企业因为没有充足货源、货运计划不周等原因，致使汽车运输空载现象难以避免，所以联合成本就会发生。但有些情况可以通过回程货物运输给予补偿。

（4）公共成本。汽车运输在起运站或终点站会发生的各种作业费用、运输途中的路桥费或管理部门收取的费用等构成了汽车运输的公共成本。公共成本通常是按照装运处理的数量分摊给托运人的。

公路运输成本按经济用途分类，可分为车辆费用和营运间接费用两大类。车辆费用包括：工资，指按规定支付给营运车辆司机的基本工资、工资性津贴和生产性奖励金；职工福利费，指按规定的工资总额和比例计提的职工福利费；燃料费，指营运车辆运行中所耗用的各种燃料费用；轮胎费，指营运车辆耗用的外胎、内胎、垫胎的费用支出，以及轮胎翻新费和零星修补费；修理费，指营运车辆进行各级维护和小修所发生的工料费、修复旧件费用和行车耗用的机油费用，以及车辆大修费；车辆折旧费，指营运车辆按规定方法计提的折旧费；车辆保险费，指向保险公司缴纳的营运车辆的保险费用；事故费，指运输车辆在运营过程中因碰撞、翻车、碾压、落水、失火、机械故障等原因造成的人员伤亡、牲畜死伤、车辆损失、物资毁损等行车事故所发生的修理费、救援费和赔偿费，以及支付给外单位人员的医药费、丧葬费、抚恤费、生活补助费等事故损失；其他费用，指不属于以上各项目的与营运车辆运行直接有关的费用，包括税金（企业按规定缴纳的车船使用税）、养路费（按规定向公路管理部门缴纳的养路费）、车管费（指按规定向运输管理部门缴纳的营运车辆管理费）、车辆牌照和检验费、保险费、车船使用税、洗车费、过桥费、轮渡费、司机途中宿费、行车杂费等。

营运间接费用是指运输企业以下的基层分公司、车队、车站在营运过程中发生的、不能直接计入成本核算对象的各种间接费用，但不包括企业管理部门的管理费用。

2. 运输成本的特点

公路运输成本的构成具有较高的变动成本和较低的固定成本特征。公路运输使用的公路大多为公共投资，公路运输企业对车站的投资也比较少，所以其固定成本较低。公路运输成本的大部分属于日常运行支出的变动成本，其中燃油费、路程费、修理费 3 项一般占总成本的一半以上。因此，规模经济的长期效益对公路运输企业来说不具有十分重要的意义。公路运输成本构成的另一个特点是其始发费和中转费较低。由于公路运输一般是直达运输，无中转费用，而始发和终到作业费占运输成本的比例比铁路运输和水路运输低得多。

3.5.2 影响运输成本的因素

1. 公路行业方面的因素

（1）运送距离。运送距离直接对劳动、燃料和维修保养等变动成本发生作用，所以它是影响运输成本的主要因素。通常运输距离越长，单位距离的运输成本越低，这被称作运输成本的递远递减性质。与城际间运输相比，市内运输由于频繁停车，单位成本相对较高。

（2）货运量。大多数运输活动都存在着规模经济。由于提取和交付活动的固定费用及行政管理费用可以随货运量的增加而被分摊，所以通常情况下单位体积或重量的运输成本随货运量增加而减少。另外，运量构成对运输成本也有重要影响。一般来说，煤炭、矿石、木材等大宗货物的运输成本较低，而如石油、鲜活易腐货物、五金电器、贵重金属等这类高附加值货物的运输成本较高。当各种货物在货物周转量中比重发生变化时，就会引起总的货物运输成本水平变化。运输成本低的货物比重增加，平均运输成本会降低；反之，则运输成本就提高。

（3）货物性质与特点。包括货物的疏密度、装载性能、装卸难易程度，以及特殊的物理化学性质等。货物的疏密度影响车辆装载量，货物的疏密度越高，同样的运输车辆空间就可以装载更多的货物，单位重量的运输成本相对降低。所以每单位重量的运输成本随货物疏密度的增加而下降。

装载性能，又称空间利用率，是指货物利用运输工具（汽车车厢、拖车或集装箱）空间的程度。货物的装载性能由其大小、形状和弹性等物理特性决定。一般来说，具有标准矩形形状的产品要比形状不规则的产品更容易装载。装载性能好，单位运输费用就较低。

货物装卸搬运的难易程度不尽相同。大小或形状一致的货物（如纸箱、罐头、筒）容易搬运，搬运费用较低；有些货物需要用专门的装卸搬运设备处理，搬运费用较高；运输和储存时采用成组方式（如用带子捆起来、装箱或装在托盘上等），搬运费用较低。

有些货物具有易损、易腐、易自燃、易自爆、易偷窃等特性，容易带来损坏风险和导致索赔事故，运输这些货物时除需要使用特殊的运输工具和运输方式外，承运人还必须通过购买货物保险来确保可能发生的索赔，从而增加运输成本。

（4）运输的组织。不同的运输组织方式具有不同的车辆运用效率。整车运输及挂车运输、甩挂运输的车辆利用率较高，甩挂运输对于牵引车的利用率较高，相应地其单位货物的运输成本较低；而零担运输、返程空载使得车辆的利用率较低，运输成本较高。

运输运营人员的组织及其劳动生产率影响运输成本的高低。通过改善劳动组织，采用先进的操作方法，就可以用同样的人力完成更多的运输任务，或以较少的人力完成相同的运输任务，从而节约人力，降低人工成本。

运输组织、计划，以及日常管理不仅影响车辆利用率，还影响运输过程中职工工资及福利费、燃料费、修理费、事故费等。科学计划与调度将会使运输各个环节有效衔接，从而节约各种物资消耗，显著地降低运输成本。

（5）设施设备技术状况。购置和配备不同的设施设备，其折旧费、维修费及运行效率往往差别很大。一般来说，采用先进的车辆和信息技术，其生产效率较高，节约各种物质消耗，如果有相应的组织措施和工作方法与之配合，运输成本将会降低。

（6）服务水平。一般来说，企业运输服务水平（如送达率）提高，就必然在设备、技术、人员等管理方面增加更多的投入，从而提高运输成本；反之，就会降低运输成本。

（7）安全水平。交通事故不仅会直接或间接地造成货物、车辆及其他财产的损失，而且还会危及人的生命，从而造成企业经济损失。

2. 市场环境因素

（1）货运需求在方向上和时间上的平衡性。由于不同地区的货运需求差别较大，致使货流在方向上和时间上的不平衡。例如，有些地区运输需求量较多，回程货物也较多，即起点与终点之间运输通道的流量较为均衡，所以企业能够承运更多的货物，车辆利用率较高，运输成本较低。

（2）运输服务要求。不同的客户具有不一样的运输服务要求。服务与成本是呈正比的，服务要求高，需要企业投入就多，运输成本就会越高，如加急运输，以及附加的搬运、仓储、分拣服务等要求，都会增加车辆、人工等费用。制定服务标准时，关键在于找到服务内容及水平与成本之间的平衡。

（3）市场竞争。公路运输行业有大量的运输企业，而公路、铁路、轮船，以及航空运输各自都有优劣势，所以各种运输企业之间存在着竞争。公路运输行业不同运输企业之间的竞争、铁路和水路运输在同一线路和地区争夺市场的行为将直接影响公路运输企业的货运量及价格。另外，政府对运输活动的管理、限制和法律的规定情况，市场价格及其变化情况，都会影响企业运输业务量的多少及运输成本的高低。

3.5.3　降低运输成本的策略

由于固定成本是相对不变的，所以汽车运输成本控制主要是使用先进管理和技术手段控制可变成本，特别是控制燃油费、修理费、路程费等主要费用项目。这里重点介绍针对汽车运输成本的控制方法。

1. 加强货源组织

稳定而充足的货源能够增大运输规模，提高运输效率，降低运输成本。要分析货源地的客户分布状况、客户服务需求特点、市场供给与需求状况，确定货源的区域及组成。另外，一般需要企业采取有效的营销手段，不断开拓运输市场，吸引更多客户，保证有充足的货运量。

2．合理选择运输组织方式

应根据货物性质及特点，选择合理的运输组织方式。公路运输中以整车运输效率较高，而零担运输中以直达零担班车效率最高。所以，在运输业务中，应尽量组织整车运输，特别是直达行驶的整车运输。如果需要组织零担运输，应尽量组织直达零担班车。这样均可加快货物的送达速度，避免中转换装作业，降低损失和成本。

3．降低燃油消耗

车辆的结构、技术状况、拖运率、实载率、司机、道路、气温、海拔高度等因素都会影响车辆油耗。通常采取管理和技术手段，从人、车、路 3 方面降低油耗。①提高司机驾驶技术水平。司机每一个驾驶动作（如起步、换挡、转向、制动、减速与停车等）都会对油耗有影响，所以要求司机具有娴熟的驾驶技术。②保持良好的车辆技术状况。要执行国家 GB/T18344—2001 标准，实行强制性维护，加强车辆的修理。③创造良好的运输条件，如交通运输管理职能部门公正、合理、人性化执法，以及社会交通文明程度等社会因素；道路技术等级、交通设施齐全程度、视线良好程度等自然因素。④使用具有较好品质的燃油。⑤建立严格的节油管理制度，如实行燃油消耗定额，量化考核；不同车型不同的燃油消耗定额，超罚节奖。

4．保持车辆良好的技术状况

企业可采取措施，保持车辆良好的技术状况，降低车辆故障频率，降低维修费用。要加强车辆的日常维护，及时消除故障隐患。坚持"三检"（出车前、行车中、收车后检查车辆），保持"四清"（机油、空气、燃油和蓄电池的清洁），防止"四漏"（漏水、漏油、漏气、漏电）。要强制执行车辆二级维护制度，防止盲目追求眼前利益，忽视及时维护。

5．建立适用的信息系统

企业可以根据运输业务的需要，选择和使用适当的信息系统，如全球定位系统（GPS）、惯性导航系统（INS）等。例如，安装车载 GPS 可以利用卫星定位技术对车辆进行跟踪管理，随时监控车辆行驶状况：车速控制，防止超速行驶，预防交通事故的发生；燃油控制，在油箱中安装微处理芯片，油量的变化在数据终端上以坐标形式显示，防止驾驶人不正常用油；行驶轨迹回放，防止驾驶人不按规定的路线行驶，绕收费站、避开高速公路走低等级公路等行为。

6．做好运输计划及组织

应根据客户及业务特点，制订合理的运输计划，保证运输过程及各个环节顺畅、平稳、高效率。在运输过程中，去程和返程空驶现象都会造成车辆里程利用率降低，浪费运力，所以要合理计划，减少车辆空驶。

7. 实行单车成本核算

单车成本核算是以单个车辆为成本考核单元，反映个体间的成本差异，分清成本责任。由于运输市场竞争激烈，运输业利润减少，成本却增长较快，只有通过增收节支才能提高单车利润。因此，要极大地调动驾驶人工作的积极性和责任心，自觉加强车辆的日常维护和主动承修车辆，重视安全行车，提高运输服务质量。

8. 合理设置服务水平

应综合考虑企业设备、技术和人员状况，结合客户服务要求，合理设置运输服务指标及标准，既要使客户满意，又要考虑成本因素，量力而行。

9. 加强安全管理

道路交通事故是一种复杂的随机现象，涉及人、车、路、环境4大因素。运输企业应主要做好以下工作：建立完善的安全管理机制及制度；加强安全教育，提高司机的交通安全意识，自觉遵纪守法；提高驾驶水平，增强司机处理突发事件的能力；加强考核，严肃处理事故的责任人。

本章小结

货物特点不同，就会涉及不同的运输组织形式，如整车运输、零担运输等。运输车辆、道路、场站，以及运输技术都是公路运输必不可少的要素。整车运输有双班或多班运输、直达行驶或分段行驶、拖挂运输等多种组织方法。零担运输有固定式零担运输（零担班车）和非固定式零担运输两种。企业运输生产计划的编制一般包括运输量计划、车辆计划与车辆运用计划，以及作业计划。公路运输成本构成具有较高的变动成本和较低的固定成本特征，并受公路行业方面的因素、市场环境因素的影响，要采取措施控制运输成本，如加强货源组织、合理选择运输组织方式、降低燃油消耗、保持车辆良好技术状况、建立适用的信息系统、减少车辆空驶等。

复习及练习

一、主要概念

整车运输　双班运输　多班运输　零担运输　直达零担班车　中转零担班车
沿途零担班车　甩挂运输　运输生产计划

二、思考及练习题

1. 简述公路整车运输的条件。

第 3 章　公路运输　　77

2. 简述甩挂运输的基本运营模式。

3. 整车运输直达行驶法、分段行驶法适用的条件是什么？

4. 物流企业实施甩挂运输的内外部条件是什么？如何实施甩挂运输？

5. 直达零担班车和中转零担班车适用的条件是什么？

6. 查阅资料，分析公路运输客运化的优、劣势及实施条件。

7. 试述如何编制公路运输企业生产计划。

8. 举例说明，一家货运公司控制公路运输成本的方法。

案例分析

沃尔玛的运输方式

沃尔玛公司是世界上最大的商业零售企业，在物流运营过程中，有时采用空运，有时采用船运，还有一些货物采用卡车运输。在中国，沃尔玛 100%地采用公路运输。如何降低卡车运输成本，是沃尔玛物流管理面临的一个重要问题，为此他们采取了以下措施。

（1）沃尔玛使用一种尽可能大的卡车，大约有 16 m 加长的货柜，比集装箱运输卡车更长或更高。沃尔玛把卡车装得非常满，产品从车厢的底部一直装到最高。

（2）沃尔玛的车辆都是自有的，司机也是它自己的员工。沃尔玛的车队大约有 5 000名非司机员工，还有 3 700 多名司机，车队每周每次运输可以达 7 000～8 000km。

沃尔玛知道，卡车运输是比较危险的，有可能会出交通事故。因此，对于运输车队来说，保证安全是节约成本最重要的环节。沃尔玛的口号是"安全第一，礼貌第一"，而不是"速度第一"。在运输过程中，卡车司机们都非常遵守交通规则。沃尔玛定期在公路上对运输车队进行调查，卡车上面都带有公司的号码，如果看到司机违章驾驶，调查人员就可以根据车上的号码报告进行惩处。沃尔玛认为，卡车不出事故，就是节省公司的费用，就是最大限度地降低物流成本，由于狠抓安全驾驶，运输车队已经创造了 300 万 km 无事故的纪录。

（3）沃尔玛采用全球卫星定位系统对车辆进行定位，因此在任何时候，调度中心都可以知道这些车辆在什么地方，离商店有多远，还需要多长时间才能到达商店，这种估算可以精确到小时。沃尔玛知道它的卡车在哪里，运送的货物在哪里，就可以提高整个物流系统的效率。

（4）沃尔玛连锁商场的物流部门 24 小时进行工作，无论白天或晚上，都能为卡车及时卸货。另外，沃尔玛的运输车队利用夜间进行从出发地到目的地的运输，从而做到了当日下午进行集货，夜间进行异地运输，翌日上午即可送货上门，保证在 15～18 小时内完成整个运输过程，这是沃尔玛在速度上取得优势的重要措施。

（5）沃尔玛的卡车把产品运到商场后，商场可以把它整个卸下来，而不用对每个产品逐个检查，这样就可以节省很多时间和精力，加快了沃尔玛物流的循环过程，从而降低了物流总成本。这里有一个非常重要的先决条件，就是沃尔玛的物流系统能够确保商场所得到的产品是与发货单完全一致的。

（6）沃尔玛的运输成本比供货厂商自己运输产品要低，所以厂商也使用沃尔玛的卡车来运输货物，从而做到了把产品从工厂直接运送到商场，大大节省了产品流通过程中的仓储成本和转运成本。

沃尔玛的配送中心把上述措施有机地组合在一起，做出了一个最经济合理的安排，从而使其运输车队能以最低的成本高效率地运行。当然，这些措施的背后包含了许多艰辛和汗水。

案例问题

1. 通过分析本案例，说明哪些因素会影响沃尔玛（中国）的运输成本。
2. 运用本章知识，分析总结沃尔玛控制和降低运输成本的方法。

第 4 章　铁路运输

学习目标

- 了解铁路运输工具、设施等基本知识。
- 熟悉铁路整车运输的条件及组织方法。
- 熟悉铁路零担运输的条件及组织形式。
- 了解铁路运输作业流程。
- 熟悉降低铁路运输成本的途径。
- 熟悉铁路货运改革的内容。

4.1　铁路运输概述

4.1.1　运输工具

铁路运输以两条平行的铁轨引导火车，使机车的车轮在光滑且坚硬的轨道上以最小的摩擦力滚动，所以铁轨、机车、车辆、集装箱及相关技术形成了铁路运输的基础，并与货物结合形成了不同的运输组织形式。

铁路运输工具主要包括铁路机车和铁路车辆。铁路机车是铁路运输的基本动力，铁路车辆是运输旅客和货物的运载工具。铁路车辆本身没有动力装置，需要挂在铁路机车上一起运行。铁路运输还需要一些搬移、升降、装卸和短距离输送的设备。

1. 铁路机车

铁路机车从运用上划分，可分为客运机车、货运机车和调车机车。客运机车要求速度快，货运机车需要功率大，调车机车应具有灵活机动的特点。从牵引动力上划分，可分为蒸汽机车、内燃机车和电力机车。蒸汽机车是通过蒸汽机把燃料的热能转换成机械能，用来牵引列车的一种机车。在现代铁路运输中，蒸汽机车已逐渐被其他新型铁路机车所取代。内燃机车是以内燃机作为原动力，通过传动装置驱动车轮的机车。内燃机车效率较高，持续工作时间长，但对大气和环境有污染。电力机车本身不带原动机，靠接收接触网送来的电流作为能源，并由牵引电动机驱动机车的车轮的一种机车。电动机车一般功率大、热效率高、速度快、过载能力强和运行可靠。

2. 铁路车辆

铁路车辆按照不同的划分标准有不同的种类。一是按用途分，可分为客车和货车两类，常见的货车有平车、敞车、棚车、罐车、保温车等；二是按车辆的轴数分，可分为四轴车、六轴车、八轴车等，轴数越多，车轮也越多，载重量就越大；三是按照制作材料分，可分为钢骨车和全钢车两类；四是按车辆的载重分，以货车为例，可分为 50t、60t、75t、90t 等不同的载重量。

4.1.2 运输设施

铁路运输设施最主要的就是运输线路（铁路）、节点。节点包括货运场站、大型装车点、行邮行包基地、集装箱中心站、物流中心、物流园区等。

1. 铁路

铁轨与路基、桥隧建筑物等构成了铁路运输线路。我国 2017 年发布了新的《铁路线路设计规范》，根据铁路在路网中的作用、性质、设计速度和客货运量，铁路等级分为高速铁路、城际铁路、客货共线铁路和重载铁路，并分别确定了它们的等级规范。例如，我国客货共线铁路分为 4 个等级，如表 4-1 所示。

表 4-1　客货共线铁路等级

等　　级	铁路在路网中的意义	近期年客货运量（t）
Ⅰ级铁路	在路网中起骨干作用的铁路	$\geq 20 \times 10^6$
Ⅱ级铁路	在路网中起联络、辅助作用的铁路	$< 20 \times 10^6$ $\geq 10 \times 10^6$
Ⅲ级铁路	为某一地区或企业服务的铁路	$< 10 \times 10^6$ $\geq 5 \times 10^6$
Ⅳ级铁路	为某一地区或企业服务的铁路	$< 5 \times 10^6$

资料来源：国家铁路局发布的《铁路线路设计规范》（TB 10098—2017）。

2. 货运场站

铁路货运场站即铁路货场和铁路货运站，是铁路货物运输的基本生产单位。铁路货场是铁路车站办理货物承运、装卸、保管和交付作业的场所，也是铁路与其他运输工具相衔接的场所。铁路货运站是铁路车站专门办理或主要办理货物的承运、装卸、暂存、交付、中转或联运换装、综合服务的场所。货运场站一般设在会产生大量货流的地方，如大中城市、港口、大型厂矿企业等。

货运站按货运作业分为装车站、卸车站和装卸站。2006 年，我国开始整合零担业务、整合运量小的货运站，陆续建成大量大型装车点。这些大型装车点拥有智能化装载系统、大容量仓储能力和高效规模化的作业方法，能够实现集中存储、整列配车、整列装车、整列始发，对全路货物发送和生产效率具有重要影响和重大意义。

3．行邮行包基地

铁路行邮行包基地是铁路大量行李、包裹、邮件的集散地，一般不具备长期储存功能，可提供暂存功能，以配送为核心服务功能，随旅客列车、行李车或行包专列到达，由配送车辆将行包配送至各个配送网点和客户。

4．集装箱中心站

集装箱中心站是专门办理集装箱列车到发和整列集装箱列车装卸的路网性集装箱办理站，具有综合物流和多式联运的各项功能，如仓储、拆拼箱、加工、包装、配送、商贸、信息处理等，是以铁路集装箱服务为主导的综合物流基地。

5．铁路物流中心

铁路物流中心就是仅依托铁路运输方式的物流中心，一般具有规模更大、空间辐射范围更广、服务对象较多等特点。它是铁路变车流集结为货流集结的重要载体，既可作为铁路自身提供物流服务的场所，同时也可作为公共性物流基地吸引相关物流企业入驻共同开展以铁路运输为主的物流服务。

6．铁路物流园区

铁路物流园区（或物流基地、货运基地），一般都是依托铁路运输方式建立起来的物流园区，是铁路物流多种服务功能、不同物流企业，以及物流节点集中的区域，主要是依托区域铁路枢纽，建设园区铁路专用线，衔接公路与铁路转运，提供系列化的、综合的物流服务。

相关链接：铁路枢纽

铁路枢纽是指两条以上线路交会或衔接，由若干车站、线路及一系列工具组成的运输生产综合体，是铁路运量的集中地和列车的交接点，是组织运输生产的中心环节，同时也是省（区）的政治、经济中心，工业基础和水陆联运中心。铁路枢纽在货物运转方面，有各铁路方向之间的无改编列车和改编列车的转线，以及担当枢纽地区车流交换的小运转列车的作业；在货运业务方面，办理各种货物的承运、装卸、发送、保管等作业。

4.1.3 铁路运输组织形式

铁路运输组织形式可以参考 1.2 节中"运输方式的分类"，除此之外，还可以按照一批货物的重量、体积、性质或形状等因素分为整车运输、零担运输和集装箱运输 3 种形式。

1．整车运输

整车运输，是指托运人委托铁路部门（承运人）托运一批货物，其重量、体积或形状需要用一辆以上的货车来装运的一种运输组织形式。"一批"是指使用一张货物运单和一份货票，按照同一运输条件运送的货物，它是承运货物、计算运费和交付货物的一个基本单位，按一批托运的货物，必须托运人、收货人、发站、到站和装卸地点相同（整车分卸货物除外）。整车货物一批通常使用一张运单、一张货票、一辆货车。跨装、爬装及使用游车的货物，每一车组为一批。跨装即一件货物的长度跨及两辆或3辆平车，并由两辆平车负重的装载方法；爬装主要针对汽车运输，后一辆车头骑在前一辆车厢里或平台上；游车是因货物长度大于车辆长度而加挂的平车，一般不承载货物，起到隔离作用。

2．零担运输

零担运输，是指托运人委托铁路部门（承运人）托运一批货物，其重量、体积或形状不需要用一辆以上的货车来装运的一种运输组织形式。

零担货物以每张货物运单为一批。为保证货物运输安全，规定下列运输条件不同或根据货物性质不能在一起混装的货物不得按一批托运。

（1）易腐货物与非易腐货物；

（2）危险货物与非危险货物；

（3）根据货物的性质不能混装运输的货物；

（4）按保价运输的货物与不按保价运输的货物；

（5）投保运输险的货物与未投保运输险的货物；

（6）运输条件不同的货物。

3．集装箱运输

集装箱运输，是指利用集装箱运输货物的方式，是一种既方便又灵活的运输方式，它是铁路货物运输的3大种类之一。它可以进行机械装卸，在与其他运输方式联运或中途中转时，无须进行转载，可直接从一种运输工具换到另一种运输工具上。使用集装箱运输的货物以每张货物运单为一批，每批必须同一箱型，至少一箱，最多不得超过铁路一辆货车所能装运的箱数。

4.2 铁路整车运输

4.2.1 铁路整车运输的条件及特点

1．铁路整车运输的条件

（1）货物的重量或体积达到货车标记载重量。我国现有的货车以棚车、敞车、平车和罐车为主，标记载重量（简称为标重）大多为 50t 及以上，棚车的容积在 110m³ 以上。达到这个重量或容积条件的货物，应按整车运输。有一些专为运输某种货物的专用货车，如毒品车、散装水泥车、散装粮食车、长大货物车、家畜车等，按专用货车的标重、容积确定货物的重量与体积是否需要一辆货车装载。

（2）货物的性质或形状需要整车运输。有些货物虽然重量、体积不够一车，但按其性质、形状需要单独使用一辆或一辆以上货车时，也应按整车运输。下列货物除按集装箱运输外，应按整车运输办理（不得按零担运输的货物）。

①需要冷藏、保温或加温运输的货物。

②根据规定应按整车运输的危险货物。

③易于污染其他货物的污秽品，如未经消毒处理或未使用密封不漏包装的牲骨、湿毛皮、粪便、炭黑、化肥、盐、油等。

④蜂蜜。

⑤不易计算件数的货物。

⑥未装容器的活动物。

⑦一件重量超过 2t、体积超过 3m³ 或长度超过 9m 的货物（经发站确认不影响中转站和到站装卸作业的除外）。

2. 铁路整车运输的特点

铁路整车运输的突出特点是货运量大，运输对象主要是大宗货物，如煤炭、矿石、石油、建筑材料、木材、粮食等。在我国 40 年的改革开放中，全国 75% 的煤、66% 的矿石、62% 的钢铁都是通过铁路运输予以保障。我国铁路货运长期习惯于运送煤炭、钢铁和矿石等"黑货"，占了整个铁路货运量的 98%；而电子电器、农副产品、日常百货等"白货"仅占 2%。

铁路整车运输基本都采取直达运输，即组织不同类型的直达列车来运送整车货物的一种运输组织方法。直达运输可以减少编组站的改编作业量，压缩车辆中转时间，加快货物的送达速度，是经济效益最好的运输组织形式。

铁路整车运输业务过程较简单。大宗货物直达运输，其装卸作业多集中在专用线和专用铁道上办理，作业过程及办理手续简单。同时，出现差错的可能性较小，安全程度较高。

铁路整车运输存在明显的不足。铁路整车运输的货物种类较少，特别是难以适合城镇和乡村居民需要的化工、机械、家电、日常用品，以及农副产品等货物的运输，所以整车运输可以服务的市场覆盖面较小。另外，由于所运输货物大部分是大宗货物，所以铁路整车运输送达率不高。

4.2.2　铁路整车运输组织方法

铁路整车运输一般都采用直达运输方法，但在特殊条件下也会采用一些特殊的整车运输方法，如整车分卸、准轨与米轨直通运输、途中装卸、站界内搬运等。整车分卸和途中装卸只限按整车托运的货物。

1．整车直达运输

组织整车货物直达运输，必须编制直达列车计划。一般是从货流开始，即根据核定的月度货物运输计划，分别按货物发到站、去向进行货流分析，按照"先远后近""先整列后成组""先一站，后多站"的要求，纳入直达列车计划。

2．整车分卸

整车分卸的目的是解决托运人运输的货物数量不足一车，而又不能按零担办理的货物的运输。这类货物有工农业生产中不可缺少的生产资料，为了方便货主，可按整车分卸运输。其条件为：运输的货物必须是不得按零担运输的货物，但蜜蜂、使用冷藏车装运需要制冷或保温的货物及不易计算件数的货物不能按整车分卸办理；到达每一个分卸站的货物数量不够一车；到站必须是同一路径上的两个或三个到站；必须在站内卸车；在发站装车必须装在同一节货车内作为一批运输。

按整车分卸办理的货物，除派有押运人外，托运人必须在每件货物上拴挂标记，于分卸站卸车后，对车内货物必须整理以防偏重或倒塌。

3．准轨、米轨直通运输

所谓准轨、米轨直通运输是指使用一份运输票据，跨及准轨或米轨铁路，将货物从发站直接运到到站。准轨、米轨间直通运输整车货物，一批货物的重量或体积应符合下列要求。

（1）重质货物重量为30t、50t、60t（不适用货车增载的规定）；
（2）姬轻浮货物体积为60m³、95m³、115m³。

不办理直通运输的货物有鲜活货物，需要冷藏、保温或加温运输的货物，灌装运输的货物，每件重量超过5t、长度超过16m或体积超过米轨装载界限的货物。

4．途中装卸

货车装车或卸车地点不在铁路公共装卸场所，而在相邻的两个车站站界间的铁路沿线被称为途中装卸。途中装卸的货物，可根据搬运人的要求，以途中装卸的后方或前方办理货运业务的车站为发站或到站。

5．站界内搬运

装车和卸车地点不跨及两个车站或不越过装车地点车站的站界，这种运输被称为站界内搬运。按整车运输的货物，托运人要求在站界内搬运或途中装卸时（包括在不办理货运营业的车站装卸），经月度要车计划核准后，可在铁路局自局管内办理。但危险货物不得办理站界内搬运或途中装卸。

应用案例

中国铁路首趟整车货运班列西安开行

2013 年 11 月 29 日 10 时，80807 次"长安号"国际整车货运班列从西安国际港务区新筑站出发，将在阿拉山口转关，终到哈萨克斯坦热姆站，这是我国铁路史上首次向国外发送国际整车货运班列。

这趟国际整车货运班列运行里程 5 027km，运行时间为 10 天。首发列车共 49 节车厢，为一整套石油钻机等钻井设备。这套钻井设备如果采用普通货物列车运输，需要在沿途车站不断重新编组，经过 20 天时间才能到达目的地。采用整车货运班列运输，可以节省一半时间。整车货运班列的开通运行，将可以使陕西机电设备、钻井设备、汽车配件等产品快速销往中亚国家，建立陕西商品进入丝绸之路经济带新的战略通道，也能吸引中亚国家的棉花、石油、有色金属及能源产品进入陕西，充分发挥西安国际港务区国际陆地中转枢纽港的作用。

资料来源：2013 年 11 月 30 日《陕西日报》文章"中国铁路首趟整车货运班列西安开行"（作者母家亮）。

4.3　铁路零担运输

4.3.1　铁路零担运输的条件及特点

1. 铁路零担运输的条件

铁路零担运输一般需具备两个条件：一是单件货物的体积不得小于 $0.02m^3$（单件货物重量在 10kg 以上的除外）；二是一张运单托运的货物不得超过 300 件。为了保证货物拼装后的安全，便于装卸作业和仓库保管，铁路运输部门还规定下列货物一般不得按零担运输办理：需要冷藏、保温或加温运输的货物；规定按整车办理的危险货物；易于污染其他货物的污秽货物（如未经消毒处理或未使用密封不漏包装的牲骨、湿毛皮、粪便、炭黑等）；不易计算件数的货物；蜜蜂；未装容器的活动物（铁路局规定按零担运输的除外）；一批重量超过 2t、体积超过 $3m^3$ 或长度超过 9m 的货物（经始发站确认不至于影响中转站和到达站装卸车作业的货物除外）。

在专用线发运零担货物，其运输条件、组织办法都必须符合零担运输的有关规定。组织直达整装零担，托运人与车站签订协议，经铁路分局同意后办理；组织中转整装零担，托运人与车站签订协议，经铁路局同意后办理。

2. 铁路零担运输的特点

铁路零担运输突出的优点是：适合运输的货物种类多。城乡居民所需要的农副土特产品、农业机械、化肥、农药、轻工业品、日用百货，以及个人物品等，除通过大宗的整车运输外，很多是通过零担运输运送到居民手中消费的。由于一次性托运量小，便于小批量货物的流通，流向比较分散，市场覆盖面大，送达率高，更能够满足多种不同的需求，这可以有效地满足城镇居民生活消费。

但是，由于零担货物一般具有批量小、到站分散、品类繁多、性质复杂、包装情况不同的特点，所以铁路零担运输具有如下明显的缺点。

（1）单位运输成本较高。由于采用铁路零担运输必须将几批甚至几十批的货物装在同一货车内运送，所以在"集零为整"的过程中，需要占用大量的仓库、雨棚、站台等货运设备进行站内储存，投入较多的人力和物力，造成成本增加。

（2）作业环节多，速度慢。与整车和集装箱运输相比，零担运输需增加点件、检斤、贴标签、监装卸等繁杂的作业环节，不能全部配装成直达整零车的货物还需要在途中进行中转的系列作业。因而零担运输的环节多，时间长，速度慢。

（3）占用大量人力。由于环节多，所以零担货物运输需要占用大量的工作人员。比较大的货运站中从事零担运输的管理货运员为十几种，分别负责发送验收、流向集配、中转、票据整理、监装卸、施封、到达等项工作。

（4）安全性低，服务质量难保证。货物自身的特点使得货物运输安全难以保证，货物在中转过程中发生事故的比重很高，货物的丢失和损坏现象较多，直接影响服务质量和客户的满意度。

另外，运输工作计划性较差，难以通过合同方式纳入计划管理；组织工作复杂，作业管理工作量大。

4.3.2　铁路零担运输组织方法

1. 根据零担货物的性质和作业特点划分

（1）普通零担货物，简称普零货物，即按零担办理的普通货物，使用棚车装运。

（2）危险零担货物，简称危零货物，即按零担办理的危险货物，使用棚车装运。

（3）笨重零担货物，简称笨零货物，即一件重量在 1t 以上、体积在 $2m^3$ 以上或长度在 5m 以上，需要以敞车装运的货物，以及货物的性质适宜敞车装运和吊装吊卸的货物。

（4）零担易腐货物，简称鲜零货物或鲜零，即按零担办理的鲜活易腐货物。

2. 按照零担货物的装运方式划分

铁路零担货物运输的组织主要是组织零担车，即装运零担货物的车辆，一般以整车形式运送。按照零担货物的装运方式可以分为以下 3 种类型。

（1）直达整装零担车，也称直达整零车，即将货物由始发站直接运达到达站，无须经过中转站中转的零担车。这类零担车的货物运达速度最快。整装零担车也简称整零车。

（2）中转整装零担车，也称中转整零车，即按照零担车组织计划的要求，将到达同一去向的货物装运至规定的中转站进行中转作业的零担车。

（3）沿途零担车，也称沿零车。沿零车是指在指定区段内，装运发到沿途各站，不够条件组织整零车的货物的零担车。沿零车又分为：

直通沿零车——通过几个沿零区段不进行货物中转（换装）作业，但需要在途中经过几次列车改编的长距离沿零车。

区段沿零车——在两个技术站间运行的短距离沿途零担车。

组织零担货物运输应坚持"多装直达、合理中转、巧装满载、安全迅速"的原则。凡具备直达整零车条件的货物，应组织直达整零车装运；不够组织直达整零车条件的，则组织中转整零车装运，且应尽可能装运到距离货物到站最近的中转站，以减少中转次数。

3．整零车分类及组织条件

整零车按车内所装货物是否需要中转分为直达整零车和中转整零车两种；按其到站个数分为一站整零车、两站整零车和三站整零车 3 种。由上述两种方法的组合，则有一站（两站或三站）直达整零车和一站（两站或三站）中转整零车 6 种。危零货物只能直接运至到站，不得经中转站中转。整零车分类及组织条件如表 4-2 所示。其中，全车所装的货物到达一个站的，叫一站整零车；全车所装的货物到达两个站的，叫两站整零车；全车所装的货物到达 3 个站的，叫三站整零车。

表 4-2　整零车分类及组织条件

分类标准	类型名称	整零车组织条件
按车内所装货物是否需要中转分	直达整零车	—
	中转整零车	—
按其到站个数分	一站整零车	车内所装货物不得少于货车标重的 50%或容积的 90%
	两站整零车	第一到站的货物不得少于货车标重的 20%或容积的 30%
		第二到站的货物不得少于货车标重的 40%或容积的 60%
		两个到站必须在同一路径上且距离不得超过 250km，但符合下列条件之一可以不受距离限制：第二到站的货物重量达到货车标重的 50%或者容积的 70%；两个到站为相邻中转站
	三站整零车	危零、笨零货物不够条件组织一站或两站整零车时可以组织同一路径上 3 个到站的整零车，但第一到站与第 3 到站的距离不得超过 500km

资料来源：张理、刘志萍主编：《物流运输管理》，2012 年 5 月。

应用案例

上海铁路局芜湖货运中心重启货运零担业务

2014 年 7 月，上海铁路局重新启动了停办多年的铁路货运零担业务，于 20 日起在金华至合肥北、南翔至合肥北间开行了城际捷运货物列车各 1 对 4 列，途经上海、苏州、无锡、常州、镇江、南京、马鞍山、芜湖、合肥、湖州、杭州、义乌、诸暨、金华 14 个城市。从芜湖发往上海的货物，过程约为 20 小时，新的零担业务已克服了传统零担集结等待时间过长的缺点，轻松实现"次日达"。

与公路物流相比，城际捷运货物列车拥有更安全、更廉价、运力更充足等显著优势。价格上，目前零担货物实行运价下浮50%的优惠政策；时效上，城际货运已实现了点对点客车化开行，且不受气候变化影响，管内各站的物流货物最晚可实现隔日达，即当天托运的货物，含托运日当天最晚3天内到站。

资料来源：2014年7月25日《芜湖日报》文章"芜湖物流再添飞翼 铁路货运零担业务重启"（作者杨友艺）。

4.4 铁路运输作业流程

4.4.1 货物的托运

托运人向承运人提出铁路运输服务订单、货物运单和运输要求，称为货物的托运。铁路运输服务订单、货物运单就是托运人与承运人之间，为运输货物而签订的一种运输合同或运输合同的组成部分。它是确定托运人、承运人、收货人之间在铁路运输中的权利、义务和责任的原始依据。货物运单的传递过程为：托运人→发站→到站→收货人。

4.4.2 货物的受理

托运人提出货物运输服务订单及货物运单后，经承运人审查符合铁路运输条件和要求的，承运人在货物运单签订货物搬入车站日期或装车日期后即为受理。

车站审查托运人提出的货物运单时，主要审查以下内容。

（1）货物运单内填记的事项是否符合铁路运输条件，货物运单各栏内容填写是否齐全、正确、清楚，领货凭证与货物运单的相关栏内容是否一致。

（2）整车货物有无批准的计划号码，计划外运有无批准命令。

（3）按承运日期表运输的零担货物和集装箱货物是否符合日期表所规定的去向。

（4）货物（集装箱）到站的营业办理有无限制，包括有无临时停限装命令，有关车站的起重能力是否足够。

（5）到站、到局和到站所属省、直辖市、自治区是否相符。

（6）货物名称是否正确。

（7）有无违反一批托运的限制。

（8）托运易腐货物和"短寿命"放射性货物时，其允许期限是否符合要求。

（9）需要声明事项是否在"托运人记载事项"栏内填明，如派有押运人的货物，托运人应在"托运人记载事项"栏内注明押运人姓名、文件名称和号码。

（10）需要的证明文件是否齐全有效。根据中央或省、直辖市、自治区法令需要证明文件运输的货物，托运人应将证明文件与货物运单同时提出，并在货物运单托运人记载事项栏注明文件名称和号码。

4.4.3　货物的承运

凡在铁路车站装车的货物，托运人应凭车站签证后的货物运单，按指定日期将货物搬入货场指定的货位即为进货。车站在接收货物时，应对货名、件数、运输包装、标记等进行检查和验收。

零担和集装箱货物由发运站接受完毕，整车货物装车完结，发运站在货物运单上加盖承运日期戳时，即为承运。实行承运前保管的货物，对托运人交由车站的整车货物，铁路从接受完毕时起负有承运前的保管责任。对办理海关、检疫手续及其他特殊情况的文件及有关货物数量、质量、规格的单据，托运人可委托铁路代递至到站交收货人。

零担货物的承运方式包括 3 种：①随到随承运，这可以方便承运人。②计划受理（预先审批运单），即托运人提前向车站提出运单，车站对所提运单实行集中审批。零担货物运量较小而货物去向又分散的车站，可采用这种方式。③承运日期表，这是车站有计划组织零担货物运输的主要方式。该方式是车站在掌握货物流量、流向基本规律的前提下，按主要到站或方向分别安排承运日期，事先公布，托运人按规定的日期办理托运。

货物承运后零担货物的运输组织工作应贯彻"多装直达、合理中转、巧装满载、安全迅速"的原则。从这一原则出发，凡具备直达整零车条件的货物，应组织直达整零车装运，绝不组织去某一中转站中转；不够组织直达整零车条件的，则组织中转整零车装运，且应将货物装运至《全路零担车组织计划》规定的中转站进行中转。

4.4.4　货物的装卸

货物装卸的组织工作，在车站公共装卸场所内由承运人负责。有些货物虽在车站公共装卸场所内进行装卸作业，但由于在装卸作业中需要特殊的技术、设备、工具，所以仍由托运人或收货人负责组织。除车站公共装卸场所外进行的装卸作业，装车由托运人、卸车由收货人负责。此外，前述由于货物性质特殊，在车站公共场所装卸也由托运人、收货人负责。

装车作业要做好装车前的检查，即"三检"：检查运单，检查待装货物，检查货车。装车要遵循基本的作业规定；做好监装（卸）工作，包括装卸作业前、作业中、作业后的监管；装车后要检查车辆装载、运单和货位情况。

4.4.5　货物的途中作业

货物的途中作业包括：货运合同的变更，如变更到站、变更收货人等；货运合同的解除；运输阻碍的处理。

零担货物具有不同于整车货物的途中作业，即中转作业。当中转整装零担车到达中转站后，要将货车中到达各不同到站的货物重新组合，配装成新的零担车继续运送。零担货物的中转作业有 3 种方法：一是落地法，即将全部货物卸下，另行配装新的零担车；二是坐车法，即将到达货车中同一到站的货物留在车内，作为核心货物，把其他到站的货物卸下或过到另一货车中，而后加装与核心部分同一到站或同一中转站的货物组成一个新的整装零担车；三是过车法，即将中转货物由一辆货车向另一辆车直接换装，而不用卸到货位上。选择哪种方式，主要应考虑中转货物量的大小、装卸作业量的大小、中转站台的作业能力等因素。

4.4.6　货物的到达、领取

对到达的货物，收货人有义务及时将货物搬出，铁路也有义务提供一定的免费保管期间，以便收货人安排搬运车辆，办理仓储手续。

凡由铁路负责卸车的货物，到达站应在不迟于卸车完毕的次日内用电话或书信向收货人发出催领通知。此外，收货人也可与到达站商定其他通知方法。

票据交付。收货人持领货凭证和规定的证件到货运室办理货物领取手续，在支付费用和在货票丁联盖章（或签字）后，留下领货凭证，在运单和货票上加盖到站交付日期戳，然后将运单交给收货人，凭此领取货物。

现货交付即承运人向收货人点交货物。收货人持货运室交回的运单到货物存放地点领取货物，货运员向收货人点交货物完毕后，在运单上加盖"货物交讫"戳记，并记明交付完毕的时间，然后将运单交还收货人，凭此将货物搬出货场。

4.5　铁路货运改革与创新

4.5.1　货运改革背景

进入 21 世纪后，我国铁路建设突飞猛进，客运增幅明显，但货运却不尽如人意。特别是前些年"黑货"市场萎缩，"白货"市场逐步流失，"黑白货"市场双双堪忧，甚至可用"每况愈下"来形容，但同时铁路货运也面临新的发展机遇。

（1）经济环境影响运输需求及其变化。从我国整体经济发展状况看，产业结构调整，运输需求改变，市场对于煤炭、钢铁等产品需求不旺，致使支撑铁路货运"大头"的煤炭、钢铁等大宗货物运量在不断下滑。

（2）公路、水路及航空发展十分迅速，不断抢占运输市场，尤其是公路和水路已经占领了超过一半的份额，其业务范围不仅涉足零担、快件业务，还扩张到了大宗长途物资运输领域。

（3）铁路特殊的经营管理机制已不适应当前市场经济发展的需要，在竞争中的劣势越来越明显。在改革之前，铁路货运"门难进、脸难看、手续烦琐"，客户办理货运不仅要申报请求车计划、月度计划，还要联系货物的受理和装车；不仅要找铁路货运部门，还要联系铁路调度和运输部门，而且收费项目繁多，收费主体各异，整个过程比较繁杂和缺乏效率。相比之下，公路运输手续简便、收费简单、环节较少，且返空车运费较低，还可以及时将货物运到厂家，实现门到门服务。于是，许多铁路原有的客户逐渐流向公路。

（4）铁路货运面临着新的发展机遇。我国整体经济发展规模及水平在不断提高，并且随着电子商务的大力发展，促使物流行业及物流企业的队伍壮大；铁路客货分线，高铁飞速发展，货运能力得到释放；"一带一路"为铁路货运提供了良好的发展机遇和前景。

相关链接："黑货"与"白货"

在铁路运输业中，货物有黑白之分。煤炭类大宗货物俗称为"黑货"，一般有煤炭、钢铁、矿石、水泥、粮食、石油等；其他的货物称为"白货"，如金属制品、工业机械、电子电器、农副产品、日用百货等。

4.5.2　货运改革内容及业务

1. 货运改革内容

2013 年 3 月，根据十二届全国人大一次会议审议通过的《国务院关于提请审议国务院机构改革和职能转变方案》，实行铁路政企分开。2013 年 3 月 14 日，中国铁路总公司正式成立。随着铁道部改革方案的逐步落实，有关铁路货运的一系列改革也逐渐展开。

2013 年 6 月 15 日，中国铁路货运改革正式启动。这是中国铁路总公司成立后推出的首项改革，旨在实现铁路运输组织由内部生产型向市场导向型转变，把铁路全天候、大运力、低运价、节能环保的优势展现出来，充分发挥铁路在综合交通体系中的骨干作用。以此为突破口，推动铁路运输整体改革，加快建立符合市场经济要求的铁路运输管理体制和运行机制，提高铁路运输质量和效益。

这次铁路货运组织改革，是对以往货运组织工作的全面改造。铁路总公司向客户做出了"简化受理、随到随办、规范收费、热情服务"的承诺。具体内容主要包括如下 4 个方面。

（1）改革货运受理方式。通过简化手续、拓宽渠道、敞开收货，为广大客户提供最直接、最简便、最快捷的服务，同时也为客户降低与铁路系统的沟通成本和运输成本。

通过简化手续，实现传统单一代理向铁路全程代理转变，实现单一环节的铁路全程代理向"门到门、一站式、一票制、一口价"，融合全过程接取送达，铁、公、海多环节联运，全方位协调的全程物流服务转变。

拓宽渠道，指客户可以选择 5 种方式联系发货：一是拨打各铁路货运站受理电话；二是拨打中国铁路客户服务中心 12306 客服电话；三是在中国铁路客户服务中心网站（www.12306.cn）点击"我要发货"；四是到铁路货运营业场所直接办理；五是由铁路营销人员直接上门服务。总之，要让客户感受到，到铁路办理货物运输手续非常简单，非常方便。

敞开受理，是指除了由国家规定的有特殊运输限制的货物之外，铁路对各类货物运输需求敞开受理，随到随办。对货物运量较大、货源稳定均衡，能够提前确定需求的大宗物资，如煤炭、焦炭、石油、金属矿石等，通过协议运输方式给予运力保障；对其他货物，如工业机械、电子电器、农副产品、饮食烟草、日用百货等，客户随时提出需求，铁路随时受理，做到随到随办。

（2）改革运输组织方式。根据客户的运输需求编制运输计划，及时安排装运，提高运输效率。为抵御煤炭、焦炭、石油、金属矿石等大宗商品需求下降对货运量的负面影响，铁路系统将拓展业务类型并增加承运货物种类，加快发展多式联运。

（3）清理规范货运收费。即明确货运收费的项目、标准和条件。对所有收费实行"一口报价、一张货票核收"，做到所有收费严格执行国家的运价政策，坚持依法合规、公开透明收费，靠铁路的运价优势赢得市场。

（4）大力发展铁路"门到门"全程物流服务。要热情服务，所有铁路工作人员全面落实服务标准，热情待客，首问负责，主动高效地办理各项业务。构建"门到门"接取送达网络，实现"门到门"全程物流"一条龙"服务，对客户提出的接取送达需求，只要具备条件，铁路均提供服务。

2．铁路货运业务

改革后，铁路货运业务主要有如下 7 项。

一是整列运输，是指货物运量较大、货源稳定均衡，能够提前确定运输需求的物资，如煤炭、石油、焦炭、金属矿石等；

二是整车运输；

三是铁路快运货物班列，是指按客车化模式组织开行的列车，包括行邮、行包专列等；

四是集装箱运输；

五是特种货物运输，如商品汽车、大件及冷藏鲜活货物等；

六是零担货物运输；

七是高铁快递，即利用高铁系统从事快递业务的运输形式。

4.5.3　新铁路零担货物运输

1．新铁路零担货物特点

传统铁路零担货物一般指运量零星、批数较多、到站分散、品种繁多、性质复杂、包装条件不一、作业复杂的货物。我国铁路零担货物运输曾于 2008 年停止。货运改革后，

2014 年 7 月重启铁路零担货物运输。新零担货物出现了新趋势，即朝着附加值高、时效性高、批量小、批次多、季节/节日因素影响大、货源不稳定性高、服务水平要求高的方向发展。

2. 新零担货物运输组织形式

（1）直达零担货物运输。新型铁路零担货运一般采用"五定班列"，是指车辆运行后采取固定站点、固定线路、固定车次、固定时间、固定运价的一种运输方式，它实现了货物运输客车化。我国开行的郑欧国际班列就属于直达零担运输。郑欧国际班列起点站为郑州，终点站是德国汉堡，从新疆阿拉山口出境，中间经过的国家有哈萨克斯坦、俄罗斯、白俄罗斯及波兰。货运班列全程 10 214km，途中运行时间 11~15 天，与海运方式到欧洲相比可节约约 20 天。

（2）沿途零担货物运输。例如，部分铁路局开行的环形快运列车。环形快运列车是铁路货运改革的新探索，列车实行全天候运行、客车化模式，按照固定车次、固定运行区段、固定编组、固定机车牵引、固定站台作业、固定停车位置原则，提供"门到门""门到站""站到站""站到门"等多种组织方式，在部分条件具备的车站，还可实现在站台对货物"直装直卸"。

4.5.4　铁路门到门运输

1. 铁路门到门运输的含义

所谓铁路门到门，就是运用某种运输方式在货物所在地取货后，运到铁路货运营业站，通过铁路运输至终点站后，再通过其他运输方式将货物运送到收货地点并交付的过程。而这整个运输过程，由铁路部门全程服务。铁路门到门运输的特点是：

（1）一条龙服务。即铁路对货物从托运人指定上门取货地点装车开始，接运至发运站，运输至终点站，送达至收货人指定收货地点为止的全过程中提供一条龙服务，统一组织全程运输。

（2）办理手续简便。即取消货运计划申报、请求车、承认车等繁杂手续，统一一个部门管理，一个窗口受理。客户通过网站、电话、货运营业场所等任何一种方式提出运输需求，铁路客服人员直接一次受理，帮助客户办理所有手续，客户无须再联系其他部门和人员。也就是从"货主自己办"变为"货运员帮货主办"，从"货主一对多个铁路部门"变为"货主与车站货运员一对一"。

（3）一口价收费。即清理规范货运收费，对门到门运输全过程统一收费。设立并公布门到门运输服务收费项目，对门到门运输的收费项目实行一口报价。

（4）一张货票核收。门到门运输相关费用采用一张货票一次性收取。所有收费项目和金额在货票上注明，在客户确认缴费后，生成货票，自动录入货票信息系统。

（5）一套系统控制。门到门运输管理信息纳入货运电子商务系统，统一数据交换与共享平台，实现门到门运输受理、报价、分单、资源调配、服务组织、客户回访等全流程的统一管理。对内可以在网上办理物流业务的信息流转，实现门到门运输业务的闭环管理；对外客户或货主可以办理和查询物流业务，提供高效快捷的信息服务。

2．门到门运输的功能

（1）运输功能。这是将货物从发货人地点送达到收货人地点最基本的服务功能。

（2）装卸功能。在整个运输过程中，可能需要不同运输工具之间的转换，这就需要进行货物的装卸作业，一般是短途运输的装卸和铁路运输过程的换装。

（3）仓储功能。货物在通过货运站、集装箱中心站、物流中心等节点时，可能需要短时间的储存，以衔接不同时间及运输方式。

（4）信息处理功能。在运输过程中，铁路相关部门、运输各个环节及各种作业需要对信息进行采集、分析、传递，实时地跟踪货物所在位置，并与客户或货主进行信息沟通，提供查询服务。

3．门到门运输的环节及服务方式

根据运输的流程，可将铁路门到门运输划分为7个环节：①上门取货装车；②"门到站"短途运输；③发运站的仓储和装卸；④"站到站"铁路线长途运输；⑤终点站仓储和装卸；⑥"站到门"短途运输；⑦交付卸车。各环节流程如图4-1所示。

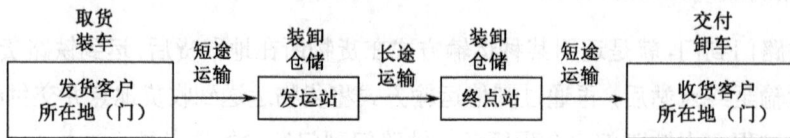

图 4-1　门到门运输的环节

不同的客户要求不同，整个运输过程可以按照双方的约定采用不同的环节。一般来说，根据环节不同，可以形成如下4种主要的服务方式。

（1）门到门运输。包括了全部7个环节，即起点是发货客户所在地（门），终点是收货客户所在地（门）。对于两端是否包括上门装、卸货服务，双方可按事先约定。

（2）门到站运输。即包括①～⑤ 5个环节。后续环节由客户自行安排。

（3）站到站运输。包括环节④，即"站到站"铁路线长途运输，这是传统的铁路货物运输服务方式。是否包括⑤由双方约定。

（4）站到门运输。即包括④～⑦ 4个环节。前端3个环节由客户自行安排。

应用案例

中铁特货开展"门到门"运输服务

中铁特货进入"门到门"领域，全力推广"门到门"运输，首先向乘用车工厂提出"门到门"运输解决方案，得到确认后，同客户签署"门到门"运输合同。服务内容包含两端的公路运输、中间的铁路运输，建立专门的物流信息服务平台，提供"门到门"全程动态跟踪和客户即时信息咨询，以及保险理赔、运单回收、资金回收等服务。

4.5.5　高铁快递

1．服务特点

2014 年 4 月，在经过两年探索之后，高铁快递正式运营。中铁快运股份有限公司（简称中铁快运）是中国铁路总公司指定的唯一进行高铁快递运营的主体。其具体运输过程为，中铁快运利用高铁运力承担快递的干线运输，干线运输之外的两端运输（门到门的收件和寄件）则由公路等其他运输方式完成。

高铁运输相较于其他交通运输方式，具有安全性高、速度快、运量大、输送能力大、受自然环境因素影响小、经济效益好、准点率高和能源消耗低等诸多优点，特别是高铁快递在 500～1 000km 的快递业务中最具竞争力。

2．服务对象及范围

根据高铁技术经济特性，其运输对象应为批量小、价值高、时效强的商务文件、电商包裹、生物医药、冷链食品、应急物品等，如表 4-3 所示。

表 4-3　高铁快递的主要运输对象

货源结构	细分品类	货物组成品类	时效要求	价格要求	环境要求
商业函件	文件类	商业合同、金融票据等	高	低	低
一般消费品	包裹类	机械小配件、私人行李			
	服饰类	鞋、帽、箱包等			
	日化类	护肤品、化妆品等			
电子商务快递	文化办公类	图书、文具类	较高	较高	低
	3C 数码类	影音电器、手机、相机、电脑、生活电器、数码配件等			
	食品类	烟酒茶等			
生鲜产品	生鲜产品	鲜花、海鲜、水果等	高	低	高
生物制品	生物制品	疫苗、药品等			
其他	贵重物品	珠宝首饰等	较高	较低	较高
	精密仪器	医疗器械、光学仪器、实验设备			

资料来源：中国民航总局。

3. 产品和服务

中铁快运的"高铁快运"业务定位是：为客户提供时效快、品质优、标准高的"门到门"小件快运服务。2015 年，中铁快运公司开始执行新修订的《高铁快递产品体系》，进一步明确了高铁快递产品"当日达""次晨达""次日达""隔日达" 4 项限时服务产品和"经济快递""同城快递""车票快递" 3 项标准服务。

（1）当日达。提供城市间当日收取当日送达的门到门快递服务。当日截单时间前承运的快件，承诺当日 22:00 前送达收件人。

（2）次晨达。提供城市间当日收取次日上午送达的门到门快递服务。当日截单时间前承运的快件，承诺次日 11:00 前送达收件人。

（3）次日达。提供城市间当日收取次日送达的门到门快递服务。当日截单时间前承运的快件，承诺次日 18:00 前送达收件人。

（4）隔日达。城市间当日收取第 3 日送达的门到门快递服务。当日截单时间前所接受的快件，承诺于第 3 日 18:00 前送至收货人手中，主要服务于城市之间的快运业务。

（5）经济快递。为满足客户非限时性需求，提供 2～4 日送达（不含寄送当天）的门到门快递服务。

（6）同城快递。为客户提供的取派件均在同一城市的门到门快递服务。

阅读资料:《关注铁路货运改革》

4.6　铁路运输成本

4.6.1　铁路运输成本的构成及特点

在铁路运输生产实践中，铁路运输成本是指一定时期内铁路企业进行生产经营活动而发生的一切有关的费用支出，它包括多种不同的类型。

1. 运输成本的构成

从运输成本的形态看，铁路运输的固定成本主要是轨道及地面固定设施、牵引机车及车辆等的折旧费用；变动成本主要是机车牵引所耗费的燃料、电力支出、企业运输生产人员工资及奖金等；半变动成本（由固定成本和变动成本两部分组成的混合成本）主要是指其成本总额受运量变动的影响，但其变动比例不与运量的变化保持严格比例变化的成本，如线路及相关固定设备修理费、电力牵引供电系统修理费、部分岗位工作人员的工资或奖金等。

按经济用途和性质划分，铁路运输成本包括工资、燃料费、材料费、电力费、折旧费及其他费用。工资，指按规定支付给铁路企业运输生产和管理人员的各种工资、奖金、津贴等。燃料费，指铁路运输设备运用所耗费的固体、液体、气体等的燃料支出。材料费，指铁路运输生产过程及各项运输设备运用、养护、修理过程中所消耗的材料、配件、油脂、工具备品、劳动保护用品等实物形态的物品支出费用。电力费，指铁路运输生产的电力支出，以及运输设备运用、养护和修理过程中动力、照明等其他用电费用。折旧费，指按规定计提的计入成本费用的轨道线路、地面固定设施、通信设备、电力牵引设备、车站站舍等设施的折旧费用。其他费用，指在运输生产过程中发生的不属于以上各要素的支出，主要包括差旅费、福利费、职工教育经费、工会经费、基本养老保险金、职工失业保险金、工伤保险、住房公积金、付费支出、委托修理费等。

按运输作业环节划分，运输成本分为发到达作业成本，指在发到站进行发到作业发生的相关支出；中转作业成本，指在中转站进行中转作业发生的费用；运行作业成本，是在列车运行过程中发生的列车运行费用。

按运输企业的财务制度划分，铁路运输成本可分为营运成本、管理费用、财务费用及营业外支出。营运成本指铁路运输企业营运生产过程中实际发生的与营运生产直接有关的各项支出。管理费用指铁路运输企业各级行政管理部门为管理和组织运输生产所发生的各项费用及企业管理性质的支出，按比例分摊计入成本。财务费用指企业为筹集资金而发生的各项支出。营业外支出指与企业生产经营活动没有直接关系的有关支出。

2．运输成本的特点

铁路运输的固定成本高，可变成本较低。一是"与运量无关"的成本费用（指线路、通信设备、大型建筑物等的使用和维护费用及管理人员工资等）占铁路运输成本比重高达50%左右，所以规模经济对于降低铁路运输成本十分重要；二是装卸成本、制单和收费成本、调度换车成本等始发和终到作业费用约占运输成本的18%，致使铁路运输的端点成本很高，所以运距较短时，铁路运输的平均成本较高。

4.6.2　影响运输成本的因素

同公路运输类似，铁路运输行业方面的因素（如运送距离、载货量、货物特点、设备技术、运输组织等）、市场竞争环境因素（市场需求平衡性、服务要求、市场竞争等）都对铁路运输成本及其变化具有不同程度的影响。这里重点阐述铁路资金筹集方式对于铁路运输成本的影响。

一般来说，企业筹集和使用任何资金，不论短期的还是长期的，都要付出代价。资本成本就指企业为筹集和使用资金而付出的代价。在我国以往投资体制中，现有铁路的许多投资基本都是由国家直接投入的，国家资本占有绝对比重，投资回报的理念和实践还不普及。因此，以前计算铁路的运输成本时，通常情况下是不考虑资本成本问题的。

随着我国铁路体制的改革，铁路投资体制改革也逐步展开。2013年8月19日，国务院在《关于改革铁路投融资体制加快推进铁路建设的意见》中提出，要通过创新融资方式载体，实现铁路融资的多元化。主要有如下3个方面。

（1）向地方政府和社会资本放开城际铁路、市域（郊）铁路、资源开发性铁路和支线铁路的所有权、经营权，鼓励用社会资本投资建设铁路。

（2）研究设立铁路发展基金，以中央财政性资金为引导，吸引社会法人投入。铁路发展基金主要用来投资国家规定的项目，社会法人不直接参与铁路建设、经营，但保证其获取稳定合理回报。

（3）"十二五"后3年，继续发行政府支持的铁路建设债券，并创新铁路债券发行品种和方式。所以，随着铁路投融资体制的改革，投资回报、投资风险是铁路运营必然要考虑的问题，因此在分析和计算铁路运输成本时，资本成本将成为一个不可忽视的重要因素。

4.6.3 降低运输成本的途径

1．积极广开货源

由于货运量的多少直接影响运输成本高低，所以应采取措施保证铁路运输拥有充足的货运量。进入21世纪后，由于公路、水路、航空运输的迅速发展，铁路货运在市场竞争中受到巨大冲击，日常运量不断减少，特别是近些年支撑铁路货运"大头"的煤炭等大宗货物运量下滑较为明显。所以需加大营销力度，积极开拓市场，扩大货物来源，以降低运输成本，促进铁路货运的发展。通过对客户到货、发货提供全程服务，简化运输手续，提高工作效率，改善行业形象和客户关系，以吸引和留住大宗货物客户，开发中短途货物运输的客户和零担货物运输的客户。

2．加强运输组织

在运输组织工作方面，主要是提高运输组织水平，改善机车车辆的运用，在现有设备条件下增加运量，减少运输中的浪费和损失。充分发挥铁路运输适合中、长距离运输的优势，尽量组织整车直达运输。例如，在摸清货源结构的基础上，对管内运输量大、品种单一、方向集中的较大企业，积极组织均衡调空、合理配空和成组运输，在具备条件时直接开行专列。对于中短途货物和零担货物，优化货车使用，更有效地组织铁路零担货物运输。

3．改善经营管理

在经营管理方面，合理确定固定资产折旧率、各类材料和工时的消耗定额，节约各项物资消耗，不断提高劳动生产率，对成本进行全面的科学管理。提高劳动生产率，力求以较少的人力消耗完成较多的运输任务。特别是要加强运输站点作业管理，提高作业效率，降低作业成本。例如，科学核定在站和专用线装卸车时间标准，尽可能压缩作业时间和停站时间，提高作业效率。

4．增大设备效能

做好铁路设施设备的维护，使之保持良好的状态。及时更新和改造运输设备，根据需要和可能，不断采用新的科学技术和先进的技术设备。例如，在铁路线路上部建筑中采用重型钢轨、铺设混凝土轨枕、增加道床厚度等；进行牵引动力改造，逐步采用大功率内燃和电力机车，使用大型货车等。

阅读资料：《S 铁路公司成本领先战略实践》

本章小结

铁路运输依托较为系统的运输车辆、铁路设施及信息技术，形成铁路运输网络。铁路运输节点包括：货运场站、大型装卸车点、行邮行包基地、集装箱中心站、物流中心、物流园区等。铁路运输基本的组织形式有整车运输、零担运输和集装箱运输。整车运输要求货物必须符合其条件，并且有货运量大、直达运输、业务过程较简单、货物种类少、市场覆盖面较小等特点；铁路整车运输一般组织方法有直达运输、整车分卸、准轨与米轨直通运输、途中装卸、站界内搬运等。零担货物运输也有相应的条件及特点，其组织方法有多种分类方法，如按照零担货物的装运方式可以分为直达整装零担车、中转整装零担车、沿途零担车。铁路货物的运输作业一般包括托运、受理、承运、装卸和到达、支付等各项货运作业。2013 年货运改革涉及货运受理方式、运输组织方式、规范货运收费、"门到门"全程物流服务等方面，特别是在高铁快递、零担货物运输、门到门运输等方面发生了巨大变化。

铁路运输成本具有固定成本高、可变成本较低的特点，受铁路运输行业方面的因素（如运送距离、载货量、货物特点、设备技术、运输组织等）、市场竞争环境因素（市场需求平衡性、服务要求、市场竞争等）的影响。这里重点阐述铁路资金筹集方式对铁路运输成本的影响，特别是货运改革后铁路资金筹集方式对铁路运输成本的影响较大。应该通过积极广开货源、加强运输组织、改善经营管理、增大设备效能等途径来降低铁路运输成本。

复习及练习

一、主要概念

铁路整车运输　铁路零担运输　直达整装零担车　中转整装零担车　沿途零担车

二、思考及练习题

1. 铁路整车运输的条件是什么？
2. 简述铁路整车运输组织方法。
3. 铁路零担运输的条件是什么？
4. 影响铁路运输成本的因素是什么？
5. 试述降低铁路运输成本的途径。
6. 查阅资料分析：目前铁路企业要从汽车运输中吸引更多的货源，需要采取哪些措施。
7. 铁路货运改革后，有些铁路局开行了环形快运列车。试分析哪些方面会影响其运输成本？如何控制或降低其运输成本？（可结合实例分析）
8. 结合实例分析：铁路门到门运输开行后，铁路运输企业运输成本会发生哪些变化？
9. 通过对比铁路门到门运输和公路门到门运输的优势劣势，试分析铁路运输企业如何获得竞争优势。

案例分析

铁路货场的兴衰

20世纪90年代，在铁路货运还占据货运市场份额的30%，甚至更早——超过50%的"铁老大"时代，不仅仅铁路货运线路及运能受到政府和市场的追捧，大中型城市中的铁路货运场站在当时也得到了铁、地两方面的重视和大力发展。当时每个城市基本上都在城市周边甚至城市中心设立了铁路货运场站，从而形成了覆盖全国范围的铁路货运场站网络。

时移势易，随着全国公路网的完善、高速公路的快速兴起和普及，以及随之而来的公路货运市场的迅猛发展，加之更适应市场机制的空运、水运等其他交通运输方式的不断完善，以计划性为主的铁路货运市场急剧下滑，整体占比已经不足15%。原铁道部也顺势从控制成本角度出发，取消了许多间距短、规模小的铁路货站，拓展货运服务功能，全路货运营运站缩减为2 500个左右。而后，又陆续推出了行包行邮基地、商品车物流基地、专办站、战略装车点、集装箱中心站和集装箱专办站等策略，许多规模较小的既有传统铁路货场开始闲置，而规模较大的铁路货场则逐步演变为铁路物流中心，由此形成包括全路33个一级、175个二级和330个三级铁路物流中心的铁路货运场站网络布局。

与此同时，由于近20年来城市化进程加速，许多当时位于城市周边郊外的铁路货场目前多数已经成为城市中心区或核心区，铁路货场周边也已经变成商业区、住宅区或办公区，货场周边道路则多数完全演变成为服务市民出行的城市街道。

这些位于城区的传统铁路货场服务功能单一，基本上还是以货运业务为主，很少有仓储、配送和加工等物流中心服务功能。特别是由于场站面积小，使得站台、仓库、堆场和雨棚都较为窄小，装卸线短、站台能力不足。停车场容量极小。货场装卸、仓配等设备原始且单一，以吊机、叉车等装卸搬运为主，自动化装备匮乏，信息化手段不强。

然而，随着中国经济长期高速发展，大面积雾霾等环保问题和大城市交通拥堵问题凸显，已经严重影响到人们身体健康和美好生活需要。特别是近年来全球经济全行业结构性过剩及中国经济步入新常态，供给侧结构性改革及产业结构性调整，使得大气污染综合治理和物流业降本增效成为当下经济发展的核心问题，加之城市内部交通拥堵已成顽疾，北京已被迫开始非首都功能纾解。

铁路货运以其规模化、网络化、标准化、全天候和绿色环保等特征重新进入政策决策者视野。随着高铁已成为中国具有全球比较优势的产业名片，使得"资本+科技"突破传统体制机制限制、实现交通运输服务业跨越式发展的模式成为可能，在《中长期铁路网规划》中，远期铁路网规模达到 20 万 km，并形成覆盖全国县域的"无缝化"衔接综合货运枢纽，更加剧了国家发展目标中对于铁路货运的倚重。

2017 年 2 月，生态环境部联合三部委及北京、天津等"2+26"城市发布了《京津冀及周边地区 2017 年大气污染防治工作方案》，同年 4 月底，天津市全面禁止煤炭在天津港进行公路货车集疏港，9 月底开始在河北省及环渤海所有港口禁止煤炭使用公路货运集疏港，到 11 月，"蓝天保卫战"扩展至 8 省、直辖市的 34 个城市。

进入 2018 年，环保政策进一步严格，刚刚成立的中央财经委员会第一次会议就明确提出调整运输结构，增加铁路运量，降低公路运量。在运输结构调整目标中，提出今年 9 月底以京津冀及周边地区、长三角地区及汾渭平原等区域为重点，均需停止煤炭的公路货运集疏港，到 2019 年 9 月则全面禁止环渤海到长三角各港口煤炭、焦炭和矿石等大宗货物公路货运集疏港，"公转铁"的运输结构性变革已经不可逆转。

在煤炭等大宗货运转向"公转铁"基础上，白货、冷链、特货和快递等类运输也在寻找"公转铁"的突破口。北京铁路局集团公司（以下简称北京局）就针对北京市政府要求提出了"外集内配"的绿色铁路货运规划，以实现用铁路货运替代公路货运的方式最大限度地解决北京消费保障物流需要。

6 月 12 日，北京局旗下物流旗舰——京铁物流公司将首趟"公转铁"进京建筑材料从唐山市滦县开行到北京大红门货运中心。从运距、成本和效率等传统决策要素来看，这趟专列与公路货运相比的所有核算都不能占优；但站在"蓝天保卫战"和运输结构调整综合治理环保和城市道路的角度，这类专列则成为未来的必然选择。

这趟"公转铁"绿色专列计划每天开行 10 列 30 000t，将每天减少 1 000 辆大型货车进京，碳排放较公路货运减少 80%。更引人注目的是，这类"公转铁"绿色专列也将扩展成为快消品、粮油等保障北京民生物资进京运输专列和北京制造的商品整车等出京运输专列。

　　在以"公转铁"为核心的运输结构调整规划中，大型企业及公共物流园区都将规划建设或改造铁路专用线，以最大限度、最高效率地提升铁路货运的市场竞争力。在政策红利、外部资本和运输市场的推动下，覆盖八省市连通企业与运输通道的铁路运输网络已指日可待。

　　然而，铁路运输网络的节点——铁路货运站场能力的提升却会受到极大的约束，尤其是受到城区内既有货场周边的城市规划的束缚。以北京局成功运行的首趟"公转铁"绿色建材专列来讲，一旦提升运力，而北京五环内仅有大红门、百子湾、丰台西和西黄村 4 个既有货场，货场总面积仅有 $35.21 \times 10^4 \mathrm{m}^2$，既有货场很难支撑如此大规模的货运及周转，同时也会造成铁路货场周边道路产生新的"肠梗堵"。

　　目前北京市铁路货运占比仅不到 3%，按照铁路提高运能规划，在现有条件下也仅仅能提升一倍，即不到 6%。这种增长对于"公转铁"运输结构调整是杯水车薪，而提升铁路运能的关键，不在于铁路内部通过资本和技术快速提升的路网线路运力，关键在于，铁路无法掌控的铁路货场仓配能力的提升，还有更无法掌控的铁路货场周边的城市整体规划。

　　目前，铁路货场该如何发展，如何进一步升级，成为一个亟待解决的问题。

　　　　注：案例改编自 2018 年 6 月 26 日《经济参考报》文章"'公转铁'将引导铁路货场再度兴起"（作者刘大成）。

案例问题

1. 试用运输市场及本章知识，分析"公转铁"这种运输方式转变的背景及原因。
2. 讨论如何解决目前铁路货场面临的问题。

第5章 水路运输

学习目标

- 了解水路运输的基本知识，包括船舶类型、港口种类、航线，以及运输经营方式等。
- 熟悉班轮运输的业务程序。
- 熟悉班轮运输主要单证。
- 了解租船运输的业务程序。
- 熟悉班轮运价的特点及分类。

5.1 水路运输概述

5.1.1 运输工具

相对陆地而言，水路运输泛指在江河湖海中的运输。水路运输需要依靠船舶、港口设施、水路航线来完成，连接沿线的重要地区和海洋沿岸重要的国家和地区，并涉及不同行业的各个层次和类型的企业和其他社会组织。

运输工具、运输线路和港口是运输企业进行水路运输的基本条件。水路运输工具主要是船舶。船舶是能航行或停泊于水域内，用以执行作战、运输、作业等任务的运载工具，是各类船、舰、驳、舟、舢板、筏及水上作业平台等的总称。船装有原动机，而驳没有动力装置，需要挂在拖船上行驶。另外，民用船一般称为船，军用船称为舰，小型船称为艇或舟，其总称为舰船或船艇。这里主要讲述船舶种类和船舶基本构造及主要性能。

1. 船舶种类

（1）杂货船。杂货船一般是指定期航行于货运繁忙的航线，以装运零星杂货为主的船舶。这种船航行速度较快，船上配有足够的起吊设备，船舶构造中有多层甲板把船舱分隔成多层货柜，以适应装载不同货物的需要。

（2）散货船。散货船是用于装载无包装的大宗货物的船舶。依所装货物的种类不同，又可分为粮谷船、煤船和矿砂船。这种船大都为单甲板，舱内不设支柱，但设有隔板，用于防止船在风浪中运行时舱内货物移位。

（3）冷藏船。冷藏船是专门用于装载鲜活易腐货物的船舶。船上设有冷藏系统，能调节多种温度以适应各舱货物对不同温度的需要。其吨位一般在几百吨至几千吨，航速一般在 20Kn 左右。

（4）木材船。木材船是专门用于装载木材或原木的船舶。这种船舱口大，舱内无梁柱及其他妨碍装卸的设备。船舱及甲板上均可装载木材。为防甲板上的木材被海浪冲出舷外，在船舷两侧一般设置不低于 1m 的舷墙。船上一般都设有起重量较大的装卸设备。木材船的吨位一般在 5 000～20 000t，航速在 12～15Kn。

（5）滚装船。滚装船主要用来运送汽车和集装箱。这种船本身无需装卸设备，一般在船侧或船的首、尾有开口斜坡连接码头，装卸货物时，汽车或集装箱（装在拖车上的）直接开进或开出船舱。这种船的优点是不依赖码头上的装卸设备，装卸速度快，可加速船舶周转。滚装船的吨位一般在 5 000～30 000t，航速在 18～22Kn。

（6）集装箱船。集装箱船是专门装载集装箱或混装集装箱的高速货船。集装箱船具有瘦长的船体外形，为了减少风浪影响，一般都采用球鼻首船。各种货物在装箱前先装入标准货箱内，集装箱的装卸通常由岸上起重机完成，集装箱船本身一般不配备装卸设备。集装箱船的船速多在 20Kn 以上，最高达 30Kn 以上，属最快的货船。

（7）载驳船。载驳船又称子母船，是指在大船上搭载驳船，驳船内装载货物的船舶。载驳船的主要优点是不受港口水深限制，不需要占用码头泊位，装卸货物均在锚地进行，装卸效率高。

（8）油槽船。油槽船是主要用来装运液体货物的船舶。油槽船根据所装货物种类不同可分为油船和液化天然气船。

2．船舶基本构造

船舶虽有大小之分，但其结构的主要部分大同小异。船舶主要由以下几部分构成。

（1）船壳。即船的外壳，是由多块钢板以铆钉或电焊形式结合而成的，包括龙骨翼板、弯曲外板及上舷外板 3 部分。

（2）船架。是指支撑船壳所用各种材料的总称，分为纵材和横材两部分。纵材包括龙骨、底骨和边骨；横材包括肋骨、船梁和舱壁。

（3）甲板。是指铺在船梁上的钢板，将船体分隔成上、中、下层。大型船甲板数可多至六七层，其作用是加固船体结构和便于分层配载及装货。

（4）船舱。是指甲板以下的各种用途空间，包括船首舱、船尾舱、货舱、机器舱和锅炉舱等。

（5）船面建筑。是指主甲板上面的建筑，供船员工作起居及存放船具，它包括船首房、船尾房及船桥。

3．船舶的主要性能

（1）航行性能。船舶必须具有良好的航行性能，以适应各种海况、气候、海区等航行条件，从而保证航行安全。船舶主要有浮性、稳性、抗沉性、快速性、适应性和可操作性6 大航行性能。

（2）重量性能。运输船舶的重量性能包括船舶的排水量和载重量，计量单位以吨表示。排水量，即船舷浮于水面时所排开的水的重量，它等于船上所有物体的总重量。根据不同的载装状态可分为满载排水量、空载排水量、空船排水量和压载排水量。载重量是指船舶运输货物的能力，有总载重量和净载重量之分。总载重量是指船舶所允许装载的最大重量。净载重量是指船舶在具体航次中所能装载货物的最大重量。

（3）船舶的容积性能。船舶的容积性能包括货舱容积和船舶登记吨位。

①货舱容积。货舱容积是指船舶货舱内部空间大小的度量，可细分为型容积（毛容积）、净容积。型容积是货舱的理论容积，即根据船体型线图计算所得的舱内总容积。净容积是指船舱内扣除燃料、淡水、供应品等所占的空间后剩余的有效装载容积。货舱容积按所装载货物的特点可分为散装货（如散粮、矿砂、煤炭等）载货容积、包装货载货容积和液体货载货容积。装载包装货物会产生空间损失，即亏舱，所以包装货载货容积一般为散装货载货容积的 90%～96%。

②船舶登记吨位。船舶登记吨位是指按船舶吨位丈量规范的有关规定丈量所得的内部容积，它是为船舶注册登记而规定的一种以容积折算的专门吨位，分为总吨位和净吨位两种。总吨位是通过对船舶所有围蔽处所进行丈量计算后确定的吨位。净吨位是指对船舶能够实际营运的载货（客）所进行丈量计算后得出的吨位。

（4）船舶航速。船舶的航行速度简称航速。船舶航速常用的单位为节（Kn），即海里/小时（1 海里＝1.825km）。运输船舶的速度性能包括试航航速和服务航速。试航航速是船舶试航时测得的航速。服务航速也称常用航速或营运航速，是指运输船舶在平时营运时所达到的航速。服务航速一般是一个平均值，通常比试航航速小 0.5～1 节。这主要是由于海上有风浪，且浪大小变化多端，主机不常开最大持续功率以保护主机；船的装载量、船舶污底的影响等，都会使船舶服务航速比试航航速小。

（5）船舶的装卸性能。船舶的装卸性能随货舱的布置、船体结构、起货设备的不同而不同，即具有不同的货舱布置、船体结构和起货设备的船舶，其装卸性能有优有劣。

5.1.2　运输航线

水路运输的网络（运输设施）主要由航线和港口（运输节点）构成。下面介绍水路运输的航线构成及其分类。

1．水路运输的航线构成

水路运输航线是指船舶在两个或多个港口之间从事客、货运输的路线，简称水运航线。水运航线由航道和航标构成。

（1）航道。航道是以水上运输为目的所规定或设置的船舶航行通道。航道应具备足够的水深和宽度，以满足设计标准船型的满载吃水要求和同行船舶的顺利通过。由可通航水域、助航设施和水域条件组成。按形成原因分为天然航道和人工航道；按使用性质分为专用航道和公用航道；按管理归属分为国家航道和地方航道。

航道的航运条件由深度、宽度、曲度、流速、流向和流态 6 个因素组成。航道深度是指航道范围内从水面到河床底部的垂直距离，通常指航道内最浅处水面到河底的垂直距离。航道宽度是指航道两侧界限之间，垂直于航道中心线的水平距离。流速是指水质点在单位时间内沿某一特定的方向移动的距离，常用单位是 m/s。流向是指水流流动的方向，但从航道分析的角度，流向并不仅仅指整条河流的水流总趋向，也包括局部水流流向。流态是指局部水流呈现的状态。流态对船舶航行的影响很大，某些恶劣的流态甚至危及船舶的航行安全。内河航道中有如下几种主要流态：回流、泡水、漩水、剪刀水、扫弯水、往复流、滑梁水、横流等。 回流是指位于主流区外侧，在平面上作回转运动的水流。泡水是指河道内有较强的上升水流涌向水面，导致流动中的水体局部隆起和翻滚的水流流态。漩水是指河道内有较强的竖轴环流，导致流动中水体局部旋转、漩心凹陷的水流流态。剪刀水是指急滩段以下，滩舌处中泓水面隆起、前锋在平面上呈剪刀状的水流流态。扫弯水是指弯曲河道内斜向顶冲凹岸的面层水流。往复流是指周期性地由一个方向变为相反方向的水流。滑梁水是指在山区河道内，漫过河心石梁并具有较大横向流速和比降的碍航水流。横流是指流向与航道纵轴线垂直或角度较大的水流。

（2）航标。航标是河流、湖泊、运河、水库、海洋等水域中的导航设施，通过物体或看守人向航行者标示或提供航道的方向、界限、航道内其他附近的水上或水下障碍物和建筑物等航运环境信息。按照地点位置，航标可分为江河航标和沿海航标。另外，按照工作原理分类，航标又可以分为视觉航标、音像航标与无线电航标。灯塔一般是建在岸边陆地上的固定航标，是给航行船舶测定方向，提供风力、风向等航运环境信息的建筑物。夜晚灯塔探照灯强大的光柱，使周围航行的船舶及时捕捉到目标，所以灯塔是功能丰富的航标。

2. 水路运输航线分类

水路运输航线按照自然地理环境划分，可分为海运航线和内河航线。海运航线根据航运的范围划分，又可分为国际大洋航线、地区性的国际航线和沿海航线。国际大洋航线是贯通一个或几个大洋的航线，是世界性的航线，各国船舶都可自由航行。其中除大西洋、太平洋、印度洋 3 大航线外，还有从大西洋通过地中海、印度洋到太平洋区域横贯几个大洋的航线。地区性的国际航线通过的只是一个或几个海区，可到达区内各国的港口，如我国至朝鲜、日本或东南亚各地航线，地中海区域航线，波罗的海区域航线等。沿海航线专供各国船舶在该国港口之间使用，一般为国内航线，如我国上海至大连线、青岛至上海线、上海至天津线等。

根据运输航线的不同，水路运输可以分为远洋运输、近海运输、沿海运输和内河运输。

3. 我国水路运输航线

我国水路运输线路包括内河航线和海上航线。从内河航线来看，我国河湖众多，水量丰富。在内河水系中，长江、黄河、淮河横贯东西，大运河、岷江、嘉陵江、汉水、湘水、赣江等支流连接南北，东北有黑龙江和松花江水系，华南有珠江水系等，构成纵横交错的内河水路运输线路网。在我国现有的内河航线中，起重要作用的是"三江两河"（长江、珠江、黑龙江、淮河和京杭大运河），其中又以长江水系最为重要。

海上航线也是我国整个水运航线中的一个重要组成部分，主要包括沿海航线和国际航线。由于我国的大江、大河多呈东西流向，而南北大运河现在还只能分段通航，因此，沿海航线就成为我国当前唯一的南北水运大道。利用廉价的海运，不仅能节约大量运费，还能大大减轻纵贯我国的南北交通大动脉——京广、京沪等铁路客、货运输日益增长的负担。目前，我国沿海航线分为两个航区，即以上海、大连为中心的北方沿海航区和以广州为中心的南方沿海航区，每个航区都开辟了若干条航线，在两个航区之间组成了若干条跨区航线。此外，目前我国的远洋船队已航行于世界 100 多个国家的 600 多个港口之间，我国国际航线以沿海港口为起点，可分为东、西、南、北 4 个主要方向。

（1）东行线方向。由我国沿海各港出发，东行日本，经日本横渡太平洋抵达北美和拉丁美洲等国。

（2）西行线方向。由我国沿海各港南行到新加坡，然后西行，穿过马六甲海峡进入印度洋。一条经非洲南端好望角进入大西洋；另一条经苏伊士运河、地中海、直布罗陀海峡进入大西洋。西行可达南亚、西亚、非洲和欧洲各国。

（3）南行线方向。由我国沿海各港南行可通往东南亚、澳洲等国的港口。

（4）北行线方向。由我国沿海各港北行，可到朝鲜、俄罗斯东部的符拉迪沃斯托克（海参崴）等地。

5.1.3　港口

港口、仓库、堆场等都属于水路运输的节点。港口是指具有一定面积的水域和陆域，供船舶出入和停泊、货物及旅客集散的场所。港口是水运货物的集散地，又是水、陆运输的衔接点。港口的基本任务就是为船舶提供能安全停靠的设施，及时完成货物由船到岸、由岸到船、由船到船的转运，并为船舶提供补给、修理等技术服务和生活服务。

1. 港口组成

（1）港口水域。港口水域供船舶航行、调转方向、锚泊和水上过驳作业等，要求具备适当的面积和水深，且水面稳静、水流平缓，以便船舶的安全操作。水域包括港池、航道和锚地等。港池一般指码头附近的水域，它也需要有足够深度和宽广的水域，供船舶靠离操作。航道是指船舶进出港的通道，为保证安全通航，航道必须有足够的水深与宽度，弯曲度不能过大。锚地是供船舶抛锚候潮、等候泊位、避风、办理进出口手续、接受船舶检查或过驳装卸等停泊的水域。

（2）港口陆域。港口陆域包括市场、铁路、道路，以及为港口作业服务的各种设施及建筑物。作为现代化的港口，还应配备各种通信、导航及为外轮服务的涉外部门（如海关、商检、外轮代理、外轮供应、检疫等）。港口铁路一般应包括港口车站、分区车场、码头和库场的装卸线，以及连接各部分的港口铁路区间正线、联络线和连接线等。港口道路可分为港内道路与港外道路。港内道路用于通行重载货车与流动机械，要求能通往码头前沿和各场库。港外道路是港区与城市道路或与公路连接的通道。仓库与堆场是供货物在装船前或卸船后存放使用的设施场所。按仓库（堆场）位于码头所在位置的不同分为前方仓库（堆场）和后方仓库（堆场）。港口装卸机械是港口完成货物装卸的主要手段，包括轮胎起重机、履带式起重机、浮式起重机、门座起重机、岸边起重机，以及各种装卸搬运机械如叉车、单斗车、索引车等。辅助生产设施包括给水、排水系统，输电、配电系统，燃料供应站，工作船基地，各种办公用房，维修工程队和船舶修理站等。

（3）港口水工建筑物。港口水工建筑物是指大部分处于水中，或经常与水接触的建筑物。港口水工建筑物可分为防护建筑物、码头建筑物、护岸建筑物3大类。防护建筑物用在海港，防止波浪对港内物体的冲击，或防止泥沙、流冰进入港内。码头建筑物是供船舶停靠、货物装卸的水上建筑物。码头前沿线通常为港口的生产岸线，也是港口水域和陆域的交接线。码头岸线布置码头泊位（供船舶停泊的位置）。一个泊位可供一艘船舶停泊，一个码头往往要同时停泊几艘船，即要有几个泊位。

2. 港口种类

港口按用途可分为商港、工业港、渔港、避风港和军港。

（1）商港是以一般商船和客货运输为服务对象的港口，是水陆运输的枢纽，如我国的上海港、大连港、天津港、广州港和湛江港等均属此类，国外的鹿特丹港、神户港、伦敦港、纽约港和汉堡港也是商港。

（2）工业港是为临近江、河、湖、海的大型工矿企业直接运输原材料及输出制成品而设置的港口，如大连地区的甘井子大化码头、上海市的吴泾焦化厂煤码头及宝山钢铁总厂码头均属此类。

（3）渔港是供渔船停泊、鱼货装卸、鱼货保鲜、冷藏加工、修补渔网和渔船生产及生活物资补给的港口，如南非的开普敦港。

（4）避风港是供船舶在航行途中，或海上作业过程中躲避风浪的港口，如日本的九州六连岛港。

（5）军港是供舰艇停泊并取得补给的港口，是海军基地的组成部分，通常有停泊、补给等工具和各种防御设施，如我国的旅顺港、日本的横须贺港等。

港口按地理位置不同可分为海港、河港、水库港和湖港。

（1）海港是指在自然地理条件和水文气象方面具有海洋性质的港口，它又包括海岸港和河口港。海岸港位于有掩护的或平直的海岸上，如湛江港和榆林港等都具备良好的天然掩护，不需要建筑防护建筑物。若天然掩护不够，则需加筑外堤防护，位于平直海岸上的港一般都需要筑外堤掩护，如塘沽新港。河口港位于入海河的流河口段，或河流下游的潮区界内，如我国的黄埔港，国外的鹿特丹港、纽约港、伦敦港和汉堡港均属于河口港。

（2）河港是位于河流沿岸，且有河流水文特征的港口，如我国的南京港、武汉港和重庆港均属于此类。

（3）水库港是指建于大型水库沿岸的港口。水库港受风浪影响较大，常建于有天然掩护的地区。水位受工农业用水和河道流量调节等的影响，变化较大。

（4）湖港是指位于湖泊沿岸或江河入湖口处的港口。一般水位落差不大，水面比较平稳，水域宽阔，水深较大，是内河、湖泊运输和湖上各种活动的基地。

港口按在水运系统中的地位不同可分为世界性港、国际性港和地区港。

（1）世界性港指在各大陆之间有庞大货物活动的主要口岸，是国际货物集散的枢纽，如香港维多利亚港、新加坡港、上海港、伦敦港和马赛港等。

（2）国际性港指与国外一些港口有海运业务联系的港口，如深圳港、大连港、青岛港和宁波港等。

（3）地区港指主要为某一地区社会经济服务的港口，如营口港、福州港、威海港等。

相关链接：无水港

无水港，顾名思义是指"无水的港口"，其正式名称为"国际陆港"或"陆港"，英文名称为 Land Port，有时也称为"内陆无水港""干港""内陆港""陆地港""内陆干港""旱码头"等。

陆港是设在内陆经济中心城市的铁路、公路交会处，便于货物装卸、暂存的车站，是依照有关国际运输法规、条约和惯例设立的对外开放的国际商港。陆港实际成为在内陆地区建立的具有报关、报检、签发提单等港口服务功能的物流中心。在陆港内，海关、检验检疫等监督机构为客户提供通关服务，货代、船代和船公司也设立分支机构，以便收货、还箱、签发以当地为起运港或终点港的多式联运提单。内陆的进出口商则可以在当地完成订舱、报关、报检等手续，将货物交给货代或船公司。

3. 港口功能

（1）物流功能。港口基本的物流功能包括：运输中转功能，即港口腹地与其他地区货物通过港口实现中转；装卸功能，即港口对于汽车、火车和轮船等货物的装卸；仓储功能，即港口通过仓库或堆场实现货物的存储；信息功能，即通过信息系统对所有港口物流环节进行有效管理。港口还有增值功能，包括配送功能、流通加工、包装等。

（2）工业功能。世界上很多港口为了减少物流环节，降低物流成本，获得稳定货源，增加港口吞吐量，在其周围开辟土地，吸引国内外企业投资建厂，或者建立工业园区。

（3）商业功能。港口的发展使得一些贸易公司得以建立或设立分公司，带动商品贸易的发展。另外，港口货物、资金、人员的存在及流动带动了各种商业及服务活动，如航行运输、货物交易过程中的各项代理性质的活动；各种保险服务活动；各种生活服务活动等。

随着经济的发展及港口基础设施条件和互联网技术的发展，港口功能不断拓展，使得很多港口形成了包括物流、制造与加工、商贸、金融、保险、信息、法律、人才等方面的综合服务功能。

相关链接：航运中心

航运中心一般指拥有稠密航线、承载各种船舶的港口与集疏运网络等基础设施，能够提供物流、贸易、金融、保险、信息、法律、人才等综合服务功能的航运枢纽。它一般是具有一定辐射范围的物流中心、贸易中心、金融中心，也是比较发达的港口城市。世界著名的航运中心有新加坡、伦敦、香港、汉堡、上海、迪拜、纽约、鹿特丹、东京、雅典等。

根据服务范围及性质划分，航运中心可分为国际航运中心和国内航运中心。国际航运中心发展历史比较长。根据发展模式不同，国际航运中心可分为以高端航运服务为主的航运中心，如伦敦凭借提供高端的航运金融、法律、咨询、保险、仲裁等业务，始终保持着国际航运市场的话语权，稳居全球级国际航运中心位置；以中转业务为主的航运中心，如香港和新加坡以极为开放的贸易条件、港口硬件水平和服务水平，强化其货物中转的优势，承载往返东南亚绝大部分货物的国际中转业务；以提供腹地货物运输为主的航运中心，如纽约和鹿特丹，其所在国临近的地区经济活跃，能为港口提供持续的货源。

5.1.4　港口企业及其营运方式

港口由于具有强大的功能，所以汇集了各种企业和其他组织。港口企业是利用港口基础设施及其他资源，实现港口功能的主要载体。港口企业包括：从事港口货物的运输、装卸、搬运、仓储、加工等港口物流服务的企业，即运输公司（轮船公司或物流公司）；为客户提供进出口报关、货运交易、信息服务、物流咨询、金融保险等综合物流服务的企业。港口企业的运营方式主要有如下几种。

（1）自营。运输公司本身购买或建筑船舶，自行经营航线业务。通常是规模较大的海运公司才有能力自营。

（2）租船营运。运输公司本身并无船舶，而以租船的方式从事货物船运或转租营运。

（3）委托经营。小型轮船公司将船舶委托大运输公司或有经验的代理人代为营运。通常付给代理费、货运佣金或给付代营费作为受委托人的报酬，而盈亏仍由船东自行负责。

（4）联合营运。各运输公司在某一航线组织海运联盟，采取联合营运，同一航线或数航线之所有货运公平分配装运，或运费收入公平分配，但各公司仍保持其独立性。

（5）自运。大规模的生产厂商为运送本身的货物而自行购船或租船自行营运。

（6）船务代理。以船东或租船人的名义代办客货招揽、船务处理、装卸货物及进出口手续等，以收取佣金或手续费为报酬。

（7）航业经纪。代办各项业务，以收取佣金为报酬，但其经营范围较广，包括船舶买卖、代理船方或货方洽办租船业务、从事海事案件的处理等。

提示：港口企业转型升级

我国的大部分港口企业以传统的港口物流业务经营为主，存在经营模式单一、服务功能简单、资产运用效率不高、利润空间狭窄等问题。应充分利用政府、协会、港口等外部条件，依据《交通运输部关于推进港口转型升级的指导意见》推进港航企业兼并重组，进行资源整合；从以装卸搬运、运输、仓储为主的单一业务向供应链、产业链上下游拓展；发展以港口为枢纽的联运业务；"走出去"参与国际合作，实现企业转型升级。

5.2 班轮运输

5.2.1 班轮运输的概念及特点

根据船舶经营方式，运输公司或物流公司的运输组织形式可以分为班轮运输和租船运输。班轮运输，也称定期船运输，指船舶在特定航线上和固定港口之间，按照事先公布的船期表进行有规律、反复的航行。班轮为所有的托运人提供货运空间，不论船舶是否被装满都要按计划日期起航。从事班轮运输的企业一般是大型物流公司、运输公司，有时也称班轮公司、船公司。班轮运输具有以下特点。

（1）班轮运输业务有固定的船期、航线、停靠港口和相对固定的运费率。

（2）班轮运费中包括装卸费，因此班轮货物的港口装卸由船方负责。

（3）班轮承运货物的数量比较灵活，对于停靠的港口，不论货物数量多少，一般都可接受托运。货主按需订舱，特别适合一般件杂货和集装箱货物的运输。

（4）同一航线上的船型相似并保持一定的航班密度。

（5）承托双方的权利义务和责任豁免以承运人签发的提单条款为依据并受国际公约的制约。

相关链接：班轮公会

班轮公会指在某一特定航线或某一特定区域的各条航线上经营班轮运输的船公司，为了避免恶性竞争，维持运价稳定，维护彼此利益，通过在运价调整及其他经营活动方面达成一致协议而建立起的一种具有卡特尔性质的国际航运垄断组织，但随着世界经济及航运业的发展，班轮公会的地位及作用在逐渐降低。

5.2.2　班轮运输的业务程序

这里以国际海洋运输为例介绍班轮运输的业务流程。内河运输与沿海运输与此类似，只是没有报关环节。

1．货运安排

货运安排包括揽货与订舱和确定航次货运任务。班轮公司为使自己所经营的船舶在载重量和载货舱容两方面均能得到充分利用，以获得最好的经营效益，会通过各种途径从货主那里争取货源，即揽货。订舱是托运人向班轮公司（承运人，包括其代理人）申请货物运输，承运人对这种申请给予承诺的行为。确定航次货运任务就是确定某一船舶在某一航次所装货物的种类和数量。承运人承揽货载时，必须考虑各种货物的性质、包装和每件货物的重量及尺码因素。

2．备货交接

货主应在接到装货通知之前，办妥出口货物的包装、刷唛、报关、报验、投保、纳税等工作，并取得海关放行证，在规定的时间内将符合装船条件的货物运到承运人指定的港区仓库或货场。由承运人委托的港口作为理货和装卸代理，负责出口货物入库的验收、装卸搬运作业。仓库核对进场货物与装货单证无误后，签发场站收据给托运人。

3．装船换单

承运人在班轮进港之前编制完装船计划，待班轮进港后按照装船计划装船。托运人凭借签署的站场收据换取由船长或大副签收的收货单，也称大副收据，表明货物已装船。托运人凭收货单向外轮代理公司交付运费，并凭缴款单据换取正式提单。托运手续全部办理完毕后，速将有关货运提单和其他单证寄收货人，以备查提货。

4．海上运输

海上运输中承运人对装在船上的货物负有保管、照料及安全抵达目的港的责任和义务。起航后电告到达港卸货代理人，通报到达时间和货物装载信息。

5．卸船交货

在杂货班轮运输中，卸船交货指将船舶所承运的货物在提单上载明的卸货港从船上卸下交给收货人，并办理货物的交接手续。对于危险货物、重大件等特殊货物，通常采用由收货人办妥进口手续后到船边接受货物，并办理交接手续的现提形式。但是，为了在船舶有限的停泊时间内迅速将货卸完，在杂货班轮运输中，对于普通货物，通常采取先将货物卸到码头仓库，进行分类整理后，再向收货人交付的所谓"集中卸船，仓库交付"的形式。船方和装卸公司应根据载货清单和其他有关单证认真地组织和实施货物的卸船作业，避免发生误卸的情况。提单条款中一般都有关于因误卸而引起的货物延迟损失或货物损坏责任问题的规定：因误卸而发生的补送、退运的费用由班轮公司承担，但对因此而造成的延迟损失或货物的损坏，班轮公司不负赔偿责任。如果误卸是因标志不清、不全或错误，以及因货主的过失造成的，则所有补送、退运、卸货或保管的费用都由货主承担，班轮公司不承担任何责任。

5.2.3　货物交付方式

交付货物的方式有仓库交付货物、船边交付货物、货主选择卸货港交付货物、凭保证书交付货物、变更卸货港交付货物等。货主选择卸货港交付货物指货物在装船时货主尚未确定具体的卸货港，待船舶开航后再由货主选定对自己最方便或最有利的卸货港，并在这个港口卸货和交付货物。变更卸货港交付货物是指在提单上所记载的卸货港以外的其他港口卸货和交付货物。凭保证书交付货物是指收货人无法以交出提单来换取提货单提取货物，按照一般的航运惯例，常由收货人开具保证书，以保证书交换提货单提取货物。

1．仓库交付货物

先将从船舷上集中卸下的货物运至班轮公司或其卸货代理人的仓库，然后由卸货代理人向收货人交付货物，并在码头仓库与卸货代理人办理货物的交接手续。这是班轮运输中最基本的交付货物方式。

2．船边交付货物

船边交货又称"现提"。收货人到班轮公司在船公司卸货港的代理人处办理提货手续，获得提货单，然后凭提货单直接到码头船边提取货物，并办理交接手续。收货人要求船边提货必须事先征得船公司或其代理人的同意。这种方式适合尽快提取的货物，如贵重货物、冷冻货物等。

3．货主选港交付货物

货主选港交付货物是指货物在装船时尚未确定具体的卸货港，船舶开航后再由货主选定对自己最方便或最有利的卸货港，并在此卸货和交付货物。在这种情况下，提单上的卸货港一栏内必须注明两个或两个以上的卸货港的名称，货物的卸货港也只能在提单上所写明的港口中选择。在船舶自装货港开船后，到达第一个选卸港前的一定时间之内（通常为 24 小时或 48 小时），把已决定的卸货港通知船公司及被选定卸货港船公司的代理人，否则，船长有权选择在任何一个卸货港将货物卸下，并认为已履行了对货物的运送责任。

4．凭保证书交付货物

在班轮运输中，有时因提单邮寄延误或提单丢失等原因而出现船舶已经到港，但提单迟到、致使收货人得不到提单的情况。此时，收货人可以开具保证书，以保证书交换提货单，然后持提货单提取货物。

在使用保证书交付货物时，船公司或其代理人须谨慎。近年来，国际航运中的诈骗活动不断增加，船公司或其代理人必须弄清楚提取货物的人确实是有权支配货物的人和要求提取货物的人，提供可靠的银行担保或相应数额的保证金，并承担船公司不凭提单交货可能产生的一切损失，否则，船方不要轻易凭保证书交付货物。

5．变更卸货港交付货物

变更卸货港交付货物是指在提单上所记载的卸货港以外的其他港口卸货和交付货物。如果收货人认为，将货物改在提单上所载明的卸货港以外的其他港口卸货并交付对其更为方便有利时，可以向船公司提出变更卸货港的申请。船公司收到收货人提出变更卸货港的申请后，必须根据船舶的积载情况，考虑在装卸上能否实现这种变更。比如，是否会发生严重的翻船、倒载情况；在变更的卸货港所规定的停泊时间能否来得及将货物卸下；是否会延误船舶的开航时间等。之后才能决定是否同意收货人的这种变更申请。

5.2.4　班轮运输主要单证

远洋运输中，从办理货物托运、装船，直到卸货、交付货物的整个运输过程中，需要编制各种单证。单证的种类很多，国际海运中广泛采用的主要单证有以下几种。

1．托运单（Booking Note, B/N）

托运单又称订舱单，是托运人根据贸易合同和信用证条款的内容填制的向承运人或其代理人办理托运货物的书面凭证。托运单一经承运人确认，便作为承托双方订舱的凭证。

2．装货单（Shipping Order ,S/O）

装货单是由托运人按照订舱单的内容填制，交船公司或其代理人签章后，据以要求船公司将承运货物装船的凭证。它又是货主凭以报关的主要单据之一，所以装货单又称"关单"。承运人按装货单通知理货代理和装卸公司收货装船，并将实装数量、装舱部位及装船日期填在装货单上，交船方备查。

3．装货清单（Loading List, L/L）

装货清单是本航次船舶待装货物的汇总。装货清单由船公司或其代理人根据装货单的留底联制作，制作的要求是将待装货物按目的港和货物性质归类，按照挂靠港顺序排列，编制出一张总表。装货清单是船舶大副编制船舶积载图的主要依据。这份单证是否正确，对积载的正确、合理具有十分重要的影响。

4．载货清单（ManiFest, M/F）

载货清单是本航次全船实际载运货物的汇总清单，它反映船舶实际载货情况。载货清单由船公司的代理人根据大副收据或提单编制，编好后再送交船长签字确认，编制的要求是将所装货物按照卸货港顺序分票列明。

5．收货单（Mate's Receipt, M/R）

收货单也称大副收据，是船舶收到货物的收据及货物已装船的凭证。船上大副根据理货人员在理货单上所签注的日期与装货单进行核对无误后，签署大副收据。托运人凭大副签署过的大副收据，向承运人或其代理换取已装船提单。

6．装箱单（Packing List）

装箱单是在载运集装箱货物时使用的单证。装箱单上应详细记载集装箱和货物的名称、数量等内容，每个载货的集装箱都要制作这样的单据，它是根据已装进集装箱内的货物制作的。不论是货主自己装箱，还是由集装箱货运站负责装箱，集装箱装箱单都是记载每个集装箱内所装货物情况的唯一单据。

7．码头收据（Dock Receipt）

码头收据又称场站收据、港站收据。码头收据一般都由托运人或其代理人根据公司已指定的格式填制，并跟随货物一起运至某装箱码头用场或码头仓库，由接收货物的人在收据上签字后交还托运人，证明托运的货物已收到。

8．提单（Bill of Loading, B/L）

提单是托运人凭船方签署的收货单（大副收据）去船公司或其代理公司换取已装船的提单。提单是指用以证明海上货物运输合同和货物已经由承运人接收或者装船，以及承运人保证交付货物的单证。提单是运输合同成立的证明，是货物所有权的凭证。提单持有人可据此提取货物，也可凭此向银行押汇，还可在载货船舶到达目的港交货之前进行转让。提单的种类很多，常用的有已装船提单（承运人向托运人签发的货物已经装船的提单）、不记名提单（提单内没有任何收货人或 ORDER 字样，也就是提单的任何持有人都有权提货）、清洁提单。集装箱提单则是以码头收据换取，它同传统杂件货船舶运输下签发的提单不同，是一张收货待运提单。

9．提货单（Delivery Order, D/O）

提货单是收货人或代理人凭正本提单或副本随同有效的担保向承运人或其代理人换取的，据以向现场（码头、仓库或船边）提取货物的凭证。提货单与提单性质完全不同，它只不过是承运人或其代理指令码头仓库或装卸公司向收货人交付货物的凭证而已，不具备流通或其他作用。

10．货物残损单（Broken and Damaged Cargo List）和货物溢短单（Over Landed Short landed Cargo List）

货物残损单和货物溢短单是我国港口在卸货时使用的，作为卸货交接证明的单证。货物残损单是在卸货完毕后，由理货长根据现场理货人员在卸货过程中发现货物的各种残损情况，包括货物的破损、水湿、水浸、汗湿、油渍、污损等的记录汇总编制而成的，是货物残损情况的证明。货物溢短单是在货物缺货时，对每票货物所卸下的数量与载货清单上所记载的数量进行核对，如果有不相符（发生溢卸或短卸货）的情况，待船舶卸货完毕、理清数字后，由理货组长汇总编制，它表明货物溢出或短缺的情况。

5.3 租船运输

5.3.1 租船运输的概念及其特点

租船运输，也称为不定期运输，是指租船人（运输企业）向船舶所有人（船东）租赁船舶用于运输货物的一种运输组织形式。租船运输与班轮运输不同，它没有固定的航线、港口、船期和运价。在租船运输业务中，船舶航行的时间、行驶的航线、停靠的港口和船方收取的运费或租金及装卸费用等均由出租方（船舶所有人）与租船人双方临时议定。

租船双方的权利和义务由租船合同规定，如在定程租船方式中，合同应明确船方是否承担货物在港口的装卸费用。如果船方不承担装卸费用，则应在合同中规定装卸期限或装卸率，及与之相应的滞期费和速遣费。如租方未能在限期内完成装卸作业，为了补偿船方因此而造成延迟起航的损失，应向船方支付一定的罚金，即滞期费。如租方提前完成装卸作业则由船方向租方支付一定的奖金，称为速遣费。通常速遣费为滞期费的一半。

相关链接：船东

船东是指《船舶所有权证书》的合法持有人，也即合法拥有船舶主权的人，有时也可以是一个公民、一个法人、一个公司或者是一个集团公司。有时在业界取得船舶光租权的合法企业也被公认为船东。

5.3.2　租船运输的分类

目前，国际上主要的租船方式包括定程租船、定期租船、包运租船、光船租船和航次期租。

1. 定程租船

定程租船是以航程为基础的租船方式，又称为程租船或航次租船。它是船舶所有人按双方事先议定的运价与条件向租船人提供船舶全部或部分舱位，在指定港口之间进行一个或多个航次运输指定货物的租船业务。在这种租船方式下，船长及船员由船舶所有人指派并由其指挥；船舶所有人负责船舶的营运；租船人要支付约定的运费。定程租船又分为单航次租船、来回航次租船、连续航次租船等。

（1）单航次租船，即只租一个航次的租船。船舶所有人负责将指定货物由一港口运往另一港口，货物运到目的港卸货完毕后，合同即告终止。

（2）来回航次租船，即只租往返航次的租船。一艘船在完成一个单航次后，紧接着在上一航次的卸货港（或其附近港口）装货，驶返原装货港（或其附近港口）卸货，货物卸毕合同即告终止。

（3）连续航次租船，即指连续完成几个单航次或几个往返航次的租船。在这种方式下，同一艘船舶在同方向、同航线上，连续完成规定的两个或两个以上的单航次后，合同才告结束。

2. 定期租船

定期租船是租船人按一定时间租用船舶所有人的船舶进行运输的方式，又称为期租船。在这种租船方式下，依照租船合同的规定，船舶所有人向租船人提供约定的由所有人配备船员的船舶，由租船人在约定的期间内按照约定的用途使用，并支付租金；船长及船员由船舶所有人指派，但应听从租船人指挥；租船人负责船舶的运营；租期短的仅几个月，长的可达几年或十几年甚至一直到船舶报废时为止；除租船合同另有规定外，租船人可将租赁的船舶作为班轮营运，或作为程租船使用，或将其转租给第三者。

3. 包运租船

包运租船是 19 世纪 70 年代国际上新发展起来的一种租船方式，是指船舶所有人提供给租船人一定吨位的运力，在确定的港口之间，以事先约定的年数、航次周期和每航次较均等的货运量，完成运输合同规定总运量的方式。包运租船的主要特点有：

（1）船舶出租年限的长短完全取决于货物的总运量及船舶航次周期所需的时间。

（2）包运租船合同中不确定船名和船籍，一般仅规定船级、船龄和技术规范，因此，船舶所有人只需提供能够完成合同规定的每航次货运量的运力即可，这对船舶所有人灵活调度和安排船舶十分有利。

（3）在包运租船方式下，船舶所运输的货物主要是货运量大的干散货或液体散货等，租船人往往是业务量大和实力强的大型企业。

4．光船租船

光船租船是一种比较特殊的租船方式，通常认为它是一种财产租赁，而不是运输承租方式。在这种方式下，船舶所有人向租船人提供一艘特定的"裸船"，要求租船人在合同规定的租期内，按所确定的租金率支付租金并自行配备船员，负责船舶的经营管理和航行等事宜。光船租船方式的特点有：

（1）船长和全部船员由租船人指派并听从租船人的指挥。

（2）船舶所有人不负责船舶的运输，租船人以承运人的身份经营船舶。

（3）船舶的一切损失风险完全由租船人承担，即使在船舶修理期间，仍继续计算租金。

（4）在租赁期间，租船人实际上对船舶有着支配权和占有权，并承担船舶营运的全部责任。

5．航次期租

航次期租没有明确的租期期限，而只确定了特定的航次。这种方式以完成航次运输为目的，按实际租用天数和约定的日租金率计算租金，费用和风险则按期租方式处理；减少了船舶所有人因各种原因所造成的航次时间延长所带来的船期损失，而将风险转嫁给了承租人。

因为航次期租是建立在定期租船和航次租船两种租船方式基础上的一种边缘性的租船方式，对于航次期租的处理方法，在法律上往往是依据具体航次时间持续的时间长短来确定其性质的：整个航次持续时间较长的通常被认为具有较多的定期租船的性质，而更多地按定期租船的办法予以处理；租期较短的往往被认为更多的具有航次租船的性质，尽管船舶出租人收取的不是运费而是租金，也往往会考虑航次租船的一些要求。当然，总的来看，一般还是认为这种租船方式仍是以期租为基础，融合了航次租船的性质。

5.3.3 租船运输的业务程序

租船运输业务是通过租船市场进行的。船舶所有人（又称船东）是租船市场上船舶的供给方，租船人则是租船市场上船舶的需求方。国际上的租船业务，几乎都是通过租船经纪人来进行的。租船程序与国际贸易的商品交易一样，主要包括询盘、报盘、还盘、接受和签订租船合同 5 个环节。

1．询盘

询盘指租船人或船舶所有人（通常是租船人），以相应洽租条件，直接或通过租船经纪人在租船市场上要求租用或承揽货物的做法。目前，主要采用电传或电报的形式向租船市场上发出询盘。询盘的作用是让对方知道发盘的大致情况，内容简单扼要。

2．报盘

报盘指在租船过程中，船东或租船人（一般由船东先报盘）根据实际情况报价，通常以一个租船合同范本为依据，针对其中的可变项目进行洽租。报盘根据其是否附加条件而有虚实之分，实盘是指报盘中的条件不可改变，并在有效的时间内接受才能有效，否则无效；虚盘是有条件的报盘，这种报盘的有效性必须以满足某种条件为前提，如以船未租出、货未订妥、船再确认等为前提。

3．还盘

在接受对方报盘中部分条件的同时，提出自己不同意的条件就是还盘。还盘也有虚实之分，对于实的还盘必须按时答复。

4．接受

船东和租船人经过反复多次还盘后，双方对合同主要条款意见达成一致，即最后一次还实盘的全部内容在时限内被双方接受，就算成交。根据国际上通常的做法，接受订租后，双方当事人应签署一份"订租确认书"。

5．签订租船合同

正式的租船合同实际上是在合同条款被双方接受后开始编制的。双方签订的订租确认书，实质上就是一份供双方履行的简式的租船合同。但如果"确认书"与正式合同有不符时，经船东和租船人双方签署的正式合同的效力则高于"订租确认书"。

📖 应用案例

中船租赁实施"境外租船、境内造船"策略

2012 年 6 月 25 日，中国船舶航运租赁有限公司（中船租赁）由中船集团公司出资成立。面对持续低迷的船舶市场，中船租赁实施"境外租船、境内造船"策略。11 月即与美国船东签订首艘 18 万载重吨散货船租赁合同。进入 2013 年，中船租赁与中船澄西签订了 2 艘 3.88 万载重吨灵便型散货船建造合同，并与乌克兰 Aquavita 国际航运公司签订租船合同，通过融资租赁形式向其出售该散货船；与上海外高桥造船有限公司签订了 3 艘 16 000TEU 超大型集装箱船建造合同，并已落实租赁事宜。6 月，该公司与中船澄西船舶修造有限公司签订了 4 艘 6.4 万载重吨散货船建造合同，并与香港巴拉歌集团签订了船舶租赁合同。

在船市低迷、船舶租赁市场颇为沉寂的情况下，"建造后租赁""境外租船、境内造船"模式既为中船集团公司旗下造船企业解订单之忧，又让资金发挥最大作用，并有助于延长集团公司产业链，提升集团公司在航运界的影响力。

资料来源：根据 2013 年 5 月 24 日《中国船舶报》文章"中船租赁敲定'境外租船、境内造船'首单"（作者钟贝）等改编。

5.4 水路运输价格与成本

5.4.1 班轮运价的特点

班轮运价一般包括基本运费（Basic Freight）和附加运费（Surcharges）两部分。基本运费是对任何一种货物都要计收的运费，主要是为在航线上基本港口间的运输而制定的运价，也称作基本运价或基本费率（Base Rate）。附加运费则是视不同情况而加收的运费，其名目繁多，主要有：因商品特点不同而增设的附加费，如超重附加费、超长附加费、洗舱费（Cleaning Charge)、熏蒸费（Fumigation Charge）等；因港口的不同而增设的附加费，如港口附加费、港口拥挤费、选港费、直航附加费等；因其他原因而临时增设的附加费，如燃油附加费、货币贬值附加费、战争附加费、冰冻附加费（Ice Surcharge）等。附加运费既可按计费单位规定的费率计收，也可按基本运费的一定比例计收。班轮运价的具体特点如下。

1．班轮运输的运价水平较高

班轮运输的特点决定了从事班轮经营的船舶的技术性能较好，船龄较低，船速较快，并且船舱及货物运输设备齐全，所以，船舶的造价也高。

班轮运输是按公布的船期表中的时间和挂靠港口次序派遣船舶的，有时难以保证在每一挂靠港开航时都能使船舶达到满舱满载。为开展揽货业务，保证船舶装载率和整个班轮经营业务的顺利进行，通常需要在航线的各挂靠港口委托代理或设置揽货机构。这就增加了营运管理费用。

无论船舶是否满载，船舶的港口使费，如吨税、引航费、拖轮费、停泊费、系解缆费等营运可变费用仍然存在。

以上这些因素使得班轮运输的单位成本较高。按照成本定价原则，承运人要从收取的运费中能够补偿较高的运输成本，并取得合理利润，所以，班轮运价就被确定在一个较高的水平上。

2．货物对运费的负担能力较强

班轮运输的货物一般以制成品或半成品为主，基本上无初级原材料，通常为高附加值货物，其运费负担能力较强，班轮运费占商品价值的比重仍较小。因此，较高的班轮运价符合负担能力定价原则，是托运人所能接受的。

3．班轮运价在时间上相对稳定

班轮运输服务一般不以特定的客户为对象。因此，无论班期、航线、挂靠港口、运价等均是以货物的普遍运输需求为依据制定的。所以，班轮运价一般是根据平均运输成本、运力与需求的供给关系、市场竞争形势以及定价的基本原则等多种因素，对可能承运的各类货物分别制定运价，并用运价本的形式公布。尽管根据这些因素的变化，经常会做出一定的调整，但基本运价在一定时期内通常还是会保持相对稳定的。至于其合理性、接受性、能否使全部运费收入抵偿全部运输成本并能获取合理的利润，则要在市场运作中得到印证。不过，尽管有着这样的稳定性，并不是说市场的运作完全照搬运价本，班轮公司还要根据具体情况具体对待。

按照 1983 年 10 月 6 日正式生效的《联合国班轮公会行动守则公约》中有关运价调整的条款规定，两次运价调整的最短间隔时间要 15 个月。为了应对航运市场的风险，班轮公司一般将偏高确定运价，或针对某些特殊情况采用加收"附加费"的办法。

4．班轮运价是一种垄断价格

很长一段时期内，国际海上班轮运输中的班轮运输航线都是由班轮公会所控制的。班轮公会在运价和其他营运活动方面所做出的各种规定比较严格，对会员公司具有强有力的约束。通常，公会都拥有统一的班轮运价，各会员公司按统一的运价计收运费；或制定最低运价标准，各会员船公司只能按高于该最低运价标准计收，而不能低于这个标准。

5．运输成本定价和负担能力定价相结合原则

货物负担运费能力定价原则虽然对班轮运输的货物普遍适用，但无区别地按同一标准使用这一原则来确定运价，也有失合理性。因此，在使运费的总收入能足以补偿运输成本的基础上，再按货物的不同价值来确定不同的运价，即采用等级运价是比较合理的。各个班轮公司制定并公布的运价基本反映了这种原则。

5.4.2 班轮运价的分类

班轮运价有各种分类方法，其中主要的分类方法有如下两种。

1．按运价的制定者划分

（1）班轮公会运价。这是由班轮公会制定，供参加该公会的会员船公司使用的运价。这种运价的调整或修改都由班轮公会决定，任何一家会员船公司都无权单独进行调整或修改。班轮公会运价总体上水平较高，是一种具有垄断性质的运价。

（2）班轮公司运价。这是由经营班轮运输的船公司自行制定并负责调整或修改的运价。除班轮公会的会员公司外，任何一家经营班轮运输的船公司都制定有自己的运价本。对于班轮公司自行制定的运价，虽然货方可以提出意见，但解释权和决定权仍在船公司。

（3）双边运价。这是由船、货双方共同商议制定，共同遵守的运价。对运价的调整或修改，须经双方协商，任何一方都无权单方面改变。

（4）货方运价。这是由货方制定，船方接受采用的运价。对运价的调整或修改，货方应该在与船方协商的基础上进行。但货方有较大的决定权。一般来说，能够制定运价的货方都是大货主或货主集团，他们掌握着相当数量的货源，能常年向船公司提供货载。

2. 按运价的表现形式划分

（1）单项费率运价。这是一种分别对各种不同的商品在不同航线上逐一制定的运价。这种运价使用起来比较方便，根据商品的名称及所运输的航线，即可直接查找出该商品在该航线上运输的运价。按照这种表现形式制定的运价首先是按商品的名称，然后才按航线（或港口）排列，尽管有些商品在同一航线（或港口）的运价是相同的也要逐一列明，所以这样组成的运价表是十分庞大的。这种运价表也称作"商品运价表"（commodity rate freight tariff），船公司一般会对所经营的特定班轮航线采用这种运价形式。比如适用于美国航线的运价表，即属此类。

（2）等级运价。这是首先将全部可能被运输的商品划分为若干等级，然后为不同等级的商品在不同航线或港口间的运输制定某一运价。归属于同一等级的商品在同一航线或港口间运输，其运价都是相同的。这种运价本在运价表前要附有"商品分级表"（scale of commodity classification）。在计算运费时，必须首先根据商品的名称在"商品分级表"中查找出该商品所属的等级，再从该商品的运输航线或运抵港口的"等级费率表"（scale of rates）中查出该级商品的费率才能进行具体运费计算。与单项费率运价相比，等级运价可以极大地压缩运价本的篇幅，因而大多班轮公司都采用这种运价。

（3）航线运价。这是不分运输距离的长短，只按航线、商品名称或等级制定的运价。与航线运价相对应的是递远递减的距离运价。由于运输成本是由可变费用和不变费用两部分组成的，前者指燃料费等随运输距离增加而增加的费用，后者指港口费等不随运输距离变化而变化的费用。如航行距离增加，那么平均每吨海里（或千吨海里）运输成本中所包含的固定费用则有所减少。也就是说，运输距离越长，单位运输成本越低。因此，依据运输成本制定的运价也应反映这一递远递减的规律。但是，当运输距离增加到一定程度，这种递远递减的规律即不再发生作用。由于远洋运输的距离通常都较长，递远递减规律对远洋运输成本的影响较小，甚至已不起作用。而各航线包括港口使费、装卸效率等因素，各挂靠港口的条件却对运输成本起着重要的作用。因此，远洋运输通常都分航线、按商品种类或等级制定运价。这种不论距离远近，以航线上各挂靠港口的平均距离为基础制定的运价就是航线运价。在航线运价的条件下，对于某一商品，只要其起运港和目的港是同一航线上规定挂靠的基本港口，就不论运输距离的远近，都按同一运价计收运费。通常，采用等级运价的班轮公司都同时采用航线运价，而同时采用这两种运价形式的运价就是人们常说的航线等级运价。

5.4.3　租船运价

租船运价按计费单位、租船方式和期限可以进行如下分类。

1．按计费单位划分

租船运价按计费单位可以划分为每吨运费和包舱运费。在程租船舶中，所运货物是大宗的，除木板按板尺（B/M）计费以外，一般按每重量吨多少美元计费。但在运送铁屑、圆木等杂物时，常采用包舱运输形式，这时按照船舶的全部或部分舱位收取一笔包租运费，亦称为一笔运费。

2．按租船方式划分

按租船方式分为程租船运价和期租船运价。程租船是在签订合同后，船舶应立即到达装货地点受载的一种租船形式。其运输劳务费为程租船运价，按货吨计算。程租船运价是随市场变化而变化的。当运力大于运量时，运价下降，反之，则运价上升。因此，程租船运价是不定期市场上的一种典型的运价形式。

期租船一般是当货主或航运公司预计船舶供应可能出现紧张状态时，采取的一种事先租船的形式。它是双方在对市场情况进行预测的基础上达成的在船舶租用一段期限的合同形式，期租带有一定的投机性和风险性，因为市场船舶供给状况和行情有时是由人为因素造成的。同时，对未来行情变化也不好准确掌握。期租船定价是以船舶载重吨和时间来计价的。

3．按租船期限划分

按租船期限分为短期租船运价与长期租船运价。为期不过 1 年者为短期，超过 1 年为长期。租期不同反映的租金水平也不同。不定期船还有包运、航次期租、光船租赁等方式，其运价大体上脱离不了上述几种主要运价形式。

5.4.4　水路运输成本类别及特点

1．水路运输成本的类别

这里所指的运输成本主要是水运企业运营的成本。若按其特性划分，主要分为：固定成本，包括折旧、摊销和一般费用；变动成本，主要包括航线运营成本、运营租金和维修费等。若按支出范围划分，其可以分为：资本成本，是指企业为置备固定资产或所持有的船只支付的费用，其中还要包括船只相关利息及税费；船舶经营成本，主要是指船舶在适航状态下，航运企业所必需的费用支出，大体包括船舶的折旧费用、船员薪酬、保险费用、维修费用、物料和装备费用、管理费；航次成本，是指为某个航次运输货物所产生的相关费用，大体包括燃料费、港口使费。

2．水路运输成本的特点

水路运输成本的特点是高变动成本和低固定成本。一般来说，大自然提供了航道，水运企业不必自己投资建设运营线路，而且航道的维护、改善和管理一般由政府负责，水运企业在使用政府提供的基础设施时支付相应的使用费，如船闸费、港口费等，这些费用与运量直接相关，所以，水路运输的变动成本较高。一般承运人的总成本中，80%以上是变动成本，20%以下是固定成本。

水路运输成本除主要取决于货运量的大小外，大型船舶的始发和终到作业费占运输货运成本的比例也较高，所以运距的长短对水路运输成本影响较大。运距越长，则平均成本越能大幅下降。此外货物种类、船舶类型、运营工作质量、通航期的长短、保证通航的深度、运输方向（顺流或逆流）、水流速度等都不同程度地影响水路运输成本。一般来说，由于海运平均运距较长，所以海运平均成本大大低于其他运输方式。

5.4.5　水路运输成本控制内容及策略

1．水运企业成本控制的内容

水路运输各个环节成本种类繁多，但根据其比重，成本控制的主要内容是燃油费用、劳务成本费用、港口建设费用、货轮维护保养保险费和港口代理费用。

燃油费用是水运企业占比最大的成本，一般占水运企业总成本的30%左右，可以通过配置合理的单位航运燃油，设定最佳补给航线和补给量进行控制。

企业劳务成本也是一项较大的开支，一般占水运企业总成本的30%～40%，并且占比在逐步增大。

港口建设费用包括深水区域挖掘、起重设备购置、集装箱堆场和其他基础建设所耗费用等，一般占水运企业总成本的20%左右。

货轮的维保费用也是一项较大的开支，一般要占水运企业总成本的10%左右。

水运企业为了增加货源，增大企业间协同效应，降低总体费用，一般会使用货运代理，其费用通常占企业成本的10%左右。

2．水运企业运输成本控制的策略

成本控制是企业成本管理的一部分，所以从水运企业的角度看，运输成本控制的策略有以下几个方面。

（1）建立和完善授权审批制度。授权审批制度是指经济业务必须经过适当层级的人员授权审批后方能执行，一般包括一般授权审批和特殊授权审批。一般授权审批是指对于企业发生的一般性经营业务，按照既定的授权批准流程，指定相关授权人员对经济业务进行授权审批，而特殊的授权审批是指在发生特殊例外业务时的授权审批。

（2）建立文件记录控制制度。文件记录控制主要包括：一是根据部门和岗位的职能目标，建立完善的企业组织机构职能手册和岗位职责说明书，具体内容包括岗位任职条件、说明、职责、层次等；二是建立业务程序手册，确保企业员工了解企业具体的业务流程，让每个员工都清楚自己在业务活动中的地位、职责和环节；三是从企业统一管理目标出发，建立统一会计政策，以便统一核算、分析汇总和考核。

（3）全面预算控制。全面预算制度是企业为了达到预定的经营目标编制的成本、费用、财务收支的总体计划，它属于财务管理中的重要组成部分。全面预算制度是一项公司整体的活动，需要整个企业全员进行配合，所以应该建立预算部门，对成本预算进行整体规划、执行、监督。

（4）资产管理控制。这里指的是对实物资产的直接保护，主要内容有：限制接近，严禁不相关人员接触公司的实物资产，特殊情况下确实需要接触的必须经过相关责任部门的授权和审批，这些实物资产包括现金、货物和其他容易变现的实物；建立和实施定期盘点实物资产制度，通常以账目明细为起点，如果盘点结果与实际存在差异，需要立刻调查原因并对盘亏资产分析原因，查明责任；定期维护，企业应对运营的机械设备等装置进行维护检修。

阅读材料:《航运企业成本控制管理》

本章小结

水路运输基本的运输工具是各种运输船舶，基本设施是水路航线和港口。港口聚集了大批从事各类运输业务和相关业务的企业及相关组织，其中运输企业包括从事班轮运输和租船运输的企业。班轮运输有固定的船期、航线、停靠港口和相对固定的运费率。而租船运输是指租船人向船舶所有人（船东）租赁船舶用于运输货物的一种运输组织形式，船舶航行的时间、行驶的航线、停靠的港口和船方收取的运费或租金及装卸费用等均由出租方（船舶所有人）与租船人双方临时议定。班轮运输和租船运输有各自不同的业务程序，并具有多种不同形式的运价。水路运输成本具有高变动成本和低固定成本的特点。水运企业成本控制的主要内容包括燃油费用、劳务成本费用、港口建设费用、货轮维护保养保险费和港口代理费用，并从建立和完善授权审批制度、建立文件记录控制制度、全面预算控制、资产管理控制等方面进行成本控制。

复习及练习

一、主要概念

港口　班轮运输　提单　租船运输　定程租船　定期租船　包运租船　光船租船
航次期租

二、思考及练习题

1. 简述我国主要的港口。

2. 我国主要的航线有哪些？

3. 试述班轮运输的业务程序。

4. 班轮运输货物交付方式有哪些？

5. 班轮运输主要单证的类别有哪些？

6. 简述租船运输的业务程序。

7. 查阅资料，了解航运公司运价的形式及构成。

8. 举例说明，一家航运企业控制运输成本的策略。

案例分析

"准班轮"模式见成效

2016 年 9 月 27 日，中远海运散运与广州港股份有限公司、营口港务集团有限公司、浙江利远海运有限公司共同签署了"广营利中远海'捷粮'"准班轮航线运输协议。自此，每半月一班的粮食班轮运输模式正式启动，首开国内由发货港、目的港、货主、船东共同主导的散杂运输平台先河。

2016 年 10 月 5 日，育德轮作为中远海运散运首班承担粮食准班轮航次任务的船舶顺利靠泊广州港，至今已顺利完成 7 个航次。2017 年 1 月 4 日，"中海昌运 1"作为中远海运散运承担煤炭准班轮航次任务的船舶顺利靠泊靖江电厂码头，至今已顺利完成 6 个航次。2017 年 2 月 23 日，中远海运散运与湛江港集团、上海宝英航运在湛江签署《湛江港"快矿"准班轮合作协议》，标志着公司在积极推进"三个转变"（由以船舶为中心向以货源为中心转变，由散货海上运输向丰富经营方式转变，由保规模向重质量转变）、强化营销引领、实现业务增量等方面取得了新的突破。2017 年 3 月上旬，中远海运散运与广东理文、太仓协鑫、宝钢签署准班轮航线协议。自此，鹏锦轮、宝星岭、优美轮 3 艘船舶承担起煤炭准班轮航次任务。截至今年 3 月底，中远海运散运已有 6 条内贸准班轮运输航线上线运营。这一连串的重要时间节点，在中远海运散运的发展历程中留下了闪光的航迹。

1. 勇于创新，开启干散货准班轮运输模式

中远海运散运成立之时，面临竞争激烈的国内沿海干散货运输市场形势，全球商业生态圈正在发生重大变化。截至 2016 年上半年，沿海干散货运力总量为 5 420 万 t，同比减少 0.9%。此外，从 2016 年 7 月开始，国内北方港口货源紧缺，出现港口拥堵，船舶长时间等货、等泊最长达 28 天，滞期费高、客户要船难的问题尤为凸显。

企业要想在激烈的市场竞争中确立自身地位，必须冲破同质化的散货运输服务局面，塑造出与客户共创价值的新品牌；必须顺势而为，善于用新的产品实现与客户的深度融合，塑造出差异化的竞争力。

中远海运散运成立后，认真贯彻落实集团产业集群发展战略，努力推进"三个转变"，由单一的运力提供者，转型为满足客户多元化需求的运输资源整合者，并向全球化、国际化的世界一流航运企业方向发展。中远海运散运通过再造业务流程，实现分级授权、营销下沉的经营模式，积极行动、变革转型。

从中远海运散运试运行的煤炭准班轮情况看，船舶主要在装港——电厂之间往返，即便是在煤炭资源紧张后，在锚地等货时期，相对于非准班轮的船舶，等待时间至少减少了 1/3。因此，中远海运散运以跨界思维为引领，精准判断客户的难点、痛点、需求点，大胆创新服务产品，尝试改变以往单一的揽货、派船、靠港的船舶运输模式，通过"定时船期、固定货种、定向发运"的运行模式，与港口协商一定的时间窗口，及时给予优先靠泊，引导"在线船"向"准班轮"过渡，争取在船期和效率上跑赢市场。

2. 迎难而上，与客户齐心打造发展新平台

对于中远海运散运，开设准班轮的意义在于锁定稳定的基础货源，而长期稳定的货源必然能助力公司抵御市场的剧烈波动。为了寻求开设准班轮的合作方，中远海运散运着实下了一番"狠"功夫。去年 7 月底，为弥补公司在开设准班轮上"0"的经验空白，中远海运散运领导带队到兄弟公司进行系统学习交流，广泛拜访意向合作方。但在当时政府限产的大环境下，煤炭供应方、电厂及港口对开设煤炭准班轮各有顾虑，"不支持+不热心"的态度比较明确。阻力重重，步履维艰，这样的"开局"形势，并没有削弱中远海运散运开设准班轮的信心。公司领导与经营部门负责人、一线营销人员迎难而上，耐心细致地与供应商、客户、发货港、目的港沟通交流。一方面密切跟踪市场动态，对合作各方的利益权衡进行深入分析；另一方面改变公关方式，把握商谈节点，积极宣传准班轮运输计划性强、价格和船期优势，不仅能够大幅度节约作业时间，减少货物和船舶在港停留时间，提高运输效率，还能减少用户控制库存量，降低财务费用，同时提高港口的服务水平和品牌美誉度等。功夫不负有心人，在几经磨砺后，所有既定合作方的意向终于达成一致。

在公司经营部门的具体指导和推动下，上海地区营销人员主动出击，迎难而上，在国信集团能源板块的整合中敏锐地发现了商机，协调了江苏国信集团下属的江苏国信靖江发

电有限公司和江苏国信协联能源公司，联合作为开展准班轮的合作对象，达成了中海昌运1轮神华煤炭黄骅港至靖江电厂码头 140 万 t 左右的年度准班轮运输合同。

这些阶段性的进展，让中远海运散运越战越勇。为确保准班轮运营效益和效率进一步显性化，中远海运散运认真学习和借鉴国内外船公司班轮运输的先进经验，结合货主的实际需求，实施"量身定制"式服务。他们以提高准班轮装卸港效率为突破口，协商货主，创新合同效率条款，为实现多方共赢努力，赢得合作方的频频点赞。与此同时，公司调度部门在执行准班轮运营中，除现场协调外，还建立了各艘准班轮的微信群，强化即时信息交流，实现信息共享，"屏蔽"了因信息沟通不畅带来的利益损耗。他们将船舶预抵预离港、装载货物、泊位、航次安排等信息第一时间在群内发布，对发现的问题及时协调解决，让货主、船东、港方在这个平台上分享信息、反馈信息、解决问题。在新散运，传统的物流链俨然变成了一个紧密的物流圈，在保证多方信息沟通及时、效率提高的同时，客户满意度一路飙升。

3．全力以赴，提供超值服务开拓潜在市场

"上下同欲者胜，知行合一者赢"。准班轮运输产品的顺利运营得益于中远海运散运上下辛勤的付出和知难而上的韧劲。在中远海运散运总部，营销中心坚持货源为中心，积极锁定货源，为准班轮运输上线夯实了稳定的货源基础；运营调度部在降本增效上求突破，在船舶卸港时努力做到船到人到，现场协调监督，工作效率大幅提高；船管部门在做好派员、培训等"一条龙"优质服务的同时，积极配合船舶挖掘潜力，努力实现"多装快跑"；一线船员与岸基人员密切合作，克服困难坚持备舱不停，配合货主不断调整装载方案主动作为，坚持自引不等不靠⋯⋯

2016 年 9 月底，中远海运散运、浙江利远海运、广州港和营口港四方合作协议签署后，育德轮成为第一艘执行营口—广州钢粮运输的准班轮，在沿海运输中成功推进了准班轮运输模式落地生根。定下准班轮航次任务后，育德轮的首要任务就是洗舱适货，由于该轮上个航次任务是煤炭运输，洗舱任务的繁重可想而知！为保证准班轮船期，岸基主管部门全程指导船舶备舱事宜，并协调港口配合育德轮的清舱备舱工作，极大地减少了船员的工作量。同时，船舶也利用航行中风浪较平稳的时机，有条不紊地安排洗舱、干舱。统筹布局，见缝插针，船岸协力，船舶洗舱节省了 3 天船期，节省成本十余万元。截至目前育德轮已完成 7 个航次，货量累计 374 670t，周转量 576 992 千 t 海里，高出市场同期水平。在已完成的 7 个航次中平均每航次用时 22.5 天，在港平均停时比同航线非班轮少用约 1.6天。"中海昌运 1"自 2017 年 1 月 4 日上线运营，截至目前，共完成 6 个航次，根据黄骅港船舶密集程度、航次采购煤种、港口库存数量、排位前后等诸多因素综合测算，共计节约船期 23 天，效率、效益得以大幅提升。与同期在线船相比，在港时间合计平均节约 3.43天/航次。船舶第 113 航次，船长预报抵长江口时间与合适的潮水时间差 2 小时，调度主管果断指导船舶加车航行，在船舶积极配合下顺利赶上潮水，节约 1 天船期。

4．继往开来，精心绘就准班轮发展新蓝图

"准班轮"业务作为新散运与港航单位、货主之间利益共享、风险共担的创新项目，以其专用场地、专用设施、专用泊位……的"专属"优势，保证了船舶的运输效率和稳定性，赢得了潜在的货源市场。

3 月公司负责人说，"今年准班轮航线要争取达到 10 条以上……"。公司在总结前一阶段准班轮航线成功经验的基础上，大力度协调各港航单位和客户，利用市场高位时机，扩大内贸航线铺设力度，尝试从内贸向外贸扩展，实现规模效应；深入研究准班轮航线航次执行效果，统筹安排好现有准班轮航次的班期和船期，按照时间表来安排船舶作业和航次任务，对准班轮航线的航次设立专题研究，进一步提高准班轮的服务水平。

注：案例改编自 2017 年 4 月 14 日《中国远洋海运报》文章"准班轮通南北 '三创'见成效"（作者李晓燕）。

案例问题

1．结合案例，运用运输市场知识，分析当时国内沿海干散货运输市场状况。
2．分析本案例中中远海运散运运输组织形式的特点及意义。
3．总结中远海运散运成功实施"准班轮"模式的经验。

第6章 航空运输

■■■ ■ ■ ■ ■ ■ ■ ■ ■ ■

学习目标

- 了解航空运输的基本知识，包括飞机种类、航线、航空港、航空运输企业等。
- 了解班机运输和包机运输的含义。
- 熟悉航空货运的组织方法。
- 了解航空运输的业务程序。
- 了解航空运输单证。
- 了解航空运输成本的构成及控制方法。
- 了解公布和非公布直达运价。

6.1 航空运输概述

6.1.1 运输工具

航空运输承运人在执行行李、邮件及其他货物的运输任务时，需要使用航空运输工具和基本的运输网络。航空运输工具即航空器，主要指飞机。这里主要介绍飞机的种类及其基本构成。

1. 飞机的种类

按照不同的标准，飞机被划分为不同的类型。

（1）按照机身的宽度划分，飞机被划分为窄体飞机和宽体飞机。

窄体飞机（Narrow-body Aircraft）又称为普通型飞机。飞机的机身宽度一般为 3m（10ft），客舱里旅客的座位之间只有一条通道。此类飞机的下货舱一般只能装载散货，不能装运集装货物。目前，航空公司使用的窄体飞机主要有波音系列的 B707、B727、B737、B757；空客系列的 A320、A321；麦道系列的 DC-8、DC-9、MD-8、MD-9。

宽体飞机（Wide-body Aircraft）又称为大容量飞机。飞机的机身宽度不少于 4.7m（15ft6in），客舱里旅客的座位之间有两条通道。此类飞机的下货舱既能装载散货，又能装运集装货物。目前，航空公司使用的宽体飞机主要有波音系列的 B747、B767；空客系列的 A300、A310、A340；麦道系列的 DC-10、MD-11。

（2）按照飞机的用途划分，飞机被划分为全客机、全货机及客货两用机。

全客机（Passenger aircraft），主舱全部载运旅客，只在飞机的下货舱装载货物。

全货机（All-cargo aircraft），主舱和下舱都用于装运货物。

客货两用机（Mixed/combination），下货舱用于装载货物，其主舱分为两个部分，前部设有旅客座位载运旅客，后部用于装载货物。

2．飞机的基本构成

飞机一般由机体、动力装置、飞机系统和机载设备 4 部分组成。

（1）机体。飞机机体由机翼、机身、尾翼（组）和起落架等组成。机翼是为飞机飞行提供举力的部件，同时它还是油箱和起落架舱的安放位置。机身是飞机的主体，设置有驾驶舱、客舱、货舱，是装载人员、货物、燃油、武器、各种装备和其他物资的部件，连接机翼、尾翼、起落架和其他有关构件。尾翼（组）由垂直尾翼和水平尾翼组成。垂直尾翼包括垂直安定面和方向舵，具有提供方向（航向）稳定性和操纵性的作用；水平尾翼包括水平安定面和升降舵，具有提供俯仰稳定性和操纵性的作用。飞机起落架的主要部件有支柱、机轮、减震装置和收放机构等，其功能主要是使飞机起降时能在地面滑跑和滑行，以及使飞机能在地面移动和停放。

（2）动力装置。动力装置产生推动飞机前进的动力。飞机飞行速度提高到需要突破"音障"时，要使用结构简单、重量轻、推力大的涡轮喷气式发动机。

（3）飞机系统。飞机系统包括飞机操作系统、液压传动系统、燃油系统、空调系统和防冰系统等。

（4）机载设备。机载设备主要是为驾驶员及维修人员提供有关飞机各系统的工作情况和相关信息的设备。现代大型运输机驾驶舱内的机载设备包括飞行和发动仪表、导航、通信和飞行控制等辅助设备。

6.1.2　运输线路

构成航空运输网络（运输设施）的是航空运输线路和节点。航空运输线路是指地球表面两个点之间的连线相对应的空中航行线路，是对飞机飞行规定的线路，简称航线。

1．航空运输线路的构成

航空运输线路规定了飞机飞行的具体方向、起讫与经停地点以及所使用的航路。因此，一般来说，航线由飞机的起点、经停点、终点、航路等要素组成。

航路是指为了保障飞机飞行安全而特别规划的一条飞行通道，即以空中走廊的形式划定的飞行管制区，它有一定的方位、高度和宽度（我国民用航路的宽度规定为 20 km），并且在沿线的地面设有无线电导航设施。每架飞机都是在自己专用的空中走廊飞行，与其他飞机保持一定的空间间隔。

2. 我国民用航空运输线路的发展

我国民用航空运输线路包括国内航线和国际航线两类。国内航线是指始发、经停、终点站均在我国境内的航线。国际航线是指连接我国城市和其他国家城市的航线。随着我国航空运输业的快速发展，航空运输线路也获得了较快增长。据 2017 年民航行业发展统计公报显示：截至 2017 年年底，我国共有定期航班航线 4 418 条，其中国内航线（包括港澳航线）3 615 条、国际航线 803 条，通航 60 个国家的 158 个城市，国内航空公司定期航班从 30 个内地城市通航香港，从 12 个内地城市通航澳门，大陆航空公司从 46 个大陆城市通航台湾地区。

6.1.3　航空港

航空运输节点主要指航空港。航空港是航空运输的起点、终点和经停点。航空港可实现运输方式的转换，是空中运输和地面运输的转接点。它主要包括飞机场及其附属设施。

1. 航空港的组成

在民用航空中往往把航空港称为机场，它一般包括空域和地域两部分，如图 6-1 所示。空域即航站区空域，供进出机场的飞机起飞和降落；地域由飞行区、航站区和进出机场的地面交通 3 部分组成。

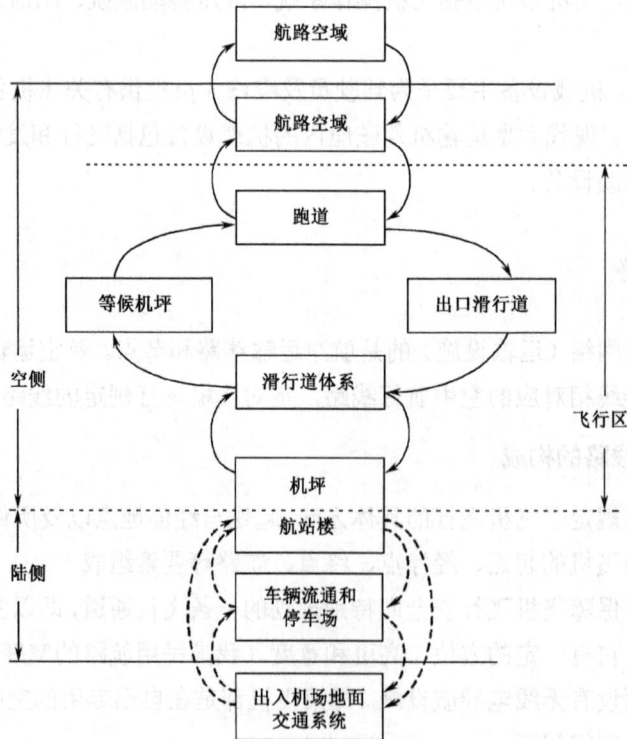

图 6-1　机场的组成

（1）飞行区。飞行区是航空港的主要区域，占地面积最大，主要有跑道、滑行道、停机坪及各种保障飞机飞行安全的设施，如无线电通信系统、导航系统、指挥系统、气象保障系统和目视助航设施等，还包括保证飞机起飞和着陆的净空保护区。

（2）航站区。航站区为飞行区与出入机场地面交通的交接部，是为旅客、货物、邮件提供运输服务的区域，由候机楼、货物航站、机场管制中心、航站交通和停车场等设施组成。

（3）进出机场的地面交通。主要由道路、轨道等系统组成，用以实现机场与外界的旅客和货物的交流。

2. 航空港的种类

（1）航空港按航线的性质可分为国际航空港和国内航空港。国际航空港须经政府核准，可用来供国际航线的航空器起降运营，并设有海关、边防检查（移民检查）、卫生防疫和动植物检疫等政府联检机构。国内航空港是专供国内航班使用的航空港，除特殊情况外，不对国际航空器开放。

（2）航空港按在民航运输网络系统中所起的作用可分为大型枢纽航空港、干线航空港和支线航空港。大型枢纽航空港是指国内、国际航线密集，客货吞吐量大的航空港。在我国内地，大型枢纽航空港仅指北京、上海、广州三大航空港；干线航空港是以国内航线为主，客、货、邮吞吐量较大，主要指省会，自治区，重要的工业、旅游、开放城市的机场；支线航空港以地方航线为主，规模较小，等级较低，大多分布在各省、自治区地面交通不方便的地方。

（3）航空港按服务的对象可分为军用航空港、民用航空港和军民合用航空港。

3. 我国主要航空港

据《2017 年全国机场生产统计公报》显示，截至 2017 年，我国境内民用航空（颁证）机场共有 229 个（不含香港、澳门和台湾地区），其中定期航班通航机场 228 个，定期航班通航城市 224 个。北京首都国际机场、上海浦东机场、上海虹桥机场、广州白云机场、深圳宝安机场、天津滨海机场、成都双流机场、重庆江北机场、昆明巫家坝机场、杭州萧山机场、西安咸阳机场、厦门高崎国际机场和海口美兰机场等均是我国著名的机场（航空港）。

相关链接：航空货运枢纽

航空货运枢纽是指以航空运输为主，衔接公路运输、铁路运输、水路运输等其他运输方式，在货物运输网络中承担区域间主要货流的中转、交换、衔接任务，所交会形成的相互间紧密协作、合理分工、拥有便捷货运联系的货物运输设施群的综合体。其特点是机场基础设施完善、航班航线网络规模覆盖广、中转设施和流程较完备、综合交通运输体系较发达、航空货运服务能力强大。目前全球相对成熟的枢纽型机场主要有中国香港机场、德国法兰克福机场和韩国仁川机场等。

6.1.4　航空运输相关企业

1. 航空公司

航空公司是从事实际运输活动的企业，中国民航法称之为公共航空运输企业，它是指以营利为目的，使用民用航空器经营运送旅客、行李、邮件或者货物业务的企业法人。

根据运送货物的机型以及运营模式的不同，航空公司可分为如下 3 种。

（1）货运航空公司（Cargo Airlines）。此种航空公司仅从事航空货运，利用全货机提供多样性货物的载运服务，并以点对点空运货物或合约式的承运货物。全球著名的货运航空公司有卢森堡航空公司（Laxembourg Airlines）、极地货运航空公司（Polar Cargo Airlines）等。

（2）客运航空公司（Passenger Airlines）。客运航空公司泛指同时经营客运与货运业务的航空公司，主要利用客机腹舱进行货物运送，也利用全货机发展定期航班（Scheduled Flight）。一般此类航空公司比较依赖航空货运代理（Freight Forwarder）揽货。全球著名的客运航空公司几乎同属此类，如德国汉莎航空（Lufthansa Airlines）、大韩航空（Korean Airlines）、国泰航空公司（Capacity Pacific Airways Limited）、中华航空（China Airlines）、长荣航空（EVA Airways）等。

（3）航空快递公司（Air Express Company）。即大众所熟悉的国际快递业者，整合陆、空运输系统，提供托运人（或发货人）到收货人之间的门到门服务（Door-To-Door Service）。全球四大国际快递业者联邦快递（Federal Express，FedEx）、优比速（United Parcel Service，UPS）、敦豪（DHL Worldwide Express）和天地（TNT Post Group）都属于此类航空公司。

2. 航空运输销售代理企业

根据 1993 年 8 月 3 日中国民用航空总局发布的《民用航空运输销售代理业管理规定》，民用航空运输销售代理业，是指受民用航空运输企业委托，在约定的授权范围内，以委托人名义代为处理航空客货运输销售及其相关业务的营利性行业。

航空运输销售代理企业的主要任务是为托运人与收货人办理航空货物之集运与分送、陆路运输与空运舱位的洽订等业务。其主要的业务范围有：接受委托人的委托，就货物运输、转运、仓储、保险等各种业务提供服务，替托运人向承运人代订舱位，准备出口报关及空运提单，取得清关文件，安排保险，准备并送交装运通知及文件，充当出口事务的一般咨询。同时，航空运输销售代理企业还是航空货物在陆侧（Land Side）的接驳运输者，办理进口、出口及转口货运，通常亦兼营报关业务和内陆汽车货运业务。总之，航空运输销售代理企业代表货主保护货主利益，又协调运送人承运，本质为货物中间人的运输业者。

3．航空货站公司

航空货站公司是指提供空运进口、出口、转运或转口货物集散与进出航空站管制区所需之通关、仓储场所、设备及服务的企业，也是货物暂存（进、出口与转运）、理货、通关与执行验放之场所。其业务范围包括：航空货物的装拆箱、装拆板、装卸车等；空运集装器的保养、维护及整修；与航空货物集散站仓储、物流有关之业务等。

4．机场地服公司

机场地服公司是指于机坪内从事航空器拖曳、导引，行李、货物、餐点装卸，机舱清洁，廊桥操作及其相关服务的企业，主要工作包括：支持航班机坪作业，如航机引移、扶梯靠离、货运作业、补给作业；装卸作业，如对行李、货物、餐点及邮件的拖运、上下机装卸及机边打板、装箱等。

6.1.5　航空运输企业生产过程

航空运输生产的任务，就是航空运输企业（承运人）按照货运单上的发运日期和航班要求，组织运力将货物运达目的地。从生产性质上来看，航空运输生产可以分为两大部分：一部分是以货物收集为中心的货运市场组织和管理，即货源组织过程，也是航空公司舱位销售过程；另一部分是以货物运送为中心的货物进港、货物运送、货物出港和交付的过程。航空货运企业应按照市场销售计划积极开拓市场，组织货源，收集货物，为运输生产做好充分的准备。

随着近些年航空货运企业市场开拓力度的加大以及营销渠道的拓宽，航空货运企业货源组织和舱位销售主要有以下 3 种方式。

1．直接销售

航空运输企业通过自己的营业处或收货站，直接进行航空货运业务的销售工作。与航空旅客运输一样，从事直接销售的业务点一般分布在运量较大的城市，航空公司可以直接组织市场。直接销售的优越性是能够直接控制市场，减少中间环节，提高销售利润。

2．代理销售

航空运输企业进行直接销售可以减少代理费用。但是，直接销售的业务量不足时，会增加销售成本。因此，航空公司的相当一部分货运吨位通过代理人销售。销售代理人根据与航空公司之间的协议，代表航空公司销售空余吨位，并按照协议收取代理费用。航空公司可以采取灵活的代理政策，鼓励销售代理人积极开拓市场，扩大销售业务。销售代理人可以同时代理多家航空公司的货运销售业务。

3．联程

由于一个航空公司能够提供服务的航线有限，对于本身不能运达的部分航线，航空公司之间可以采取联运服务。这种服务是有偿的，上一个承运人即为下一个承运人的销售代理人，他们之间通过协议分配销售收入。事实上，航空公司为了扩大自己直销的范围，通常通过与其他航空公司签订代理协议，成为其他航空公司的销售代理人。

6.2 航空运输营运方式与组织方法

6.2.1 航空运输营运方式

1．班机运输

航空运输的营运方式包括班机运输和包机运输。班机运输是指通过在固定航线上定期航行的航班所进行的运输，即有固定始发站、固定经停站和固定目的站的运输。因此，班机运输又称为定期航班运输。班机运输的主要特点如下。

（1）班机运输有固定的航线、固定的经停站和固定的航期，并在一定时间内有相对固定的收费标准。这对于收、发货人，尤其是进出口商确切掌握货物运送和到达的时间、核算运输成本、更好地履行外贸合同等均有一定的保障。因此，班机运输也就成为多数贸易商首选的航空货物运输组织形式。

（2）随着近年来货运行业竞争的加剧，航空公司为了更好地满足客户需求，不断提高航班的准班率，更加强调快捷的地面服务，因此，这对市场上的急需货物、鲜活货物、易腐货物及贵重货物的运送是非常有利的。

（3）目前班机运输多采用全客机和客货两用机，航班仍以客运服务为主，货物舱位有限，运价较高，不能满足大批量货物及时出运的要求。而且，不同季节同一航线客运量的变化也会直接影响货物装载的数量，使得班机运输在货物运输方面存在很大的局限性。

2．包机运输

包机运输是指航空公司按照约定的条件和费率，将整架飞机租给一个或若干个包机人（包机人指发货人或航空货运代理公司），从一个或几个航空站装运货物到指定目的地的运输组织形式。由于包机运输一般没有固定的航线和航行时间，所以又称为不定期航班运输。

包机运输通常可分为整机包机和部分包机，部分包机又分为包舱和包板。所谓整机包机，是指航空公司或包机代理公司按照合同中双方事先约定的条件和运价将整架飞机租给租机人，从一个或几个航空港装运货物到指定目的地的运输组织形式。这种方式比较适合于运输大批量货物。部分包机则是指由几家航空货运代理公司或发货人联合包租一架飞机，或者是由航空公司把一架飞机的舱位分别租给几家航空货运代理公司或发货人的货物运输形式。相对于整机包机而言，部分包机比较适合于运送 1t 以上但货量不足整机的货物。

包机运输的主要特点如下。

（1）运量较大，运费相对较低，利益与风险同在。运量较大，能较好地满足大批量货物航空运输的需要，尤其是能较好地缓解空运旺季航班紧张的状况；同时包机运输的运费相对班机运输的运费要低，而且随着国际货运市场供需情况的变化而变化，从而给包机人带来了比较大的潜在利益。不过包机运输是按往返路程计收费用的，存在着回程空放的风险。

（2）免去中转的不便，更具安全性和灵活性。与班机运输相比，包机运输可以由承租飞机的双方议定航程的起止点和中途停靠的空港，因此可免去班机运输由于不得已中转带来的种种不便，既可减少货损、货差或丢失现象的发生，充分体现航空运输的快捷、安全，同时又由于装卸便利使得包机运输更具灵活性。

（3）起飞时间难以控制，运送时间相对较长。尽管包机运输也有固定的时间表，但是往往会因一些意想不到的情况，或者常常需要等待其他货主备妥货物，从而使得包机常常不能按时起飞，因此，运送时间相对较长。

（4）审批手续烦琐，活动范围和降落地点受到限制。各国政府出于安全的需要，同时也为保护本国航空公司的利益，常对从事包机业务的外国航空公司大加限制，不仅复杂烦琐的审批手续极大地增加了包机运输的营运成本，而且包机的活动范围比较狭窄，降落地点也时常受到限制。例如，包机若需降落非指定地点外的其他地点时，一定要向当地政府有关部门申请，待同意后才能降落。

6.2.2 航空运输组织方法

1. 集中托运

集中托运是指由集中托运者将若干票需要单独发运、发往同一方向的货物集中起来，作为一票货物一同发往同一站点，再由集中托运者委托其当地的代理人收货并分发给各个实际收货人的运输组织形式。集中托运既可采用班机运输的方式，又可采用包机运输的方式。这种托运方式可争取到较为低廉的运价，在国际航空运输中使用比较普遍，是目前航空货运代理的主要业务之一。

集中托运的具体做法如下。

（1）将每一票货物分别制定航空运输分运单，即出具货运代理的运单 HAWB（House Airway Bill，HAWB）。

（2）将所有货物区分方向，按照其目的地相同的同一国家、同一城市来集中制定出航空公司的总运单 MAWB（Master Airway Bill，MAWB）。总运单的发货人和收货人均为航空货运代理公司。

（3）打印出该总运单项下的货运清单（Manifest），即此总运单有几个分运单，号码各是什么，其中件数、重量各多少等。

（4）把该总运单和货运清单作为一整票货物交给航空公司。一个总运单可视货物具体情况随附分运单（可以是一个分运单，也可以是多个分运单）。例如，一个 MAWB 内有 10 个 HAWB，说明此总运单内有 10 票货，发给 10 个不同的收货人。

（5）货物到达目的地站机场后，当地的货运代理公司作为总运单的收货人负责接货、分拨，按不同的分运单制定各自的报关单据并代为报关和为实际收货人办理有关接送货事宜等。

（6）实际收货人在分运单上签字以后，目的站货运代理公司以此向发货的货运代理公司反馈到货信息。

集中托运具有如下条件限制。

（1）集中托运只适合办理普通货物，对于等级运价的货物，如贵重物品、危险品、活动物及文物等不能办理集中托运。

（2）目的地相同或邻近的可以办理集中托运，其他则不宜办理。例如，不能把去日本的货发到欧洲。

（3）由于在集中托运的情况下，货物的出运时间不能确定，所以不适用于易腐货物、紧急货物及其他对时间要求较高的货物的托运。

集中托运具有如下优点。

（1）节省运费。一般来说，每批货物越多越重，单位运价就相对越低，于是这就给货源充足、规模较大的货代企业提供了利润空间，当这种利润中的一部分返还给发货人时，能使发货人节省运费。

（2）提供方便。集中托运人的专业性服务能为货主提供诸多的便利。例如，集中托运人完善的地面服务网络，可使货主将货物运送到比航空公司指定的运送地点更近的地点，同时，集中托运人不断拓宽服务项目，提高自身的服务质量，也会使货主收益颇多。

（3）提早结汇。发货人将货物交给集中托运人之后，即可取得货物分运单。因为集中托运人的分运单与航空公司的主运单效力相同，所以在集中托运的形式下，托运人可持分运单到银行办理结汇手续，从而能加快资金周转。

集中托运方式已在全球范围内普遍开展，形成了较完善、有效的服务系统，为促进国际物流运输和国际贸易的发展起到重要的作用，已经成为我国货物国际运输的主要方式之一。

2．航空快递

航空快递也叫航空快件运输，是由快递公司与航空公司合作，负责把文件、样品、小包裹等快递件以最早的航班或最快的方式运送到收货人手中的一种新的运输组织形式。采用这种方式进出境的货物、物品叫快件。这是一种最为快捷的运输形式，特别适合于各种急需物品和文件资料的运输。

航空快递与其他航空运输相比，具有 5 个显著的特点：一是快递公司有完善的快递网络；二是以收运文件的小包裹为主；三是具有其他方式所没有的单据 POD（Proof Of Delivery）即交付凭证；四是运送速度快；五是运输过程即跟踪过程，信息反馈及时，送交有回音。

航空快递的主要业务形式有如下几种。

（1）门/桌到门/桌。门/桌到门/桌的服务形式是航空快递公司最常用的一种服务形式。首先由发件人在需要时打电话通知快递公司，快递公司接到通知后派人上门取件，然后将所有收到的快件集中到一起，根据其目的地分拣、整理、制单、报关、发送，到达目的地后，再由当地的分公司办理清关、提货手续，并送至收件人手中。在这期间，客户还可依靠快递公司的电脑网络随时对快件（主要指包裹）的位置进行查询，快件送达之后，也可以及时通过电脑网络将信息反馈给发件人。

（2）门/桌到机场。与前一种服务方式相比，门/桌到机场的服务指快件到达目的地机场后不是由快递公司去办理清关、提货手续并送达收件人的手中，而是由快递公司通知收件人自己去办理相关的手续。采用这种方式的多是价值较高的货物或是海关当局有特殊规定的货物或物品。

（3）专人派送。专人派送，是指由快递公司指派专人携带快件在最短时间内将其直接送到收件人手中，即由快递公司专人随机送货。这是一种特殊服务，费用昂贵，一般很少采用。

比较以上 3 种服务形式，第一种服务较为简便，收费较低，对于发运一般文件、成交样品等比较合适；第二种服务在时间上优于普通货运形式，又简化了发件人的手续，适合绝大多数快件的运送，但费用较高，收件人需自行清关；第三种服务最可靠、最安全，免去了普通快件的出关与入关手续，但费用也最高。

3. 联合运输

由于航线不一定能延伸到货主所需要的每一处所，因此出现了与其他运输方式的联运，尤其是与陆路运输的联运。联合运输方式是包括空运在内的具有两种以上的运输方式。具体的做法有陆空运输、海空联运等。

陆空联运是指陆路运输（铁路与长途汽车运输）与航空运输的联运。从组织形式上来讲，它是指航空运输的两端或一端是陆路运输。我国幅员辽阔，而国际航班较多的国际机场较少，且运输费用较高，因此我国出口空运货物常采用陆空联运。我国南方各省出口的普通货物，常利用中国香港机场航班多、普通货物运价便宜等优点，先用铁路将货物运至深圳北，然后将货物卸后装汽车运至香港，再从香港机场用班机运至目的地或中转站。鉴于陆空联运的需要，不少国家和地区在新建和扩建大型机场时，除修建对外联系的公路外，还修建了机场铁路，如我国的香港就已建成了机场铁路。此外，一些大型航空公司与公路或铁路结盟开展联运，如美国盐湖城、波特兰机场与机场铁路及公路合作。

海空联运又被称为空桥运输。这种联运组织形式是以海运为主，只是最终交货运输区段由空运承担。机场位于海岸，设有机场码头，并开通海上航线，可直接组织海空联运，以集散航空运输的货物。在运输组织方式上，空桥运输与陆桥运输有所不同，陆桥运输在整个货运过程中使用的是同一个集装箱，不用换装，而空桥运输的货物通常要在航空港换入航空集装箱。

应用案例

深航成功推出"联程航班"

深航货运充分利用其国内航线的优势，积极探索以深圳为枢纽的"国际货运中转服务"模式。"国际货运中转服务"包括"空空联运中转欧美及东南亚"及"空陆联运中转香港"两种模式，特别是后一种模式，是深航国际货运首创。

2002 年，深圳航空公司在航空货运市场上推出的"联程航班"获得巨大成功。深航货运联合香港代理，开通了深圳机场直达香港的"卡车航班"联运通道，内地到达香港的国际货物可以经过深航内地回程航班运到深圳，再经卡车航班运到香港。从运输时限上来看，经深航中转香港与内地直达香港运输差不多；但是，从运输成本来看，却较传统运输方式降低了 30%～60%，并且使用卡车可以直接将货物运到香港市中心的提货仓库，甚至可以安排派送服务。

经过 3 个多月试运行，由深航货运公司开辟的"空陆联运中转香港"快速通道实现了与深圳往返上海、成都、郑州、西安、青岛、哈尔滨、大连、长沙等地航线的全面对接，使得深航货运不仅能承接国内省市间的货物运输业务，还能提供内地始发的国际货物运输。

"国际货运中转服务"的推出丰富了货运产品的内容，标志着深圳航空公司不仅成功地将客运领域的"联程航班"概念嫁接到货运领域，而且极大拓展了深航货运的发展道路，为深航跻身国际航空货运市场做出了积极有益的尝试。

资料来源：根据相关新闻报道改编。

6.3　航空运输业务程序及运单

6.3.1　航空运输的业务程序

1. 货物的托运和收运

发货人要凭本人身份证填写货物托运书，这是办理托运手续的第一步。货物托运书是托运人和承运人之间运输文件的一部分，由托运人填写，托运人要为填写内容的真实性、准确性负责，并在托运书上签字或盖章，货运人员在检查托运书与发送的货物相符后才能受理。

托运人和承运人之间签订航空货运单，这是办理托运手续的第二步。航空货运单是托运人和承运人之间订立的运输合同和货物运输的凭证，同时也是运费收据和保险证明。按《民用航空国内货运规则》的规定，货运单应由托运人填写，由于货运单内容填写不正确造成的损失应由托运人承担。但是由于货运单填写的复杂性，一般的做法是在托运人填写好托运书后，由承运经手人依据托运书来填写货运单，以避免由于不熟悉或缺乏了解造成的填写错误，货运单不得对托运书的内容有所改动，货运单的正确性仍然由托运人负责。

货物的收运是办理托运手续的第三步，其具体过程为：承运人在收运货物时要根据运输能力，按货物的性质和急缓程度有计划地收运；收运时，承运人要检查托运人的证件和限制运输物品的有效证明，要检查托运货物的包装，对不符合航空运输要求的货物包装要由托运人重新妥善包装后方可办理收运；承运人对收运的货物应当进行安全检查，对收运后 24 小时以内装机发送的货物，要开箱检查或使用专门仪器进行特殊安全检查，以防止有破坏性的爆炸物夹运，其他货物则施行一般安全检查。

2. 货物的运送

货物运送一般包括货物的出港、运输、进港作业过程。承运人一般在机场组织出港和进港作业。航空公司通常委托机场进行出港、进港的组织和管理，大型航空公司一般在基地机场自行组织货物的出港和进港。货物的出港与进港是组织严密的过程，有严格的工序控制和定时要求，涉及的部门多，需要统一组织和协调，各部门密切合作共同完成。航空运输货物出港和进港的过程如图 6-2 和图 6-3 所示。

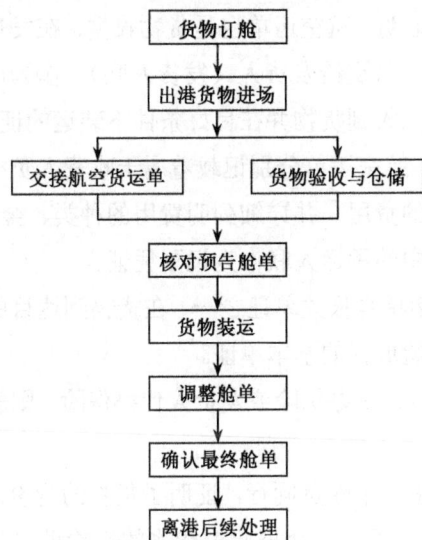

图 6-2　航空运输货物出港流程　　　　　图 6-3　航空运输货物进港流程

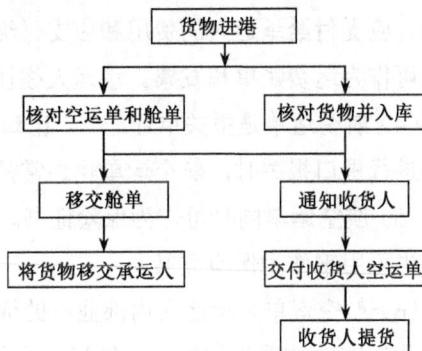

3. 货物的到达和交付

从图 6-3 可以看出，货物到达目的地后，承运人应当及时用书面通知或电话通知的方式向收货人发出到货通知，收货人凭到货通知和有关证件提取货物。自承运人发出到货通知的次日起，承运人为收货人免费保管货物 3 日。逾期提取，承运人可按规定核收保管费。收货人收到货物后，对货物进行认真检查。如果没有短缺、损坏，收货人在货运单上签字而未提出异议，表示货物已经完好交付。如果货物自发出到货通知的次日起 14 日无人领取，到达站应通知始发站，征求托运人对货物的处理意见；如果满 60 日之后无人领取又未收到托运人的处理意见，就作为无法交付货物交有关部门处理。

6.3.2 航空运单

1. 航空运单的性质、作用

航空运单（Airway Bill）与海运提单有很大不同。它是由承运人或其代理人签发的重要的货物运输单据，是承托双方的运输合同，其内容对双方均具有约束力。航空运单不可转让，持有航空运单并不能说明可以对货物要求所有权，因此并不是物权的象征，不能背书转让，提单的抬头只能为记名式，而不能写成"to order"或者"to bearer"的字样。

（1）航空运单是发货人与航空承运人之间的运输合同。在传统的远洋运输业务中，提单可以作为运输合同的一部分，但是除此之外，托运人与承运人之间通常还要签署一份正式的合同，就一些要约达成共识。与海运提单不同，航空运单不仅证明航空运输合同的存在，而且航空运单本身就是发货人与航空运输承运人之间缔结的货物运输合同，在双方共同签署后产生效力，并在货物到达目的地交付给运单上所记载的收货人后失效。

（2）航空运单是承运人签发的已接收货物的证明。航空运单也是货物收据，在发货人将货物发运后，承运人或者其代理人就会将其中一份交给发货人（发货人联），作为已经接受货物的证明。除非另外注明，通常它是承运人收到货物并在良好条件下装运的证明。

（3）航空运单是承运人据以核收运费的账单。航空运单分别记载着属于收货人负担的费用、应支付给承运人的费用和应支付给代理人的费用，并详细列明费用的种类、金额，因此可作为运费账单和发票。承运人往往也将其中的承运人联作为记账凭证。

（4）航空运单是报关单证之一。出口时航空运单是报关单证之一，在货物到达目的地机场进行进口报关时，航空运单也通常是海关查验放行的基本单证。

（5）航空运单同时可作为保险证书。如果承运人承办保险或发货人代办保险，则航空运单也可用来作为保险证书。

（6）航空运单是承运人内部业务的依据。航空运单随货同行，证明了货物的身份。运单上载有有关该票货物发送、转运、交付的事项，承运人会据此对货物的运输做出相应安排。

航空运单的正本一式三份，每份都印有背面条款。其中一份交发货人（蓝色），是承运人或其代理人接收货物的依据；第二份由承运人留存（绿色），作为记账凭证；最后一份随货同行（粉红色），在货物到达目的地，交付收货人时作为核收货物的依据。

2．航空运单的分类

按照不同作用划分，航空运单主要分为以下两类。

（1）航空主运单。凡是由航空运输公司签发的航空运单就称为主运单。它是航空运输公司据以办理货物运输和交付的依据，是航空公司和托运人订立的运输合同，每一批航空运输的货物都有自己相对应的航空主运单。

（2）航空分运单。集中托运人（航空货运代理公司）在办理集中托运业务时签发的航空运单被称作航空分运单。在集中托运的情况下，除航空运输公司签发主运单外，集中托运人还要签发航空分运单。此时各方的关系如图 6-4 所示。

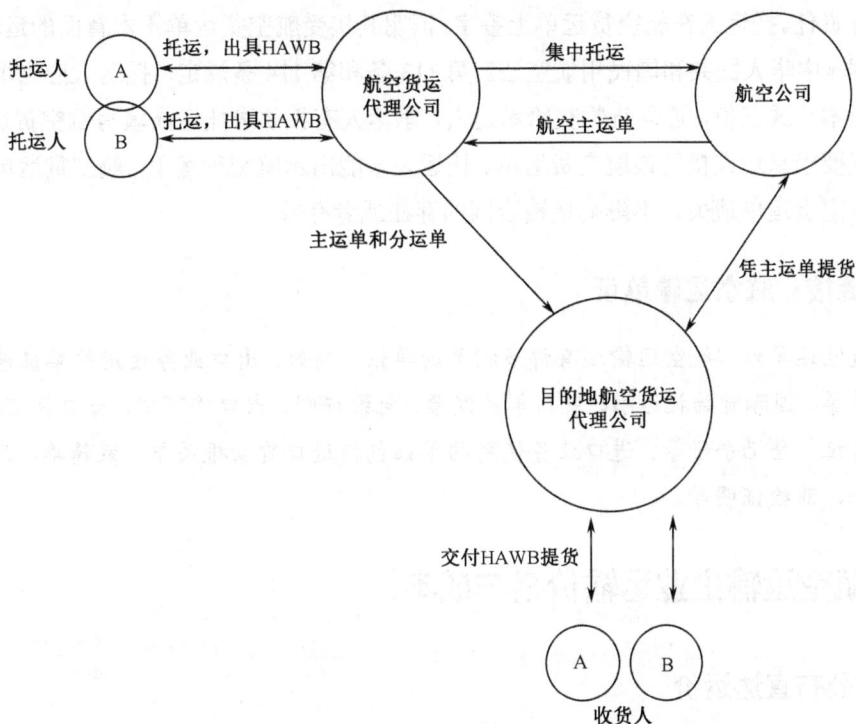

图 6-4　集中托运各方关系

其中，航空分运单作为集中托运人与托运人之间的货物运输合同，合同双方分别为货主 A、B 和集中托运人，而航空主运单作为航空运输公司与集中托运人之间的货物运输合同，当事人则为集中托运人和航空公司。货主与航空运输公司没有直接的契约关系，而在起运地由托运人将货物交付航空公司，在目的地由托运人或者其代理人从航空公司领取货物，收货人凭 HAWB 提取自己的货物，从这个意义上讲，货主与航空公司之间也不存在直接的货物交接关系。

按有无承运人的名称划分，航空运单可以分为以下两类。

（1）航空公司货运单（Airline Airway Bill）。指印有出票航空公司（Issue Carrier）名称及标志（航徽、代码等）的航空货运单。

（2）中性货运单（Neutral Airway Bill）。指没有预先在运单上打印任何承运人名称及标志的货运单。

3．航空运单的填开责任

根据《华沙公约》《海牙议定书》和承运人运输条件的条款规定，承运人的承运条件为托运人准备航空货运单。

托运人有责任填制航空货运单。规定明确指出，托运人应自行填制航空货运单，也可以要求承运人或承运人授权的代理人代为填制。托运人对货运单所填各项内容的正确性、完备性负责。由于货运单所填内容不准确、不完全，致使承运人或其他人遭受损失的，托运人负有责任。托运人在航空货运单上签字，证明其接受航空货运单正本背面的运输条件。

根据《中华人民共和国民用航空法》第113条和第114条规定，托运人应当填写航空货运单正本一式三份，连同货物交给承运人。承运人有权要求托运人填写航空货运单，托运人有权要求承运人接受该航空货运单。托运人未能出示航空货运单，航空货运单不符合规定或航空货运单遗失，不影响运输合同的存在或者有效。

相关链接：航空运输单证

除航空运单外，航空运输还有许多相关的单证。例如，出口业务使用的单证包括出口货物报关单、国际货物托运书、装箱单及发票、商检证明、出口许可证、出口收汇核销单、配额许可证、登记手册等；进口业务使用的单证包括进口货物报关单、装箱单、发票、进口许可证、商检证明等。

6.4 航空运输企业运输价格与成本

6.4.1 公布直达运价

航空运价可以分为公布直达运价和非公布直达运价。下面是公布直达运价的种类、特点及使用。

1．公布直达运价的种类

（1）普通货物运价（General Cargo Rate，GCR）。没有特殊规定而为普通货物制定的运价称为普通货物运价，亦为一般货物运价。当一批货物不能适用指定商品运价，也不属于等级货物时，就应该适用普通货物运价。普通货物运价是适用范围最为广泛的一种运价。

普通货物运价针对所承运货物数量的不同规定了几个计费重量分界点，最常见的是45kg分界点，将货物分为45kg以下的货物和45kg以上（含45kg）的货物。45kg以下的货物的运价称为标准普通货物运价（Normal General Cargo Rate）。航空公司为了吸引更多的货载，对45kg以上的货物，甚至更高的重量点又进一步公布更低的运价，如100kg、

300kg、500kg，甚至 1 000kg、1 500kg、2 000kg 等档运价，但运价类别均为（Quantity Rate，Q）。运价的数额随运输货物数量的增加而降低，即托运的货物越多，则每单位的运价就越低，这与远洋运输业务中的递远递减原则类似。

（2）指定商品运价（Special Commodity Rate，SCR）。指定商品运价指适用于自规定的始发地至规定的目的地运输特定品名货物的运价。指定商品运价是一种优惠性质的运价，低于相应的普通货物运价。鉴于此，指定商品运价在使用时，对于货物的起讫地点、运价使用期限、货物运价的最低重量起点等均有特定的要求。

使用指定商品运价需要满足以下条件。

- 货物的始发地与目的地之间公布有指定商品运价；
- 托运人所交运的货物，其品名与有指定商品运价的货物品名相吻合；
- 货物的计费重量满足指定商品运价使用时的最低重量要求。

（3）等级货物运价（Class Cargo Rate，CCR）。等级货物运价是指在规定的业务区内或业务区之间运输特别指定的等级货物的运价。该运价没有在航空运输协会制定的运价表，而是以在一般货物 N 级运价基础上增减一定百分比的形式构成。当某货物没有指定商品运价可适用时，方可使用合适的等级运价。

等级货物运价仅适用于国际航空运输协会一定的业务区内或业务区间运输的少数货物，如活体动物、贵重货物、尸体或骨灰、机动车辆、书报杂志，以及作为货物托运的行李等。

2. 公布直达运价的特点和使用

（1）公布直达运价的特点。①所报的运价是指从始发地机场到目的地机场，而且只适用于单一方向。②是从机场到机场的运价，不包括其他额外费用，如提货、报关、交接和仓储费用等。③运价通常使用当地货币公布。④除最低运费外，公布直达运价一般都以 kg 或 b 为计算单位。⑤公布直达运价，通常与飞机飞行的路线无关，但可能因承运人选择的航线不同而受到影响。⑥航空运单中的运价以出具运单之日所适用的运价为准。

（2）公布直达运价的使用。计算航空运费时，应首先适用指定商品运价，其次是等级货物运价，最后是普通货物运价；如按指定商品运价、等级货物运价或普通货物运价计算的货物运费总额低于所规定的起码运费时，按起码运费计收；承运货物的计费重量可以是货物的实际重量或者体积重量，以高者为准；如果某一运价要求有最低运量，则以最低运量为计费重量；如果货物可以按指定商品运价计算，但货物重量没有达到指定商品运价的最低重量要求，则采用将指定商品运价计费与普通货物运价计费的结果相比较，取其低者；如果指定商品同时又属于附加等级运价的货物，只允许将附加等级运价与指定商品运价的计费结果相比较，取低者；如果货物是属于附减的等级货物，即书报杂志类货物、作为货物运输的行李，将其按等级运价计费与按普通货物运价计费相比较，取低者。

6.4.2 非公布直达运价

在《TACT Rates》中，如货物的始发地和目的地之间没有可适用的公布直达运价时，可以采用比例运价或分段相加运价的办法，组成最低全程运价，这些统称为非公布直达运价。

1. 比例运价（Construction Rate)

（1）比例运价的构成。在运价手册上公布一种不能单独使用的运价附加数（Add on Amounts)，当货物的始发地至目的地无公布直达运价，可采用此附加数与已知的公布直达运价相加，构成非公布直达运价，此运价就称为比例运价。

我们知道，制定运价的主要依据是航空运输距离及航空运输成本，因此在《TACT Rates》中都公布有至世界各主要城市的直达运价。但是为了缩短篇幅，《TACT Rates》中不可能将所有城市的运价都公布出来。为了弥补这一缺欠，方便使用者自行构成直达运价，根据运价制定的原则，规定了一个运价的比例范围，只要是运输距离在同一个距离的比例范围内或者接近这个范围，就可以采用以某一地点作为运价的相加点，然后用相加点至始发地或目的地的公布运价与相加点至目的地或始发地的运价附加数相加，便构成全程直达运价。虽然始发地或者目的地不同，但相加的运价附加数都相同。例如，北京至美国长滩无公布直达运价，但可以采用自纽约至长滩的运价附加数与北京至纽约的直达运价相加，构成北京至美国长滩的全程比例运价。

（2）比例运价的分类。在运价手册中所列的比例运价分为如下 3 类。

①普通货物的比例运价，用"GCR"表示，只能用于组成直达的普通货物运价。

②指定商品的比例运价，用"SCR"表示，只能用于组成直达的指定商品运价。

③集装箱的比例运价，用"ULD"表示，只能用于组成直达的集装箱设备运价。

（3）比例运价的使用规定。

①比例运价只适合国际货物运输，不适用于国内货物运输。

②采用比例运价时，必须严格遵守普通货物比例运价只能与普通货物运价相加，指定商品比例运价只能与指定商品运价相加，集装箱的比例运价只能与集装箱运价相加的原则。

③采用比例运价构成直达运输时，比例运价可加在公布运价的两端，但每一端不能连加两个或者两个以上的比例运价。

④当始发地或目的地可以经不同的运价组成点与比例运价相加组成不同的直达运价时，应采用最低运价。

⑤运价的构成不影响货物的运输路线。

（4）适用货币。比例运价表中列有两种货币的比例运价：当地货币的比例运价是为自该国始发构成全程直达运价时使用，可以直接将当地货币相加，构成全程运价；列有美元的比例运价是为自始发地到该目的地国家组成全程直达运价时使用，需将美元按规定比价换算成始发地货币，再与已知的公布直达运价相加使用。

2．分段相加运价（Combination of Rate）

所谓分段相加运价是指在两地之间既没有直达运价，同时也无法利用比例运价构成全程直达运价时，可以在始发地与目的地之间选择合适的运价计算点，分别找到始发地至该点、该点至目的地的运价，两段运价相加组成全程的最低运价。

在采用分段相加运价时，应严格遵守运价相加的有关规定，并选择若干个不同的运价计算点，相互进行比较，取运价最低者为分段相加运价。

无论是比例运价还是分段相加运价，中间计算点的选择也就是不同航线的选择，它将直接关系到计算出来的两地之间的运价。因此承运人允许发货人在正确使用的前提下，以不同的结果中最低值作为该货物适用的航空运价。

6.4.3　航空运输成本的构成及特点

不同类型的航空运输企业的成本构成也不同，本节仅探讨从事实际运输业务的航空公司的运输成本问题。

1．航空运输企业运输成本的构成

航空运输的端点和空中通道一般不为航空公司所有。航空公司根据需要以燃油、仓储、场地租金和起降费的形式购买机场服务。如果将地面装卸、取货和送货服务包括在航空货运服务中，这些成本就成为空运端点成本的一部分。此外，航空公司还拥有（或租赁）运输设备，在经济寿命周期内对其进行折旧就构成每年的固定使用费。

一般来说，航空运输的固定成本包括保险费、飞机大修费、员工基本工资、高价周转件摊销等。变动成本包括燃油消耗费用、飞机维修费、飞机津贴补助费、飞机起降服务费、进近指挥费和航路费等。

在我国民航业会计准则中，狭义的航空公司成本主要指运营成本，其可以分为直接运营成本和间接运营成本两大部分。其中，直接运营成本包括飞行运营成本（包括油料费、机组人员和乘务的薪资费用、国内外机场起降服务费、停机费用、航路导航费、飞机保险费等与飞机运营直接相关的各项支出）、高价周转件摊销和飞机维修成本、飞机发动机的折旧费用和其他费用（为旅客提供餐饮供应的成本、客舱服务费、飞行训练费、行李损坏丢失赔偿的损失等可直接划分到某种机型机号的成本费用）；间接运营成本包括薪资费用、折旧费、保险费、地面运输费、租赁费等不能直接计入机型、机号，需按照一定标准分摊的成本。广义的航空公司成本除运营成本外，还包括期间费用，如管理费用、销售费用和财务费用等。

2．航空运输成本构成特点

航空运输成本构成具有低变动成本和高固定成本的特征。一般来说，航空运输成本中40%是变动成本，60%是固定成本。固定成本之所以比较高，主要是因为航空公司使用的飞机价值非常昂贵。因此，规模经济对航空运输成本的影响非常大。航空运输成本主要取决于飞机类型、载重量及其利用率。机型先进、载重量大、利用率高，则航空公司运输成本就低；反之，成本就高。

在短期时间内，航空公司的可变成本受运距的影响比受运量的影响大。由于飞机在起飞和降落阶段效率最低，可变成本就会随着运距的增加而降低。运量对可变成本有间接影响，因为随着空运服务需求量的增加，航空公司可能会购买更大型飞机，而大型飞机按吨千米计算的营运成本更低。

固定成本和可变成本加在一起使得航空运输成为最昂贵的运输方式，短途运输尤其如此。但是，随着端点费用和其他固定开支分摊在更大的运量上，单位成本会有所降低。如果在长距离内营运，还会带来单位成本进一步地下降。

6.4.4　航空运输企业成本控制的方法

1．合理利用客机腹舱

对于同时运营货机和客机腹舱的航空公司来说，运营好客机腹舱是降低成本最重要的方法。由于飞机运营中60%左右的成本是刚性的，因此客机腹舱的经营成本将远远低于货机。航空公司应该高度重视宽体机腹舱的经营，争取多增加收入。对于窄体机腹舱，应该细化分析航线的货运收入和由货运业务带来的额外成本，在有边际利润的情况下才进行经营。

2．审慎投资

货机和航空货站是航空公司在货运方面最重要的投资，但每年都会产生大量的折旧成本。同时，货机运营还需要承担燃油成本、起降费用、飞机租赁/维护和固定资产的折旧成本等刚性的成本开支，因此审慎地进行货机及货站投资对压缩成本有非常重要的意义。航空公司应尽可能详尽调研，准确预测市场需求。只有在确认市场有充足需求的情况下才投资增加货机或建设航空货站。

3．规范操作流程

规范操作流程既是保障飞机运行安全的一项措施，同时又是节约成本的重要措施。通过规范操作流程，形成按章操作的习惯，可以降低操作的差错率，防止后续工作延误的可能性，提升业务操作效率。同时，在自营货站内和机坪作业时，规范的操作将避免操作不当造成的货物损坏和设施设备损耗。例如，机坪作业车辆不按章操作而刮碰飞机，这不但会导致飞机需要维修，无法正常执行航班，扰乱后续航班计划，而且会产生飞机维修费用，从而增加运营成本。

4. 以"科学管理"提升操作效率

在航空货运操作流程中有大量需要人工重复劳动的环节，如制单、安检、搬运、组装、运输、机坪装卸、分拣等。根据泰勒的科学管理理论，这些环节都可以采取科学管理的方法对每个操作动作进行分解、分析、简化和标准化，通过培训固化到每位工作人员的工作行为中，从而达到提升劳动效率，减少体能消耗，降低受伤可能性，同时也可以达到降低成本的目的。

5. 采取合理的市场推广方式

合理的市场推广方式可以促进客户开发，降低营销成本。航空货运的客户大多是企业而不是个人，其中最主要的是航空货运代理人和制造企业、商业企业。对比航空客运，航空货运的客户数量要少得多，客户与航空公司的交易频次和数量都要大得多。因此航空货运的客户对航空公司的了解程度要比客运客户深得多，所以他们一般更倾向于积极主动、深入地了解各家航空公司的服务水平和价格，挑选最合适的航空公司提供服务，这样也促使航空公司与航空货运客户形成更为密切的联系。

所以，航空货运的市场推广应该以直面客户的方式为主，如通过微信、彩信等方式将新产品和新服务直接推送，对客户进行定期拜访。通过对客户的跟踪，及时了解客户的服务感受和需求，及时进行研讨、改进；对于不能马上解决的问题需要及时做好解释。

阅读材料:《航空公司成本控制研究》

本章小结

航空货运依据的基本条件包括不同类型的飞机、航线、航空港等，而航空公司、货运代理、航空货运仓储公司、机场地勤公司等企业承担了航空运输的货物运输、储存、货运代理及机场地勤服务等任务。航空运输的营运方式包括班机运输和包机运输，而其组织方法是集中托运、航空快递和联合运输，业务程序包括货物的托运和收运、货物的运送、货物的到达和交付等。航空运单作为航空货运的重要单证，不仅是发货人与航空承运人之间的运输合同、承运人签发的已接收货物的证明、报关单证之一和保险证书，而且是承运人据以核收运费的账单、承运人内部业务的依据。航空运价可以分为公布直达运价和非公布直达运价。根据航空运输成本的构成及特点，可以采用合理利用客机腹舱、审慎投资、规范操作流程、以"科学管理"提升操作效率、采取合理的市场推广方式等方法控制和降低运输成本。

复习及练习

一、主要概念

航线　航空港　班机运输　包机运输　集中托运　航空运单

二、思考及练习题

1. 简述航空港的组成。
2. 班机运输和包机运输的特点是什么？
3. 简述航空货运的组织方法。
4. 航空运单的性质是什么？
5. 公布直达航空运价有哪些种类？
6. 非公布直达航空运价有哪些种类？
7. 举例说明某航空公司的运价。
8. 查阅资料，了解和分析一家航空公司运输成本的构成及控制策略。
9. 以一项具体的运输业务为例，分析说明航空货运的具体流程及环节，并说明其涉及的组织和业务。

案例分析

美国迈阿密的花卉物流系统

专业经营新鲜花卉，实际上仅仅经营玫瑰花保鲜物流链配送服务，并且获得巨大成功的美国迈阿密"农场直达"（Farm Direct）花卉公司总裁布里恩（Brian）对来访者说："我们没有任何秘密，我们也不需要有关物流的高谈阔论，我们靠的是实干和为鲜花运输不惜日夜操劳的精神，当然我们同时会不断总结经验教训，向一切竞争对手学习，利用一切现代化手段和电子信息技术，把我们运营的花卉物流系统的所有功能发挥到极限。"

每天晚上，几架空运货机会满载着从拉丁美洲新收割的玫瑰花，徐徐降落在迈阿密国际机场。经过简短的手续后，鲜花被装载到专程前来接运的集装箱卡车或者国内航空班机上，直接运送到国内各地的物流链配送服务站、超级市场和大卖场，再通过它们飞速传送到北美大陆各大城市的鲜花商店、小贩、快递公司和消费者手中。鲜花物流系统的操作过程，听起来挺不错，但是内中的酸甜苦辣只有布里恩总裁最清楚。这位经过8年的艰苦准备，终于在1998年1月正式开业的鲜花公司老板一直在抱怨，花卉货运代理、承运人和飞机场非常缺乏按时保质保量运输鲜花所必需的物流设备和资源，否则他的新鲜玫瑰交易在北美市场可以搞得更加火红。

1．玫瑰花运输难题

布里恩遇到的第一个问题就是怎样把不远万里从拉丁美洲农场新收割下来的玫瑰花如同刚从自家后花园花圃中采摘一样迅速地运送到北美各大城市的消费者手中。他不止一次发现在这过程中的每一个环节，一旦处理不到位，都可能成为玫瑰花的保鲜"杀手"。

南美洲厄瓜多尔中部科托帕希火山地区地势险要、山高林密，但是常年气候温暖、雨水丰富，是盛产玫瑰花和其他珍贵花卉的好地方。布里恩的"农场直达"花卉公司向北美各大城市配送的玫瑰花就是从坐落在厄瓜多尔中部科托帕希（Cotopaxi）山区四周的 3 家大型农场定点采购的。为了避免在运输过程中重新包装，所有的玫瑰花在科托帕希农场收割后，立即现场包装，每 150 株玫瑰花包成 1 盒，然后装入集装箱，运送到厄瓜多尔首都基多（Quito）的国际机场。根据鲜花种植专家测定，玫瑰花从农场收割后，在正常情况下可保鲜 14 天。最科学的保鲜办法是：收割下来并准备长途运输的玫瑰花尽快装入纸盒，然后立即存储在华氏 34° 的冷藏集装箱内。在"农场直达"花卉公司的统一安排下，这些集装箱连夜运送到美国迈阿密飞机场，第二天早上，海关当局、检疫所和动植物检验所进行例行检查，再把鲜花发往北美各大城市的配送站。

按理讲，美国人甚至加拿大人有足够的时间去欣赏来自南美洲厄瓜多尔的美丽的玫瑰花。但是在物流过程中，由于遇到种种事先无法估计的不确定因素，总是会发生事与愿违、令人不愉快的事情。首先是在物流过程中的每一个环节上会出现意外"抛锚"。从科托帕希农场运出的新收割的玫瑰花一经包装，必须在晚上 8 时之前运到基多飞机场，然后飞机必须连夜起飞直抵迈阿密。在此过程中可能遇到飞机脱班、晚点、飞机舱容不够装下全部鲜花集装箱等情况。好不容易运到迈阿密国际机场，可是在机场仓库耽搁了不少时间，冷藏集装箱的温控设备失灵导致箱内温度升到华氏 60°，严重影响玫瑰花的保鲜质量。等到迈阿密国际机场的美国海关官员打开集装箱检查的时候，玫瑰花几乎全部腐烂了。如果说玫瑰花还有 4 天可活，那运气算是不错的了。

当航空货机抵达迈阿密机场时，许多花卉货主又往往忽视这些新采摘的花卉非常娇嫩，必须迅速运到温控仓库里，否则容易发生霉变和腐烂。把鲜花从飞机舱口运送到保温仓库的时间非常关键，但是货主为了节约经费，竟然把鲜花直接装运在敞口的卡车上，使其完全暴露在空气中。即使进入温控仓库，已经怒放的玫瑰花还是不够安全，必须在规定的时间内配送到南部佛罗里达州，从那里用集装箱卡车或者短程飞机运送到零售商手中。还有一些花卉批发商，竟然把玫瑰花箱子装在客机的底部货舱内，那里的条件最差，飞机在高空飞行的时候，货舱里气温很低，玫瑰花很容易被冻坏。

2．与快递公司合作

目前，"农场直达"花卉公司分别与联邦快件公司和联合包裹服务公司签订了有关提供一体化快递服务的合同，通过他们的运输服务把鲜花直接运送到美国各地，从而避免以往新鲜玫瑰花搭乘民航飞机、聘用卡车公司运送玫瑰花，虽然运费低廉但是事故索赔不断，往往误事的严重麻烦。一体化快递服务给"农场直达"花卉公司带来准时、稳定的物流服务，公司的玫瑰花生意好做多了。当然快递服务的成本很高，但是在鲜花传送行业中，迄今没有其他替代办法。过去采用民航、集装箱卡车运送，一旦抛锚或者发生耽搁，运送的鲜花就彻底完蛋。"农场直达"花卉公司在 2001 年用 FedEx 航班运送花卉，98.4%成功，1.6%失败，这个失败比例看似不大，却对"农场直达"和其他花卉公司是一个不小的损害。一纸盒 150 株玫瑰花，每株采购价格是 25 美分，运输价格每株 20 美分，净成本是每纸盒67.5 美元，每纸盒 150 株玫瑰花批发给花店或者花商是 150 美元，"农场直达"从中净赚82.5 美元，而花店一转手的零售价是 650 美元，这就是说每损失毁坏一纸盒玫瑰花，仅仅花商就要损失 500 美元，损失 100 纸盒玫瑰花，花商损失 5 万美元。

现在，由于花卉运输管理和物流服务稳定可靠，"农场直达"花卉公司可以向消费者承诺：从他们那里批发销售的新鲜玫瑰花在家里可放置至少 4 天而不败。

注：案例根据"美国迈阿密的花卉物流系统"（锦程物流网）改编。

案例问题

1. 分析和总结"农场直达"花卉公司运输业务流程。
2. 联邦快件公司和联合包裹服务公司为花卉公司提供的运输服务品质和特色是什么？

第 7 章　国际运输

学习目标

- 熟悉国际运输的特点、关系方和运输方式。
- 了解集装箱运输的特点。
- 了解集装箱的规格标准。
- 熟悉国际多式联运的组织形式。
- 了解国际运输的业务流程。
- 了解国际集装箱多式联运交接方式。
- 了解国际运输公约与规则。
- 熟悉国际货运代理的经营范围、服务对象及业务流程。

7.1　国际运输概述

7.1.1　国际运输的特点

国际运输指国家与国家、国家与地区之间的运输，它包括国际贸易物资运输和国际非贸易物资（如展览品、外援物资、个人行李、办公用品等）运输。在国际贸易中，进出口商品在空间上的流通范围极为广泛，而国际运输使贸易全过程得以最后完成。国际运输实现了跨国界的物资流动，并且大多使用集装箱运输和多式联运，所以国际运输具有如下特点。

1．国际性

国际运输涉及不同国家和地区的社会、政治、法律、经济、文化等方面的因素，这些因素都会影响对外贸易业务及国际运输的发展，所以国际运输具有很强的国际性。

2．复杂性

不同国家之间的物流运输往往需要使用多种运输工具，中间环节很多。在此过程中，除要考虑多方面因素的影响外，还需要同国内外的货主、交通运输部门、商检机构、保险公司、银行、海关、各种中间代理人等各种层面的机构和人员打交道，因此国际运输极具复杂性。

3．网络性

国际运输在整个物流运营过程中更需要考虑优化运输路线、完善售后服务、加强信息交流，因而它需要有完善、健全的运输网络体系，才能保证为产品和服务的转移提供快速、全方位的运输支持。

4．风险性

由于国际运输具有国际性、复杂性和网络性的特点，因此它存在多种风险，如信用风险、政治风险及自然灾害风险等。其中，信用风险是指其所涉及的有关物流运输的各参与方对自身所承担的责任不能完全按合同规定履行的风险。政治风险是指出乎意料的政治环境的变化、政府的突然干预或政策改变等。自然灾害风险包括风灾、水灾、火灾、雷击、地震、海啸、泥石流、山体滑坡等。

> **提示：运输企业应具有强大的经济实力和综合运营能力**
>
> 根据国际运输的特点，运输企业要在国际大环境中顺利开展业务，需要具有从事跨国经营的强大经济实力和综合运营能力，需要建设完善的国际运输网络，能够把握不同国家和地区的社会、政治、法律、经济、文化等方面的特点及其变化，并能够应付各种挑战，规避和降低各种风险。

7.1.2　国际运输的关系方

在国际运输过程中，会涉及各种各样的运营组织或个人，主要包括承运人、托运人、收货人、货运代理人、货运部门及其他代理人等。它们密切配合，共同促进国际运输的顺利开展。

1．承运人

承运人是指专门经营水路、铁路、公路、航空等货物运输业务的运输企业，如船舶公司、铁路或公路运输公司、航空公司等。

2．托运人

托运人是指与承运人订立货物运输合同的企业或进出口商。它们为了履行贸易合同，必须组织办理进出口商品的运输。有时它们也是国际运输中的收货人。

3．收货人

收货人是指有权提取货物的人，通常为经营进出口商品货物的外贸部门或进口商。此外，收货人也可以说是合法的提单持有人。因为提单的主要功能之一是物权凭证，必须凭提单交付货物。在国际运输中，提单收货人栏内填写记名的人，货物只能凭单交付给记名人；如果收货人栏内空白，则货物可凭单交付给任何提单持有人；如果收货人栏内填"凭指示"或"凭某人指示"，则必须经托运人或某人背书后的被背书人持单提货。

4．货运代理人

货运代理人简称货代，是指接受货主或承运人的委托，在授权范围内，代表货主办理进出口货物的报关、交接、仓储、调拨、检验、包装、租船、订舱等业务，或代表承运人承揽货物，并在提供服务后收取佣金的机构或个人。

5．货运部门

货运部门通常是为货物运输的企业和个人提供相关服务的专业部门，其中包括货运管理机构和企业。以航运为例，海运部门主要是由船舶、港口、船厂、航道及相应的通信、导航、港务监督、船舶检验、救助、打捞等各方构成的。

6．其他代理人

在国际运输过程中，还经常会涉及其他更细分的代理人，如货运经纪人，他们以中间人的身份代办洽谈业务，包括有关货物的订舱、托运和承运，以及运输过程中的租赁和买卖等业务；船务代理，他们接受承运人的委托，代办与水路运输有关的一切业务，主要包括船舶进出港、货运、供应及其他服务性工作；咨询经纪人，他们专门从事咨询工作，按照委托人的需要，提供有关国际运输的情况、情报、资料信息等服务，并收取一定报酬。

7.1.3　国际运输的方式

国际运输基本的方式有国际海洋运输、国际铁路联运、国际公路运输、国际航空运输，而国际多式联运则是几种基本运输方式相衔接的联合运输。下面介绍几种基本的运输方式。

1．国际海洋运输

海洋运输按航行的区域划分，可分为沿海运输、近洋运输和远洋运输。国际海洋运输主要指远洋运输。

远洋运输指以船舶为工具，从事本国港口与外国港口之间或者完全从事外国港口之间的，经过一个或数个大洋的长距离货物的运输。远洋运输的主要运输方式有集装箱运输和散货运输，按照其组织形式可分为两大类，即班轮运输和租船运输。其中，班轮运输方式在远洋运输市场上占主导地位。

远洋运输基于其运输量大、通过能力强、运费低廉以及对货物适应性强等特点，在国际物流体系中所占的地位历来十分重要，是国际贸易、国际运输中主要的运输方式。目前，我国国际贸易货运量的 90%以上依靠海运完成。

2. 国际铁路联运

在国际运输中，铁路运输是仅次于海洋运输的运输方式。其中，国际铁路货物联运是国际铁路运输中最主要的一种运输方式。

国际铁路货物联运是指在有关的国际条约规定下，由两个或两个以上不同国家的铁路当局联合起来完成一票货物的铁路运输。它使用一份统一的国际联运单据，由铁路部门经过两个或两个以上国家组织全程运输。

在我国对外运输中，国际铁路运输占有一定比重。自 20 世纪 50 年代以来，我国与朝鲜、蒙古、越南、俄罗斯等国家的进出口货物，绝大部分仍然是通过铁路运输来完成的；我国与西欧、北欧和中东地区一些国家也通过国际铁路联运来进行进出口货物的运输。这种国际铁路货物联运有效地把欧亚大陆连成一片，为发展我国与欧洲、亚洲其他国家的国际贸易提供了有利的条件。

阅读资料:《中欧货运班列发展概况》

3. 国际公路运输

国际公路运输，是指货物借助一定的运载工具，沿着公路开展跨两个或两个以上国家或地区的运输。目前世界各国的国际公路运输一般以汽车作为运输工具，所以它实际上也就是国际汽车货物运输。国际公路运输已经成为车站、港口和机场集散物资的重要运输手段之一，也是国际运输中必不可少的一部分。

国际公路运输作为陆上运输的两种基本运输方式之一，在国际运输领域中发挥着越来越重要的作用。国际公路运输作为一种独立的运输体系，可以独立完成进出口货物运输的全过程。比如，公路运输是欧洲大陆国家之间进出口货物运输中最重要的方式之一，我国的边境贸易运输、港澳货物运输，其中有相当一部分也是靠公路运输独立完成的。另外，随着公路现代化、车辆大型化的发展以及相关运输规定的放宽，国际公路运输更多地将两种或多种运输方式衔接起来，实现多种运输方式的联合运输，做到进出口货物运输的"门到门"的服务。

4. 国际航空运输

国际航空运输指按照契约当事人的约定，无论货物运输中有无间断或者有无转运，其始发地和目的地是在两个缔约国的领土内，或在一个缔约国的领土内，而在另一个缔约国或非缔约国的领土内有约定的经停地点的货物运输。国际航空货运的主要组织形式有班机运输、包机运输、集中托运和航空快递。

国际航空运输不仅可以有效地完成货物运输，还可以加快货物的周转，缩短存货积压的时间，迅速回收资金，对国际贸易的发展起到了很大的推动作用。另外，国际航空运输是国际多式联运的重要组成部分。为了充分发挥航空运输的特长，在航空运输不能直达的地方，也可以采用联合运输的方式，如常用的陆空联运、海空联运、陆海空联运等。国际航空货物运输与其他运输方式的配合，使各种运输方式各显其长，相得益彰。

相关链接：我国国际运输与"一带一路"

2013 年，我国提出"一带一路"倡议，即"丝绸之路经济带"和"21 世纪海上丝绸之路"。"一带"将欧洲与亚洲连接起来，是在陆地上向西延伸开展经贸合作，途经中亚、俄罗斯、蒙古、西亚至欧洲，使我国与中亚、中东欧、西亚和欧洲各国团结起来，形成新亚欧大陆桥经济走廊。而"一路"主要是海上的经济贸易路线，从海上由东向西延伸，经南海、印度洋进入地中海延伸至欧洲，串起东盟、南亚、西亚、东非、北非及欧洲等各大区域经济板块，形成面向南海、太平洋和印度洋的亚欧非合作战略经济带。"一带一路"倡议分别以沿线的枢纽城市和港口为支撑，构建全球性的交通运输网络，借助陆路和水路两种运输方式，致力于构建亚欧大陆经济合作走廊和绿色物流通道，在提高国际经济竞争力的同时深化贸易合作的范围，不断提升我国在全球范围内的经济地位和国际影响力。

7.2　国际货物多式联运

7.2.1　国际多式联运的含义及特征

国际多式联运大部分都是以集装箱运输为主来组织的，所以下面主要介绍有关集装箱运输、国际多式联运的组织形式及其经营人等相关知识。

1980 年日内瓦国际多式联运公约会议制定的《联合国国际货物多式联运公约》（以下简称《多式联运公约》）对国际多式联运的定义做了明确规定："国际多式联运是指按照多式联运合同，以至少两种不同的运输方式，由多式联运经营人将货物从一国境内接管货物地点运至另一国境内指定交付货物地点的货物运输。为履行单一方式运输合同而进行的该合同所规定的货物交接业务，不应视为国际多式联运。"根据此定义，可以将国际多式联运的基本特征概括如下。

（1）必须以一个多式联运合同为前提。根据《多式联运公约》的规定，该合同是多式联运经营人以此来收取运费、负责履行或实现履行国际多式联运的合同。

（2）整个运输过程包含了两种或两种以上的主要运输方式。某些单一运输方式在中转衔接等过程中包含了不同的附属运输方式，但这不属于国际多式联运范畴。例如，普通的铁路运输，货物从发货地到始发站、从终点站到收货地一般要通过公路运输进行衔接，但这种公路运输衔接是铁路运输的附属方式，不属于一般意义上的多式联运。

（3）有一个对全程运输进行总体管理的多式联运经营人。多式联运经营人是货物的总承运人，与货主签订一个全程运输的总合同，承担自发货到收货中的一切运输责任。它不一定实际承运每一分段的运输，可将分段运输分包给其他的分承运人，并在分包合同中承担托运人的角色。

（4）必须是跨国界的货物运输。国境范围之内的联合运输不属于国际多式联运范畴。

7.2.2　集装箱运输的特点

集装箱运输是以集装箱作为运输单位，通过一种或几种运输工具进行货物运输的现代化运输方式。它具有以下几个特点。

（1）高效率。在集装箱运输中，作为运输基本单位的是集装箱而非货物本身的包装单位，从而减少了货物的换装次数。同时，集装箱的标准化外形尺寸使得货物在中转环节的装卸效率大大提升，这不仅有助于节约货物运输的时间，同时也提高了车船等交通工具的利用率。

（2）低成本。集装箱运输的成本节约效应既体现在中转装卸及其相关成本的节约，又体现在采用集装箱进行运输的货物可以利用集装箱容器的外在保护减少其自身包装用料带来的包装成本的节约。

（3）高质量服务。集装箱容器的封闭性和坚固性保证了运输过程中货物的安全，减少了偷盗、损毁等意外风险发生的概率，提高了运输服务的质量。

（4）高投入。开展集装箱运输必须进行巨额的前期固定资产投资，包括集装箱、集装箱运输工具、集装箱装卸设备等，并配备相应的操作人员。

7.2.3　集装箱的定义、分类及标准

1．集装箱的定义

国际集装箱运输标准制定的权威机构国际标准化组织对集装箱的概念给出了一个描述性的定义，目前我国有关国家标准对集装箱概念的界定也沿用了此定义。

集装箱是一种运输设备，应满足下列要求。

（1）具有足够的强度，可长期反复使用。

（2）适用一种或多种运输方式运送，途中转运时，箱内货物不需换装。

（3）具有快速装卸和搬运的装置，便于从一种运输方式转换成另一种运输方式。

（4）便于货物装满和卸空。

（5）具有 1m^3 及以上的容积。

集装箱这一术语不包括车辆和一般包装。该定义从材质强度、运输特征、装卸中转要求、装填特征、容积要求 5 个角度描述了集装箱的概念，同时也简要地概述了集装箱作为一种新型运输容器有别于传统运输容器的特点。

2．集装箱的分类

目前，国际和国内对集装箱流行的分类方法主要有按用途、材质、尺寸 3 种划分方式。其中，按用途分类是应用最广的一种分类方式。

（1）按用途分类可将集装箱分为以下几类。

1）干杂货集装箱。干杂货集装箱又称干货集装箱、杂货集装箱，是应用最广泛的一种集装箱，主要用于装运普通散杂货物，如纺织产品、日用百货、电子产品、小型机械等。在全球集装箱的总保有量中，80% 以上为干杂货集装箱。它一般为一端或两端开门，具有良好的密封、防水、防湿性能，本身具有良好包装。对温度、湿度等环境条件要求较小的普通货物均可用其装运。

2）散货集装箱。该类集装箱专用于运送无包装的固体散货，如谷物、泥沙、面粉等。货物包装材料的节约为货主创造可观的经济效益的同时，也对集装箱的设计和构造提出了严格的要求，需要其具备更可靠的防湿、密闭性能。该类集装箱的材质主要有玻璃钢质、钢质、铝质等，分别用于装运密度大小不同的货物。由于许多国家规定进口粮食在入关时要接受熏蒸消毒，所以专用于粮食运输的散货集装箱还需要设计相应装置，并保持高度的气密性。

3）保温集装箱。此类集装箱用于运送对温度变化敏感、需要保温的货物，如精密仪器、化工原料、食品等。其箱壁都采用导热率低的特殊材料制成，隔热性能良好；运输需要保持低温的货物时，常采用干冰等制冷剂作为冷媒；装运生鲜、水果、蔬菜等货物时要采用设有通风孔的专用保温集装箱，保持空气流通。

4）冷藏集装箱。冷藏集装箱主要用于运送新鲜水果、蔬菜、禽肉等，也可用于运送其他有冷藏需求的特殊货物。此类集装箱与普通保温集装箱的区别在于其运输过程中通过内置或外置的冷冻机装置保持箱内恒定低温环境。

5）罐式集装箱。罐式集装箱用于运送散装液体货物，如酒类、油类、药品、化学制品、液体食品等。此类集装箱具有内外双层结构，外部是符合集装箱标准尺寸的长方形框架，内部是用于装盛液体的液罐。为确保运输质量和安全，罐式集装箱一般设有隔热层、加热器、安全阀门等附属装置，其装卸、储藏都需要专门的作业程序、设施和场所。

6）特殊结构集装箱。为满足特种货物的运输需要，一些集装箱虽然在长、宽、高指标上与标准集装箱一致，但在具体结构上与标准集装箱有区别。此类集装箱包括开顶集装箱、台架式集装箱和平台集装箱。①开顶集装箱。此类集装箱具有可拆卸安装的钢质、布质箱顶，主要运送大型、重型货物，如钢铁、机械等。普通集装箱的货物主要利用叉车从箱体两端的箱门装入，操作受货物重量、体积的制约，而开顶集装箱的货物可利用起重机从开启的箱顶装入。②台架式集装箱。又称框架集装箱，去掉箱顶和侧壁，用于运送超长、超重货物。此类集装箱的容积突破标准的通用集装箱限制，且货物可从箱侧装卸，能够装载一些尺寸超过普通集装箱规格、形状不规则的特殊货物，如废钢铁、车辆等。由于其开放式结构不具备水密性，因此在海上运输时一般置于船舱内，且不能装运防水要求较高的货物。③平台集装箱。此类集装箱在台架式集装箱的基础上再去掉四周的端柱和顶部的侧梁，仅保留底板，更方便运送尺寸超过常规标准的货物。

7）特种集装箱。特种集装箱又称专用集装箱，用于运输某些特定商品，包括汽车集装箱、牲畜集装箱、服装集装箱等。这些集装箱专门设计有便于某一特定商品运输的装置，如汽车集装箱内置防滑设备；牲畜集装箱内设通风窗、饲料槽、排水口；服装集装箱内置固定衣架等。

（2）按材质分类可将集装箱分为以下几类。

1）钢质集装箱。这是目前集装箱采用的最普遍的一种材质，其具有强度高、结构坚固、密封性好、制造成本低等优点。缺点是较为笨重、不利于装卸，装载货物重量受限，抗腐蚀能力不强，使用寿命短。

2）铝质集装箱。此类集装箱一般用铝镁合金制成，在国际货物运输中的应用日益增多。由于铝合金本身的密度小于钢，所以铝质集装箱克服了钢质集装箱自重较重的缺陷，能装载更重的货物，并且还具有抗腐蚀性较强、不生锈、弹性好、使用寿命长等优点。其缺点是造价偏高，焊接性不如普通钢质集装箱。

3）玻璃钢质集装箱。此类集装箱箱壳是用含有玻璃纤维、合成树脂等成分的混合原料制成的，是一种具有广阔发展前景的新式集装箱。在强度、抗腐蚀性、防湿性、隔热性上，玻璃钢质集装箱具有显著的优势，其缺点是自重较大且制造成本高。随着材料科学技术的不断进步，不断改进的玻璃钢质集装箱将会得到更加广泛的应用。

（3）按尺寸分类可将集装箱分为以下几类。

集装箱按外形尺寸的标准规范可分为国际标准集装箱、国家标准集装箱和公司标准集装箱。目前世界上绝大多数国家和航运公司都采用了国际标准化组织集装箱技术委员会制定的国际集装箱标准。按照此标准，根据载重大小集装箱可分为大型箱（载重 10t 以上）、中型箱（载重 5～10t）和小型箱（5t 以下）3 种。在国际货物运输中最常见的大型集装箱在宽度上都是统一的 8ft，根据长度和高度的不同划分为 4 大类（按长度划分）、13 小类（按长度和高度划分）。

3．集装箱的规格标准

规格标准的高度统一是集装箱的优势所在，正是有了一套全世界统一的规格标准，才使得集装箱运输能够在全球范围内广泛开展。

（1）集装箱国际标准。目前国际通用的集装箱标准是由 1961 年成立的国际标准化组织集装箱技术委员会（ISO/TC 104）负责制定的，于 1964 年第一次颁布。该标准共有 3 大系列：第 1 系列为大型集装箱标准，宽度统一为 8ft，按长度、高度的不同划分为 4 大类、13 小类，载重量为 10～30t；第 2 系列沿用了欧洲铁路联盟的标准，高度统一为 6ft 10.5in，按宽度、长度的不同划分为 3 类，载重量统一为 7t；第 3 系列为小型集装箱标准，宽度统一为 6ft 10.5in，按长度、高度的不同划分为 3 类，载重量为 2.5～5t。目前国际集装箱运输中现行的标准是该组织于 1995 年颁布的《系列 1 集装箱——分类、尺寸和额定质量》（ISO 668:1995），如表 7-1 所示。第 2 系列和第 3 系列只作为技术参考存在。

表 7-1　国际标准化组织第 1 系列集装箱外部规格尺寸和额定总重

类别	箱型	长　度				宽　度		高　度				额定总重	
		英制		公制		英制	公制	英制			公制	英制	公制
		ft	in	mm		ft	mm	ft	in		mm	lb	kg
A	1AAA	40		12 192		8	2 438	9	6		2 896	67 200	30 480
	1AA	40		12 192		8	2 438	8	6		2 591	67 200	30 480
	1A	40		12 192		8	2 438	8			2 438	67 200	30 480
	1AX	40		12 192		8	2 438	<8			<2 438	67 200	30 480
B	1BBB	29	11.25	9 125		8	2 438	9			2 896	56 000	25 400
	1BB	29	11.25	9 125		8	2 438	8	6		2 591	56 000	25 400
	1B	29	11.25	9 125		8	2 438	8			2 438	56 000	25 400
	1BX	29	11.25	9 125		8	2 438	<8			<2 438	56 000	25 400
C	1CC	19	10.5	6 058		8	2 438	8	6		2 591	52 900	24 000
	1C	19	10.5	6 058		8	2 438	8			2 438	52 900	24 000
	1CX	19	10.5	6 058		8	2 438	<8			<2 438	52 900	24 000
D	1D	9	9.75	2 991		8	2 438	8			2 438	22 400	10 160
	1DX	9	9.75	2 991		8	2 438	<8			<2 438	22 400	10 160

对该标准的理解，需要注意以下 4 点。

1）国际标准化组织除规定每一规格集装箱具体的长宽高尺寸外，还规定了尺寸的误差范围。A、B 类长度最大误差为 0～10mm，C、D 类长度最大误差为 0～6mm、0～5mm；宽度、高度最大误差均为 0～5mm。

2）为便于集装箱的密集放置，在长度标准上专门设置有微小的间距。因此 B、C、D 类集装箱的标准长度分别为 29ft 11.25in、19ft 10.5in、9ft 9.75in，而非 30ft、20ft、10ft 的整数，但习惯上仍把这 3 类集装箱分别称为 30ft、20ft 和 10ft 集装箱。

3）集装箱运输中的重量单位"吨"，包括"英吨"和"公吨"两种含义，1 英吨折合 1 016 kg。A、B、D 3 类集装箱的额定总重分别为 30 英吨、25 英吨、10 英吨，分别折合为 30 480kg、25 400kg、10 160kg；C 类集装箱的额定总重为 24 公吨，折合为 24 000kg。为方便换算和统一管理，我国集装箱运输有关操作标准对最常用的 40ft 和 20ft 集装箱最大总重分别限制为 30.5t 和 24t。

4）20ft 集装箱在运输中具有特别的意义，计算集装箱船装载量、港口集装箱吞吐量、集装箱运输货运总量等数据时，均统一以 20ft 集装箱为换算标准箱和计量单位，简称为 TEU。其他 3 类集装箱与 TEU 的换算关系为：40ft 集装箱=2TEU，30ft 集装箱=1.5TEU，10ft 集装箱=0.5TEU。

（2）集装箱国家标准。我国目前实行的集装箱规格尺寸国家标准是 1980 年成立的全国集装箱标准化技术委员会于 2008 年最新修订的第 4 版《系列 1 集装箱——分类、尺寸和额定质量》（GB/T 1413—2008），该标准沿用了国际集装箱通用标准（ISO 668:1995）。

7.2.4　国际多式联运的组织形式

1．陆桥运输

陆桥运输指以专用集装箱运输列车或卡车为工具，以贯穿大陆的铁路或公路为中间桥梁，将大陆两端的集装箱海运航线连接起来的运输方式。比起单纯的海上运输，陆桥运输能缩短运输距离、节省运输时间、降低运输成本。世界上主要的陆桥运输路线有以下几条。

（1）亚欧大陆桥。亚欧大陆桥有新老不同的路线。老亚欧大陆桥又称西伯利亚大陆桥，东起俄罗斯远东地区符拉迪沃斯托克（海参威）等港口，贯穿亚欧大陆，西至俄罗斯、西欧、北欧各国港口。该大陆桥两端海运连接了以日本为主的远东各国家和地区以及欧洲各国，是世界主要的大陆桥运输线路之一。新亚欧大陆桥又称陇海兰新亚欧大陆桥，东起中国连云港，西至荷兰鹿特丹，利用我国的陇海、兰新铁路和中亚、欧洲铁路，连接远东和欧洲地区。它克服了老亚欧大陆桥中俄罗斯远东港口冬季结冰封冻的难题，并且缩短了运输距离。

2012 年 8 月，被称作第 3 条亚欧大陆桥的渝新欧国际铁路正式开通运营。渝新欧铁路始发于重庆西站，经西安、兰州、乌鲁木齐，从边境口岸新疆阿拉山口进入哈萨克斯坦，再经俄罗斯、白俄罗斯、波兰到达德国的杜伊斯堡，全程 11 179km。这条铁路的正式开通运营，为我国西部地区产品开辟了一条经铁路运输进入欧洲市场的黄金通道。

（2）北美大陆桥。它东起美国东部大西洋沿岸港口，西至美国西部太平洋沿岸港口，横穿了整个北美大陆，主要方便来自日本、远东地区的货物，经过集装箱海运运抵美国西海岸后通过公路、铁路的陆上运输方式运抵美国东海岸，再换装集装箱船运往欧洲。

（3）北美小陆桥。北美小陆桥与北美大陆桥类似，区别在于北美小陆桥运输的最终目的地为美国东海岸及加勒比海地区的沿海港口，而北美大陆桥运输的最终目的地则为欧洲。该路线比由日本、远东地区至美国东海岸的全海运路线节省约 1/4 的时间和路程。

2．海陆联运

海陆联运是国际多式联运的主要方式，世界上大部分的国际多式联运业务都属于或包括海陆联运。当今世界主要的海陆联运路线有以下几条。

（1）北美至欧洲的大西洋航线。

（2）北美至亚洲的太平洋航线。

（3）欧洲至远东的地中海—苏伊士运河—印度洋航线。

其中，欧洲至远东路线为国际多式联运中业务最繁忙、联运经营人参与数量最多的路线。

应用案例

"珲春—扎鲁比诺—釜山"陆海联运大通道

2017 年 12 月 16 日，珲春铁路口岸发出一列装载着 9 节集装箱，重 194t 货物的火车。其中两货柜总重 46.5t、总值 43 多万美元的冷冻水产品，搭乘"珲春—扎鲁比诺—釜山"铁海联运航线运往韩国。该批货物从珲春出发，经珲马铁路运输到达俄罗斯扎鲁比诺港，再搭乘"海丝路 1 号"货轮抵达韩国釜山港。此次运输，大大缩短了货物的运输时间，降低了运输成本，不仅陆运时间由原来的 24 小时到达大连港，缩短至现在 1 小时到达俄罗斯扎鲁比诺港，而且每个集装箱的运输成本节省了近 30%。该航线的开通为吉林省乃至东北地区跨境铁海联运开辟了一条新通道，打通了吉林、黑龙江两省连接韩国全境，中转至欧美各国的运输通道。

资料来源：记者田婕、张玉琦："打造'陆海联运'大通道"，《吉林日报》2017 年 12 月 23 日。

3．海空联运

海空联运是一种新兴的国际多式联运形式，它的优点是在运输时间上短于单纯的海运，而在运输费用上少于单纯的空运。最先采用海空联运方式的是远东—欧洲、远东—北美路线。随着国际航空运输的发展以及国际货运航空路线的不断开辟，在远东—中南美、远东—非洲等远程运输路线上也出现了海空联运。海空联运中转枢纽一般位于那些既有深水良港，又有国际性枢纽空港的城市，如亚洲的香港、新加坡，欧洲的马赛，北美的旧金山、洛杉矶等城市。

7.2.5　国际多式联运经营人及其责任形式

1．国际多式联运经营人

《多式联运公约》对多式联运经营人的定义是："多式联运经营人是指其本人或通过其代表订立多式联运合同的任何人，他是事主，而不是发货人的代理人或代表或参加多式联运的承运人的代表人或代表，并且负有履行合同的责任。"

多式联运经营人是一个独立的法律主体。在国际多式联运业务中，它既不作为货主的代表与分承运人订立合同，也不作为分承运人的代表与货主订立合同，而是作为一个独立的当事人分别与货主和分承运人订立合同。

多式联运经营人具有双重角色。在与货主的合同关系中，多式联运经营人是承运方，对货物运输承担完全的责任；在与分承运人的合同关系中，多式联运经营人是托运方，分承运人对其负责。其双重性质使货主、多式联运经营人、分承运人三者之间的权责关系得到了清晰的划分和界定：一旦货物在运输过程中发生损失需要赔偿时，不管实际损失发生在哪一个运输环节和区间，货主只需要向承担全程责任的多式联运经营人索赔，而无须直接向实际承担运输的分承运人索赔。

多式联运经营人作为货主和分承运人之间的中介，成为支撑整个国际多式联运高效运作的关键。

2．国际多式联运经营人的责任形式

根据责任范围和发生货物损失时的赔付依据不同，国际多式联运经营人承担运输责任的具体形式有以下3种。

（1）统一责任制。多式联运经营人对货物的全程运输负不分区段、环节的统一责任。只要是自多式联运经营人接管货物之时起到交付货物时为止之间发生的一切货物灭失或损坏，不论具体损失行为发生在哪一区段，也不论是否能确定损失行为发生的确切阶段，多式联运经营人均按照多式联运公约规定的责任范围（是否应该赔偿）和赔偿限额（最多赔偿多少）进行赔偿。这种责任形式有利于货主，但对多式联运经营人来说风险和负担较大，因此应用并不普遍。

（2）网状责任制。多式联运经营人仍对全程运输负责，但货物灭失或损坏时的责任范围和赔偿标准依据每一区段不同的国际公约或国内法规定，而非采用多式联运公约的统一规定。当无法判定损失行为发生的确切区段时，多式联运经营人按照和货主事先商定的原则赔偿。这种责任形式比统一责任制更有利于多式联运经营人，也是目前国际多式联运实务中采用较为普遍的形式，其缺点是容易产生纠纷。

（3）修正统一责任制。这种责任制是1980年《联合国国际货物多式联运公约》规定的责任形式。它以统一责任制为基础，其区别在于，如果货物的灭失或损坏发生于多式联运的某一特定区段，而这一特定区段适用的某一项国际公约或国内法所规定的赔偿限额高于公约所规定的统一赔偿限额时，则多式联运经营人的赔偿限额应遵照该国际公约或国内法。在责任范围上，修正统一责任制与统一责任制是一致的，但在赔偿限额上，修正统一责任制取统一责任制和网状责任制两者较高的一种为标准，因此这种责任形式比统一责任制更有利于货主。

阅读材料：国际多式联运在我国的发展趋势及策略

7.3 国际运输流程及规则

7.3.1 国际运输的业务流程

国际运输包括出口货物运输和进口货物运输，接下来主要介绍国际海洋运输的进出口流程、集装箱多式联运的流程等内容。

1. 国际运输的出口业务流程

（1）落实装运条款中货证是否齐备。在国际运输中，由于各个国家的法律、商业文化都不相同，因此通常会对同一交易产生不同的理解。出口单位在收到信用证以后，要对其进行严格审核。如果发现信用证的有关条款模糊或与贸易合同的内容不符，应该及时要求进口方修改信用证。此外，出口单位审核信用证的装运条款，要重点审查装运期、装运港、目的港、结汇期以及是否分批装运等内容，要根据货物运出前的实际情况，决定对信用证中的有关运输条款是接受、修改或拒绝，然后编制运输表、运输航线、到达日期、截止收单期、预计装货日期等。

（2）备货、办理托运。出口方对信用证审核无误后，要按照信用证上规定的交货期及时准备好出口货物，并且按照合同及信用证的要求对货物进行包装、刷唛，办理相关手续。

（3）装货、集港。外运公司根据运输期，代替各外贸公司到发货仓库提取货物并运至发货地，由码头的理货公司理货，凭运输公司签发的装货单装货。

（4）出口检验申请。凡属法定检验的出口商品，应由出口方填写"出口检验申请单"，并附带贸易合同、信用证（如果信用证修改过，应随附该信用证的更改通知书）及来往函电等有关证件。

（5）报关。一切出入境货物，不论享受的关税待遇如何，都必须向海关履行通关义务。通关，是指出入境货物的通关环节，海关通过审单、查验、征税、放行及后续管理等程序对货物实施监管，以维护正常的出入境秩序。

（6）发货、换取提单。货物装运完毕，由运输承运人签发"场站收据"，说明收到货物的详细情况。出口方凭上述收据向有关运输公司换取提单。另外，如果双方签订以 CIF 或 FOB 计价的合同，保险由买方自行办理，出口方要及时发出通知。

（7）核算运费。核算运费包括预付费用、到付费用及实现准备费用等的核算，其中实现准备费用包括订舱、报关费用（包括返关之前已经报关的费用），装卸、搬运费，商检、动植检、提货费用等。

（8）通知交付货物。在实际业务中，出口方交付货物的过程是，收货人把注明已经接受了运输公司交付的货物并签章的提单交给运输公司在卸货港的代理人，经代理人审核无误后，签发提货单交给收货人，收货人再凭提货单前往码头仓库提取货物，并与卸货代理人办理交接手续。

2. 国际运输的进口业务流程

（1）开立信用证、落实货证齐备。进口方开立信用证是履行合同的前提，进口方应该按照双方签订的合同内容办理信用证的开证手续。此外，进口方要认真审核信用证书的装运条款，重点审核装运期、装运港、目的港、结汇期及运输水平、运输情况等。

（2）整理单证。进口货物的各种单证是港口进行卸货、报关、报验、交接等各项工作不可缺少的资料，因此负责运输的部门收到单证后，应将其与进口合同进行核对，各单位相互配合，共同做好装卸运输等工作。

（3）租订运输工具。当进口方办理好租订运输工具后，应该及时把相关情况通知卖方，以利于卖方装货。

（4）进口检验申请。凡属法定检验的进口货物，进口方必须持"进口到货通知单"先向卸货口岸或到达站的商检机构办理登记，由商检机构在报关单上加盖"已接受登记"的印章，海关凭报关单上加盖的印章验放。而后进口方必须在规定的检验地点，即在贸易合同或运输合同中所约定的地点接受检验。未约定地点的，须在卸货口岸、到达站或商检机构指定的地点接受检验。

（5）报关。进口方应该准备好与货物运输相关的全套报关单证，如货物报关单、随附单证、提货单、装货单等，配合海关部门履行通关手续，然后核定进口货物税率和计征关税，并进行验货，在查验单货一致的条件下，领取报关单放行。

（6）卸货和交接。一般由运输方申请理货，负责把进口货物按照提单点清件数，查验包装情况，分批拨交给收货人。

（7）分拨货物。货物进口后，应该及时向用货单位办理分拨货物的手续，如果用货单位在卸货口岸的所在地，则就近分拨货物；如果用货单位不在卸货地区，则委托将货物转运内地，并且分拨给用货单位，完成货物分拨后，进口方与用货单位进行结算。

7.3.2　国际集装箱多式联运流程及交接方式

1. 国际集装箱多式联运流程

国际多式联运一般以集装箱作为运输容器，所以其业务流程也是以集装箱运输的流程为基础的，主要包括以下几个环节。

（1）订立多式联运合同。其主要内容包括多式联运经营人、发货人各自的赔偿责任，运费标准及其计算方式，单证形式，交接货物的时间、地点，仲裁机构等。合同订立后，发货人进行报关、报检，办理出口货物所需的手续；多式联运经营人制订运输计划，并与各分承运人签订分包合同。

（2）货物交接和单证签发。多式联运的货物交接方式与集装箱运输的交接方式大致相同，且较多采用"门到门"交接。多式联运的交接还包括买方集运和卖方集运两种特别形式。前者是指收货人（买方）委托多式联运经营人将来自不同发货人的货物汇集起来，统一送达目的地；后者是指发货人（卖方）委托多式联运经营人将一批货物分送给不同的收货人。多式联运经营人接收货物并进行查验、核对后，向发货人签发多式联运单证。

（3）货物运输。多式联运经营人负责全程的货物运输。在各个分段的运输区间里，分承运人按照事先签订的分包运输合同履行分段运输，直至将货物运抵最终目的地。各分段运输之间的货物中转、仓储由多式联运经营人安排。

（4）交付货物。货物抵达目的地后，收货人凭多式联运单证取货。在多式联运业务中，特别是当收货人位于内陆区域时，无论整箱货还是拼箱货均可送货上门。

2．国际集装箱多式联运交接方式

在完整的国际集装箱多式联运流程中，从发货地到收货地要经过出发港集装箱堆场和货运站、出发港、到达港、到达港集装箱堆场和货运站几个环节。但是，并非所有的集装箱运输都是从发货地到收货地的"门到门"运输。发货方、收货方与承运人之间货物交接的场所既可以是最初发货地、最终收货地，也可以是出发港或者到达港的集装箱堆场、货运站，甚至可以是出发港或到达港的船边。因此，根据货物交接地点的不同，集装箱运输在理论上包含 16 种交接方式。为简化起见，一般将发货地、收货地简称为"门"，将集装箱堆场简称为"场"，将集装箱货运站简称为"站"，将港口船边简称为"钩"。这 16 种方式按照交接时整箱货与拼箱货的区别可归纳为以下 4 类。

（1）整箱交，整箱接。包括门到门、门到场、门到钩、场到门、场到场、场到钩、钩到门、钩到场、钩到钩 9 种交接方式。货物的发货方、收货方与承运人的货物交接均为整箱形式。

（2）整箱交，拆箱接。包括门到站、场到站、钩到站 3 种交接方式。发货方以整箱方式将货物交给承运人，集装箱运抵目的地后在集装箱货运站拆箱，将货物交给不同的收货方。

（3）拼箱交，整箱接。包括站到门、站到场、站到钩 3 种交接方式。发货方在集装箱货运站交付货物进行拼箱，集装箱运抵目的地后收货方分别在收货地、集装箱堆场、港口码头以整箱方式接收货物。

（4）拼箱交，拆箱接。指站到站的交接方式，发货方在集装箱货运站交付货物进行拼箱，集装箱运抵目的地后在集装箱货运站拆箱，将货物交给不同的收货方。

在这 16 种交接方式中，门到门的交接方式最能体现联合运输的优越性，因此它也是国际多式联运业务发展的方向和第三方物流较多采用的形式。集装箱堆场是目前海上集装箱运输中较为普遍的交接地点，而涉及"钩"的港口码头交接方式随着联合运输的普及和港口作业的规范化已较少采用。

7.3.3　国际运输公约与规则

在国际运输中，针对不同的运输方式，形成了相应的运输公约和规则，一些国家会参照这些公约制定自己的运输规范。下面介绍一些主要的运输公约。

1．国际海运公约

《海牙规则》是国际海运中一部重要的国际海运公约。随着时代的发展，《维斯比规则》和《汉堡规则》对《海牙规则》做了相应的修改和完善，进一步促进了国际海洋运输的发展。

（1）《海牙规则》。《海牙规则》是《统一提单的若干法律规则的国际公约》的简称，于 1924 年 8 月 25 日在布鲁塞尔签订，并且在 1931 年 6 月 2 日正式生效。《海牙规则》是海上运输方面一个十分重要的国际公约。到目前为止，许多航运公司都在其所制定的提单中规定采用《海牙规则》，以确定承运人在货物装船、收受、配载、承运、保管、照料及卸载过程中所承担的责任与义务，以及其应该享受的权利与豁免。

《海牙规则》的主要内容有如下。

1）明确了承运人最低限度的责任与义务，如"承运人须在开航前和开航时恪尽职守""承运人应适当和谨慎地装卸、搬运、配载、运送、保管、照料和卸载所运货物"，以及"承运人应将所运货物的唛头、号码、数量或重量标明或标示在提单上"。

2）明确了托运人的责任与义务，如"托运人应赔偿承运人由于货物的唛头、号码、数量等不正确所造成的一切灭失、损坏费用，关于运输合同对托运人以外的人所承担的责任和义务则应该酌情考虑"。

3）界定了索赔通知和诉讼时效，如"如果损坏不明显，可以在交付货物之日起的三天内提交通知"。

4）界定了承运人应享受的免责范围，即免责条款，如"火灾、天灾、战争、危险和意外事故，以及由于货物的固有缺点、缺陷或性质所引起的体积或重量亏损，或任何其他灭失或损坏等"。

5）阐明了承运人对货物灭失或损害的赔偿限额，如"对货物或与货物有关的灭失或损害，每件或每计费单位超过 100 英镑或与其等值的其他货币的部分，任意情况下都不负责"。

《海牙规则》规定了承运人最低限度的责任，制止了承运人在提单上滥列免责条款的不负责任的做法，在一定程度上调整了船方和货方之间的货运风险。

（2）《维斯比规则》。随着国际政治、经济形势的变化，《海牙规则》的某些内容已经不能适应新形势发展的需要，尤其关于承运人的大量免责条款明显偏袒船方。其次由于通货膨胀，100 英镑的赔偿限额明显过低等原因，国际海事委员会在 1968 年对《海牙规则》做出进一步修改，称为《维斯比规则》，是《修改统一提单若干法律规定的国际公约议定书》的简称。

《维斯比规则》的主要内容如下。

1）扩大了规则的适用范围。只要提单或为提单所证明的运输合同上有适用《维斯比规则》的规定，该提单或运输合同就要受《维斯比规则》的约束，突破了《海牙规则》的各条规定仅适用于缔约国所签发的提单的限制。

2）补充了提单被转让至第三人的证据，进一步增加了提单载明的内容对善意行事的提单受让人具有最终证据效力，如"当提单转让至善意的第三人时，与此相反的证据将不能接受"。

3）强调了承运人及其受雇人员的责任限制，如"本公约规定的抗辩和责任限制，应适用于就运输合同涉及的有关货物的灭失或损坏对承运人提出的任何诉讼,不论该诉讼是以合同为根据还是以侵权行为为根据"。

4)提高了承运人对货物损害赔偿的限额,对每件或每单位的赔偿限额提高到 10 000 法郎。此外,它还增加了"集装箱条款"并且延长了承运人的诉讼时效。

1979 年在布鲁塞尔召开的有 37 国代表出席的外交会议上,通过了修订《海牙—维斯比规则》议定书,将承运人责任限制的计算单位,由金法郎改为特别提款权,按 15 法郎折合 1 个特别提款权份额。

(3)《汉堡规则》。《汉堡规则》是《联合国海上货物运输公约》的简称,于 1978 年在德国汉堡修订。汉堡规则除保留了《海牙—维斯比规则》对《海牙规则》修改的内容以外,还对《海牙规则》进行了根本性的修改,是一个较为完备的国际海上货物运输公约。《汉堡规则》区别于《维斯比规则》的最大特点是,它代表了发展中国家的利益,代表了货主的利益。它在审议修订上述规则时,清除了规则不明确之处,制定了船货双方平等分担海运货物风险的制度。《汉堡规则》确定了推定过失与举证责任相结合的完全过失责任制。更重要的是,它延长了承运人的责任期间,增加了货物从交货到装船和从卸船到收货人提货这两段没有人负责的时间。

2. 国际陆运公约

目前,关于国际铁路货物运输的公约有两个:《国际货协》和《国际货约》。

《国际货协》全称为《国际铁路货物联合运输协定》,于 1951 年在华沙订立。制定《国际货协》的东欧国家又是《国际货约》的成员国,这样《国际货协》国家的进出口货物可以通过铁路转运到《国际货约》的成员国,这为沟通国际间铁路货物的运输提供了更为有利的条件。《国际货协》的主要内容如下:

(1)阐明运输合同的订立,如"从始发站在运单和运单副本上加盖印戳时起,运输合同即告成立"。

(2)明确赔偿限额,规定"铁路对货物损失和赔偿金额在任何情况下,不得超过货物全部灭失时的金额"。

(3)规定诉讼时效,"有关当事人、发货人和收货人关于支付运送费用、罚款和赔偿损失的要求和诉讼,应在 9 个月期间内提出;关于货物运到逾期的赔偿请求和诉讼,应在 2 个月期间内提出"等。

《国际货约》全称为《关于铁路货物运输的国际公约》,是由总部设在伯尔尼的国际铁路运输中央执行局制定,并于 1961 年 2 月 25 日由欧洲一些国家代表在伯尔尼签订的。现行的《国际货约》是于 1970 年 2 月 7 日在伯尔尼修改签订,并于 1975 年 1 月 1 日生效的公约文本。

国际上关于公路货物运输也有一些公约,其中《国际公路货物运输合同公约》是由欧洲经济委员会拟订,于 1956 年 5 月 19 日在日内瓦签订,并于 1961 年 7 月 2 日起生效的。但由于我国没有加入,实际业务操作涉及的法律问题一般是依靠与邻国达成的双边公路运输协议来执行的。

3. 国际空运公约

（1）《华沙公约》。《华沙公约》全称为《统一航空运输某些规则的公约》，于1929年10月12日在华沙签订。它是最早的国际航空司法，也是目前被世界上大多数国家接受的航空公约，其目的是为了调整不同国家在航空运输使用凭证和承运人责任方面的有关问题。《华沙公约》规定了以航空承运人为一方和以旅客、货物托运人、收货人为另一方在航空运输合同中的权利、义务关系，确定了国际航空运输的一些基本原则。

（2）《海牙议定书》。第二次世界大战后，《华沙公约》的某些内容与现实有些脱节，1955年《海牙议定书》对其做出进一步修改，并且在1963年正式生效。

《海牙议定书》的主要内容如下。

1）公约的适用范围，主要适用于商业性的国际航空货物运输，同时适用于包括旅客、行李在内的其他取酬的和免费的国际航空运输，但不适用受国际邮政公约管辖邮件和邮包的运输。

2）认为航空运单仍不具有可转让性，航空运单本身就是托运人与承运人订立的航空货物运输合同，这也是航空运单与海运提单的重要区别之一。

3）承运人的责任期间，是指货物交由承运人保管的全部期间，"不论在航空站内、在航空器上还是在航空站外降停的任何地点"。

4）明确发货人的权利，它主要指在收货人提取货物之前、收货人拒收货物后或者无法与收货人联系的情况下，对货物处理的权利，包括有权在货物运输的途中将货物提回；对已运至目的地的货物要求回运或改运；对在经停机场的货物要求中止运输；要求将货物交付给航空货运单指定的收货人以外的第三人等。明确发货人或收货人有支付运费、填写航空货运单、提交必要的单证和受领货物的义务。

5）强调过失责任制，并且将货物延迟的索赔时效由原来的14天延长至21天。

此后，《瓜达拉哈拉公约》（1961年）、《危地马拉议定书》（1971年）、《蒙特利尔第一号附加议定书》（1975年）和《蒙特利尔第二号附加议定书》（1975年）都对《华沙公约》进行了补充或修改。

（3）《芝加哥公约》。1944年，52个国家在芝加哥召开了国际民航会议，签订了《国际民用航空公约》，又称《芝加哥公约》，此外，同时签订了"国际航班过境协定"和"国际航空运输协定"两个附属协定。现在已经有150多个国家批准或加入了这一公约。《芝加哥公约》也是国际航空运输中一个非常重要的公约，它对国家领空主权和保证国际航行安全等做了明确的规定，是一部被广为接受的航空法典。《芝加哥公约》的基本原则是使所有国家在平等的基础上参加航空运输。其主要精神是：

1）缔约各国承认每个国家对其领土之上的空间具有完全、排他的主权。领土是一国主权下的陆地区域及其邻接的领水，该条款仅适用于民用航空机。

2）公约把航班分为定期航班与不定期航班。定期航班未经缔约国特准或其他许可，不得在该国领土上空飞行或进入该国领空。而不定期航班只要遵守公约规定的条件，无须事先获准，即有权飞入或飞往其他缔约国领空而不降停，或做非商业性停降，但飞经国有权令其降落。

3）缔约国有权拒绝其他缔约国在本国领空内的载运权，也可以由于军事需要或公共安全，限制或禁止他国的航空机在其领土内某些地区的上空飞行。

4）缔约国均同意尽可能地为航空机的航行提供便利和安全保障。

另外，还有一些具有重大影响的国际航空公约，如 1948 年 6 月签订的《日内瓦公约》（它规定了航空器的拥有权、转让权、租赁权、抵押权、典当权等）；1963 年 9 月签订的《东京公约》（它为制止航空器内的犯罪行为制定了国际性的制裁依据）。

📖 应用案例

中国甲公司与法国乙公司于 2013 年 10 月签订了购买 300t 化肥的合同，由德国某航运公司 "NEW ORIENTIATION" 号将该批货物从法国马赛港运至中国青岛港。"NEW ORIENTITION" 号在航行途中遇小雨，因货舱舱盖不严使部分货物遭受雨淋，受到损失。那么，承运人是否应赔偿货物因遭受雨淋的损失？

根据《海牙规则》规定，承运人在航行过程中，负有妥善照料保管货物的责任。德国航运公司未尽到应有的责任，承运的货物是由于货舱舱盖不严，使雨水进入货舱所致，因此该承运人应承担相应的赔偿责任。

阅读材料:《H 企业国际物流运输流程》

7.4　国际货物运输代理

7.4.1　国际货物运输代理企业的含义及设立条件

随着国际贸易和国际物流的发展，国际货物运输代理已渗透到国际贸易的每一个领域，是国际贸易中不可缺少的重要组成部分，在国际贸易、国际物流中占有重要地位。国际货物运输代理企业作为代理人在国际运输业务中发挥着重要的作用。

1. 国际货物运输代理企业的含义

在国际物流中，国际货物运输代理企业（有时也简称货运代理、货代）是介于货主与承运人之间的中间人，是接受货主或承运人委托，在授权范围内办理国际货物运输业务的企业。

《中华人民共和国国际货物运输代理业管理规定实施细则》规定：国际货物运输代理企业可以作为进出口货物收货人、发货人的代理人，也可作为独立经营人从事国际货运代理业务；国际货运代理企业作为代理人从事国际货运代理业务，是指国际货运代理企业接受进出口货物收货人、发货人或其代理人的委托，以委托人或自己的名义办理有关业务，收取代理费或佣金；国际货运代理企业作为独立经营人从事国际货运代理业务，指国际货运代理企业接受进出口货物收货人、发货人或其代理人的委托，签发运输单证，履行运输合同并收取运费和服务费。

2．国际货物运输代理企业设立的条件

国际货物运输过程是一个非常复杂的过程，涉及诸多环节，许多进出口企业自己没有精力进行这方面的业务，一般交由货运代理运作。为了使货物能够准确及时并以最经济的价格进行运输，要求货运代理人必须具备许多领域知识（如外贸、运输、法律等），不仅与各种运输方式的承运人建立紧密合作关系，而且能够设计合理的运输方案，以降低运输费用。国际货运代理企业应具备如下条件：

（1）具有独立的法人资格和民事行为能力，能够独立承担民事责任。

（2）有与其从事的国际货物运输代理业务相适应的专业人员。

（3）有固定的营业场所和健全的组织机构和设施。

（4）有稳定的进出口货源市场。

（5）有与承办业务相适应的资金。我国有关法规规定国际货物运输代理企业的注册资金最低限额应当符合下列要求：① 经营海上国际货物运输代理业务的，注册资金最低限额为 500 万元人民币。② 经营航空国际货物运输代理业务的，注册资金最低限额为 300 万元人民币。③ 经营陆路国际货物运输代理业务或者国际快递业务的，注册资金最低限额为 200 万元人民币。④经营前款两项以上业务的，注册资金最低限额为其中最高一项的限额。⑤国际货物运输代理企业每设立一个从事国际货物运输代理业务的分支机构，应当增加注册资金 50 万元。

7.4.2　国际货运代理企业的经营范围、服务对象及服务内容

1．国际货运代理企业的经营范围

国际货运代理企业可以作为代理人或者独立经营人从事经营活动，其经营范围包括：

（1）揽货、订舱（含租船、包机、包舱）、托运、仓储、包装。

（2）货物的监装、监卸，集装箱装拆箱、分拨、中转及相关的短途运输服务。

（3）报关、报检、报验、保险。

（4）编制签发有关单证、交付运费、结算及交付杂费。

（5）国际展品、私人物品及过境货物的运输代理。

（6）国际多式联运、集运（含集装箱拼箱）。

（7）国际快递（不含私人信函）。

（8）咨询及其他国际货运代理业务。

国际货运代理企业作为代理人，在接受委托办理上述业务时，应当与进出口收货人、发货人签订书面委托协议。在双方发生业务纠纷时，应当以所签书面协议作为解决争议的依据。

2．国际货运代理企业的服务对象及服务内容

从国际货运代理企业的基本性质看，货运代理主要是接受委托方的委托，就有关货物运输、转运、仓储、装卸等事宜，一方面与货物托运人订立运输合同，同时又与运输部门签订合同。对货物托运人来说，货运代理又是货物的承运人。目前，相当部分的货物代理人掌握各种运输工具和储存货物的库场，在经营其业务时办理包括海陆空在内的货物运输。国际货运代理企业所从事的服务对象及其内容主要如下。

（1）为发货人服务。货运代理企业代替发货人承担在不同货物运输中的任何一项手续。具体业务包括：

1）以最快、最省的运输方式安排合适的货物包装，选择货物的运输路线；

2）向客户建议仓储与分拨；

3）选择可靠、效率高的承运人，并负责缔结运输合同；

4）安排货物的计重和计量；

5）办理货物保险；

6）货物的拼装；

7）装运前或在目的地分拨货物之前把货物存仓；

8）安排货物到港口的运输，办理海关和有关单证的手续，并把货物交给承运人；

9）代表托运人（进口商）承付运费、关税税收；

10）办理有关货物运输的任何外汇交易；

11）从承运人那里取得各种签署的提单，并把他们交给发货人；

12）通过承运人与货运代理在国外的代理联系，监督货物运输进程，并使托运人知道货物去向。

（2）为海关服务。当货运代理企业作为海关代理办理有关进出口商品的海关手续时，他不仅代表他的客户，而且代表海关当局。事实上，在许多国家，货运代理企业得到海关当局的许可，就可以直接办理海关手续，并对海关负责。

（3）为承运人服务。货运代理企业向承运人及时订舱，议定对发货人、承运人都公平合理的费用，安排适当时间交货，以及以发货人的名义解决和承运人的运费账目等问题。

（4）为航空公司服务。货运代理企业在空运业上充当航空公司的代理。在国际航空运输协会以空运货物为目的而制定的规则上，其被指定为国际航空协会的代理。在这种关系上，其利用航空公司的货运手段为货主服务，并由航空公司付给佣金。同时，作为一个货运代理，其通过提供适用于空运程度的服务方式，继续为发货人或收货人服务。

（5）为班轮公司服务。货运代理与班轮公司的关系，随业务的不同而不同。近几年来，由货运代理提供的拼箱服务，即拼箱货的集运服务已建立了他们与班轮公司及其他承运人（如铁路）之间较为密切的联系。

（6）提供拼箱服务。随着国际贸易中集装箱运输的增长，引进了集运和拼箱服务，在提供这种服务中，货运代理企业担负起委托人的作用。

（7）提供多式联运服务。在货运代理作用上，集装箱化的一个更深远的影响是使货运代理介入了多式联运。这时货运代理充当了主要承运人的角色，并承担了组织一个单一合同，通过多种运输方式进行"门到门"的货物运输的服务。货运代理企业可以以当事人的身份，与其他承运人或其他服务提供者分别谈判并签约。

7.4.3 国际货运代理企业的业务流程

国际货运代理通过把国际运输业务相当繁杂的工作进行集中办理，来协调和理顺国际运输中各方面的关系，从而增强其专业性、技术性和政策性，是国际运输中不可缺少的组成部分。

1. 国际货运代理企业的出口业务流程

国际货运代理企业在国际运输中涉及的出口业务流程主要有以下几方面。

（1）签订委托代理合同。出口方与货运代理企业之间必须签订代理合同，以确定代理的范围及双方的权利和义务，货运代理企业应按照协议或合同中的规定和委托人的指示，办理有关的委托事项。双方应该确定的委托范围，包括出口代运的范围，以及出口成交合同及信用证中有关货物品种、规格、数量、包装等的规定。明确了代理范围，一旦发生意外就容易判明责任，也可以避免因双方责任不明而造成的损失。

（2）了解运输情况。货运代理企业针对不同类型的运输方式对货物的适用性，适当安排运输服务的时间、运输速度和运输费用；货运代理企业应该了解货物出口地或目的港所在国家的运输法规、操作习惯等；了解货主的经营状况、责任、实力及信誉，降低因被欺诈而成为受害者的可能性。

（3）审证、制单。接受委托后，货运代理企业对代办出口手续所需要的一切单证都需要经过认真审核，确认其内容是否齐全、准确、符合要求，凡发现单证有错、不齐全或无效的，应该及时通知货主补齐。

（4）订舱配载、办理托运。货运代理企业代表出口方，向承运人或其代理人提出托运申请，承运人对这种托运申请给予承诺。无论承运人还是托运人是否办理运输合同，出口方或者其代理人都应该办理订舱手续。

（5）装货、集港。货运代理企业根据运输期，代各外贸出口公司往发货仓库提取货物运进发货地，然后通知码头的理货公司理货，凭运输公司签发的装货单装货。

（6）报验、报关。货运代理企业应该在商检机构规定的地点和期限内，持买卖合同等必要的单证向商检机构或国家商检部门指定的机构报验。然后，货运代理企业要合理编制出口货物报关单、报验单等有关单证，并且携带报关单、装货单和收货单、委托单等到海关申报。

（7）货物装船。货物报验、报关后，货运代理企业要及时安排车辆把货物送至出口地点装箱，并在其规定的时间入港，等待货物装船。

（8）换取提单。货运代理企业要根据货主提供的信用证和委托书，参照货物的实际装船情况，缮制海运提单，制成要求的份数后，对照信用证要求核对信息，经复核准确无误后，在船舶代理规定的时间内送交船舶代理人。然后，从港内的监理人员取得经大副签章后的收货单到船舶代理换取签署后的清洁提单。最后，将签署的提单同商检证、动植检证等结汇单证一起交货主，外地货主应该用特快专递邮寄，保证货主及早结汇。

（9）费用结算。在代运手续办理完毕，货物运走后，货运代理企业应在 30 天内填制代运费结算账单，转交本公司财务部门，并及时向有关方面结算各项费用。每次货物代运结束后，货运代理企业应该及时按要求记录入账，对船名、航次、开航日期及一些单证、副本进行整理，归档备查。

2．国际货运代理企业的进口业务流程

国际货运代理企业在国际运输中涉及的进口业务流程主要有以下几方面。

（1）签订委托代理合同。进口方与货运代理企业之间签订代理合同，由双方协商议定并在合同中明确记载。例如，运输的形式，委托代理的项目，保险、商检、报关、包装、仓储等相关流程环节的安排，以及委托方应该提供的单证和提供单证的时间。

（2）开立信用证，落实货证齐备。进口方的货运代理企业应该按照签订进口合同的规定办理开证手续，并且审核各种单证是否齐备。

（3）整理单据。进口方的货运代理企业要整理好对进口货物进行卸货、报关、报验、交接的各种单证，并且与进口合同进行核对。

（4）了解运输情况。货运代理企业考察进口方的具体要求，组织安排货运进口业务，包括运输方式的选择、运输速度和运输费用、货物进口地或目的港所在国家的经营流程等。

（5）订舱配载。进口方接到发货人（卖方）的装货通知后，应及时书面委托货运代理企业办理订舱手续。为了便于货运代理企业及时向有关承运人订舱，一般要求进口方在货物交货期前 35 天左右向货运代理企业下达订舱委托书。

（6）报关、报验。进口方的货运代理企业要准备好各种相关单据，配合海关部门就单证货物进行审查，核定税率和计征关税，履行报关程序，取得合法的运输手续。在报验时，针对具体货物要不同对待。

（7）卸货和交接。进口方的货运代理企业要将进口货物按提单标记，点清件数并查看包装情况，分批拨交收货人。

（8）发出到货通知、结算费用。在进口货物船舶抵达国内港口联检后 3 日内，货运代理企业到港口管理机构填制《进口货物到货通知书》，寄送给委托人或由委托人指明的收、用货单位。然后，进口方的货运代理企业要对整个代理过程进行费用结算，包括运输公司、运输承运人或者其代理的各种运费、杂费等。

相关链接：我国国际货运代理的转型

在我国进出口贸易及国际运输中，货运代理企业发挥了重要作用，其承担的业务占总运输业务的 80%以上。但从总体来看，我国货运代理企业存在数量多、规模相对较小、信息化网络不健全、经营方式落后、专业化程度较低、核心竞争力缺乏等特点。在我国经济与贸易规模不断发展壮大、市场竞争日趋激烈的新形势下，我国国际货运代理转型升级发展成为具有综合物流服务能力的物流企业成为必然。

本章小结

由于国际运输是在国家与国家、国家与地区之间的运输，所以其具有国际性、复杂性、网络性、风险性等特点，并且涉及国际、国内运营组织或个人。国际运输大多使用集装箱运输和多式联运。国际进出口运输、多式联运、集装箱运输都有相应的业务流程，并遵循相应的国际运输规则。国际货物运输代理企业作为介于货主与承运人之间的中间人，在授权范围内，按照相应的流程为服务对象办理国际货物运输业务，在国际运输业务中发挥着重要的作用。

复习及练习

一、主要概念

国际运输　国际多式联运　集装箱运输　大陆桥运输　国际多式联运经营人　货运代理

二、思考及练习题

1. 集装箱运输的特点是什么？
2. 查找资料，了解不同种类的集装箱。
3. 查找资料，了解 3 条大陆桥的发展状况。
4. 三种国际多式联运经营人的责任形式区别是什么？
5. 试述国际集装箱多式联运交接方式。
6. 查阅资料，了解多式联运公约、国际海运公约、国际陆运公约、国际空运公约主要内容。

7. 试述国际运输货运代理的基本含义、经营范围。

8. 阅读相关资料，讨论我国国际货运代理企业转型的策略。

案例分析

医疗供应公司

卡罗尔·帕森斯（Carol Parsons）是某医疗供应公司（MSC）的国际物流部副总裁，最近同跨大西洋公会协定（TACA）的会员承运人举办了一系列的谈判会，刚刚返回。谈判的结果是，帕森斯同 TAA 公司签订了一项服务合同，提高了 MSC 的产品从美国运到欧洲的海洋运输的运价，提高的比例是 20%。此外，海洋运输的运价中不包括货物运进/运出港口的地面运输费用。运价的提高使得 MSC 公司要同欧洲的医疗用品和设备生产商在欧盟市场上开展有效竞争，就必须竭尽全力。

MSC 位于美国宾夕法尼亚州的阿伦敦，每年大约要从费城和巴尔的摩的东海岸港口运输 2 500 箱 40ft 集装箱的货物，其中大部分运输要通过费城。帕森斯同 TACA 组织谈判签订的 1996 年服务协定制定了一个从阿伦敦经过两个港口至最终在欧洲的内陆目的地的全程运价，运价中包括地面运输费用。现在，TACA 不仅向 MSC 收取提高了 20% 的运价，除去了地面运输，它还将费城排除作为停泊港口，这意味着 MSC 的集装箱现在只能通过巴尔的摩或者纽约来运输。比起从费城运输，这将增加集装箱的地面运输费用。

在谈判过程中，帕森斯强调，1996 年 MSC 雇用 TACA 的会员进行了大量的运输业务，但 TACA 并不放弃它的立场，坚持提高运费，排除地面运输部分。为了能够强化自己的立场，TACA 的成员一致同意在 8 年时间内减少船只运输容量的 20% 左右，并对擅自提供超过协定的运量标准的成员建立刚性的惩罚措施。在同 TACA 签订 1998 年货运协定以前，帕森斯同非跨大西洋公会协定的承运人签订了一个运输 2 500 箱 40ft 集装箱的费率协定。但是 TACA 减少运量的策略使得大多数大型和中型托运人不得不在这 4 个承运人那里寻找运输货物的船位，所以增加了费率的压力。对非跨大西洋公会协定承运人运输船位的需求是如此强烈，以至于帕森斯不能保证在 1998 年的前 3 个月是否肯定有船位运货，他排除非公会承运人作为可行的选择。

帕森斯还研究了经加拿大运输货物到欧洲的可能性。集装箱由铁路运送到蒙特利尔，然后将其转装到加拿大的船上由海洋航线运到欧洲。然而，鉴于对运输船位增加的需求及服务于美国的 TACA 会员收取的越来越高的运价，加拿大的承运人也调整了他们的运价，以求同 TACA 收取的运价相一致。

面对 1998 年的这些费用增加，帕森斯正试图研究一种战略在 1999 年对付 TACA，部分原因是她认为 1999 年类似的行动还会被美国一亚洲公会采用，TACA 超级公会战略标准是所有贸易线路的一个趋势。

注：案例来源于《运输管理》（第 5 版）John J. Coyle, Edward J. Bardi, Robert A. Novack）。

案例问题

1. TACA 所采取的行动的基本经济原理是什么，从短期和长期来看它们会产生什么影响？

2. 你建议卡罗尔·帕森斯在 1999 年采取什么行动方针？在接下来的 8 年内又可以采用什么行动方针？

第 8 章　特种品运输

学习目标

- 了解危险品的定义、分类及确认。
- 熟悉危险品运输的基本要求及流程规范。
- 了解超限品的含义、判别标准。
- 熟悉公路大件运输管理及违法超限运输管理的内容。
- 了解公路和铁路超限运输流程。
- 了解鲜活易腐品运输的特点、保藏与运输方法。
- 熟悉鲜活易腐品的运输组织与管理。
- 了解贵重货物的收运要求。
- 熟悉贵重货物的运输管理。

8.1　危险品运输

8.1.1　危险品的定义、分类及确认

1. 危险品的定义

危险品被广泛用于许多行业的生产及人民的日常生活中，危险品运输在运输行业中占有很大的比重，危险品及其运输在国民经济和社会生活中起着重要作用。根据我国 2012 年 12 月 1 日实施的国家标准《危险货物分类和品名编号》（GB 6944—2012）规定，所谓危险品指具有易爆炸、易燃、毒害、感染、腐蚀、放射性等危险特性，在运输、储存、生产、经营、使用和处置中，容易造成人身伤亡、财产损毁或环境污染而需要特别防护的物质和物品。只有同时具备下列 3 项特征的货物才可称为危险品。

（1）具有易爆炸、易燃、毒害、感染、腐蚀、放射性等特性。这是危险品造成火灾、中毒、灼伤、辐射伤害与污染事故的基本条件。

（2）容易造成人身伤亡、财产损毁或环境污染。这是指危险品在运输、装卸、储存和保管过程中，在一定外界因素作用下，如受热、明火、摩擦、震动、撞击、洒漏、与性质相抵触的物品接触等，发生化学变化所产生的危险效应，不仅使危险品本身遭受到损失，

而且危及人身安全和破坏周围环境。

（3）在运输、储存、生产、经营、使用和处置中需要特别防护。这主要指除一般所说的轻拿轻放、谨防明火等普通货物运输需要注意的事项以外，还必须有针对各类危险品本身的物理化学特性所采取的特别防护措施。例如，有的爆炸品需添加抑制剂，有的有机过氧化物需控制环境温度，有的危险品需要特殊包装等。

2. 危险品的分类

《危险货物分类和品名编号》将危险品按其主要特征和运输要求分为如下 9 类。

（1）爆炸品。包括有整体爆炸危险的物质和物品；有迸射危险但无整体爆炸危险的物质和物品；有爆炸危险并有局部爆炸危险或局部迸射或两种危险都有，但无整体爆炸危险的物质和物品；不呈现重大危险的物质和物品；有整体爆炸危险的极不敏感物品；无整体爆炸危险的极端不敏感物品。常见的爆炸品有火药、炸药、起爆药、弹类、烟花爆竹等。

（2）气体。包括易燃气体、非易燃无毒气体、毒性气体，主要是指在 50℃时，蒸汽压力大于 300kPa 的物质，或者 20℃时在 101.3kPa 标准压力下完全是气态的物质。常见的此类货物有氧气、氯气、氨气、乙炔、石油气等。

（3）易燃液体。包括易燃液体和液态退敏爆炸品。易燃液体是指易燃的液体或液体混合物，或者在溶液或悬浮液中有固体的液体。液态退敏爆炸品是指为抑制爆炸性物质的爆炸性能，将爆炸性物质溶解或悬浮在水中或其他液态物质后而形成的均匀液态混合物。衡量液体易燃易爆危险程度的参数有闪点、沸点、燃点、爆炸极限和蒸汽压力等，其中最主要的是闪点和沸点。常见的此类货物有乙醇（酒精）、苯、乙醚、二硫化碳、油漆类及石油制品和含有机溶剂制品等。

（4）易燃固体、易自燃或遇水放出易燃气体的物质。易燃固体是指燃点低，对热、撞击、摩擦敏感，易被外部火源点燃，燃烧迅速，并可能散发出有害烟雾或有毒气体的固体。这类固体主要包括容易燃烧的固体、自反应物质和有关物质及退敏爆炸品，但不包括已列入爆炸品的物质，如赤磷、硫黄、萘、硝化纤维塑料等。易自燃物品是指自燃点低，在空气中易发生氧化反应，放出热量而自行燃烧的物品，如黄磷和油浸的麻、棉、纸及其制品等。遇水放出易燃气体的物质是指遇水或受潮时，发生剧烈化学反应，放出大量的易燃气体和热量的物品，有些不需明火，也能燃烧或爆炸，如钠、钾等碱金属和电石（碳化钙）等。

（5）氧化性物质和有机过氧化物。氧化性物质是指本身未必燃烧，但通常会放出氧或促使其他物质燃烧的物质，如硝酸钾、氯化钾、过氧化钠、过氧化氢（俗称双氧水）等。有机过氧化物是指含有两价过氧基结构的有机物质，由于含有过氧基而具有强烈的氧化性能，具有前述氧化性物质的特点，如过氧化二苯甲酰、过氧化乙基甲基酮等。

（6）毒性物质和感染性物质。毒性物质是指经吞食、吸入或与皮肤接触后可能造成死亡、严重受伤或损害人类健康的物质，如四乙基铅、氢氰酸及其盐、苯胺、硫酸二甲酯、砷及其化合物及生漆等。感染性物品是指含有致病的微生物，能引起人体病态甚至死亡的物质，包括遗传性的微生物、生物、生物制品、诊断标本和临床及医疗废弃物。

（7）放射性物质。各种《危险货物运输规则》都规定：凡放射性比活度大 $7.4 \times 104 \mathrm{Bq/kg}$（$2 \mu \mathrm{Ci/kg}$）的物品均属放射性物品，其危险性在于造成辐射污染并最终使人员受到辐射伤害，如铀、钍矿石及其浓缩物，未经辐照的固体天然铀、贫化铀和天然钍及表面污染物体、可裂变物质、低弥散物质等。

（8）腐蚀性物质。腐蚀性物质是指通过化学作用使生物组织接触时造成严重损伤或在渗漏时会严重损害，甚至毁坏其他货物或运载工具的物质，如硫酸、硝酸、盐酸、氯化氢、氢氧化钠、甲醛等。

（9）杂项危险物质和物品。称为"杂类"的第 9 类危险品，是指在运输过程中呈现的危险性质不包括在上述 8 类危险品中的物品，包括磁性物品、具有麻醉和毒害及类似性质的物质等。例如，榴梿、大蒜油等物品，能造成飞行机组人员情绪烦躁或不适，以致影响飞行任务的正确执行和危及飞行安全的物品。

在运输中，确定某种危险品的归属类别，主要是看该物品的哪一种危险特性居于主导地位，就把其归为哪一类危险品。

3．危险品的确认

我国于 2012 年 5 月 11 日发布了新国家标准《危险货物品名表》（GB 12268—2012），修改了原标准中危险货物品名的编号方法，并对危险货物品名表的结构进行了调整和补充。我国还颁布了有关铁路、公路、水路、民航等各种运输方式的《危险货物运输规则》（以下简称《危规》），各《危规》都在所附的《危险货物品名表》中收集列举了在本规则范围内的各种危险品的具体品名，并加以分类。

应用案例

危险品运输的风险

2018 年 1 月 6 日 20 时许，巴拿马籍油船"桑吉"轮与中国香港籍散货船"长峰水晶"轮在长江口以东约160海里处发生碰撞，导致"桑吉"轮全船失火。"桑吉"轮上装了$13.6 \times 10^4 \mathrm{t}$凝析油，还有 1 900t 船用燃料油。凝析油容易挥发，含硫化氢及硫醇等有毒成分，挥发后会对大气造成一定的污染，在空气中遇明火易爆炸；同时燃烧分解生成的一氧化氮、二氧化氮、氮氧化物、硫氧化物等有毒烟雾，通过吸入、皮肤侵入等方式会使人体中毒。14日 15 时许，"桑吉"轮连续燃烧近 8 天后，船体整体沉没水中。事件造成大面积海水和空气污染，32 名船员死亡或失联，带来了巨大的经济和财产损失。

危险品因其具有易燃烧、爆炸、毒害、腐蚀、放射射线等特点，一旦在运输过程中发生事故，将会带来人身伤亡、财产损毁、环境污染等风险及危害，所以一般对危险品运输要有严格的规范和管理。

8.1.2　危险品运输法规及要求

1. 危险品运输法规的性质及内容

危险品运输的安全与否直接关系到社会的安定和人民生命财产的安全，我国和世界许多国家一样，对危险品运输实行较为严格的立法管理，颁布实施了涉及确认物品危险性质，危险品运输包装及其标志、标签，以及危险品运载工具等一系列相关法律法规条例和标准。

（1）危险品运输法规的性质。危险品运输法规是交通运输法规的重要组成部分，具有以下性质。

1）行政法和合同法的性质。交通运输法规是调整交通运输关系的法律规范的总称。交通运输关系包括交通运输行政管理关系和交通运输合同关系。有关危险品运输的法律规定是各级交通主管部门对危险品运输活动进行管理、监督、仲裁的法律依据，因而具有行政法的性质。交通运输合同关系是交通运输企业与托运人或乘客之间所产生的货运合同关系和客运合同关系。从这一层面上看，危险品运输法规具有合同法的性质。

2）标准化法的性质。危险品的运输及其组织管理是一项技术性很强的工作。近年来我国在加强危险品运输的立法管理过程中，颁布了不少有关危险品的技术标准。这些标准也是危险品运输法规的组成部分，一般具有强制性。2017年11月我国颁布了新的《中华人民共和国标准化法》，该法明确强制性标准必须执行。

3）刑法的性质。有关危险品运输的法律法规，无论是行政性质还是标准化性质，在运输中都必须严格执行。对于违反危险品运输的法律法规、发生重大事故的，有关当事人要承担刑事责任。

（2）危险品运输法规的主要内容。从行政法和标准化法的角度来说，危险品运输法规的主要内容如下。

1）关于确认物品危险性质的法律规定。确认某一种物质或物品是否具有危险性以及具有什么性质的危险性，是整个危险品运输法规的核心和基石。我国确认物品危险性质的法规有国家标准《危险货物分类和品名编号》（GB 6944—2012）、国家标准《危险货物品名表》（GB12268—2012），以及各种运输方式的《危险货物运输管理规定》及其《危险货物品名表》。

2）关于危险品运输包装的法律规定。运输包装是运输安全的保障。我国有关危险品运输包装的法规主要有：国家标准《危险货物运输包装通用技术条件》（GB 12463—2009）、交通部标准《公路、水路危险货物运输包装基本要求和性能试验》（JT 0017—1988）、《放射性物品运输安全管理条例》、国家标准《放射性物质安全运输规程》（GB 11806—2004）及各种运输方式的《危规》。

以上法规详尽地规定了危险品运输包装的基本要求、包装性能试验的方法和合格标准、包装的等级和类型，以及各种危险品所应采用的包装等级、类型和包装方法。

3）关于危险品运输包装标志和标签的法律规定。包装标志指货物从收运、装卸、储存保管直至送达交付的整个运输过程中，对其加以区别和辨认的基础，是包装货物正确交接、安全运输和完整交付的基本保证。我国现有关于运输包装标志的法律规定有：国家标准《运输包装收发货标志》（GB 6388—1986）、国家标准《包装储运图示标志》（GB 191—2008）、国家标准《危险货物包装标志》（GB 190—2009）、国家标准《化学品安全标签》（GB 15258—1999）、国家标准《化学品安全标签编写规定》（GB 15258—2009）、国家标准《气瓶颜色标记》（GB /T7144—2016）及各种运输方式的《危规》。

4）关于危险品运载工具的法律规定。各种运输方式对运载工具有不同的规定。民航只承运包装件的危险品，而且民用航空器的适航性规定非常严格，故没有必要对航空器适合不适合承运危险品另做规定，而只对某种危险品"仅限货机"或"可用客货两用机"运载做了规定。陆路和水路运输，除运输包装件外还运输大量的散装货物，这就对用于运载散装危险品的运输车辆和船舶提出了很严格的专业技术要求。目前，我国已制定或适用的关于危险品运载工具的法律规定及国际惯例有：国家标准《轻质燃油油罐汽车通用技术条件》（GB 9419—1988）、国家劳动部《液化气体汽车罐车安全监察规程》、中国船级社《散装运输液化气体船舶构造与设备规范》、国际海事组织《国际散装运输危险化学品船舶构造和设备规则》、国际航运公会《油轮安全指南》及各种运输方式的《危规》。

2. 危险品运输基本要求

各种运输方式都有对危险品运输的要求。这里以汽车运输为例，说明其对危险品运输的基本要求。

（1）业务专营。即只有符合规定资质并办理相关手续的经营者才能从事道路危险品运输经营业务。国务院发布的《危险化学品安全管理条例》第 43 条规定，从事危险化学品道路运输、水路运输的，应当分别依照有关道路运输、水路运输的法律、行政法规的规定，取得危险货物道路运输许可、危险货物水路运输许可，并向工商行政管理部门办理登记手续。

交通部《道路危险货物运输管理规定》规定，申请从事道路危险货物运输经营的企业，应当依法向工商行政管理机关办理有关登记手续，然后向所在地设区的市级道路运输管理机构提出申请；申请从事非经营性道路危险货物运输的单位，向所在地设区的市级道路运输管理机构提出申请。

设区的市级道路运输管理机构应当按照规定实施道路危险货物运输行政许可，并进行实地核查，向被许可人出具《道路危险货物运输行政许可决定书》，向道路危险货物运输经营申请人发放《道路运输经营许可证》，向非经营性道路危险货物运输申请人发放《道路危险货物运输许可证》。

（2）车辆专用。交通部发布的《汽车运输危险货物规则》和《道路危险货物运输管理规定》对装运危险货物的车辆、容器、装卸机械及工具都做出了明确规定，只有符合要求的车辆才能从事危险货物运输，普通货物运输车辆和不符合条件的车辆都不得装运危险货物。

（3）人员专业。从事道路危险货物运输的相关人员必须接受有关法律、法规、规章和安全知识、专业技术、职业卫生防护和应急救援知识的培训，并经考核合格，取得上岗资格证方可上岗作业。

（4）安全运输。与一般货物相比，危险货物运输对安全的要求更为重要。危险货物的自然属性会使运输活动具有更大的安全风险，其对人身、财产及环境的危害程度要比普通货物严重得多。因此，从事这项工作的所有人员都必须对安全运输的重要性有十分明确的认识，在工作中严格遵守有关安全技术规定和操作规程，发现隐患和不安全因素时，必须立即采取有效措施予以排除，切不可麻痹大意，否则，一旦发生事故，势必造成人民生命财产的重大损失。

相关链接：危险品运输市场壁垒较高

一般来说，危险品及超限品、鲜活易腐品、贵重品等特种品运输在法律法规方面特别严格，在具体运输活动中具有高难度、高技术、专业性及安全性的要求，使得特种品运输行业拥有较高的进入壁垒，所以对于从事危险品等特种品运输的企业来说，在资金、设备、人员、信息技术以及运营管理等方面，要求具有较高资质和水平。当然，特种品运输行业一般具有相对较高的收益率。

8.1.3　运输企业资质及流程规范

1. 危险品运输企业资质

（1）危险品运输的承运资格。各运输方式对运输企业承运危险品的资格没有统一的规定。在各运输方式中，接触面最广、对环境影响最大的是公路汽车运输。我国交通部对汽车危险品承运人的主体资格做了如下严格的规定。

1）拥有与所从事危险品运输范围相适应的停车场站、仓储设施等，并符合国家《消防条例》的规定。

2）运输危险品的车辆、装卸机械和工具等，必须符合《汽车危险货物运输规则》规定的技术条件和要求。

3）从业人员必须掌握危险品基础知识，熟悉公路危险品运输的技术业务和有关安全管理的规章，政治思想、技术业务素质符合岗位规范要求。对于直接从事危险品运输、装卸、理货等业务的工作人员，必须经过培训、考核，并取得道路运政管理机关颁发的《道路危险货物运输操作证》才能上岗。

4）从事公路危险品运输的单位必须拥有健全的安全生产规程、岗位责任制度、车辆设备维修制度、安全管理制度和监督保障体系。

（2）危险品运输的资质凭证。危险品运输的资质凭证是证明危险品承运人的基本资质符合规定要求，并经办理申报手续获准从事危险品运输作业的凭证。对公路运输而言，资质凭证的具体内容如下。

1）道路运输经营许可证。该证须由公路运政管理部门审批、发放，并加盖"危险货物运输"字样的公章。

2）工商营业执照。从业者凭道路运输经营许可证，向当地工商行政管理部门办理《工商营业执照》。

3）道路营业运输证。该证是在办理了道路运输经营许可证和工商营业执照后，按营运车辆数量从管辖道路运政管理机关领取的，一车一证，随车同行。

4）道路非营业运输证。该证是非营业性公路危险品运输车辆运行的凭证，是在办理了非营业性公路危险品运输手续后，凭批准文件从主管公路运政的管理机关领取的，一车一证，随车同行。

5）公路危险品运输车辆标志。该标志的功能是在装运危险品的车辆运行和存放时向人们示警，以利于加强安全警戒和安全避让，保障安全生产。该标志可分为两类：一类是国家规定的印有黑色"危险品"字样的三角形小黄旗；另一类是有的地方性法规规定的印有黑色"危险品"字样的黄色三角灯。

6）危险货物作业证。该证是危险品运输作业人员从事危险品装卸、保管、理货等作业的凭证。按职业岗位规范的要求，凡从事公路危险品作业的人员，必须经过规定内容的技术业务培训，方准上岗。

7）公路危险品运输企业的安全工作合格文件。该文件是指公安、消防部门按国家消防法规的规定，对公路危险品运输车辆的安全技术状况、运输设施的安全措施、生产安全制度、作业人员素质、消防设施和措施等进行审验合格后，发给的凭证文件。

2．危险品运输流程规范

危险品运输要经过托运受理、储存保管、装卸堆垛、运送、送达交付等诸环节，每一环节均有其规范的业务流程。

（1）托运受理的业务要点如下。

1）在受理前必须对货物名称、性能、防范方法、形态、包装、单件重量等情况进行详细了解并注明。

2）问清包装、规格和标志是否符合国家规定要求，必要时到现场进行直接了解。

3）新产品应检查随附的技术鉴定书是否有效。

4）检查按规定需要的"准运证件"是否齐全。

5）做好运输前的准备工作，装卸现场、环境要符合安全运输条件，必要时应赴现场勘察。

6）到达车站、码头的爆炸品、剧毒品、一级氧化剂、放射性物品（天然铀、钍类除外）等，在受理前应派专业人员赴现场检查包装等情况，对不符合安全运输要求的，应请托运人处理后再受理。

（2）储存保管的业务要点如下。

1）危险品入库前必须进行检验。入库应有入库单和交接手续。入库后要登账，出库后要销账。入库时要详细核对货物品名、规格重量、容器包装等。发现品名不符、包装不合规格或容器渗漏时，必须立即移至安全地点处理，不得进库。

2）化学危险品仓库的安全检查，每天必须进行2次。对性质不稳定、容易分解变质的物品应定期进行测温，做好记录。入库储放的每种物品应明显地标明其名称、燃烧特征及灭火方法，某些需要特别储存条件的应另外标明。

3）仓库进出货物后，对可能遗留或散落在操作现场的危险品，要及时进行检查、清扫和处理。

4）仓库区内严禁一切明火。

5）允许进入仓库区的运货汽车应有特殊的防火设备。汽车与库房之间，应划定安全停车线，一般为5m。严禁在仓库区内检修汽车。

6）不准在库房内或在危险品堆垛的附近进行试验、分装、打包、封焊及其他可能引起火灾的任何不安全操作。每天工作结束时，应做防火检查，关闭门窗，切断电源。库房内不准住宿，不准在库房内或危险品堆垛旁休息。

7）仓库内的避雷针、电线和建筑设施，应定期检查。

8）化学危险品仓库须根据规模大小，设有足够的消防水源、必需的消防器材及抢救防护用具等，并经常进行检查保养，以免失效。

9）仓库应设有严格的人员出入库、机械操作、明火管理等安全管理制度。对某些剧毒的、贵重的、易爆的危险品，要严格贯彻双人保管、双人收发、双人领料、双本账、双锁管理的"五双管理制度"。

10）危险品出库必须认真复核。要准确按照合法凭证规定的货位编号、品名、规格、国别或产地、发站和收货人、包装、件数等，把货物交付提货人员或装入有关车辆及其他运输工具。在货物出仓前，对每批货物必须实行两人以上的复核制。

（3）装卸堆垛的业务要点如下。

1）进行危险品装卸操作时，必须穿戴防护用具。防护用具使用后，要分别单独清洗、消毒，以防交叉污染和扩大污染。

2）装卸操作人员在进入危险品的货仓（舱）和集装箱前，应先开仓（舱）通风，排除可能产生聚积的有毒气体。

3）进行危险品装货堆垛时，装卸人员应认真检查货物包装（包括封口）的完好状况，破包不进仓（舱）。

4）各种装卸机械、工夹具用于危险品的装卸，其安全系数要比普通货物大一倍以上。

5）进行危险品装卸作业时，必须严格遵守各类货物的装卸操作规程，做到轻装、轻卸，防止货物撞击、重压、倒置，严禁摔甩、翻滚。

6）装卸危险品前要准备好相应的消防器材和急救用品。按危险品的危险程度进行装卸，最危险的货物应最后装货、最先卸货。

7）危险性能相抵触或消防方法不同的危险品不能混载在同一运送工具或同一舱里。不同性质危险品的配装按各运输方式《危规》有关货物配装的规定进行。

8）装卸气瓶不得肩扛、背负、冲击及溜坡滚动，气瓶的防护帽必须齐全紧固；装卸易燃易爆物品，装卸作业现场必须远离火种、热源，操作人员不得身带火种和穿着有铁钉的鞋；装卸遇水反应的危险品，雨雪天禁止作业，茶水汤桶不得带入作业现场；装卸氧化剂前，必须检查堆垛氧化剂的舱面，不得有任何酸类、煤木屑、糖面粉、硫磷金属粉末等及其他各种可燃物质的残留物；装卸毒害品的作业过程中及完工后，手脸未经清洗消毒时，不准进食、饮水、吸烟。

9）危险品的堆垛必须确保稳妥、整齐、牢固，以便于点数，不易倒垛。各种形式的包装的堆垛方式和堆垛的大小、高低都必须符合运送工具和货物性质的要求。各种桶都不能横卧堆垛，而必须直立错位堆垛，桶口必须向上。各种箱都不准横置、倒置。各种袋的封口必须一致向外，箱袋在对位堆垛一定的高度后必须错位。任何易碎的内容器，如无外包装可以在仓库存放，但不准堆垛、不装载即运送；如有外包装，但没有封盖可以由陆上运输方式装载运送，但不准堆垛，禁止空运和海运。

10）货物在运输工具的货舱里堆垛以后，必须采取紧固措施，使货物在运送过程中不因运输器震荡、晃动、摇摆而倒塌或移垛。货物在运输器里装载的位置，必须符合各运输方式的有关装载规定，如航空运输中磁性物质要远离驾驶舱等。

（4）运送的业务要点如下。

1）详细审核托运单的内容，发现问题要及时弄清情况，再安排运行作业。

2）必须按照货物性质和托运人的要求安排车班、车次，如无法按要求安排作业时，应及时与托运人联系进行协商处理。

3）运输危险品必须配备随车人员，途中应经常检查，发现问题，需及时采取措施。车辆中途临时停靠、过夜，应安排人员看管。随车人员严禁吸烟。行车作业人员不得擅自变更运行作业计划，严禁擅自拼装、超载。

4）运输大批量烈性易燃、易爆、剧毒和具有放射性的物品时，必须做重点安排，必要时召开专门会议，制订运输方案。

5）安排大批量爆炸物品与剧毒物品跨省、市运输时，应安排有关负责人员带队，指导装卸和运送，确保安全生产。

6）有特殊注意事项，应在行车单上注明。

7）运输途中，危险品如有丢失、被盗，应立即报告当地交通运输主管部门和公安部门查处。

8）要注意气象预报，掌握雨雪和气温的变化。

（5）送达交付的业务要点如下。

1）危险品运抵目的站后，一般由目的站的装卸人员卸货入库等候收货人取货。卸货完毕应办理交接手续。自此，运送人的职责已履行，危险品的保管责任由目的站承担。目的站应迅速通知收货人领取货物。在待领期间，目的站应对危险品进行妥善保管。即使收货人逾期不领，也不能因此免除承运人（目的站）的保管责任。

2）危险品运达后因故不能及时卸货，在待卸期间行车人员应负责对所运危险品的看管，同时应及时与托运人取得联系，妥善处理。

3）在危险品待领期间，如果货物发生变化危及安全，目的站有临时处置的权责，但最好是与当地公安部门共同进行，以有利于赔偿纠纷的解决。

提示：企业具体运输业务涉及的内容

运输企业要完成一项具体的危险品运输任务，将会涉及许多方面。例如，在承揽一项具体的危险货物运输业务后，需要根据货物特点，制订详细的运输方案，其中应包括运输路线、站点、时间、车辆及工具、机构及人员等内容；组建管理机构，制定管理制度，配备合适人员；选择和确定运输车辆车型；考虑季节特征、气候变化；相关部门的协调与配合；具体运输过程的监控，各个环节的衔接等。在整个运输业务过程中，会遇到分析和选择运输路线等重要决策。

阅读材料：《LD 公司危险品运输管理》

8.2 超限品运输

8.2.1 超限品的概念及特殊性

运输企业所承运的某些不可解体的大型货物，其体积和重量超过了普通运载工具的作业能力，此类货物被称为超限品或超限货物、大件货物，对这类货物的运输称为超限品运输。公路和铁路超限品运输是学习和研究的重点。

1. 超限品的含义

超限品是指外形尺寸和重量超过常规（指超长、超宽、超高、超重）车辆、船舶装载规定的大型货物或大件货物。不同运输方式对超限品的判别标准也有所不同。

（1）公路超限品。一般来说，公路超限品是指符合下列标准之一的货物。

1）外形尺寸长度在 14m 以上或宽度在 3.5m 以上或高度在 3m 以上的货物。

2）重量在 20t 以上的单体货物或不可解体的成组（捆）货物。

（2）铁路超限品。根据《铁路超限超重货物运输规则》，铁路超限品是指符合下列标准之一的货物。

1）一件货物装车后，车辆在平直线路上停留时，货物的任何部位超过机车车辆限界基本轮廓者。

2）一件货物装车后，在平直线路上停留虽不超限，但车辆行经半径为 300m 的曲线路段时，货物的计算宽度超出机车车辆限界基本轮廓者。

3）装车后，重车总重活载效应超过桥涵设计标准活载的货物，称为超重货物。

相关链接：荷载及活载

荷载是指使结构或构件产生内力和变形的外力及其他因素，包括永久荷载、可变荷载和偶然荷载。永久荷载也称恒载，是施加在工程结构上不变的或其变化与平均值相比可以忽略不计的荷载，如结构自重、土压力、预应力、基础沉降、混凝土收缩、焊接变形等。可变荷载也称活载荷、活载，是施加在结构上的由人群、物料和交通工具引起的使用或占用荷载和自然产生的自然荷载，如工业建筑楼面活荷载、民用建筑楼面活荷载、屋面活荷载、屋面积灰荷载、车辆荷载、吊车荷载、风荷载、雪荷载、裹冰荷载、波浪荷载等。由荷载作用引起的结构或结构构件内产生的内力（如轴力、剪力、弯矩等）变形和裂缝等的总称就是荷载效应。

2. 铁路超限品的级别

（1）根据货物的超限程度，超限货物分为一级超限、二级超限和超级超限三个等级。

1）一级超限：自轨面起高度在 1 250mm 及其以上超限但未超出一级超限限界者。

2）二级超限：超出一级超限限界而未超出二级超限限界者，以及自轨面起高度在 150～1 250mm 超限但未超出二级超限限界者。

3）超级超限：超出二级超限限界者。

（2）根据货物超限部位所在的高度划分，超限货物分为上部超限、中部超限和下部超限三种类型。

1）上部超限：自轨面起高度超过 3 600mm，任何部位超限者；

2）中部超限：自轨面起高度在 1 250～3 600mm，任何部位超限者；

3）下部超限：自轨面起高度在 150～1 250mm，任何部位超限者。

（3）根据货物的超重程度，超重货物分为 3 个等级：一级超重、二级超重和超级超重。装车后，重车总重活载效应超过桥涵设计标准活载（中—活载）的货物，称为超重货物。

1）一级超重：$1.00 < Q \leqslant 1.05$；

2）二级超重：$1.05 < Q \leqslant 1.09$；

3）超级超重：$Q > 1.09$。

注：Q 为活载系数，即预计可能出现的最大荷载与规定的标准荷载之比。

3. 超限品运输的特殊性

超限品货物运输与一般货物运输相比，具有以下特殊性。

（1）特殊装载要求。超限品要用超重型挂车作为载体，用超重型牵引车牵引和顶推。超重型挂车和牵引车都是用高强度钢材和大负荷轮胎制成的，价格昂贵，而且要求行驶平稳，安全可靠。

（2）特殊运输条件。运载超限品的超重型车组要求通行的道路有足够的宽度和净空，具备良好的道路线形，桥涵要有足够的承载能力，有时还要分段封闭交通。这就牵涉到公路管理、公安交通、电信电力、绿化环保等专管部门，只有在这些部门的通力合作下，超限品物流运输才能顺利进行。

（3）特殊安全要求。超限品中的许多大型设备都涉及国家经济建设的关键设备，稍有闪失，后果不堪设想。为此，其运输必须有严密的质量保证体系，任何一个环节都要有专职人员检查，未经检查合格，不得运送。

8.2.2 公路超限运输的规范与管理

2016 年 8 月，我国修订并颁布了《超限运输车辆行驶公路管理规定》（以下简称《规定》）。该《规定》是针对超限运输车辆进行管理的法规，统一了超限认定标准，优化了大件运输许可流程，加强了对大件运输车辆行驶公路的管理，规范了对违法超限运输行为的处罚措施等。

1. 超限运输的标准

新《规定》所称超限运输车辆，是指有下列情形之一的运输车辆。

（1）车货总高度从地面算起超过 4m。

（2）车货总宽度超过 2.55m。

（3）车货总长度超过 18.1m。

（4）二轴货车，其车货总质量超过 18 000kg。

（5）三轴货车，其车货总质量超过 25 000kg；三轴汽车列车，其车货总质量超过 27 000kg。

（6）四轴货车，其车货总质量超过 31 000kg；四轴汽车列车，其车货总质量超过 36 000kg。

（7）五轴汽车列车，其车货总质量超过 43 000kg。

（8）六轴及六轴以上汽车列车，其车货总质量超过 49 000kg，其中牵引车驱动轴为单轴的，其车货总质量超过 46 000kg。

　　超限运输是特指使用上述 8 种车辆所从事的公路大件货物运输。超限运输是一种特殊的运输形式。合法的超限运输应经过相关管理部门许可，所载货物符合该《规定》。没有经过相关管理部门许可，或装载不符合《规定》的货物，属于违法超限运输。

2. 大件运输许可管理

　　根据《规定》规定，载运不可解体物品的超限运输（以下称大件运输）车辆，应当依法办理有关许可手续，采取有效措施后，方可按照指定的时间、路线、速度于公路行驶。未经许可，不得擅自行驶公路。许可管理的主要内容如下。

　　（1）大件运输车辆行驶公路前，承运人应当按下列规定向公路管理机构申请公路超限运输许可。

　　1）跨省、自治区、直辖市进行运输的，向起运地省级公路管理机构递交申请书，申请机关需要列明超限运输途经公路沿线的各省级公路管理机构，由起运地省级公路管理机构统一受理并组织协调沿线各省级公路管理机构联合审批，必要时可由交通运输部统一组织协调处理；

　　2）在省、自治区范围内跨设区的市进行运输，或者在直辖市范围内跨区、县进行运输的，向该省级公路管理机构提出申请，由其受理并审批；

　　3）在设区的市范围内跨区、县进行运输的，向该市级公路管理机构提出申请，由其受理并审批；

　　4）在区、县范围内进行运输的，向该县级公路管理机构提出申请，由其受理并审批。

　　（2）申请公路超限运输许可的，承运人应当提交下列材料。

　　1）公路超限运输申请表，主要内容包括货物的名称、外廓尺寸和质量，车辆的厂牌型号、整备质量、轴数、轴距和轮胎数，载货时车货总体的外廓尺寸、总质量、各车轴轴荷，拟运输的起讫点、通行路线和行驶时间；

　　2）承运人的道路运输经营许可证，经办人的身份证件和授权委托书；

　　3）车辆行驶证或者临时行驶车号牌。

　　车货总高度从地面算起超过 4.5m、总宽度超过 3.75m、总长度超过 28m、总质量超过 100 000kg，满足条件之一者，以及其他可能严重影响公路完好、安全、畅通情形的，还应当提交记录载货时车货总体外廓尺寸信息的轮廓图和护送方案。护送方案应当包含护送车辆配置方案、护送人员配备方案、护送路线情况说明、护送操作细则、异常情况处理等相关内容。

　　（3）公路管理机构审批公路超限运输申请，应当根据实际情况组织人员勘测通行路线。需要采取加固、改造措施的，承运人应当按照规定要求采取有效的加固、改造措施。公路管理机构应当对承运人提出的加固、改造措施方案进行审查，并组织验收。

　　（4）公路管理机构应当在规定期限内做出行政许可决定。

　　（5）公路管理机构批准公路超限运输申请的，根据大件运输的具体情况，指定于公路行驶的时间、路线和速度，并颁发《超限运输车辆通行证》。其中，批准跨省、自治区、直辖市运输的，由起运地省级公路管理机构颁发。

（6）同一大件运输车辆短期内多次通行固定路线，装载方式、装载物品相同，且不需要采取加固、改造措施的，承运人可以根据运输计划向公路管理机构申请办理行驶期限不超过6个月的《超限运输车辆通行证》。运输计划发生变化的，需按原许可机关的有关规定办理变更手续。

（7）经批准进行大件运输的车辆，行驶公路时应当遵守下列规定。

1）采取有效措施固定货物，按照有关要求在车辆上悬挂明显标志，保证运输安全；

2）按照指定的时间、路线和速度行驶；

3）车货总质量超限的车辆通行于公路桥梁，应当匀速居中行驶，避免在桥上制动、变速或者停驶；

4）需要在公路上临时停车的，除遵守有关道路交通安全规定外，还应当在车辆周边设置警告标志，并采取相应的安全防范措施；需要较长时间停车或者遇有恶劣天气的，应当驶离公路，就近选择安全区域停靠；

5）通行采取加固、改造措施的公路设施，承运人应当提前通知该公路设施的养护管理单位，由其加强现场管理和指导；

6）因自然灾害或者其他不可预见因素而出现公路通行状况异常致使大件运输车辆无法继续行驶的，承运人应当服从现场管理并及时告知做出行政许可决定的公路管理机构，由其协调当地公路管理机构采取相关措施后继续行驶。

3. 违法超限运输管理

（1）载运可分载物品的超限运输（以下称违法超限运输）车辆，禁止行驶公路。

在公路上行驶的车辆，其车货总体的外廓尺寸或者总质量未超过规定的限定标准，但超过相关公路、公路桥梁、公路隧道限载、限高、限宽、限长标准的，不得在该公路、公路桥梁或者公路隧道行驶。

（2）货运源头单位应当在货物装运场（站）安装合格的检测设备，对出场（站）货运车辆进行检测，确保出场（站）货运车辆合法装载。

（3）货运源头单位、道路运输企业应当加强对货运车辆驾驶人的教育和管理，督促其合法运输。道路运输企业应当按照有关规定加强对车辆装载及运行全过程监控，防止驾驶人违法超限运输。任何单位和个人不得指使、强令货运车辆驾驶人违法超限运输。

（4）货运车辆驾驶人不得驾驶违法超限运输车辆。

（5）大件运输车辆有下列情形之一的，视为违法超限运输。

1）未经许可擅自行驶公路的；

2）车辆及装载物品的有关情况与《超限运输车辆通行证》记载的内容不一致的；

3）未按许可的时间、路线、速度行驶公路的；

4）未按许可的护送方案采取护送措施的。

4．违法超限运输的法律责任

（1）车辆违法超限运输的，由公路管理机构根据违法行为的性质、情节和危害程度，按规定给予相应处罚。

（2）公路管理机构在监督检查中发现违法超限运输车辆不符合《汽车、挂车及汽车列车外廓尺寸、轴荷及质量限值》（GB1589—2016），或者与行驶证记载的登记内容不符的，应当予以记录，定期抄告车籍所在地的公安机关交通管理部门等单位。

（3）对 1 年内违法超限运输超过 3 次的货运车辆和驾驶人，以及违法超限运输的货运车辆超过本单位货运车辆总数 10% 的道路运输企业，由道路运输管理机构依照《公路安全保护条例》予以处理。

（4）承运人隐瞒有关情况或者提供虚假材料申请公路超限运输许可的，除依法给予处理外，并在 1 年内不准申请公路超限运输许可。

（5）违反规定指使、强令车辆驾驶人超限运输货物的，由道路运输管理机构责令改正，处 30 000 元以下罚款。

（6）违法行为地或者车籍所在地公路管理机构可以根据技术监控设备记录资料，对违法超限运输车辆依法给予处罚，并提供适当方式，供社会公众查询违法超限运输记录。

（7）对违法超限运输车辆行驶公路，造成公路桥梁垮塌等重大安全事故，或者公路受损严重、通行能力明显下降的，交通运输部、省级交通运输主管部门可以按照职责权限，在 1 年内停止审批该地区申报的地方性公路工程建设项目。

（8）相关单位和个人拒绝、阻碍公路管理机构、道路运输管理机构工作人员依法执行职务，构成违反治安管理行为的，由公安机关依法给予治安管理处罚；构成犯罪的，依法追究刑事责任。

阅读资料：《超限运输车辆行驶公路管理规定》（2016 年）

8.2.3　超限运输流程规范

1．公路超限品运输流程

一般来说，公路超限品运输企业的组织工作主要包括办理托运、理货、验道、制订运输方案、签订运输合同、线路运输工作组织及运输统计与结算等环节。

（1）办理托运。由超限品托运人（单位）向已取得大型物件运输经营资格的运输业户或其代理人办理托运。

（2）理货。其工作内容主要包括：调查超限品的几何形状和重量；调查超限品的重心位置和质量分布情况；查明货物承载位置及装卸方式；查看特殊超限品的有关技术经济资料；完成书面形式的理货报告。

（3）验道。其工作内容主要包括：查验运输沿线全部道路的路面、路基、纵向坡度、横向坡度及弯道超高处的横坡坡度和道路的竖曲线半径、通道宽度及弯道半径；查验沿线桥梁和涵洞、高空障碍；查看装卸货现场、倒载转运现场；了解沿线地理环境及气候情况；最后根据上述查验结果预测作业时间和编制运行路线图，完成验道报告。

（4）制订运输方案。其主要内容包括：配备牵引车、挂车组及附件；配备动力机组及压载块；确定限定最高车速；制定运行技术措施；配备辅助车辆；制订货物装卸与捆扎加固方案；制订和验算运输技术方案；完成运输方案的书面文件。

（5）签订运输合同。根据托运方填写的委托运输文件及承运方进行理货分析、验道、制定运输方案的结果，承托双方签订书面形式的运输合同。其主要内容包括：明确托运与承运甲乙方、超限品数据及运输车辆数据、运输起讫地点、运距与运输时间；明确合同生效时间、承托双方应负责任、有关法律手续及运费结算方式、付款方式等。

（6）线路运输工作组织。该环节的关键是建立临时性的大件物件运输工作领导小组，专门负责实施运输方案，执行运输合同和进行对外联系。领导小组下设行车、机务、安全、后勤生活、材料供应等工作小组及工作岗位，实行运输工作岗位责任制。

（7）运输统计与结算。运输统计指完成大型物件运输工作各项技术经济指标统计。运输结算指完成运输工作后按运输合同的有关规定结算运费及相关费用。

2. 铁路超限品运输流程

根据《铁路超限超重货物运输规则》规定，承运人在每条铁路正线（区段）、每个车站（含专用铁路、专用线）办理超限、超重货物运输，均须按规定取得资质许可。在运输业务中，承托双方应遵循以下主要的流程及规范。

（1）托运人托运超限、超重货物时，除按一般货运手续办理外，还应提供超限超重货物说明书、计划装载加固方案等资料。

对超限、超重的大型设备，托运人应在设计的同时考虑经铁路运输的可行性，必要时，应分部制造。对通行上有困难的货物，应采取改变包装和拆解货体等措施，尽可能降低超限、超重程度。

（2）车站受理超限、超重货物时，应认真审查托运人提出的有关技术资料，测量货物外形尺寸和重心位置，必要时应组织有关部门共同研究。审查后，以超限超重货物运输请示电报向铁路局请示装运办法。

（3）铁路局接到批示或抄送的电报后，应结合管内的实际情况及时批转。管内通行确有困难时，应在收到电报之日起 3 个工作日内以电话和电报通知发局和电报批示单位。车站接到铁路局批示电报后，应按装载加固方案及时组织装车。

（4）装车后，车站应根据货物特点做好标记、记录、检查确认运输线路限界、与其他部门的沟通与协调等工作。

（5）运输途中，铁路局必须加强对超限、超重车运行途中的检查，落实区段负责制。

阅读材料:《铁路超限超重货物运输规则》

8.3 鲜活易腐品运输

8.3.1 鲜活货物及其运输特点

1. 鲜活货物的定义

鲜活货物是指在运输过程中，需要采取制冷、加温、保温、通风、上水、加冰等特殊措施，以防止出现腐烂、变质、冻损、生理病害、病残死亡等问题的货物，或托运人认为须按鲜活货物运输条件办理的货物。按照自然属性，鲜活货物可分为以下两类。

（1）易腐货物（鲜活易腐品），是指在一般条件下保管和运输时，极易受到外界气温及湿度的影响而腐烂变质的货物，主要包括肉、鱼、虾、蛋、瓜果、蔬菜、鲜活植物等。

易腐货物按其热状态可分为冻结货物、冷却货物和未冷却货物。冻结货物是指经过冷冻加工成为冻结状态的易腐货物，其承运温度（除冰外）为-10℃以下；冷却货物是指经过冷却处理，温度在冻结结点以上的易腐货物，其承运温度在 0～7℃（香蕉、菠萝除外，温度为 11～15℃）；未冷却货物是指未经过任何冷处理，完全处于自然状态的易腐货物。

（2）活动物，如禽、畜、兽、蜜蜂、活鱼、鱼苗等。

2. 鲜活货物的运输特点

（1）品类多，运距长，组织工作复杂。我国出产的鲜活易腐品有几千种之多，性质各不相同，运距长，加之南北方气温相差大，不仅同一地区在不同季节需要不同的运输条件，就是在同一季节，当车辆行经不同地区时，也要变换运输条件。在一次运送过程中，可能兼有冷藏、保温和加温多种运送方法。鲜活易腐品的组织工作与普通货物相比要复杂得多。

（2）季节性强，运量波动大。鲜活易腐品大部分是季节性生产的农副产品，水果集中在第三、第四季度，南菜北运集中在第一、第四季度，水产品集中在春秋汛期。在收获季节，运量猛增；在淡季，运量大大降低。

（3）运送时间要求紧迫。大部分鲜活易腐品极易变质，要求以最短的时间、最快的速度及时运到，否则会影响到货物原来的质量。

（4）易受外界气温、湿度和卫生条件的影响。鲜活易腐品一般比较娇嫩，对温度要求不同，热了容易腐烂，冷了容易冻坏，干了容易干缩，碰破了以及卫生条件不好容易被微生物侵蚀，使易腐货物腐烂变质，使活动物病残死亡。

（5）某些鲜活易腐品须配备专门的运载设施和工具。运输途中需要特殊照料的一些货物，如牲畜、家禽、蜜蜂、花木秧苗等的运输，须配备专用车辆和设备，如铁路冷藏车、冷藏汽车、冷藏船、冷藏集装箱等低温运输工具。沿途专门照料。

（6）运输具有更多的不确定性和风险。由于货物特点、季节性、环境条件等方面的影响，鲜活易腐品运输波动性较强，并带来多种安全风险。

（7）运输成本较高。由于鲜活易腐品在运输过程中环节多、需要更为先进的设备及技术、需要采取更多的照料等，所以鲜活易腐品运输需要投入更多的资金购买运输工具、建设信息系统，因此带来更多的费用。

8.3.2　鲜活易腐品保藏和运输的方法

鲜活易腐品在鲜活货物中占比例最大，下面主要讨论鲜活易腐品运输管理的内容。

鲜活易腐品出现腐烂变质等问题的原因主要是微生物的作用、呼吸作用及化学作用。这些作用一般都与温度有关，所以控制好运输过程的温度是增强鲜活易腐品抗病性和耐藏性的基本要求。而冷藏方法是控制运输过程温度、对鲜活易腐品有效储存和运的方法。在运输过程中使用冷藏方法，必须使整个运输过程各个环节保持连续冷藏，避免某个环节因为温度的变化使得货物腐烂变质。

相关链接：微生物作用、呼吸作用及化学作用

微生物作用又称生物作用，主要指霉菌、病菌的作用，食品在微生物分泌出的酶和毒素作用下迅速分解，成为适合微生物繁殖的营养物质；随着微生物以几何级数繁殖，越来越加速食品的分解、消耗，最终导致其腐败变质。

呼吸作用又称生物化学作用，指植物性的食品虽离开母株，但本身仍有生命活动，吸收氧气，放出二氧化碳、水分和热量。它们用呼吸作用产生的免疫功能抵御外界微生物的入侵，但以消耗自身体内的营养物质为代价，所以水果、蔬菜的这个活动过程称为后熟作用。

化学作用又称氧化作用，即果、蔬碰伤使表皮受损后，果、蔬为抵抗微生物的入侵，自身会加强呼吸作用，使食品碰伤部位的成分被氧化，生成黑褐色的物质，这就加速了自身的成熟过程，从而很快导致腐败变质。

冷藏方法的优点是：能很好地保持食物原有的品质，包括色、味、香、营养物质和维生素；保藏的时间长，能进行大量地保藏及运输。使用冷藏方法进行储存和运输的货物称为冷藏货。鲜活易腐品中，除了动物及活体植物之外，大部分都属于冷藏货物。

冷藏货物大致分为冷冻货和低温货两种。冷冻货是指货物在冻结状态下进行运输的货

物，运输温度的范围一般在–20～–10℃；低温货是指货物在还未冻结或表面有一层薄薄的冻结层的状态下进行运输的货物，运输温度的范围一般在–1～16℃。

货物运输的连续冷藏温度称为运输温度。各种货物的运输温度不尽相同。现介绍一些具有代表性的冷冻货和低温货的运输温度，如表 8-1 和表 8-2 所示。

表 8-1　冷冻货运输温度

货　　名	运输温度（℃）	货　　名	运输温度（℃）
鱼	–17.8～–15.0	虾	–17.8～–15.0
肉	–15.0～–13.3	黄油	–12.2～–11.1
蛋	–15.0～–13.3	浓缩果汁	–20

表 8-2　低温货运输温度

货　　名	运输温度（℃）	货　　名	运输温度（℃）
肉	–5～–1	梨	0.0～5.0
腊肠	–5～–1	葡萄	6.0～8.0
黄油	–0.6～0.6	菠萝	11.0 以内
带壳鸡蛋	–1.7～15.0	橘子	2.0～10.0
苹果	–1.1～16.0	土豆	3.3～15.0

用冷藏方法来保存鲜活易腐货物，还要注意温度、湿度、通风、卫生 4 个条件的关系。同时，因为微生物活动和呼吸作用都随着温度的升高而加强，所以必须保持连续冷藏。

8.3.3　鲜活易腐品的运输组织方式及要求

1. 鲜活易腐品的运输组织方式

鲜活易腐品运输的特殊性在于要求及时运达，因此，在运输过程中，必须严格遵守"3T"原则，即鲜活易腐品的最终质量取决于流通时间（Time）、温度（Temperature）和产品的耐藏性（Tolerance）。为确保鲜活易腐品的质量，鲜活易腐品运输必须在一定的时间内、合理的温度和适宜的环境下进行。"门到门"直达运输和即时运输方式能够满足鲜活易腐品运输的特殊性要求。

（1）"门到门"直达运输。在食品、鲜花等易腐品的运输中，"门到门"直达运输可以减少运输环节，最大限度地减少物品运输在途时间，降低物品腐败变质的机会。除公路运输本身能够实现门到门运输外，航空、铁路、水路运输应该与公路运输联合以实现门到门运输。

"门到门"直达运输除要求具备一定的交通运输条件之外，还需要配备合适的运输工具，做好运输计划及各个环节的衔接，特别是与客户直接相连的两端更需要合适的工具及双方良好的协作，更多时候需要采用联合运输方式。

（2）即时运输。是指按照运输计划要求或客户突然提出的运输要求及时组织运输活动的方式。当接到客户突然提出的订单后，企业能够根据产品特点、货运量、时间及地点要求，迅速制订运输方案、组织运输工具、安排作业人员、组织各个环节业务活动，以便将货物及时送达目的地。

即时运输的突出特点是及时响应、快速送达。它要求运输企业具有快速响应客户需求的能力和高效的组织能力，因而要求企业必须具备相应的条件和应急反应能力，如良好的运输车辆和装卸搬运工具、先进的信息系统、较高的管理水平和较高素质的员工等。即时运输属于应急物流的一部分。

相关链接：应急物流的定义及特点

应急物流是指针对可能出现的突发事件已做好预案，并在事件发生时能够迅速付诸实施的物流活动。应急物流一般具有突发性、随机性、不确定性、强时效性、弱经济性和低容错性等特点。

应急物流是因突发事件而发生的，所以有较强的突发性；而突发事件往往是随机发生的，并且难以确定其持续时间、强度、影响范围、损失程度等，所以应急物流具有随机性和不确定性，为了应对突发事件，所有的活动包括物流活动首要的要求是"迅速"，必须尽早将应急物资送达指定地点，所以应急物流首先考虑的是时间和效率，其次才是成本和效益，这就决定了应急物流具有强时效性和弱经济性；低容错性是指一旦应急物流出现错误就会造成比较大的损失，包括时间浪费方面和运力浪费的损失，基础设施的占用和物流配送能力占用，可能导致重大生命和财产损失及其他危害等，因此应急物流不允许出错或应最大限度地减少出错。

2. 鲜活易腐品运输业务的基本要求

对于具体的鲜活易腐品运输业务，要求做到快装快运、轻装轻卸、防热防冻、平稳运输。下面是鲜活易腐品运输业务的一些基本要求。

（1）托运人托运鲜活易腐品，应当提供最长允许运输时限和运输注意事项，按约定时间办理托运手续。不同热状态的货物不得按一批运输。

（2）政府规定需要进行检疫的鲜活易腐品，应当出具有关部门的检疫证明。包装要适合鲜活易腐品的特性，不致污染、损坏其他货物。

（3）配载运送时，应对货物的质量、包装和温度要求进行认真检查，要严格符合规定。应根据货物的种类、运送季节、运送距离和运送地点确定相应的运输服务方法，及时组织适合的工具予以装运。

（4）鲜活易腐品装载前，必须认真检查车辆等工具的完好状态，并注意清洗和消毒。应根据不同货物的特点确定其装载方法。例如，为保持冷冻货物的冷藏温度，要紧密堆垛；水果、蔬菜等需要通风散热的货物，必须在货件之间保留一定的空隙；怕压的货物必须在车内加隔板，分层装载。

（5）需要特殊照料的鲜活易腐品，应由托运人自备所需设施，必要时由托运人派人押运。

8.3.4　冷链运输

1．冷链运输的定义

由于鲜活易腐品在整个运输过程中各个环节保持连续冷藏，所以其属于冷链运输。国家标准《物流术语》将冷链定义为：根据物品特性，为保持物品的品质而采用的从生产到消费的过程中始终处于低温状态的物流网络。冷链运输是指在冷链产品的整个运输过程中，每一个环节（包括装卸、搬运、包装、转变运输方式等）均在低温状态下进行的运输。

2．冷链运输的特点

冷链运输是冷链物流中十分重要而又必不可少的环节，其可以采用公路、铁路、航空、水运及联运等运输方式，也是一种特殊的运输。

冷链运输的对象除一般的鲜活易腐品外，还包括必须在低温甚至是冷冻状态下保存的特殊货物，如药品、试剂、疫苗、医疗器械等。

冷链运输具备鲜活货物运输的主要特点。冷链运输一般使用专用的运输车辆、冷藏和保温技术，运用专业的作业方法和管理手段，需要特殊的管理和作业人才，所以冷链运输专业性非常强。

相关链接：冷链物流

冷链物流一般是指为了满足客户需求，在冷链环境下，以冷冻工艺学为基础，以制冷技术和信息技术为手段，以连续冷藏方法提供货物的运输、仓储、配送、包装、加工、信息服务，以及其他一系列增值服务的活动或过程。冷链物流是随着物流技术在食品工业中的应用和发展而产生的，它将现代物流技术运用到食品冷藏链的运作管理之中。冷链物流作为一种专业物流，是现代物流业不可或缺的部分，目前正广泛应用于农产品、奶及奶制品、鱼类、肉及肉制品、鲜花及药品等多种产品的物流中，日益受到人们的重视。

8.4　贵重物品运输

8.4.1　贵重物品的定义

随着社会经济的发展和人们收入水平的提高，贵重商品的交易与消费变得更为常见，由此带来的贵重物品运输也显得越来越重要。过去贵重物品运输主要依赖于航空运输方式，目前利用水路运输、公路运输和铁路运输等方式的现象逐渐增多。

1. 贵重物品的定义

贵重物品也称贵重货物、贵重品，即单件物品价格比较昂贵的物品，一般是指毛重每公斤声明价值国际货物超过 1 000 美元或等值货币、国内货物超过 2 000 元人民币的货物，包括黄金、白金、铑、钯等稀贵金属及其制品；各类宝石、玉器、钻石、珍珠及其制品；贵重文物（包括书、画、古玩等）；现钞、有价证券、旅行支票、股票等。

2. 贵重物品的分类

（1）稀贵金属及其制品。黄金（包括提炼、未提炼的金锭）、混合金、金币及各种形状的黄金制品，如金粒、片、粉、棉、线、条、管、环和黄金铸造物；白金（铂）类稀有贵金属（钯、铱、钌、锇、铑）和各种形状的铂合金制品，如铂粒、棉、棒、锭、条、网、管、带等。但上述金属及合金的放射性同位素则不属于贵重货物，而属于危险品，应按危险品运输的有关规定办理。

（2）有价票据，包括合法的银行钞票、有价证券、股票、旅行支票及邮票等。

（3）钻石、珠宝及珍贵饰品，如钻石（包括工业钻石）、红宝石、蓝宝石、绿宝石、蛋白石、珍珠（包括养殖珍珠），以及镶有上述钻石、宝石、珍珠等的饰品，还有如金、银、铂等材料制作的珠宝饰物和手表等，但不包括镀金、镀铂的制品。

（4）珍贵文物，包括书籍、古玩、字画等。

8.4.2　贵重物品的收运要求

由于贵重物品的航空运输有相对完善的管理制度，所以本部分主要介绍航空运输中贵重物品运输的相关规定。

1. 贵重物品的包装要求

（1）贵重物品应用硬质木箱或铁箱包装，不得使用纸质包装，必要时外包装上应用"井"字铁条加固，并使用铅封或火漆封志。

（2）贵重物品的包装必须完整牢固，适合运输，不能有开口、破裂、短缺等现象。

（3）包装不符合要求时，应动员托运人改善包装。托运人拒绝改善包装的，承运人可以拒绝承运。

（4）贵重物品的外包装上不可有任何对内装物做出提示的标记。

2. 贵重物品的价值规定

（1）托运人交运贵重物品时，自愿办理声明价值。

（2）每票货运单上国际物品的声明价值一般不得超过 10 万美元或其等值货币，国内物品的声明价值一般不得超过 50 万人民币。

（3）每份货运单上物品的声明价值超过上述限额时，应按以下办法办理：① 请托运人分批托运，由此产生的运费差额或其他费用由托运人承担；② 告知上级机关，按照给予的答复办理。

（4）每次班机上所装载的贵重物品，价值不得超过 100 万美元。

3．贵重物品运输的规定

（1）贵重物品的运输应优先使用直达航班，并订妥全程舱位。同时，还应尽量缩短物品在始发站、中转站和目的站机场的时间，避开周末或节假日交运。

（2）贵重物品不得与其他物品混装在一起运输。贵重物品装机时，应填写贵重物品交接单，并连同贵重物品一起与机长交接。

（3）总重量在 45kg 以下，单件体积不超过 453 020cm^3 的贵重物品，应放在机长指定的位置；超过上述体积和重量的，应放在有金属门的集装箱内或飞机散舱内。

（4）贵重物品运至目的站后，应安排专人监督卸机过程，直至物品入库。

（5）贵重物品应存放在专属仓库内，并随时记录其出、入库情况。

4．贵重物品的提取要求

物品到达目的站后，货运部门根据货运单所列的收货人姓名和地址用到货通知单或电话方式通知收货人提货。收货人凭单位介绍信、到货通知单或货运单收货人联和本人有效身份证件（如居民身份证、护照、军官证、士兵证、文职军人证、户口簿等）到指定提货地点办理提货手续。如收货人委托他人提货时，须凭到货通知单或货运单收货人联和货运单指定的收货人及被委托人的居民身份证或其他有效身份证件提货。收货人应在提货前自行办妥海关、检疫等手续，并付清相关费用。

8.4.3　贵重物品运输监管与安全管理

1．贵重物品运输的监管

贵重物品在运输过程中需要进行严格监管，这样才能保证其保质、保量地适时运送到指定地点。

（1）监控调度。包括贵重物品管理、运单管理、调度指令、回单管理、委托业务跟踪、物品跟踪、物品实时跟踪、历史轨迹回放、行程查询等。

（2）报警。包括报警确认、报警取消、遥控熄火、遥控恢复、分发报警、越界报警、指定路线报警等。

（3）通信。包括信息发送、通信记录查询、通信参数设置等。

（4）地理信息管理。包括电子栅栏、贵重物品流动范围控制等。

2. 贵重物品运输的安全管理

各种运输方式对于贵重物品运输安全管理的要求不同。以公路运输为例，贵重物品运输的安全管理包括物品安全管理、车辆安全管理、人员安全管理、雨天行车安全管理和安全制度约束 5 个方面。下面主要介绍前 3 个方面。

（1）物品安全管理。在运输过程中，首先应该保证贵重物品的安全，推行保价运输。保价运输是指运输企业与托运人共同确定的以托运人声明物品价值为基础的一种特殊运输方式，保价就是托运人向承运人声明其托运物品的实际价值。对于按保价运输的物品，托运人除缴纳运输费用外，还要按照规定缴纳一定的保价费。

（2）车辆安全管理。在贵重物品运输过程中，还应该保证车辆安全。除对运输车辆进行必要的维护、维修外，还要做到人车协调，坚决杜绝疲劳驾驶、无证车辆上路等现象的发生。

（3）人员安全管理。人员安全管理主要是对驾车人、押车人和交通监理的安全意识管理，要求做到有法可依、有法必依、执法必严和违法必究。驾车人除了要求执证（驾驶证、车辆管理证等）上岗、懂得交通法律法规外，还要有良好的爱心、耐心、宽容心和责任心。押车人的作用在于指导运输安全、传达信息和保护运输物品的安全，还要具备处理各种运输业务和突发事件的能力。

应用案例

秦陵铜车马首次远行

2010 年 4 月 12 日 8 点多至 13 日下午 4 点多，"秦陵一号铜车马"从陕西临潼历经长达 1 500km，运抵上海参展世博会。秦陵铜车马是中国古代青铜文化达到极致的象征之一，是当之无愧的国之瑰宝。它由 3 500 多个零部件组成，总重约 1 061kg，配有 1 000 多件金银配饰，部分已矿化，非常酥脆。

整个运输经历了从始发地到陕西省文物局、陕西省政府，最终到国家文物局的过程，并经过层层论证、审批；专家对铜车马进行严格 "体检"，制订了细致的方案；将整部铜车马拆卸为数百个部件，大到数百公斤的铜马和铜车，小到仅有数克的金银马饰，利用丝绸包裹、配套囊匣等技术装入 20 多个囊匣；富有珍贵艺术品国际运输经验的 "华协国际珍品货运服务有限公司"派出文物运输专用车辆，陕西、河南、安徽、江苏、上海五地的公安部门积极联动，确保运输过程安全；沿途克服了大雨、下雪、冰雹及雷阵雨等恶劣天气的影响，最终使铜马车顺利运抵上海。

上下各级部门及相关组织的高度重视、科学的方案设计、先进的文物保护和运输技术、强大的专家团队、多方支持和配合、具有良好资质的运输企业的配合、良好的沟通协调、合理的现场组织保证了该次运输的成功。

本章小结

特种品运输主要包括危险品、超限品、鲜活易腐品和贵重物品的运输。危险品是指具有易爆炸、易燃、毒害、感染、腐蚀、放射性等危险特性，在运输、储存、生产、经营、使用和处置中，容易造成人身伤亡、财产损毁或环境污染而需要特别防护的物质和物品。超限品是指外形尺寸和重量超过常规（超长、超宽、超高、超重）车辆、船舶装载规定的大型货物或大件货物。鲜活货物是指在运输过程中，需要采取制冷、加温、保温、通风、上水、加冰等特殊处理措施，以防止出现腐烂、变质、冻损、生理病害、病残死亡等问题的货物，或托运人认为须按鲜活货物运输条件办理的货物。贵重物品是指单件物品价格比较昂贵的物品。与一般货物相比，特种品运输具有鲜明的特点，对从事特种品运输企业的资质也有较高的标准，在运输组织方式、运输工具、运输技术、信息系统、管理规范、作业方法、安全管理等方面都有较高的要求。

复习及练习

一、主要概念

危险品　超限品　鲜活货物　鲜活易腐品　贵重物品

二、思考及练习题

1. 危险品运输的要求是什么？

2. 试述危险品运输业务流程规范。

3. 大件运输许可管理的主要内容是什么？

4. 简述鲜活易腐品保藏和运输的方法。

5. 简述鲜活易腐品运输组织方式。

6. 贵重物品运输如何进行安全管理？

7. 查阅资料，了解《危险货物分类和品名编号》（GB6944—2012）、《危险货物品名表》（GB12268—2012）的基本内容。

8. 查阅《超限运输车辆行驶公路管理规定》《铁路危险货物运输规则》《水路危险货物运输规则》《中国民用航空货物国内运输规则》。

案例分析

穿越北京市区刷新运输纪录

　　1 月 19 日到 21 日，北京市主流媒体都在争相报道这样一条新闻：1 月 18 日晚至 21 日凌晨，中远物流重型车组成功载运超重设备安全穿越北京市区。该设备是北重阿尔斯通（北京）电气装备有限公司生产的第一台重达 358t 的超临界 $60×10^4$kW 发电机定子。这是北京市区有史以来道路运输货物最重、车组最长、涉及环节最多的一次超重件运输。长达 100m 的重型车组安全穿越四环、五环、六环道路，其间下穿 23 座桥梁，上行 12 座桥梁、10 座暗涵，车组通行过程中部分桥梁最大净空高度仅为 10cm……

繁杂的准备

　　北重阿尔斯通（北京）电气装备有限公司是由法国阿尔斯通（中国）投资有限公司与北京重型电机厂共同出资建立的。专门设计、制造、销售 600MW 等级以上亚临界、超临界及超超临界汽轮发电机组。中远物流承运的本台设备，是北重阿尔斯通生产的首台成型设备。本次运输也就成为北重阿尔斯通首台出京的机组。这次运输关系到设备的完好、交通的安全和双方今后的合作。从 2006 年 12 月开始，北京中远物流有限公司工程物流部全体人员高度重视该项目。在起运之前的一个多月里，他们加班加点，排除各种困难，确保了设备准时开运。

　　本次运输路线涉及丰台区、石景山区、大兴区、海淀区，需要协调北京市路政局、北京市运输管理局、交管局等多个机构。由于时至年底，春运在即，给协调工作带来许多困难。为了信守对客户的承诺，维护中远物流的声誉，北京中远物流调动有限的人力、物力、财力，积极协调相关部门。仅就北重门口一例：桥式车组运行出厂门右转，由于扫空面积的要求，需要拆除一个灯杆、一块指示牌、一棵小树。在总面积不到 $0.5m^2$ 的范围内，涉及 3 个管辖部门，3 个管辖区域：一个灯杆由路灯管理处负责；一块指示牌由丰台区设施处负责；一棵小树由石景山区园林局负责。

　　仅挪移小树一项工作，就需要向园林局申报并得到批复。而全程虽只在北京市区运行 64km，却需下穿 23 座桥梁，上行 12 座桥梁，10 座暗涵，一座地下通道，转弯 20 处，需拆除护栏、限高杆、灯杆、指示牌等 19 处，逆行 25km……难度超出想象。

精确的计算

　　技术保障是安全运输的关键。该设备的高度及原设备所带进口托架高度已达 4.41m，再加上车板，运输总高度达到 4.8m。而北京市多数立交桥桥下净空为仅 5m。随着桥梁基础沉降、道路横坡、纵坡的出现，实际允许运输高度仅为 4.7m。也就是说，静止设备的高度已经超限，运输起来的动态高度就更难以把握。稍微有个闪失，不仅设备受损，还将阻碍交通，对交通压力重、堵车厉害的北京市区道路来说，带来的麻烦、损失将不可估量。

设备超高难题横亘在运输团队面前，相当棘手。

项目组技术负责人凭借着丰富的运输经验和缜密的力学计算，提出对原设备所带进口托架进行改造，变设备高度为运输高度的大胆设想。该设想最初遭到货主质疑，原装进口托架不是好好的吗，改造过程中伤及设备怎么办？改造后还是不行怎么办？运输团队以科学的数据、合理的方案和货主协商并经过同意，最终实现 4.41m 的运输高度。虽然只是区区几厘米的区别，却排除了巨大的障碍，使大部分受桥下净空限制而不能通行的道路变为可行，最大限度地减少了运输距离及高空软障碍的拆改量，降低了运输风险，减少了拆改费用。

在成功降低运输高度以后，为尽量减少市内运行距离，寻找出市捷径，项目组对莲石东路经南沙窝桥至莲花池西路逆行的方案进行了反复论证。南沙窝桥是集 3 座立交桥于一处，道路纵坡、横坡，桥梁结构横坡于一点，最低处桥下净空仅为 4.53m 的极为复杂的路段。采用此方案则意味着整体运输成本降低，但局部运输风险增加；不采用此方案，则意味着局部高空硬障碍得到规避但整体运输成本增加。为此他们密布测控点，精确测量数据，在 20m² 的范围内布点 80 个，最终认为方案可行。

为保障此次特殊运输的安全，北京市公安局出动警察 222 人次、警车 150 台次为车队沿途实施护卫。北京市运输管理局、北京市路政局也派员到现场进行协调。

完美的句号

1 月 18 日晚 11 点 30 分，惊心动魄的一刻终于来临。车组稳健有序地在桥下穿行：设备顶面离桥梁梁底不到 2cm，托架底面离地面不到 1cm。原来预计需 2 小时通过的南沙窝，中远物流仅用 25 分钟便顺利通过。

注：案例根据 2007 年 2 月 28 日《现代物流报》文章"穿越北京市区刷新运输纪录"（作者王莉、王茜）改编。

案例问题

1. 查阅资料并结合本案例，分析和总结中远物流该次运输业务成功的经验。
2. 分析并说明一家物流企业从事超限品运输的条件是什么？

第9章 运输市场营销管理

学习目标

- 了解运输市场营销管理的基本知识，包括运输产品的整体概念、运输市场营销的含义及特点、运输市场营销管理的基本内容等。
- 熟悉运输企业的组合策略、品牌策略、服务策略。
- 熟悉运输企业的分销渠道策略。
- 熟悉运输企业的促销策略。
- 熟悉运输企业的网络营销策略。

9.1 运输市场营销概述

9.1.1 运输产品的整体概念及特点

市场营销是企业战胜竞争者、谋求发展的重要方法。运输市场营销是将一般的市场营销理论运用于运输市场，形成的系统的营销理论和一系列营销策略。对于运输企业来说，市场营销的根本任务就是刺激客户对企业运输产品的需求，使需求与供给相协调，并且尽量扩大运输生产和业务量。企业运输产品就是运输服务，这种产品与其他实体产品及服务产品不同。

1. 运输产品整体概念

在市场中，一切能够满足客户某种需求和利益的物质属性和非物质属性都属于产品的内涵。如 1.1.1 节内容所述，运输产品也是一种物质变化的形式。它既是运输生产活动产生的效用，也是运输业用以出售的产品。同一般的产品类似，运输产品整体上包括核心产品、形式产品和延伸产品，如图 9-1 所示。

（1）核心产品。即货物的位移，也称实质产品，是运输企业为客户提供的最基础的服务，是客户所需购买的核心利益和基本效用。但是核心产品要以具体的形式体现出来才能提供给客户。

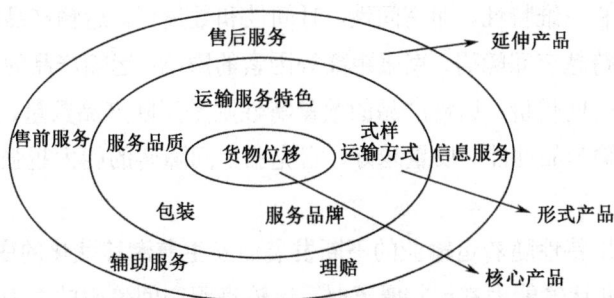

图 9-1　运输产品整体概念

（2）形式产品。形式产品是核心产品借以实现的形式，即核心产品的外在表现和具体形式。运输服务的形式产品主要表现在 5 个方面：①品质，如经济性、迅速性、安全性、便利性、可靠性、可得性、服务水平等，不同运输方式在这些方面表现不同；②运输产品不同于其他产品的特色，如铁路的夕发朝至、行包专列等；③式样，如集装箱列车、现代化油轮等；④品牌，如铁路的双优列车、"五定"班列等；⑤包装，如企业标识、车站外观等。由于航班、车次、车船、列车、飞机、名号实质上是一种品牌、款式，能够比较综合地从总体上反映位移核心产品所带来的效用和利益，因此许多运输企业往往在促销广告中直接以此来招徕客户。

（3）延伸产品。一般包括：售前服务，如预订、上门办理有关货运业务等；售后服务，如客户查询、批评和建议、运输事故赔偿等；提供运输信息服务及各种延伸服务，如代办货物仓储、包装、行包接取送达、地方搬运、送货上门、运输代理等。

相关链接：整体产品概念

市场营销学所研究的产品就是整体产品，整体产品的概念包括 3 个方面的内容：核心产品（实质产品）、形式产品和延伸产品。实质产品指产品能带来基本需求效用和利益。从根本上讲，每个产品实质上都是为解决问题而提供的服务；形式产品是指产品的实体外在形态，或核心产品借以实现的形式或目标市场对需求的特定满足形式，一般由 5 个特征构成，即品质、式样、特征、商标及包装；延伸产品是指针对产品本身的商品特性而产生的各种服务保证，或者是顾客购买形式产品和期望产品时，附带获得的各种利益的总和，包括说明书、保证、安装、维修、送货、技术培训等。

2．运输产品的特性

根据 1.1.1 节、2.2.1 节、2.2.2 节内容所述，运输产品作为一种服务，除具有一般服务产品的特点外，还具有自己本身的特点。运输产品不创造新的有形产品，也不改变运输对象的形态，但可以增加被运送货物的使用价值。它是一种无形的产品，虽然不具有实体性，但具有实质性，能够给用户提供效用和利益。它的劳动对象一般不为运输生产企业所有。

运输产品还具有三维特性，即空间性、时间性和数量性。运输产品的空间特性反映了运输产品的完成要跨越空间障碍，克服距离等因素的影响；运输产品的时间特性反映了完成位移所需支付的时间代价；运输产品的数量特性则是反映产品数量、规模的大小。所以在一定意义上，运输产品性能、质量越好，它克服空间障碍的能力越强，同时所付出的时间代价越小。

运输产品的效用特性随着运输业的不断发展而发生着潜移默化的变化。当运输业不是很发达，运输手段和运输能力都比较匮乏时，运输克服空间障碍的能力就比较低下，所花费的时间代价也较高，并且运输产品的效用特性主要偏重于克服空间障碍的能力，即空间效用突出。当运输业运输手段和运输能力不断提高时，时间效应会受到越来越多的重视。随着经济的发展，人们的时间观念不断提高，运输的时间效用将成为决定运输业竞争力的关键。

3．运输产品的度量

运输产品的数量特性可以用运输周转量来衡量，其单位是一种复合计量单位，一般可以用"kg·km"或"t·km"表示。例如，运输 20kg 货物，行驶 30km，运输周转量为 600kg·km。

与其他产业的实体产品或服务产品相比，运输产品具有明显的矢量性质。从空间上来说，只有提供相同的货物从相同起点到终点的运输服务才是相同的运输产品。例如，运输供给者不能用运水果代替需求者所要运送的大米，也不能用从兰州到乌鲁木齐的运输代替从北京到上海的运输，甚至同一运输线上不同方向的运输服务也是完全不同的运输产品，偏离了这一方向的位移矢量是无效的。

关于运输产品、运输周转量及其单位，需要注意以下几点：①kg·km 只是运输产品的一个度量单位，如同"kg"是钢铁产品的度量单位一样，不能仅以度量单位来反映产品的全部内涵；②运输产品是具体的位移，而 kg·km 表示抽象的数量，不同位移的运输产品可能有相同的 kg·km 数量，相同位移的运输产品也可能有不同的 kg·km 数量；③即使是相同的货物位移，质量标准上也可能相差很大，而 kg·km 不能反映各种质量指标；④货物位移对应着包括装卸等作业的运输全过程，有时一个运输过程包括几次装卸，但是 kg·km 无法包含这些内容。

在度量标准方面，运输产品除要符合数量标准外，还需要使用多方面的标准来衡量。运输产品完成的是一定时间及空间上的位移，因此其质量标准除包含一般产品要求的安全性、经济性和便利性外，还要具备快速性和准时性。由于不同的运输工具可以提供类似的运输产品，所以不同运输工具会产生上述各种质量标准的不同效果。

应用案例

中铁快运股份有限公司提供新的运输服务形式

中铁快运针对市场需求的变化，采取了多种策略提供不同的运输服务形式。一是根据繁多的货物品类及货主对运输的不同需求，为了解决货运工作出现作业环节烦琐、影响作业效率的问题，实行了货车专列化，如行包、油龙、冷藏、超限专列等。二是开展"五定班列"，即"定点、定线、定车次、定时、定价"的快运货物直达列车。该型货车运价公开化、运行客车化、服务承诺化的特点改善了货主对有特殊要求的货物进行托运时运输方面的困难局面，并争取了一定数量的货源，提高了货运的效益。

9.1.2　运输市场营销的含义及特点

1. 运输市场营销的含义

在运输市场中，运输产品同样存在着定价、分销、促销等问题，因而也面临着产品的市场营销问题。运输产品是一种服务，所以运输市场营销属于服务营销范畴。运输市场营销是指运输企业在正确的营销观念的指导下，从事市场调查、产品开发、价格制定、产品分销和促销的全部活动过程，也是满足运输需求者现实或潜在需要的综合性营销活动过程。运输市场营销始于运输生产之前，贯穿于运输生产活动的全过程。

相关链接：服务及服务营销、关系营销的含义

克里斯蒂·格鲁诺斯（Christian Gronroos）认为：服务一般是以无形的方式，在顾客与服务职员、有形资源商品或服务系统之间发生的，可以解决顾客问题的一种或一系列行为。服务营销是一种通过关注顾客，进而提供服务，最终实现有利的交换的营销手段或一系列活动。服务营销的一般特点有：供求分散，营销方式单一，营销对象复杂多变，服务消费者需求弹性大，对服务人员的技术、技能、技艺要求高。在服务业中，营销并不只是营销部门的事，而是涉及整个组织，传统的营销模式已发展为关系营销。关系营销是一种致力于发展和强化连续的、持久的顾客关系的长期战略。服务营销应是全面的营销职能，可以理解为传统的营销功能和互动的营销功能两部分。

2. 运输市场营销的特点

（1）营销工作难度大。与一般的实物性产品相比，非实体性运输产品在营销方面存在更大的困难。

（2）分销形式主要采取代理制。例如，在国际货物运输中，从事远洋运输和航空运输的企业基本上都是依靠货运代理来承揽运输业务的。代理销售对运输产品的有效分销和增

加产品的市场渗透力发挥了重要作用。

（3）价格机制不尽一致。不同的运输方式在价格形成和变化机制上存在着明显的差别，如我国铁路运输在价格形成和变化上主要是受政府的控制，公路运输和航空运输的价格主要是由企业依据市场竞争状况进行自主定价。

（4）供需直接见面。有形产品的生产与消费、供给与需求在空间上和时间上是分离的，而运输产品的生产和消费是在同一时空上进行的，运输产品的供给方和需求方是直接接触的。

（5）内部营销和关系营销地位突出。内部营销是把企业员工看作企业重要的内部市场，如果内部目标群体不能很好地市场化，那么企业针对外部市场客户的营销也不可能成功。运输企业可以用 3 种方法提高其市场占有率，即吸引更多的新客户、增加既有客户的购买数额（购买量）、减少客户的流失。对于企业来说，维系一个老客户有时甚至比吸引一个新客户更重要。运输业是与客户密切接触的行业，通过提供优质服务维系客户是营销工作中最为重要的内容之一。所以关系营销对于运输企业特别重要。

3．运输市场营销管理过程

与其他行业市场营销类似，运输市场营销管理过程是指企业为实现目标、完成任务而发现、分析、选择和利用市场机会的管理过程。运输市场营销管理过程包括 4 个步骤：①发现和评价市场机会，即广泛收集市场信息，进行调查研究，分析预测未来趋势，发现和识别适合企业的营销机会；②细分市场和选择目标市场；③发展市场营销组合和决定市场营销预算；④执行和控制市场营销计划。

9.1.3 运输市场营销管理的内容

1．运输市场营销战略的制定和实施

（1）运输市场营销战略的定义。运输市场营销战略是运输企业发展战略的重要组成部分，也是企业市场营销活动过程中最重要的环节。运输市场营销战略是运输企业为了实现其经营目标，在一定时期内对其营销活动所做出的全局性、长远性的谋划与对策，一般包括营销目标、范围、规模、方式、产品研发、技术发展、组织及人事等内容。

运输市场营销战略的制定应遵循战略制定的一般要求，注重创造客户、获取和维持客户，结合运输行业及企业的特点及发展状况积极推行革新，明确企业在相当长一段时期内"应该干什么""能干什么""应该怎么干"，并以此形成市场营销的理性思路。

（2）实施市场营销战略的途径。一是适应新的市场营销战略，建立有效的组织，负责营销战略的制定、实施；二是注意在新环境下调整产品策略，满足货主的个性消费需求，如创立新品牌、扩大运输服务功能、调整广告宣传策略等；三是建设企业营销网络，如建立直销机构、代理销售机构等；四是改进营销手段，如利用互联网进行网上销售、开展咨询服务等。

2. 运输市场分析

运输市场分析主要包括运输市场营销环境分析、运输需求分析、运输消费者行为分析等。运输市场营销环境分析可分为宏观环境分析和微观环境分析。宏观环境主要指企业从事营销活动不可控制的因素，如人口环境、政治法律环境、经济环境、自然环境、技术环境、社会文化环境等。微观环境则主要包括运输企业自身、货主、竞争者、营销中介、供应者、社会公众等因素。运输需求分析主要是分析运输需求的特征、运输需求的种类、运输需求的影响因素、运输需求的弹性及一般变动规律。运输消费者行为分析主要包括运输消费者需求心理分析、购买行为分析。

3. 运输市场调查

运输市场调查主要调查用户的现实需求和潜在需求及产、供、销状况，了解和掌握运输经济腹地的货源构成及流向、流量等情况，从而为货源组织工作准备资料，为企业制定营销策略提供依据。调查内容一般包括市场营销环境调查、市场需求调查、市场供给调查、市场营销策略调查。调查方法可以采用询问法、观察法、试验法等。

4. 运输市场预测

运输市场预测包括运输市场需求量、运输市场供给能力、运输价格、运输成本、市场占有率、市场趋势、同行业竞争情况等方面的预测。对运输市场可以进行长期预测、中期预测和短期预测，也可以进行定性预测、定量预测和定时预测。定性预测方法一般包括用户需要直接调查法、经理评判意见法、组货人员估计法和德尔菲法。定量预测方法一般包括时间序列预测分析法、因果分析法和回归分析法。

5. 运输市场细分与目标市场选择

（1）运输市场细分的条件。一是可进入性，即运输企业的资源条件和市场营销能力能够确保企业进入所选定的运输子市场，并有所作为。二是可营利性，即细分后的运输子市场的规模和购买潜力必须大到足以使运输企业实现其赢利目标。三是可衡量性，即运输市场细分的标准和细分后的运输子市场是可以衡量的。四是反应差异性，主要是指运输企业市场营销组合中的任何一项因素变动时，细分后的每个运输子市场都能迅速地做出不同的反应。

（2）市场细分方法。根据货主运输需求、行为的差异性及货物性质、运输条件要求的差异，将货物运输整体市场分为若干个货主群体。企业可以根据实际需要按照不同标准对市场进行细分。例如，根据货主生产规模可以将货运市场分为大规模货主子市场、中等规模货主子市场及小规模货主子市场；根据货物运输距离的不同分为长距离货运子市场、中距离货运子市场、短距离货运子市场；按运输条件分为普通货物运输子市场和特种货物运输子市场；根据货物运输时效性分为快速货物运输子市场和普通货物运输子市场等。

（3）企业目标市场选择。运输企业根据自己的实力及竞争优势相应地选择一个或几个运输子市场作为服务对象，即为目标市场。首先要对细分市场进行评价。一是评价市场规模是否值得进入，以及未来市场增长潜力如何；二是评价市场的吸引力，即长期获利情况；三是评价是否适合自己的长远目标和企业拥有的资源。

与一般企业类似，运输企业选择目标市场的方式主要有：产品与市场集中化，如某公路运输公司只办理快速货物运输，而且仅为当地的中小型企业服务；产品专门化，如某公路运输公司面向社会所有客户只办理快速货物运输；市场专门化，如某公路运输公司只服务于当地的大型企业，但该公司不仅办理快速货物运输，还办理普通速度的货物运输等；选择性专门化，如运输企业有选择地进入几个运输子市场，为不同的旅客群或货主群提供不同的运输产品；全面覆盖，如运输企业全方位地进入各个运输子市场，为所有不同的细分市场提供各种不同的运输产品。

6．运输市场定位

（1）市场定位的依据。一是根据运输产品的属性和效用定位，如公路货物运输根据"机动灵活"的特点定位，铁路货物运输依据"大宗货物运输"及"安全"等特征定位；二是根据运输价格和服务质量定位，如一些公司依据服务质量好但价格高来进行市场定位，而有的公司依据低价但服务水平低进行市场定位；三是根据产品档次定位，如依据普通货物运输、快件运输和特快专递进行市场定位；四是根据货主的类型定位，如市场定位于中小型企业的货物运输，或大企业货物运输等。

（2）市场定位的方式。①迎头定位，即把运输企业及产品定位在市场上占据主导地位的、最强有力的竞争对手附近，争取同一个子市场上的旅客或货主。②避强定位，即运输企业不与竞争对手直接对抗，而是注重发展目前运输市场上没有的特色产品，开拓新的运输市场领域。③重新定位，即对销路较少、市场反应较差的运输产品进行二次定位。

7．运输市场营销策略

运输企业在营销过程中，明确了目标市场后，就要根据目标市场的需要分析有关的环境因素，制定市场营销策略，确定市场营销组合策略。运输市场营销策略一般包括运输产品策略、运输价格策略、运输分销渠道策略、运输促销策略、运输网络营销策略等。在市场营销观念的指导下，企业把选定的一个目标市场作为一个整体，然后将产品（Product）策略、价格（Price）策略、渠道（Place）策略和促销（Promotion）策略进行组合，形成一个营销系统，这就是市场营销组合策略（4Ps）。4Ps也是运输市场营销活动的组合策略和核心内容。

8．运输市场营销组织与计划

为了组织、协调企业营销各个环节的工作，应建立适当的营销组织机构，配备合适的人员，明确其工作目标和职责，同时应建立营销管理制度。应根据企业战略计划所确定的任务和总目标，制订市场营销计划，将营销任务和目标进一步分解，在时间上分解为年度、季度或月份甚至周、日营销任务，在空间上分解为各级营销组织、人员的营销任务，确定科学的计划执行流程，并对整个过程进行有效控制。

市场营销计划书的内容一般包括如下几项。

（1）计划概要。对营销策划项目的一个简单而概括的说明。说明的是：相关背景情况；为谁做的一项什么性质的策划；要解决什么问题；结论是什么。

（2）计划的指导思想及原则。主要是计划的理念及编制计划的基本原则。

（3）社会、市场、法规等营销环境状况。如自然条件，交通条件，当地相关的法律法规，产品生产、促销、贸易等状况，其中包括市场需求（市场容量）分析。

（4）本公司及竞争对手分析。本公司的机会与挑战、优势与劣势分析；竞争对手分析。

（5）市场细分、选择。对当地市场进行细分，选择市场；结合本身实际，选择适当的目标市场。

（6）市场定位。根据自身技术和管理水平确定自身市场定位。

（7）营销目标。即一定时期完成的营业目标。例如，明确希望达到的销售收入及预期的利润率和产品在市场上的占有率等目标最好细化。

（8）营销策略。包括产品（服务）策略、价格策略、销售渠道策略、促销活动策略以及网络营销策略等。

（9）预算。

（10）实施方案。包括时间安排、人员安排、规章制度、各个环节及步骤等。

（11）风险分析与控制。

阅读材料：《××物流公司市场营销策划书》

9.2　运输企业产品策略

9.2.1　运输产品组合策略

运输产品策略主要是指企业制定的与运输产品有关的决策和计划，它是运输企业市场营销的中心。企业必须采用正确的运输产品策略，使其成为企业参与市场竞争的有效手段。

1．运输产品组合策略的含义

运输产品组合策略是指运输企业确定其生产经营的全部产品结构，以及它们的有机结合方式的策略。对于运输产品而言，不同类型的运输产品及其构成即为运输产品组合。一种运输方式或一家运输企业所拥有的产品组合，反映了它能够向市场提供产品的丰富程度。

同一般产品类似，运输企业的产品组合，一般是由若干个产品系列（又称产品线）组成的，而每个产品系列又包含若干个产品项目。

（1）产品项目。即企业所生产或经营的不同功能、不同品质、不同尺寸、不同商标、不同包装形态、不同价格的各项产品。运输企业的产品项目包括集装箱运输、大件运输、干散货运输、化工品运输、冷藏品运输及油品运输等。

（2）产品系列。即互相关联或相似的一组产品。每一个产品系列中包括多个产品项目，如航空公司货运有普通货物运输、鲜活易腐品运输、贵重物品运输等系列。

（3）产品系列的宽度、深度和关联性。一家企业生产和经营的产品系列数目称为产品组合的宽度。每个产品系列包含的产品项目数目就是产品组合的深度。产品系列之间在生产条件、销售渠道、最终用途等方面的联系程度就是产品系列的关联性。如图 9-2 所示为某航空运输公司产品系列的宽度与深度。

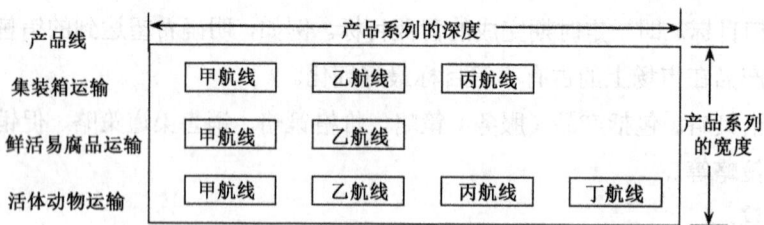

图 9-2 某航空运输公司产品系列的宽度与深度

运输产品组合的宽度、深度及关联性 3 个因素的不同集合，就构成了不同的产品组合。运输产品组合受多种因素的影响，企业可以根据产品组合的宽度、深度和关联程度，采取多种运输产品组合的策略，如扩大产品组合策略、运输企业品牌策略、运输企业服务策略等。

2．运输产品组合的影响因素

（1）企业资源条件的限制。企业拥有的资源，包括人力、物力、财力是有限的，每个企业都有自己的特长和不足，所以，并不是经营任何产品都是有利的，应该扬长避短。

（2）市场需求的影响。运输市场需求是不断变化的，所以企业应根据市场调查和预测结果，分析运输产品需求变化趋势，加强和拓展运输市场需求大的产品。

（3）市场竞争的影响。产品组合有时会受到竞争对手的冲击和影响，因此企业就要审时度势，适时调整产品组合。

3．扩大产品组合策略

扩大产品组合涉及调整产品组合的宽度和产品组合的深度，所以扩大产品组合策略包括两个方面：一是拓展产品组合的宽度，是指在原产品组合中增加产品线，扩大经营范围；二是加强产品组合的深度，是指在原有产品线内增加新的产品项目。在运输需求增大而呈现多样化趋势时，可考虑采用这一策略；或者当企业预测现有产品线的销售额和盈利率在未来可能下降时，就要考虑在现有产品组合中增加新的产品线，或加强其中有发展潜力的产品线。有的大型物流公司在主营业务中开展了众多覆盖面广的产品项目，如整车、零担、集装箱、快运等各种货运业务；除以货物运输作为主业外，还在餐饮旅馆、旅游及其房地产等方面进行多元化经营。

提　示

物流企业在制定产品组合策略时，应当注意以下问题：应根据物流市场的需求和本企业的资源，研究如何设计、开发个性化的服务项目，有所为有所不为；注重运输产品或产品包的质量，进行专业化经营，提供精细化服务；在学习、复制大型物流企业的服务模式和产品的同时，要注意研究大公司的服务盲区，开发自己的运输产品。

4. 缩减产品组合策略

缩减产品组合策略也包括两个方面，一是缩减产品组合的宽度，即对于一些大类产品处于淘汰或市场萎缩的品种，适当地进行减少；二是缩减产品组合的深度，即减少某些大类中的品种。例如，有的公司在市场不景气或原料、能源供应紧张时期，缩减产品线反而能使总利润上升；剔除那些获利小甚至亏损的产品线或产品项目，企业可集中力量发展获利多的产品线和产品项目。

对于运输行业，当运输需求呈现萎缩或某种类型的运输需求下降时，可考虑减少产品组合。例如，当铁路的沿零列车（沿途零担车）不适应市场需求时，铁路企业就应取消这种列车的开行，推出新的、适应零担运输的产品。

5. 产品线延伸策略

产品线延伸策略是指运输企业全部或部分地改变原有产品的市场定位。当一个企业把自己的产品线长度延伸到超过现有范围时，称为产品线延伸。这种策略包括向下延伸、向上延伸和双向延伸三种方式。向上延伸是指在原有产品线中增加一些高档次产品。例如，公路运输企业增添技术性能更为先进的汽车，提供更为便捷、快速的货运服务。向下延伸是指在原有产品线中增加低档价廉的产品。例如，对于一些运输条件要求不高的货物提供技术性能较低的汽车运输服务。双向延伸是指企业既增加高档高价产品，同时也增加低档低价产品，以满足市场的不同需求。这种策略可使企业产品的覆盖面更大。

6. 调整运输产品的结构策略

（1）改变运输产品的数量结构。根据运输需求的变化，及时调整产品的数量结构是运输企业产品组合经常采用的策略之一。例如，某区段铁路运输根据白货（粮食、化肥等）

与黑货（煤炭）需求增长的不平衡，及时调整快运产品和普通货运产品的数量结构；根据客货需求增长的不平衡，相应调整客货运输产品的数量比。

（2）改变运输产品的空间结构。根据运输需求在不同区域的变化，及时调整产品的空间结构也是运输企业产品组合经常采用的方法之一。例如，海运变更航线；铁路在某些方向加开"五定"班列，在另一些方向减少班列的开行数量等。

9.2.2　运输企业品牌策略

企业品牌策略是指企业通过创立市场良好品牌形象，提升产品知名度，并以此来开拓市场，吸引客户，扩大市场占有率，培养忠诚品牌消费者的一种策略。

1. 品牌建立决策

品牌建立决策就是是否为企业产品建立一个牌子，是有关品牌策略的第一个决策。企业为其产品规定品牌名称、品牌标志，并向政府有关主管部门注册登记，这些业务活动叫品牌建立或品牌化（Branding）。

运输品牌产品的构成要素一般包括：基础要素，即生产运输产品的工具及载体；核心要素，即货物位移的优质服务过程；关键要素，即高素质的从事运输服务的生产者和参与位移过程的消费者。

提　示

运输企业的产品品种不是太多，更新换代也不频繁，但是其产品的差异仍然存在，而且即使是同一品种也可能存在一些差别。运输品牌产品是企业素质、企业文化、企业形象的标志，代表企业产品的特色。因此运输企业应根据企业实际和市场竞争状况，确立自己具有竞争力的品牌，在激烈的市场竞争中有效提高市场占有率和竞争力。

2. 品牌族类决策

选择品牌族类也是运输企业产品策略的一种决策。品牌族类策略是指对于企业所生产的各种不同种类、不同规格、不同质量的产品，是使用统一品牌名称，还是分别使用不同的品牌名称。企业可以考虑如下几种选择。

（1）个别品牌名称。多种不同的产品分别使用不同的品牌名称，这样可以把个别产品的成败同企业的整体形象分开，不会因个别产品的失败而拖垮整个企业形象，但这要为每一个品牌分别进行广告宣传，费用较大，且较难树立企业形象。

（2）单一家族品牌。企业所有的产品品种都统一使用同一品牌名称。这样在推出新产品时可省去命名的麻烦，并可节省大量的广告费用；如果该品牌已有良好声誉，可以很容易地用它推出新产品。但是这样做的坏处是，任何一种产品的失败都会使整个家族品牌蒙受损失，因此采取这种策略的企业必须严加控制所有产品的质量。

（3）分类家族品牌。就是企业所经营的各类产品分别使用不同品牌，即一类产品使用一个品牌。使用此种策略的条件：一是企业经营的产品截然不同，需要分别使用不同的品牌名称；二是对于同一种类产品，为了区别其不同质量水平，分别使用不同的品牌名称。

（4）企业名称与个别品牌名称并用。即企业决定其多种不同的产品分别使用不同的品牌名称，而且各种产品的品牌名称前面还冠以企业名称。这样做不仅可以使新产品合法化，能够享受企业的盛誉，而且各种不同的产品分别使用不同的品牌名称，又可以表明这家公司的各种不同产品各有特色。

3．品牌的命名与设计决策

品牌的名称与标志设计也是体现产品整体概念的一项重要措施，对企业的经营效果有重要影响。

品牌名称和标志的设计应满足以下基本要求：① 符合国家法律规范，品牌只有合法才能向有关部门申请注册，取得商标专用权；② 能够反映运输企业特色，暗示产品的效用或质量；③ 文字图案简洁明了，醒目易记，使人印象深刻，产生联想和好感；④ 配合目标市场客户的喜爱和风尚，注意尊重各地区、各民族的传统习惯，避免触犯禁忌；⑤ 商标设计要和产品设计相呼应，跟上市场潮流，同时又要保持原有知名商标的相对稳定性和继承性特点。另外，要讲究艺术性，使艺术性和商业性相结合。

9.2.3　运输企业服务策略

企业在为客户提供运输产品时，还要考虑采取什么样的服务类型。一般来说，企业可以根据实际情况，对下列服务策略进行选择。

1．核心服务策略与追加服务策略

要尽力创造条件使营销服务策略由追加性或辅助性服务策略向核心性服务策略扩展。但就目前来讲，主要是采用追加服务策略或经营辅助性策略，也就是主要在恪守交货信用、质量保证服务和解决用户急需等方面下功夫。

2．硬服务策略与软服务策略

硬服务策略是充分发挥现代化服务设施为客户提供服务的营销服务策略。主要借助于不断发展的科学技术，实现服务设施的现代化，提高服务水平。软服务策略认为，服务设施现代化必须与热情周到的服务态度、服务方式相匹配，尤其是现代服务企业主要应靠富有特色的软服务取胜。

3．高价服务策略、低价服务策略和馈赠服务策略

高价服务策略是指把服务价格定得偏高的策略，适用于服务新颖、高超，价格需求弹性较小，竞争者也不太多的服务。低价服务策略和免费策略，是指把服务价格定得偏低，

甚至不单收服务费的一种策略。它一般具有水平不高、容易模仿、在整个产品中占的地位小等特点。馈赠服务策略是较低价服务策略更具竞争性、挑战性的策略。馈赠的对象可以是产品的模型、样品和艺术化的物品，也可以是无形的服务，但通常是和其他策略，如广告策略、新产品策略一起使用。

4．售前服务策略、售中服务策略和售后服务策略

售前服务策略强调把服务的重点放在售前，注重对来访用户的热情接待，同时注意对客户的心理进行分析，了解并消除客户售前心理上的障碍。售中服务策略主要强调售中服务，靠微笑服务取胜。售后服务策略则是把服务的重点放在售后，它既可以作为促销手段，又能充当"无声"的宣传角色。

应用案例

多管齐下塑造企业品牌

中国石油天然气运输公司抓住与中国石油各销售公司共建全国跨地区成品油公路配送网络的机遇，努力依托"中国石油"的品牌优势，以"同唱一首歌、共举一面旗"为着力点，从创造特色、锻造品牌入手，在运输营运机制、管理职能、配送服务等方面进行全面自主创新，全力打造"诚实守信、安全高效、优质服务"的"中国石油运输"强势品牌形象。

一是营运机制创新，打造诚信守时品牌形象。和石油销售公司携手建立二次配送信息网络；借力高科技，对配送车辆进行信息化物流管理，为各销售公司提供专业化、市场化、个性化、人性化的配送服务。

二是管理方式创新，打造安全高效的品牌形象。完善卫星定位车辆管理系统，购置了按欧洲标准设计、具有事故防范应急保护成套技术的各类油罐车和具有高科技含量的安全运输管理技术产品，规范了司机的驾驶行为，提高了营运途中的安全系数。

三是服务内容创新，打造优质服务品牌形象。制定成品油配送服务管理制度，同时运用信息管理手段，将各地区加油站的配送线路绘制成地图，分解配送全过程，对每一段线路都规定了配送时间、技术操作要领、配送成本等，实行按"规定动作"定量考核的制度，确保安全、高效、低耗。

资料来源：改编自 2006 年 4 月 19 日《中国石油报》文章"运输公司多管齐下塑造企业品牌"（作者陈刚）。

9.3　运输企业价格策略

9.3.1　运价形成的因素

运价是运输企业借以计算和取得运输收入的根本依据，它影响到企业的生产经营决策和

收入水平，所以运价策略及管理是运输管理中的一项重要内容，也是营销管理的重要策略。

形成运价的因素比较复杂，主要有运输成本、盈利水平、运输供求关系、运输市场结构模式、国家有关经济政策、物价总水平及各种运输方式之间的竞争等。

（1）运输成本。在正常情况下，运输企业为能抵偿运输成本并能扩大再生产，要求运价不得低于运输成本。因此，运输成本便成为形成运价的重要因素和最低界限。

（2）盈利水平。如利用资金利润率来定价，其计算公式是：

$$K = (C+V) + H \frac{\sum M}{\sum H} \tag{9-1}$$

式中，K——运输产品价格；$C+V$——运输部门平均成本；H——平均占用资金；$\sum M$——全社会的利润额；$\sum H$——全社会资金平均占用额；$\frac{\sum M}{\sum H}$——全社会的资金利润率。该公式表明，盈利水平直接影响运价高低。

（3）运输供求关系。与一般商品市场类似，运输需求或供给的变化都会引起运价的变化。一般来说，运输市场供大于求，运价下降；运输市场供小于求，运价上升。

（4）运输市场结构模式。不同的运输市场结构对于运价的影响是不同的。如完全竞争运输市场完全由供求关系决定，完全垄断运输市场中垄断企业有自主定价权，可以确定垄断价格。

（5）国家有关经济政策。国家对运输业实行的税收政策、信贷政策、投资政策及价格政策等均会直接或间接地影响运价水平，以此来调整产业结构和产品结构，鼓励或限制某种商品的生产或消费，合理配置资源。这说明运价的决定机制不仅具有经济性、市场性，而且也具有行政性、政策性的特点。

（6）物价总水平。运输要保持与国民经济发展相适应，运价则应当与物价总水平保持一致，这也是运价变动的基本经济规律。例如，我国铁路货运价格曾于 1996 年、1997 年、1998 年和 2009 年进行过多次调整，基本上与同期物价总水平的上涨保持同步，提高幅度也与物价总水平上涨幅度接近。

（7）各种运输方式之间的竞争。影响运价水平的竞争因素有：运输速度、货物的完好程度，以及是否能实现"门到门"运输等。以运输速度为例，若相同起讫地的货物运输可采用两种不同的运输方式进行，此时运输速度较慢的那一种运输方式只能采用较低的运价。

9.3.2　定价的原则与方法

1．定价的原则

（1）运价的制定应当能够促进工农业生产和运输业的发展。从宏观来看，运输是保证工农业生产发展的前提条件，因此运价的制定既要有利于促进工农业生产的发展，又要能促进运输业本身的发展。

（2）运价必须以运输价值为基础。由于运价是运输价值的货币反映，所以运输价值是运价的基础。但是要直接准确地计算出运输价值是困难和复杂的，因此一般借助于构成运输价值的主要部分——运输成本作为主要依据，近似地反映运输价值。

（3）运价要充分考虑货物的负担能力。运输费用在货物价格中占有一定的比重。因而，在制定某一具体货物的运价时，应适当考虑对运输费用的负担能力。一般高价值货物制定高价格，低价值货物制定低价格。

（4）运价的制定要兼顾各方面的影响因素，即考虑前述运价形成的多种因素。

2. 定价的主要方法

（1）成本导向定价法。成本导向定价法是以产品（劳务）的总成本为中心，分别从不同角度制定对企业最有利的价格。成本导向定价法由于较为简便，是企业最基本和最常用的定价方法。

1）平均成本定价法。平均成本定价也称平均成本加成定价，它是以部门正常运营时的平均单位成本为基础，再加上一定比例的利润和税金而形成的价格。计算公式为：

$$运价 = 平均成本 + 定额利润 + 应纳税金 \tag{9-2}$$

或

$$运价 = \frac{平均成本 + 定额利润}{1 - 税率} \tag{9-3}$$

式中

$$平均成本 = 平均固定成本 + 平均变动成本$$

$$定额利润 = \frac{预期总利润}{总运量}$$

采用平均成本定价法的优点是能够确保企业达到目标利润，计算方便，操作简单。它一般适合于运输市场不十分活跃，竞争不太激烈，并且货源比较稳定的运输方式或运输路线。其缺点是没有考虑运输市场上供求比例与运价之间的关系，没有考虑成本在不同路线、不同地区的差异对定价的影响，有时会导致运价的严重扭曲。

2）边际成本定价法。边际成本定价法是以运输企业的边际成本为定价基础的定价方法。在生产规模不变（固定成本不变）时，边际成本实际上就是所增加的变动成本。

边际成本定价法比较适合于运输业的特点，也可为政府制定最低和最高限价提供参考。对于一些货源不足的线路，由于运能过剩，其平均成本可能较高，而边际成本却可能很低。如果按平均成本定价，一方面抑制了运输需求，另一方面也会造成运输设备闲置、运输资源浪费。如果以边际成本定价，由于成本水平相对较低，不仅可以促进运输需求，还可以提高运输设备的利用率，从而提高运输收益。边际成本定价法不仅考虑了成本消耗，也考虑了市场上运输供求状况，可以满足指定分线运价、分区运价的需求。

依据边际成本定价需要注意的是，由于它只考虑成本的边际变化，没有考虑总成本的情况，所以当边际成本长期小于平均成本时，就会使企业发生亏损。采用这种定价法需要具备两个前提条件：一是路网早已形成，而且具有相当多的剩余运输能力；二是各种运输方式之间，各个运输企业之间为争夺运输市场而展开竞争。

（2）需求导向定价法。成本导向定价法的逻辑关系是：成本+盈利=价格，而需求导向定价法的逻辑关系是：价格−盈利=成本。即需求导向首先考虑的不是成本，而是货主对价格的接受程度，根据货主的接受程度，选择一个最佳的价格水平。具体有以下几种方法。

1）需求差异定价法。根据市场需求的时间差、数量差、地区差、消费水平及心理差异来制定价格。例如，当市场需求增加时，适当提高运价水平；当市场需求减少时，适当降低运价水平；对需求数量大的货主定低价；对经济水平高的地区定高价等。

2）权衡比较定价法。该种方法主要考虑价格与销量之间的动态关系，以权衡比较定价。在制定运价时考虑运价与运输量的动态变化关系，制定出价格合适、运输工作量较大的运价，以使企业获得最大的经济效益。

3）逆向倒推定价法。其原理是先根据市场可接受的价格，计算本企业从事生产经营的成本和利润，逆向倒推该产品或劳务的价格。这种方法不是以实际成本为主要依据，而是以市场需求为定价出发点，力求价格为货主接受。这种方法的实际定价权是市场需求，价格变化的区间较小，企业应尽量降低运输成本来获取更多利润。

（3）竞争导向定价法。该方法是以竞争产品的价格为基础，制定本企业产品的价格。如果竞争者的价格发生变化，企业也要改变产品价格。一般包括以下三种形式。

1）优质优价定价法。在运输企业能提供高于平均服务水平的运输劳务时，可采用高价策略。优质产品的价格比同类竞争者的价格高 10%～20%为宜。

2）流行水准定价法。这种方法是以本行业的主要竞争者的价格为企业定价的基础。这种方法定价不仅可以避免在同行业内挑起价格战争，而且充分利用了行业集体智慧，有助于协调同行企业之间的关系。

3）渗透定价法。这种定价方法一般以能打入市场、打开销路为标准，以提高市场占有率。定价时初期价格较低，随着销路的增加，市场占有率的提高，可提高运价。

9.3.3　定价策略

1. 折扣定价策略

这是一种让价策略，它是通过价格折扣、让价等优惠手段，达到吸引货主接受服务、加快资金周转、增加企业利润的目的。

（1）数量折扣。因用户托运货物批量大而给予的价格优惠。数量折扣又分为累计数量折扣和一次数量折扣。前者是规定在一定时期内托运货物达到一定数量时所给予的价格折扣；后者是规定每次托运达到一定数量时所给予的价格折扣。

（2）功能折扣。运输企业给中间商的价格折扣，以便发挥中间商的组货或揽货作用。

（3）季节折扣。企业为均衡组织运输生产，在需求量较少的淡季给予货物一定的价格优惠，类似于价格的季节波动。

（4）现金折扣。企业为加快资金周转，促使货主提前付款，对现付或提前付费的货主给予价格优惠。

（5）回程折扣。这是运输业特有的一种定价策略。在许多运输业务中，往往回程货物少，造成运输车辆空载或不能满负荷。运输企业为提高运输工具的使用效率，减少运力浪费，可对回程货物给予一定的价格回扣。

2. 差别定价策略

（1）货主差别定价。货主的规模、与企业的协作关系等都会影响定价水平。货主规模大，与企业建立了长期合作关系，定价时可以比一般市场价格稍低些，以便能增强客户忠诚度，增加业务量；反之，则采取市场价格。

（2）货物差别定价。按货物特性实行差别运价。对于特殊货物，由于在运输途中需采取不同于一般货物运输的方法或需进行沿途照料等，因此价格应高于普通货物的运输价格；对于零担货物，由于零担作业相对复杂，需进行货物集结、配装等作业，所以其运价应高于整车运价。

（3）航线差别定价。由于地理位置的不同，世界各国、各地区的航线忙闲不均，因此可根据航线不同实行差别定价。繁忙航线价格定得高些，以发挥价格的调节作用。

应用案例

海运航线整箱运价

下图是锦程物流网在线公布的海运整箱运价。

上图中显示，同类集装箱在不同航线的收费有所不同。

9.4 运输企业分销渠道策略

9.4.1 运输分销渠道的含义和种类

营销渠道是销售的重要途径，良好的渠道策略就是要保持良好的客户关系，围绕核心客户物流的特点和要求，为其量身定制物流方案，从而保持长期稳定的合作关系。

1．运输产品分销渠道的含义

运输产品分销渠道包括运输企业、旅客和货主、运输中间商和代理商及客、货场站等环节，起点是运输企业，终点是对运输有需求的旅客、货主，中间环节是为达成运输活动而进行客流、货源组织的各种中间商，具体包括：场站组织（车站、码头、机场等）；代理商（货运代理、航空代理、船务代理、客运代理及受运输企业委托建立的售票点、揽货点）；联运公司（公路、水路、铁路等方式的联合运输企业，或者负责办理铁路、公路、水路联合运输业务的运输公司）；委托商（由运输企业或代理商委托而成立的为运输企业组织客流、货源的组货点、代办处等）。运输企业分销渠道模式如图 9-3 所示。

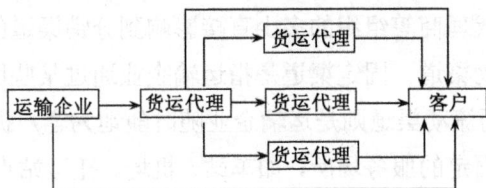

图 9-3　运输企业分销渠道模式

相关链接：营销渠道、分销渠道及渠道管理

美国市场营销学权威专家菲利普·科特勒说："营销渠道是指某种货物或劳务从生产者向消费者移动时，取得这种货物或劳务所有权或帮助转移其所有权的所有企业或个人。"分销渠道是指当产品从生产者向最后消费者或产业用户移动时，直接或间接转移所有权所经过的途径（企业或个人）。营销渠道包括参与某产品供产销过程的所有有关企业和个人，如供应商、生产者、商人中间商、代理中间商、辅助商（如支持分销活动的仓储、广告代理）以及最终消费者或用户等，但分销渠道不包括供应商和辅助商。

渠道管理是指企业为实现营销目标而对现有渠道进行管理，以确保渠道成员间、企业和渠道成员间相互协调和通力合作的一切活动，其意义在于共同谋求最大化的长远利益。渠道管理包括渠道认知、渠道战略、渠道建设、渠道激励、渠道控制、渠道冲突解决、渠道维护、渠道评估与创新等。

2．运输产品分销渠道的种类

（1）直接渠道和间接渠道。直接渠道是指没有中间商参与，产品由制造商直接销售给消费者和用户的渠道类型，如上门推销、电视直销和网上直销等。受运输企业人员、资金等因素的限制，此种渠道中货源组织面窄、点少，效率不高，一般适用于大宗稳定货物或有特种运输需求的货物。间接渠道是指产品经由一个或多个商业环节销售给消费者和用户的渠道类型。此种渠道有利于利用运输中间商的丰富组织经验和广泛关系网，组织货源量大且相对稳定的运输，便于运输企业组织均衡运输，提高运输效率，但是其不足是运输企业可能难以了解运输市场全部的需求信息，因而会带来一定的市场风险，并且可能因折扣价格、优惠政策等而使利润减少。

（2）长渠道和短渠道。长渠道是指有两层或两层以上的中间商介入的分销渠道，短渠道则是指直接渠道和只有一层中间商介入的渠道。长渠道点多面广，有利于覆盖更大的市场面，减少人、财、物的投入，但可能会导致环节多、信息反馈慢，从而不能有效地把握市场行情。反之，短渠道则可以减少因信息不准带来的决策失误，但市场覆盖面较小。一般来说，长渠道更适合于联合运输方式，短渠道较适合于某些单独运输方式。

（3）宽渠道和窄渠道。根据分销系统中同层次环节的多少，分销渠道可以分为宽渠道和窄渠道。分销渠道的宽度是指渠道每个层次中使用同种类型中间商数目的多少，中间商数目越多、渠道越宽，反之则越窄，独家分销是最窄的渠道。运输市场分销渠道中使用相似运输商、运输场站、代理商等组织的多少直接影响到分销渠道的宽度。

（4）固定渠道和流动渠道。固定渠道是指运输企业通过某些固定场所满足客户需求，实现产品销售的渠道；而流动渠道则是运输企业随时随地为客户提供运输服务的渠道。固定渠道需要运输企业有固定的服务场所，如车站、机场、托运站点等。流动渠道不需固定的服务场所，可以提供如货运包车服务形式的服务。

9.4.2 运输分销渠道选择的影响因素

1. 市场因素

市场因素包括五个方面目标市场范围——市场范围宽广，适用长、宽渠道；反之，适用短、窄渠道。客户的集中程度——客户集中，适用短、窄渠道；客户分散，适用长、宽渠道。客户的购买量、购买频率——购买量小、购买频率高，适用长、宽渠道；相反，购买量大、购买频率低，适用短、窄渠道。消费的季节性——没有季节性的产品一般都均衡生产，多采用长渠道；反之，多采用短渠道；竞争状况——要考虑到竞争对手的分销渠道策略，根据实际情况采取开辟新的分销渠道或采取同竞争对手相同分销渠道的方式，以便在竞争中赢得更多的客货源。

2. 消费者因素

分销渠道受消费者人数、地理分布、购买频率和购买习惯及出行次数等因素的影响。如果消费者运输量小且分布范围广泛，需要重复组织货源，应采用长渠道分销策略；消费者大量集中在某一地区甚至特定地点，其运输量大，可采用直接分销渠道策略。

3. 产品因素

运输大宗散货和长大笨重货物，如矿石、煤炭、机器设备等，应尽量缩短分销渠道，以减少搬运、装卸次数；运输鲜活、易腐、危险货物，对运输时效性要求很高，应尽量缩短分销渠道，最好采用直接分销渠道，以保证货物尽快送达；新开辟的运输服务项目，由于客户不太了解它的服务质量、运输价格，需要大力推销，并需要较多促销费用，许多中间商不愿承揽这项业务，宜采用直接分销渠道方式。

4. 企业内部因素

企业内部因素包括三个方面。财务能力——财力雄厚的企业有能力选择短渠道；财力薄弱的企业只能使用长渠道，依赖中间商；渠道的管理能力——渠道管理能力强和经验丰富的企业适宜采用短渠道，管理能力较低的企业适宜采用长渠道；控制渠道的愿望——如果愿望强烈往往选择短而窄的渠道，愿望不强烈则选择长而宽的渠道。

5. 环境因素

环境因素包括两个方面。经济形势——经济萧条、衰退时期，运输需求量降低，应尽量减少各中间环节，企业往往采用短渠道；经济形势好，运输需求量增加，可以考虑长渠道；法律、法规——如税法、专卖制度、进出口规定、反垄断法、政府政策等都会对分销渠道的选择产生一定的影响，企业应根据一定时期的政策要求，及时调整分销渠道。

9.4.3 运输分销渠道决策

运输企业应根据市场环境及企业战略目标，综合考虑各种影响因素，设计和选择适当的分销渠道。

1. 确定分销渠道的目标和模式

企业应首先确定分销渠道的目标，即在企业总体营销目标条件下，选择分销渠道应该达到的具体目标，然后选择使用哪种分销渠道模式。可供选择的模式包括：直接渠道和间接渠道；固定渠道和流动渠道；长渠道和短渠道；宽渠道和窄渠道。一般来讲，除公路运输方式外，其他运输方式往往用两种模式相结合的渠道策略。

2. 选择中间商数量

选择中间商数量即决定渠道的宽度。选择中间商时，应综合考虑多种因素，如中间商的市场地位、经济实力、服务水平等。

（1）密集性分销。指运用尽可能多的中间商分销，使渠道尽可能加宽。该策略要求运输企业对于有经营条件的中间商一般都予以吸收，以便吸引更多的货源。其目标是尽快进入目标市场或者扩大市场覆盖面，使消费者随时随地办理各种运输手续，满足其运输要求。

（2）独家分销。在一定地区内只选定一家中间商经销或代理，实行独家经营。独家分销是最极端的形式，是最窄的分销渠道。例如，运输企业在某运输市场上不再委托第二家企业经营，而中间商亦不能经销该运输企业竞争者的产品。独家分销对运输企业的好处是，有利于控制中间商，提高他们的经营水平，也有利于树立品牌形象，增加利润。但其风险较大，如果这一家中间商经营不善或发生意外情况，运输企业就要蒙受损失。

（3）选择性分销。这是介于上述两种形式之间的分销形式，即有条件地精选几家中间商进行经营。这种形式对所有各类产品都适用，它比独家分销面宽，有利于扩大销路，开拓市场，展开竞争；比密集性分销又节省费用，较易于控制，不必分散太多的精力。有条件地选择中间商还有助于加强彼此之间的了解和联系，使被选中的中间商愿意努力提高推销水平。

（4）复合式分销。运输企业通过多条渠道将相同的产品销售给不同的市场和相同的市场。这种分销策略有利于调动中间商各方面的积极性。

3．规定渠道成员的权利和责任

确定了渠道模式和中间商之后，由于运输企业与中间商之间建立了一定的关系，为了促进相互之间有效地配合，必须确定中间商的参与条件和应负的责任，明确各自的责、权、利。例如，对不同地区、不同类型的中间商依据不同条件给予不同的价格折扣；对于优质高效的服务给予一定的奖励；明确对于违反双方协议者应承担的责任、应受到的处罚。这主要体现在以下几个方面。①价格政策，即运输企业给予代理商的各种佣金比例及优惠运价；②销售条件，主要是"付款条件"和"生产者保证"。即明确代理商代收、代付运费而规定的付款期限等条件，运输企业在运输质量、服务水平等方面给予保证；③中间商地区权利，即明确中间商所在地区相关交易活动及临近地区中间商特许经营范围等问题；④双方权利和责任，包括广告宣传、业务充围、责任划分、人员培训等方面。

提示：企业应综合分析、平衡各种因素做出渠道决策

企业在选择分销渠道时，需要依据市场因素、消费者因素、产品因素、企业内部因素、环境因素进行选择，但这些因素的影响并不总是一致的，甚至会发生冲突，如按照市场因素应该选择长渠道，而按照消费者因素可能要选择短渠道或直接渠道。所以这就需要企业综合分析、平衡各种因素的影响，选择相对合理的分销渠道。

9.5　运输企业促销策略

9.5.1　运输企业促销策略的含义及特点

1．运输促销策略的含义

运输企业促销是指运输企业运用各种促销工具，向目标客户提供有关运输产品的信息，或树立本企业的形象，说服目标客户做出购买行为，或影响目标客户购买态度而进行的市场营销活动。良好的促销策略能够帮助运输企业提高知名度和市场占有率。根据企业实际及市场环境，采取什么样的促销手段以达到促销目的，是运输企业在运输市场营销中需要考虑的重要策略问题。

2．运输促销策略的特点

运输企业促销除了具有促销的一般特点之外，同时还有下列特殊性。

（1）运输产品的促销需要借助于一定的有形展示。有形展示是指在市场营销管理的范畴内，一切可传达服务特色及优点的有形组成部分。其范围比较广泛，如服务设施、服务设备、服务人员、客户、市场信息资料、价目表等都是有形的，都可为无形的服务提供有形展示。

（2）运输企业的促销活动贯穿于生产消费过程之中。客户购买运输产品时为了减少风险，就要尽可能多地获取信息，其主要途径就是通过口头传播听取有经验的亲戚朋友、专家的意见和建议。因此运输企业促销活动的重要目标之一就是获得良好的口碑。良好的口碑是在运输生产和消费同时进行的过程中逐步形成的，因此需要将促销活动贯穿于运输消费过程的始终。

3．运输产品促销组合

促销组合是一种组织促销活动的策略，是运输企业运用广告、人员推销、公关宣传、营业推广等基本促销方式组合成的一个策略系统，使企业的全部促销活动互相配合、协调一致，最大限度地发挥整体效果。促销组合体现了现代市场营销理论中整体营销的核心思想。促销组合是一种系统化的整体策略，四种基本促销方式则构成了这一整体策略的四个子系统。

促销组合决策一般包括以下内容。

（1）确认促销对象。通过企业目标市场的研究与市场调研，界定其产品的销售对象是何种类型的消费者。明确了产品的销售对象，也就确认了促销的目标对象。

（2）确定促销目标。不同时期和不同的市场环境下，企业开展的促销活动都有着特定的促销目标。短期促销目标，宜采用广告促销和营业推广相结合的方式。长期促销目标，公关促销具有决定性意义。要注意企业促销目标的选择必须服从企业营销的总体目标。

（3）促销信息的设计。应弄清楚企业促销要对目标对象所要表达的诉求是什么，并以此刺激其反应。诉求一般分为理性诉求、感性诉求和道德诉求三种方式。

（4）选择沟通渠道。传递促销信息的沟通渠道主要有人员沟通渠道与非人员沟通渠道。人员沟通渠道向目标购买者当面推荐，能得到反馈，可利用良好的"口碑"来扩大企业及产品的知名度与美誉度。非人员沟通渠道主要指大众媒体沟通。大众传播沟通与人员沟通有机结合才能发挥更好的作用。

（5）确定促销的具体组合。企业应根据不同的情况，将人员推销、广告、营业推广和公共关系四种促销方式进行适当搭配，发挥整体的促销效果。需考虑的因素有产品的属性、价格、寿命周期、目标市场特点、"推"或"拉"策略。

（6）确定促销预算。企业应从自己的经济实力和宣传期内受干扰程度大小的状况决定促销组合方式。如果企业促销费用宽裕，则可几种促销方式同时使用；反之，则要考虑选择耗资较少的促销方式。

9.5.2 运输企业主要促销策略

1. 广告策略

与一般企业广告类似，运输企业广告策略一般也包括确定广告目标、决定广告预算、选择广告媒体、进行广告评估等过程。运输企业在利用广告促销时应注意以下两个方面。

（1）合理确定广告的级别（层次）。运输企业应根据运输方式、市场范围及企业经营特点来确定广告的级别（层次），即考虑是在全国性的媒体还是在地方区域性的媒体进行广告促销。例如，由于铁路运输具有全局性与区域性的特点，因此，铁路广告可分为铁道部（铁路总公司）广告和各铁路局（铁路分公司）广告两级，前者主要负责向全国目标受众宣传全路性的铁路建设及铁路运输信息，如新线的建设与开通、列车提速的进程、机车和车辆的更新、运价的调整及铁路行业改革的动态等；而后者主要负责向本区域的目标受众宣传本区域的铁路运输信息，如新设旅游列车的开通、季节性增设的列车车次、新设服务项目等。

（2）选择合理的广告形式。不同的运输方式在广告形式上应有所不同。例如，公路运输应该注重场站、配送中心、道路两侧等场所的广告效应；铁路广告既可以采用电视、广播、报纸等广告形式，更应该充分利用铁路部门自己的站、车做招牌广告，以节约广告费用、扩大广告效应；班轮运输的广告以往主要以服务内容，即航线、航期为主，比较简单、呆板，近年来一些班轮公司已开始在大众媒体（电视、报刊等）投资形象性广告，这将增强品牌的权威性。

2. 人员推销策略

与一般产品的人员推销相比，运输产品更利于使用人员推销方式。这是由于货运中一般货主数量相对较少，人员推销可以更容易接近大客户，尤其是大型工矿企业和商贸企业，可以承揽大批货物，更能发挥人员推销的优势。例如，铁路运输企业的人员推销可以由售票员、承运员、列车员等向客户推销其特殊的服务产品，通过承运员提供优质的承运服务，列车员提供优质的旅行服务，一方面吸引客户，另一方面还应该积极主动向客户征询意见，以进一步提高服务质量，达到营销目的；班轮运输传统上多使用人员推销揽货业务，优点在于使消费者可以立即与之进行有效的双向沟通，产生兴趣和信任，但成本过高且人为因素较重。

推销人员的分派有如下4种方式，它们可以单独使用，也可以组合应用。

（1）按区域分派。即由一名推销员负责某一区域的所有揽货任务。这种方式适用于客户较集中的情况，能够使得销售人员责任明确，对所辖区域销售业绩的好坏负有直接责任；有利于销售人员与当地的客户建立固定联系，提高揽货效率；由于每个销售人员所辖客户相对集中，可以适当节省差旅费用。

（2）按货种类别分派。运输企业所承运的货物特点不同、来源不同，操作方法和程序也有差异，因此，企业可以按照所承运货物的种类来分配销售人员的任务。这种方式要求专职销售人员掌握所负责货种的货源、操作规范及出运规律知识、资料和信息。其优点是销售人员可以向客户提供更为专业的技术咨询，便于向客户提供全面、优质的服务；其不足之处是在同一市场上或同一客户里可能会同时出现本企业的几个销售人员，揽货费用相对较高。

（3）按客户类型分派。根据企业与客户的关系，运输企业客户又可分为现实客户与潜在客户；依照贸易量的大小，运输企业客户分为大客户、一般客户和小客户。在分配销售人员工作时，应综合考虑客户的类型、规模及企业与客户的关系等因素。一般而言，企业资深的销售人员适宜负责与大客户、直接客户联络，以保持稳定的货源；一般销售人员则适宜与各级中间商、小客户联络，以拓展企业的揽货能力。这种方式的优点是：销售人员可以更加熟悉和了解自己的客户，掌握自己客户的运输需求和规律；其缺点是往往每个销售人员所负责的客户较分散，差旅费用较高等。

（4）按线路不同分派，即每一个销售人员或几个销售人员主要负责对指定线路的揽货任务。目前许多船公司都采用这种或类似的方式。这种方式要求每个销售人员必须十分熟悉本线路和本线路客户的情况，这有利于向客户提供更完善的服务。销售指标明确，便于考核，但是每个销售人员都面向整个市场揽货，销售工作量较大，并容易造成揽货工作的重复，不利于销售人员与客户保持密切关系，也不利于销售人员之间的相互合作。

3．营业推广策略

营业推广是企业为迅速激起客户购买行为的各种短期促销措施。

（1）中间商交易推广。主要是制造商针对中间商采用的促销策略。例如，可以对首次进行合作的运输场站、代理商等中间商给予一定的免费服务项目，激励其今后进一步合作。

（2）消费者营业推广。主要目的是鼓励客户购买产品。例如，向购买运输企业运输服务产品的客户企业采购人员提供精美礼品，吸引客户长期合作。

为了取得营业推广的成功，运输企业必须合理选择营业推广对象，并充分利用市场机会，确定最适当的推广期限，如新开列车、提速列车在其开通之时可实施营业推广，以扩大市场占有份额。

4．公共关系策略

公共关系策略重在通过与客户之间建立起广泛的信息交流，培养和联络企业与客户的感情，使企业与客户之间建立起一种长期稳定的关系。公共关系策略主要有以下几种。

（1）公共关系宣传。指运输企业利用报纸、广播、电视等各种宣传途径有意识地向外宣传自己，形成有利的社会舆论。例如，航空公司通过新闻媒介宣传自己的发展和改革的新动向、员工的优质服务和无私奉献精神等。

（2）建设企业文化。企业员工整洁的制服、规范的服务举止、文明的语言会给货主留下深刻的印象，树立企业良好的社会形象。因此，企业应注重建设企业文化，提高员工素质，美化内部环境，活跃企业气氛，做好企业内部的公众关系工作。

（3）公关专题活动。可以有计划地举办展览会、赞助和支持公益活动、组织参观游览，以及举办各式招待会、邮寄贺卡等社会活动，以促进社会各界了解企业，增进企业与社会公众的联系和沟通，有利于塑造企业形象，消除误解和分歧，扩大运输企业的影响。

（4）大力提倡承诺服务。服务质量上要做到主随客便，一切为客户着想；服务档次上要提高特殊物品的服务；服务范围上应延伸服务项目，提供增值服务。

📖 应用案例

荆州速递物流积分返利营销活动

2009年11月，荆州速递物流通过下发调查函、征求意见、上门走访客户等多种形式了解到，大部分客户对邮政速递的价格标准不满意。该公司紧抓这一重点，一方面针对电子商务重点大客户，由公司市场部员工参与策划，公司主管带队上门拜访，采取直接让利的策略，协商制定出双方互利互惠的促销方案；另一方面针对具有发展潜力的电子商务客户下发调查函，由商户自己给出心理价位及需要邮政EMS提供的服务种类，经公司市场部进行综合评定后，制定出切实可行的方案，由营销员一一上门走访洽谈，获得了客户的认可。目前，该公司已与大部分客户达成了"以90%走EMS为前提，增量部分实施现金返利"的协议，这种积分返利营销活动达到了增量增收的效果。

资料来源：2009年11月28日《中国邮政报》文章"荆州速递物流促销电子商务速递业务"（作者蔡晓）。

9.6　运输企业网络营销策略

9.6.1　网络营销服务策略

运输企业网络营销是以互联网为主要手段进行的，为达到一定营销目的的营销活动。它与一般产品营销的网络营销类似，可以采用网络营销服务策略、网络营销品牌策略、网络营销渠道策略、网络营销价格策略等。

1. 网络营销服务的内容

（1）网上售前服务。主要包括：通过企业自身的网站宣传和介绍产品信息及相关信息；通过网上虚拟市场或网上专业商城提供信息，如中国航运网、中国航空网等都可以为企业发布信息提供平台。

（2）网上售中服务。主要是指企业为客户运送货物的过程中所提供的服务，如列车运行准点情况、货物运输情况的客户查询等。

（3）网上售后服务。主要内容是企业将货物送达客户之后，听取客户意见，解决客户提出的问题、接受咨询等。

2．网络营销服务的主要策略

（1）为客户提供丰富的、有价值的信息资源。应整合内部网络资源，特别是有关企业经营各个方面的信息，还包括网站访问量、注册用户信息及各种有效的信息发布渠道等，这是企业网站有效开展网络营销服务的必要条件。

（2）设计出色的网站主页。应从网络营销整体需要的高度来看待企业网站，将企业网站真正作为网络营销策略的重要组成部分。运输企业主页应以产品为核心，利用多媒体工具、三维设计等方式，实现艺术性、宣传性、娱乐性的完美组合，为客户提供良好的服务。

（3）提供尽可能多的服务手段和个性化服务。在线服务的主要手段包括 FAQ、在线表单、即时信息、论坛等；在线信息查询，即事先整理出自行浏览的信息供客户查询，如列车或航班时刻的更改、新增航班的信息、价格的涨落等；在线解答问题，针对客户提出的问题在线回答。

（4）利用电子邮件进行营销服务。利用电子邮件与客户保持经常性的沟通，建立良好的客户关系；经常发送有关运输企业生产、经营和发展中的相关信息及产品广告，使新老客户及时了解企业的全面信息。

9.6.2　网络营销品牌策略

1．网络营销域名品牌策略

由于域名在互联网上是唯一的，一个域名一经注册，其他任何机构就不能再注册相同的域名，这就使域名实际上与商标、企业标识物有了类似的意义。一般情况下，域名的选取要符合与企业已有商标或企业名称具有相关性、简单易记易用等原则，如美国 UPS 快递公司的域名为 www.ups.com，联邦快递服务公司的域名为 www.fedex.com，中国国产运输品牌宅急送的域名为 www.zjs.com.cn。从网络营销策略来看，多域名策略具有七项重要功能：避免其他网站的混淆、避免竞争者因为域名拼写错误等原因而获得好处、保护品牌名称或者注册商标、让用户可以根据公司的名称猜想你的域名、为拓展业务注册域名、注册汉语拼音域名、保持国际域名和国内域名的统一。

2．网络营销促销策略

网上促销效果是各种网络营销活动综合作用的结果，需要综合应用各种网络营销方法，包括网站推广、信息发布、网站内部广告、邮件列表、大型网站和专业网站的网络广告、电子营销、搜索引擎营销等。

网络广告、站点推广、销售促进和关系营销是网络营销促销的主要形式。使用大量的网络广告这种营销模式可以达到较好的促销效果。网络广告根据形式不同可以分为旗帜广告、电子邮件广告、电子杂志广告、新闻组广告、公告栏广告等。网络营销站点推广就是让更多的用户了解企业网站，通过访问企业网站内容、使用网站的服务来达到提高网站访问量、提升品牌形象、扩大站点的知名度，促进销售，增进关系。站点推广主要有两类方法：一类是通过改进网站内容和服务，吸引用户访问，起到推广效果；另一类是通过网络广告宣传推广站点。

9.6.3　网络营销价格策略

1．网络营销定价特点

网络营销定价与一般营销定价有很大不同。由于信息的开放性，消费者很容易掌握同行业各个竞争者的价格，这使得很多企业虽然通过网络节约了一部分成本，但竞争的压力会使企业慎重定价。因而，如何采取定价策略、引导消费者做出购买决策是关键。网络营销定价的特点主要表现在以下几方面。

（1）全球性。由于网络营销要面对更加开放的、全球化的市场，所有定价时必须考虑目标市场全球化给产品定价带来的影响。

（2）低价位。互联网的发展帮助企业降低成本费用，加上竞争的压力，所以网络定价比传统定价要低。

（3）弹性化。企业可以根据竞争对手的价格对定价进行调整，并且供需双方可以协商价格，所以价格有较大的弹性。

（4）智能化。企业可以根据每个客户的需求，提供定制化的服务，并制定相应价格。

（5）客户主导。客户可以通过充分了解市场信息来选择购买或者定制生产自己满意的产品或服务，同时以最小代价获得这些产品或服务。

2．网络营销定价策略

（1）低价渗透定价策略。即采用比市场价格低的网络价格。

（2）定制生产定价策略。即帮助消费者选择配置或者自行设计，使他们获得满足自己需求的个性化产品，同时承担自己愿意付出的价格成本。

（3）品牌定价策略。即确立企业良好的形象、声誉、产品的品牌，以获得客户的信任和有利的价格。

（4）免费定价策略。包括产品有限制的免费、产品实行捆绑式销售、产品实行部分免费等方式。

9.6.4　网络营销渠道策略

1．建设网络营销渠道需要注意的问题

（1）从消费者角度设计渠道。采用消费者比较放心的、容易接受的方式，克服网络"虚"

的感觉。

（2）方便消费者。例如，货运订单系统简单明了，方便操作；提供多种结算方式。

（3）建设快速的有效配送服务系统。

2．网络营销渠道设计的主要方法

（1）设立网络店铺。及时发布新的服务类型、形式变化、价格变化等信息，以促进网络店铺销售。

（2）在网上设立产品展示区。在网上产品展示区，通过声、影、形、色皆备的立体形象展示各运输产品。可以根据本公司的产品联合其他中小企业的相关产品为自己企业的产品外延，相关产品的同时出现会更加吸引消费者的关注。

（3）选择合适的销售代理。在虚拟橱窗中向用户展示产品，并根据各国文化、季节等差异，每天 24 小时为各种客户提供服务。尽管目前网络营销中出现了"无代销"的理念，但大多数企业的营销活动都必须通过中间商的协助才能顺利进行，所以还要注重销售代理的作用。

（4）使用多种支付方式。运输企业可以开发网络结算系统，并与金融机构联网，将网上销售结算与银行转账系统相连，使客户能在网上轻松地购物和结算。

🎐 应用案例

航运企业网络直销策略

2017 年 12 月末，阿里巴巴和马士基航运宣布突破传统订舱方式，针对中小企业在年末旺季，推出新的在线订舱平台产品"舱位宝"。"舱位宝"是依托于阿里巴巴的"一达通"外贸综合服务平台推出的。船公司直接通过平台提供舱位，货主直接网上订舱，可以提前锁定舱位和价格，避免遭遇船公司爆仓或价格大幅上涨的麻烦。

距离马士基航运宣布与阿里巴巴合作推出订舱平台"舱位宝"还不到两个月，集运班轮业密集迎来了一批类似合作——在 1 月以星航运宣布与阿里达成类似合作后，法国达飞 2 月 14 日也与阿里巴巴签署谅解备忘录，宣布将从 3 月开始在阿里巴巴的"一达通"平台上线订舱服务。在达飞牵手阿里两天之后，马士基航运又宣布了与一家国内网站"运去哪"合作推出模式类似的"集运头等舱"。

"舱位宝"这类订舱平台的模式简单来说就是"直销"。消费者不再需要通过第三方的中间代理商，而是直接在线上向船公司订舱，后者保证舱位和价格，并以提供其他增值服务以强化吸引力。这样，在阿里的平台上形成直销和第三方代理并存的格局。

资料来源：2017 年 2 月 21 日《21 世纪经济报道》文章"低迷时代倒逼'直销'集运班轮业争相拥抱电商"（作者肖夏）。

本章小结

物流运输产品与一般产品不同，它表现为运输对象的位移具有空间性、时间性和数量性三维特性。运输市场营销在交易方式、分销形式、价格机制、内部营销和关系营销等方面具有区别于有形产品营销的特点。运输市场营销管理包括运输战略制定、运输市场分析、运输市场调查、运输市场预测、运输市场细分与目标市场选择、企业市场定位、运输市场营销策略、运输市场营销组织与计划等内容。

产品（Product）策略、价格（Price）策略、渠道（Place）策略和促销（Promotion）策略是主要的营销策略。运输价格受运输成本、盈利水平、运输供求关系、运输市场结构模式、国家有关经济政策、物价总水平、各种运输方式之间的竞争等因素影响，可以采取成本导向定价法、需求导向定价法、竞争导向定价法，以及折扣定价策略和差别定价策略。运输产品策略是运输企业市场营销的中心，包括产品组合策略、品牌策略、服务策略等。运输服务营销的渠道受市场因素、消费者因素、产品因素、企业内部因素、环境因素等因素影响，分销渠道策略主要包括确定分销渠道的目标和模式、选择合适的中间商、明确渠道成员的权利和义务。一般的促销策略包括广告策略、人员推销策略、营业推广策略和公共关系策略等。运输企业网络营销是借助于互联网来更有效地满足运输市场上客户的运输需求和欲望，从而实现运输企业营销目标的一种手段。它一般采用网络营销服务策略、网络营销品牌策略、网络营销渠道策略、网络营销价格策略等方式。

复习及练习

一、主要概念

运输产品　运输市场营销　运输分销渠道　运输促销策略　运输网络营销

二、思考及练习题

1. 运输整体产品的概念是什么？试举例说明。

2. 有人说，运输行业找不到一样的两个运输产品。你认为此说法正确吗？为什么？

3. 简述运输服务策略的种类。

4. 以一家物流企业为例，具体说明该企业运输产品组合策略。

5. 试分析一家物流公司的分销渠道。

6. 以一家物流公司为例，说明该公司网络营销策略。

7. 试述运输企业如何制订市场营销计划。

📖 **案例分析**

招商局物流的营销之道

　　今天，作为招商局集团的核心板块，其旗下所属的全资子公司招商局物流集团（以下简称"招商物流"）正在以高标准向现代物流企业转型。自成立至今，招商物流已经跻身于中国物流百强企业前五位。良好的物流基础设施、优秀的运营技术与服务和高效的运作效率使招商物流成为众多知名企业的长期战略合作伙伴。

1. 确定重点行业市场及优质客户

　　对市场和客户实施细分战略，进而才能正确制定可行的营销策略。招商物流专门对市场拓展的方向和重点进行研讨，围绕客户价值和公司价值，分析目标客户群。招商物流把高端客户作为目标客户，即锁定在世界 500 强及国内领先行业企业。例如，埃克森美孚是一家总部设在美国得克萨斯州的石化企业，主要产品包括发动机油、齿轮油等石油化工类产品，每年物流操作总量很大，对物流专业化、精细化、现代化要求很高，对物流合作伙伴的评审也很严格。经过对招商物流的专业化等多方考察和严密评审，埃克森美孚最终选择了招商物流作为其在中国大陆的物流合作商，合作涉及华东、华北、华中、西北等区域，操作量可观。

　　经过分析，招商物流确定重点行业市场及部分优质客户，如下表所示。

招商局物流集团客户分类表

行业细分（1）	客户名称	行业细分（2）	客户名称
化工	BP 化工	个人家居	宜家
	拜耳	饮料食品	可口可乐
	巴斯夫		雀巢
	陶氏化学		百威
	中海壳牌		南海油脂
	埃克森美孚		嘉理粮油
	宝柏		嘉士伯
	宝洁		乐百氏
	白猫		青岛啤酒
电子电器	飞利浦	汽车、机械	福斯泵业
	三星		奇瑞
	TCL		马勒
	LG	零售贸易	沃尔玛
	赛格日立	其他行业	博士伦
	奥林巴斯		保世高

2. 提供多元化服务

招商物流为响应客户需求，按需分类，推出了如下三种独特多元化的服务。

（1）干线运输与中转服务。很多大客户都是开展全球性的生产、制造和贸易活动，他们的厂厂布局、厂店布局、店店布局、供（供应商）产（工厂、门店）布局等，都需要点与点之间的快速、准确的连接，这就需要保证这些实物产品的干线运输畅通而且及时。招商物流在自己设计的 32 条全国干线上运送货物，并灵活调度 RDC 之间的中转运输。

（2）驻厂整体外包服务。招商物流凭借着物流领域的各项优势，为很多客户打理整体外包服务，这其中包括两种具体模式：一是合资驻厂整体外包，即招商物流向企业输出管理人员和管理理念，从接管客户库区的人员、机械设施与设备、流程等为客户重新打造科学的管理思路与方法，避免客户自我经营而浪费自有、庞大的物流资源。例如，招商物流与青岛啤酒成立合资物流管理公司为青岛啤酒提供专业化的物流外包服务。二是物流服务供应商代替实物产品供应商外包管理库存，即企业采购供应产品后将所属的库存管理者整体外包给物流服务供应商，后者需要组织科学的库存管理流程，保证前者在生产制造流程中的准时制操作（JIT）。例如，招商物流芜湖公司就是采取这样的方式为奇瑞汽车提供准时制的物流服务。

（3）增值服务。物流业务除了涉及传统的仓储、运输、装卸等，还会涉及实物流动的诸多特征，物流环节中的流通再加工、包装与再包装、贴标签等附属业务均将物流的增值服务链条延长。招商物流就是这样为铁行渣华提供货物拼箱服务，双方共同签订了《货物拼箱服务协议》，对方同意由招商物流为铁行渣华的客户提供海关监管仓内的出口货物拼箱服务。

3. 运输运作网络化

招商物流为客户提供了干线运输和中转服务。为了保证物流渠道的顺畅，招商物流已经在全国 31 个重要城市建立了运作节点，截至 2006 年年底，建立了 22 个物流分发中心，依靠先进的 SAP 和 GPS 系统的支持，干线和中转运输线路已具网络化规模，使得类似于沃尔玛、埃克森美孚等客户为主的干线运输项目和供应链管理项目得以在现有的网络效应中提升了运作效率。

4. 承担社会责任

招商物流运作的青岛啤酒项目、宝洁项目、BP 项目产生了较好的示范效应。所以早在 2004 年，"招商局物流"品牌就荣列于世界品牌实验室（World Brand Lab, WBL）评选的"2004 年中国 500 最具价值品牌"名单中，并在国内被评为"中国最具竞争力 50 强物流企业"。

招商物流没有忽视自己的企业社会责任，以积极的行动回馈社会。招商物流参与"援建革命老区希望小学捐款"活动，积极捐款援兴建希望小学；积极为印度洋海啸灾民、深圳市医疗救助、贵州毕节和黔南自治州等地区捐款；积极协助重庆市红十字会开展"博爱送水"活动；在招商物流的积极承揽下，主动承运国家支援香港政府的抗非典物资，再次体现了招商局物流的雄厚实力以及在物流行业中的美誉。

注：案例改编自 2007 年 3 月 27 日《现代物流报》文章"招商局物流的营销之道"（作者杜培枫）。

案例问题

1. 招商局物流是如何进行市场细分和市场定位的？
2. 分析本案例并查阅资料，讨论招商局物流的市场营销策略。

第 10 章　运输决策管理

- 掌握运输方式选择的方法，包括定性分析法、综合评价法、成本比较法等。
- 掌握运输线路优化的方法，包括起讫点不同、起讫点相同、多起讫点直达、多起讫点中转四种情况下的求解模型。
- 掌握运输节点选址的主要方法，包括多因素综合评价法、重心法、成本分析法、运输规划法等。

10.1　运输方式选择

10.1.1　运输方式选择的影响因素

假如一批货物从上海运往武汉，可能有不同的运输方式（如公路、水路或者铁路运输）可以选择，而最终确定采用何种运输方式，取决于多方面的因素。就单一运输方式来说，可以依据市场相关影响因素选择运输企业及运输方式，具体内容将在第 11 章中阐述。本节从非市场因素方面来探讨运输方式的选择，非市场因素主要包括以下几项。

1．货物特点

货物的价值、单件重量和体积、形状、危险性、变质性等都是影响运输方式选择的重要因素。一般来说，价值低、体积大的货物，尤其是散装货物，比较适合于铁路运输或水路运输；重量轻、体积小、价值高及对时间要求较高的鲜活易腐货物适合于航空运输；石油、天然气、碎煤浆等适宜选择管道运输。

2．运输量

运输量对运输工具的选择也有重大影响。一般来说，15t 以下的货物宜采用公路运输；15～20t 的货物可采用公路运输或铁路运输；20 t 以上的货物宜采用铁路运输；数百吨以上的粗大笨重货物，可选择船舶运输。

3. 运输距离

运输距离的远近决定了使用各种运输工具运送货物时间的长短，关系到满足客户需要程度及运输工具的选择。一般情况下，运距在 300km 以内，宜采用公路运输；300～500km 的区间可采用铁路运输；500km 以上的可采用船舶运输。

4. 运输时间

运输时间涉及客户要求、服务水平高低，直接影响运输方式的选择。对于市场急需的商品，承运人必须选择速度快的运输工具，如采用航空或汽车直达运输，以免贻误时机；反之则可选择成本较低而速度较慢的运输工具。

5. 运输成本

运输成本会因货物的种类、重量、容积、运距不同而不同，而且运输工具不同，运输成本也会有所不同。运输成本的高低将直接受到不同经济实力的运输企业承受能力的制约，并直接影响企业经济效益的高低，所以运输成本会影响到某种运输方式或联合运输的选择。在做运输决策时，不能仅考虑运输活动本身的费用，还要考虑其他相关的仓储、装卸搬运等费用，也就是说要考虑总成本。

6. 运输工具的可得性

由于受具体时间、地点等条件的限制，不是所有承运人都能很容易地获得所需要的运输工具的。例如，将木材从大兴安岭运到北京，采用水路运输是最经济的，因为木材是散装的，不需要专门的保护，而且能接受较长时间的运输，但大兴安岭没有水路，因而，只能通过汽车运输到火车站，然后通过铁路运到北京。这个例子说明，在选择运输方式时，往往只能在现有的实际运输工具中进行选择。

7. 运输的安全性

运输的安全性包括所运输货物、运输工具、运输人员的安全及公共安全。选择运输工具时必须考虑这些方面的要求。例如，对于危险品运输要采取更加安全的措施，而在地面运输中采取的安全措施又远没有在空运中那样严格，这是因为航空运输安全与否造成的后果远比其他运输方式严重。

8. 其他影响因素

除上述列举的影响运输方式选择的因素外，还有法律环境、经济环境、社会环境的变化等因素。例如，随着物流量的增大，噪声、振动、大气污染、海洋污染、交通事故等问题日益严重，政府为解决这些问题而制定的法律、法规相继出台，并日益严格；对于公路运输超载货物、超速运行的现象，对于航空、水路、铁路、公路运输中特种货物的运输，政府分别做出相应的规定等，这些都会影响运输方式的选择。

10.1.2 运输方式选择的定性分析法

运输方式选择所使用的定性分析法主要是指对各种相关因素进行定性分析或对比来选择某种运输方式。定性分析的主要依据是：1.2.2 节中各种运输方式的技术经济特性；10.1.1 节中运输方式选择的影响因素。

在有多种因素影响的情况下，可以进行综合分析与比较，选择最为合理的运输方式或运输方式组合。一般情况下，多种因素的影响程度是不一样的，并且它们往往并不一致，甚至是冲突的，所以需要结合实际情况，综合考虑和协调各种因素的关系，做出合理的选择。

在其他因素影响较小、可以不予考虑的情况下，也可以就某一因素进行分析和比较，选择合适的运输方式。例如，单从各种运输方式的经济运行距离来说，按照国际惯例，300km 以内被称为短距离运输，该距离内的货物运输应该尽量分流给公路运输；而 300～500km 内的货物运输应该选择铁路运输；500km 以上的货物运输则应该选择水路运输。

应用案例

采用多种运输方式，完成电煤运输任务

2013 年，一直以铁路运输为主的电煤运输，因经常受到铁路检修、运力不足、运费上涨等因素的制约，尤其是大秦线铁路检修的开始，导致秦皇岛、曹妃甸等港口煤炭库存均出现下降，因而更多地选择采用汽车运输等其他运输方式。

国电菏泽发电有限公司因菏泽火车站改造，为确保煤炭库存满足发电需求，及时采取措施，给各大矿务局发函，增加了 2013 年 9 月、10 月发运量，同时启动汽车煤供应。

面对煤炭市场变化和冬季可能出现的交通运输困难，中电投新乡豫新发电厂在稳定霍尔辛赫、潞安、陕煤来源渠道的同时，积极与汽运煤商沟通协调做好汽运煤准备工作，预防铁路改制及运力不足时及时保证冬季用煤需要。

此外，沿海、沿江电厂为保证燃料的可靠供应，在寻找更可靠货源的同时，加强与港口的协调和沟通，密切关注天气变化，紧密联络承运船舶，以应对煤炭铁路运力不足等影响。

2013 年 12 月以后，华电国际山东百年电力发展股份有限公司共有 10 余艘海运船抵达龙口港码头，通过输煤走廊快速地运送至百年电力煤场。

资料来源：改编自 2014 年 1 月 6 日《中国电力报》文章"煤种选择更理性 运输方式更多样"（作者许盼）。

10.1.3 运输方式选择的综合评价法

综合评价法是运输方式选择的一种重要的定量分析方法，是根据影响运输方式选择的

4 个因素——经济性、迅速性、安全性和便利性进行综合评价，根据评价结果确定运输方式的选择方法。使用综合评价选择法的具体步骤如下。

（1）确定运输方式的评价因素。根据运输系统的目标要求，可以选择运输方式的经济性、迅速性、安全性和便利性 4 个因素对各个运输方式进行综合评价与选择。

（2）确定各评价因素的值及其权重。假设以 F_1、F_2、F_3、F_4 分别表示运输方式的经济性、迅速性、安全性和便利性的值，并且用 w_1、w_2、w_3、w_4 表示这 4 个因素的权重，则某一运输方式的综合评价值可表示为：

$$F = w_1 F_1 + w_2 F_2 + w_3 F_3 + w_4 F_4 \tag{10-1}$$

如果可供选择的运输方式有公路（A）、铁路（B）、水路（C）、航空（D），则运输方式的综合评价值分别为：

$$F(A) = w_1 F_1(A) + w_2 F_2(A) + w_3 F_3(A) + w_4 F_4(A) \tag{10-2}$$

$$F(B) = w_1 F_1(B) + w_2 F_2(B) + w_3 F_3(B) + w_4 F_4(B) \tag{10-3}$$

$$F(C) = w_1 F_1(C) + w_2 F_2(C) + w_3 F_3(C) + w_4 F_4(C) \tag{10-4}$$

$$F(D) = w_1 F_1(D) + w_2 F_2(D) + w_3 F_3(D) + w_4 F_4(D) \tag{10-5}$$

对于 F_1、F_2、F_3、F_4 的确定，目前还没有绝对行之有效的方法。这里，介绍一种利用简单算术平均数、结构相对数确定各评价因素值的方法。

1）经济性 F_1 的确定。运输方式的经济性是以运费、包装费、装卸费、保险费及运输手续费等有关费用的合计数来表示的。显然，费用越高，运输方式的经济性就越低，反之越高。设上述 4 种运输方式所需费用分别为 $G(A)$、$G(B)$、$G(C)$、$G(D)$，则平均值为：

$$G = \frac{G(A) + G(B) + G(C) + G(D)}{4} \tag{10-6}$$

这时，4 种运输方式的经济性分别为：

$$F_1(A) = \frac{G(A)}{G}, \quad F_1(B) = \frac{G(B)}{G}, \quad F_1(C) = \frac{G(C)}{G}, \quad F_1(D) = \frac{G(D)}{G} \tag{10-7}$$

2）迅速性 F_2 的确定。运输方式的迅速性是用从发货地到收货地所需的天数（时间）表示的；显然，所需的天数越多，迅速性就越低，反之越高。设上述 4 种运输方式所需的天数分别为 $H(A)$、$H(B)$、$H(C)$、$H(D)$，则平均值为：

$$H = \frac{H(A) + H(B) + H(C) + H(D)}{4} \tag{10-8}$$

这时，4 种运输方式的迅速性分别为：

$$F_2(A) = \frac{H(A)}{H}, \quad F_2(B) = \frac{H(B)}{H}, \quad F_2(C) = \frac{H(C)}{H}, \quad F_2(D) = \frac{H(D)}{H} \tag{10-9}$$

3）安全性 F_3 的确定。运输方式的安全性可根据过去一段时间内货物的货损、货差率（有时可通过实验数据得到）来表示；显然，货损率越高，运输方式的安全性就越低，反之越高。设上述 4 种运输方式的货损率分别为 $K(A)$、$K(B)$、$K(C)$、$K(D)$，则平均值为：

$$K = \frac{K(A) + K(B) + K(C) + K(D)}{4} \tag{10-10}$$

这时，4 种运输方式的安全性分别为：

$$F_3(A) = \frac{K(A)}{K}, \quad F_3(B) = \frac{K(B)}{K}, \quad F_3(C) = \frac{K(C)}{K}, \quad F_3(D) = \frac{K(D)}{K} \tag{10-11}$$

4）便利性 $F4$ 的确定。运输方式的便利性通常可根据代办运输点的经办时间与货物运到代办点的运输时间差来衡量；显然，时间差越大，表明便利性越高，反之越低。设上述 4 种运输方式的时间差分别为 $L(A)$、$L(B)$、$L(C)$、$L(D)$，则平均值为：

$$L = \frac{L(A) + L(B) + L(C) + L(D)}{4} \tag{10-12}$$

这时，4 种运输方式的便利性分别为：

$$F_4(A) = \frac{L(A)}{L}, \quad F_4(B) = \frac{L(B)}{L}, \quad F_4(C) = \frac{L(C)}{L}, \quad F_4(D) = \frac{L(D)}{L} \tag{10-13}$$

值得注意的是，上述 4 个值中，有 3 个值的大小与综合评价值的大小是不一致的，即费用越高，经济性越差；运输所需的时间越长，迅速性越低；破损率越高，安全性越低。只有时间差越大，便利性越好是一致的。为了使它们一致起来，可以将前 3 个值取负值，然后进行 4 种运输方式的综合评价值的计算。

权重大小的确定，可以使用不同的方法。一般来说，权重的确定要结合货物本身的特征及其他多方面因素，并尽可能吸取实际工作者或有关专家的意见。

（3）确定运输方式的综合评价值并最终选择合理的运输方式。根据上述计算的 4 种运输方式的不同评价因素的值及其权重，就可以计算出 4 种运输方式的综合评价值 $F(A)$、$F(B)$、$F(C)$、$F(D)$，其中综合评价值最大者即为合理的运输方式。

例 10-1 某公司要在汽车、火车、轮船 3 种运输方式中选择一种。如果确定经济性、迅速性、安全性和便利性为影响因素，对应的评价指标分别为总费用、运输天数、货损货差率、运输与经办时间差，假定它们的权重分别为 $w_1=0.3$，$w_2=0.2$，$w_3=0.2$，$w_4=0.3$。已知各个运输方式评价指标值，总费用：汽车 5，火车 4，轮船 3；运输天数：汽车 1，火车 2，轮船 3；货损货差率：汽车 0.2，火车 0.4，轮船 0.3；运输与经办时间差：汽车 2，火车 4，轮船 6。用综合评价法确定最合理的运输方式。

解： 根据已知条件，按照综合评价选择法的步骤，将计算结果填入表 10-1 中。

表 10-1　各评价因素的值及计算结果

F_{ij}	经济性			迅速性			安全性			便利性		
指标 G_i	总费用 G_1			运输天数 G_2			货损货差率 G_3			运输与经办时间差 G_4		
运输方式 j	汽车 1	火车 2	轮船 3	汽车 1	火车 2	轮船 3	汽车 1	火车 2	轮船 3	汽车 1	火车 2	轮船 3
指标值 G_{ij}	G_{11} 5	G_{12} 4	G_{13} 3	G_{21} 1	G_{22} 2	G_{23} 3	G_{31} 0.2	G_{32} 0.4	G_{33} 0.3	G_{41} 2	G_{42} 4	G_{43} 6
$\overline{G}_i = \Sigma G_{ij}/3$	4			6			0.3			4		
$F_{ij} = G_{ij}/\overline{G}_i$	5/4	4/4	3/4	4/6	5/6	9/6	0.2/0.3	0.4/0.3	0.3/0.3	2/4	4/4	6/4

由于经济性、迅速性、安全性 3 个评价值与综合评价值不一致，其值越大，说明某运输方式越没有优势；反之，该运输方式有优势。便利性的评价值与综合评价值一致，其值越大，该运输方式越有优势。所以，如果前 3 个可以取负值，第 4 个就应该取正值，那么综合值越大越好。

根据 $w_1=0.3$，$w_2=0.2$，$w_3=0.2$，$w_4=0.3$，可以计算各运输方式的综合评价值：

F_1（汽车）$=0.3×（-5/4）+0.2×（-4/6）+0.2×（-0.2/0.3）+0.3×2/4=-0.49$

F_2（火车）$=0.3×（-4/4）+0.2×（-5/6）+0.2×（-0.4/0.3）+0.3×4/4=-0.43$

F_3（轮船）$=0.3×（-3/4）+0.2×（-9/6）+0.2×（-0.3/0.3）+0.3×6/4=-0.28$

结论：轮船综合评价最好，应选择轮船运输。

10.1.4 运输方式选择的成本比较法

成本比较法也是运输方式选择的一种定量分析方法，它主要是根据不同运输方式在一定的运输环境条件下所花费的成本高低来进行评价与选择运输方式。由于不同的运输方式会影响仓储费用的高低，所以这里的成本是包括运输费用、仓储保管费用等在内的总成本。它们的关系为：总成本=运输费用+保管费用。由于运输具有储存功能，保管费用除了仓储保管费用之外，还包括运输过程中的保管费用。计算公式为：

$$运费＝货物数量×运输单价$$

$$仓储费＝平均储存数量×储存单价×储存时间$$

$$运输过程保管费＝货物数量×储存单价×储存（运送）时间$$

例 10-2 某造纸厂从工厂向距客户较近的地区仓库运货，铁路运输平均运输时间为 10 天，汽车运输时间为 7 天（节省 3 天），每节省 1 天可降低 2%的库存。铁路运输每包纸运价为 0.2 元，公路为 0.3 元，年需求量为 100 000 包，每年每包纸库存费用为 6 元。若采用铁路运输，为满足需求一年需运 10 次，而公路要运 20 次。确定采用何种运输方式才能使总费用最低。

解：假定不考虑前端工厂库存费用。仓库平均库存量按照平均每次运输的量计算，即：铁路运输仓库平均库存量为 100 000/10=10 000 包；汽车运输时间相对于铁路节省 3 天，则可降低库存 3×2%=6%，所以其库存量为(100 000/20)×0.94 包。

铁路和公路运输各项费用计算如表 10-2 所示。

表 10-2 铁路和公路运输各项费用计算

单位：元

	铁　路	公　路
运输费用	0.2×100 000=20 000	0.3×100 000=30 000
仓库的存储费用	6×10 000=60 000	6×5 000×0.94=28 200
运输过程中的存储费用	6×100 000×10/365≈16 438	6×100 000×7/365≈11 507
总费用	96 438	69 707

通过表 10-2 可以看出，选择汽车运输更节省费用。

例 10-3 某公司欲将产品从甲厂运往乙公司自有的仓库，年运量 q 为 700 000 件，每件产品的价格 p 为 30 元，每年的存货成本为产品价格的 30%（m），各种运输方式的有关参数如表 10-3 所示，试确定合适的运输方式。

表 10-3　4 种运输方式参数统计表

运输方式	运费 k（元/件）	运输时间 t（天）	平均存货量 n（件）
铁路运输	0.10	21	100 000
水路运输	0.15	14	50 000×0.93
公路运输	0.20	5	50 000×0.84
航空运输	1.40	2	25 000×0.81

解： 本例题考虑前端甲厂储存费用。各种运输方式的单位存货成本为 mp。题中平均存货量 n 为两端总平均存货量，并假定两端数值相同。在途运输的年存货成本为 $pmqt/365$，两端储存点的存货成本各为 $pmn/2$，但其中的 p 值有差别，工厂储存点的 p 值为产品的价格，购买者储存点的 p 值为产品价格与运费之和。具体计算结果如表 10-4 所示。

表 10-4　4 种运输方式成本比较

成本类型	计算方法	运输方式			
		铁路运输	水路运输	公路运输	航空运输
运输费用	qk	70 000	105 000	140 000	980 000
在途存货	$pmqt/365$	362 466	241 644	86 301	34 521
工厂存货	$pmn/2$	450 000	209 250	189 000	91 125
仓库存货	$m(p+k)\,n/2$	451 500	210 296	190 260	95 378
总　成　本		1 333 966	766 190	605 561	1 201 024

由表 10-4 可知，在 4 种运输方式中，公路运输方式的总成本最低，因此，该公司应选择公路运输。

阅读资料：《A 公司大中华区运输方式与运输模式选择》

10.2　运输线路选择

10.2.1　起讫点不同的运输线路选择

运输线路和节点是企业运输系统以及运输网络的重要组成部分，运输路线的选择影响到运输设备和人员的利用，关系到企业的运输效率和效益，因此运输路线的选择是重要的运输决策。路线选择问题可以归为几个基本类型：① 中间点相同，起讫点不同；② 中间点不同，起讫点相同；③ 多个起点，多个终点，没有中间点；④ 多个起点，多个终点，有中间点或转运点。

对中间点相同，具有单个始发点和终点的网络运输路线选择问题，在通常不考虑其他运输因素的情况下，最简单和直观的解决方法是最短路法（Shortest Route Method）。需要说明的是，最短路的度量单位可能是时间、距离或费用等。最短路具体的求解方法主要有迭代法、标号法两种。

下面介绍运用迭代法求解最短路问题的基本步骤。在运输线路模型中，网络由节点和线组成，点与点之间由线连接，线代表点与点之间运行的成本（距离、时间或时间和距离加权的组合）。最初，除始发点外，所有节点都被认为是未解的，即均未确定是否在选定的运输路线上，计算从始发点开始。

（1）第 n 次迭代的目标。找出第 n 个距始发点最近的节点（n=1，2，…），重复此过程，直到所找出的最近节点是终点为止。

（2）第 n 次迭代的输入值。在前面的迭代过程中，找出 n−1 个距始发点最近的节点，及其距起点最短的路径和距离。这些节点和起点统称为已解的节点，其余的称为未解的节点。

（3）第 n 个最近节点的候选点。每个已解的节点直接和一个或多个未解的节点相连接，这些未解的节点中以最短路线连接的即是候选点。

（4）第 n 个最近节点的计算。将每个已解节点及其候选点之间的距离和从始发点到该已解节点之间的距离加起来，总距离最短的候选点即是第 n 个最近的节点，也就是始发点到达该点最短距离的路径。

下面通过实例来说明最短路径是如何计算的。

例 10-4　如图 10-1 所示的是一张高速公路网络。其中，A 是起点，J 是终点，B、C、D、E、F、G、H、I 是网络中的节点，节点与节点之间以线路连接，线路上标明了两个节点之间的距离，以运行时间（分）表示。要求确定一条从起点 A 到终点 J 的最短的运输路线。

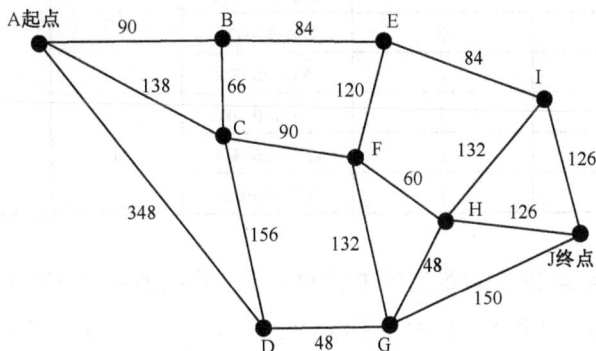

图 10-1　高速公路网络

首先，列出一张如表 10-5 所示的表格。第一个已解的节点就是起点 A。与 A 点直接连接的未解的节点有 B、C 和 D 点。第一步，由图 10-1 可知，B 点是距 A 点最近的节点，记为 AB。由于 B 点是唯一选择，所以它成为已解的节点。

表 10-5　最短路线计算

步骤	直接连接到未解节点的已解节点	与其直接连接的未解节点	相关总成本	第 n 个最近节点	最小成本	最新连接
1	A	B	90	B	90	AB*
2	A	C	138	C	138	AC
	B	C	90+66=156			
3	A	D	348	E	174	BE*
	B	E	90+84=174			
	C	F	138+90=228			
4	A	D	348	F	228	CF
	C	F	138+90=228			
	E	I	174+84=258			
5	A	D	348	I	258	EI*
	C	D	138+156=294			
	E	I	174+84=258			
	F	H	228+60=288			
6	A	D	348	H	288	FH
	C	D	138+156=294			
	F	H	228+60=288			
	I	J	258+126=384			
7	A	D	348	D	294	CD
	C	D	138+156=294			
	F	G	288+132=420			
	H	G	288+48=336			
	I	J	258+126=384			
8	D	G	294+48=342	G	336	HG
	F	G	288+132=420			
	H	G	288+48=336			
	I	J	258+126=384			
9	G	J	336+150=486	J	384	IJ*
	H	J	288+126=414			
	I	J	258+126=384			

然后，找出距 A 点和 B 点最近的未解的节点。并在表中列出距各个已解的节点最近的连接点，这时有 A→C 和 B→C 两条路线，记为第二步。注意从起点通过已解的节点到某一节点所需的时间应该等于到达这个已解节点的最短时间加上已解节点与未解节点之

间的时间，也就是说，从 A 点经过 B 点到达 C 的距离为 AB+BC=90+66=156 分钟，而从 A 直达 C 的时间为 138 分钟，现在 C 也成了已解的节点。

第三次迭代要找到与各已解节点直接连接的最近的未解节点。如表 10-5 所示，有 3 个候选点，从起点到这 3 个候选点 D、E、F 所需的时间，分别为 348 分钟、174 分钟、228 分钟，其中连接 B、E 的时间最短，为 174 分钟，因此 E 点就是第 3 次迭代的结果。

重复上述过程直到到达终点 J，即第 9 步。最短的路线时间是 384 分钟，连线在表 10-4 上以星（*）符号标出者，最优路线为 A→B→E→I→J，这些路径在表 10-5 中用"*"表示。

对于节点很多时候用手工计算比较繁杂，如果把网络的节点和连线的有关数据存入数据库中，最短路线方法就可用电子计算机求解。绝对的最短距离路径并不说明穿越网络的最短时间，因为该方法没有考虑各条路线的运行质量。因此，对运行时间和距离都设定权数就可以得出比较具有实际意义的路线。

10.2.2　起讫点相同的运输线路优化模型

起讫点相同的运输线路问题主要是指车辆从设施点出发访问一定数量的客户后又返回原来的出发点的线路确定问题。现实生活中存在着许多类似的问题，如配送车辆送货、邮递员送报、送奶工送牛奶、垃圾车辆收集垃圾等。这些问题求解的目标是寻求访问各点的次序，并使运行时间或距离最小化。下面简要介绍几种求解方法。

1．经验探试法

经验探试法是解决起讫点相同的运输问题较为简单、有效的方法。根据实际运输工作经验，当运行路线不发生交叉时，车辆经过各停留点的次序是合理的，同时，如有可能应尽量使运行路线形成泪滴状。通过各点的运行路线如图 10-2 所示，其中图 10-2（a）是不合理的运行路线，图 10-2（b）是合理的运行路线。在实际工作中，运输管理人员可以很快画出一张路线图，这要比用电子计算机计算更为简单迅速。当然如果点与点之间的空间关系并不真正代表其运行时间或距离（如有路障、单行道路、交通拥挤等），或者运输线路较为复杂，则使用电子计算机寻求路线上的停留点的合理次序更为方便。

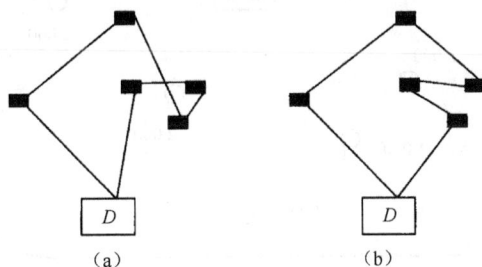

图 10-2　运输路线

2．扫描法

扫描法是 Gillett 和 Miller 于 1974 年所提出的求解车辆路线问题（Vehicle Routing Problem，VRP）的方法，它是运输路线设计中比较简单的方法，工作人员通过手工计算，即可得出结果。此方法的基本思路是：先分群再排路线。前提条件是必须预先知道物流中心或仓库位置、所有站点位置、可以使用的车辆以及客户的时间要求。具体步骤如下。

（1）在地图或方格图中确定仓库、所有站点的位置。

（2）自仓库出发，沿任一方向向外画一条直线。沿顺时针或逆时针方向旋转该直线直到与某站点相交。如果该站点货运量没有达到车容量，继续旋转直线，直到与下一个站点相交。再次计算累计货运量是否超过车容量。如果超过，就剔除最后的那个站点（这时也可以反向旋转，看是否可以增加站点），并确定路线。然后从不包含在上一条路线中的站点开始，继续旋转直线以寻找新路线。最后使得所有的站点都被安排到不同路线中。

（3）按照时间最少或距离最短的原则排定各路线上每个站点的顺序。排序时可以参照"经验试探法"，也可以使用解决旅行商问题的节约算法。

扫描法适用的理想条件是：相对于车辆来说，各个站点的货运量比较小；所有车辆同样大；路上没有时间限制，或者自己能够确定运送时间。

实际运输业务情况可能比较复杂，所以使用扫描法时须注意：①扫描的起点不同可能结果不同，这可以通过多次重复、比较不同方案来确定最后结果；②考虑客户对于运送时间要求的限制，在扫描得出的线路中排出不能满足客户时间要求的站点，然后重新扫描。

例 10-5 某物流公司使用厢式货车到客户站点取货，仓库、客户站点分布如图 10-3 所示。图中数字是各个站点每天的货运量（单位是件）。已知公司的厢式货车容量是 8 000 件，取货时间在一天之内没有限制。公司如果要在一天之内完成取货任务，需要规划出哪些运输路线和车辆数量？

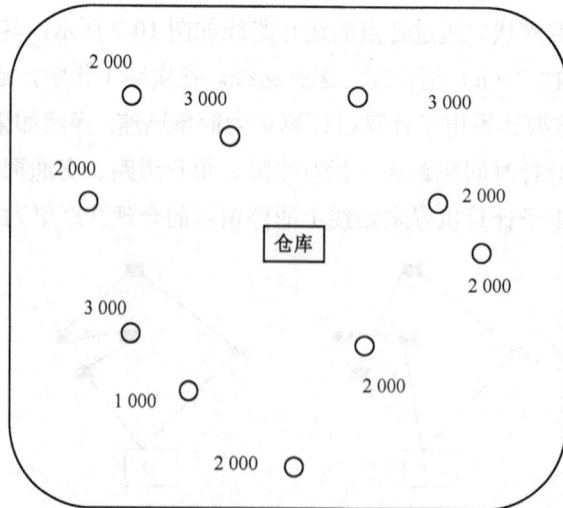

图 10-3 某物流公司仓库及客户站点分布

解题方法：按照扫描法的步骤，首先向北画一条直线，沿逆时针方向"扫描"，与不同的站点相交，使得各个站点的货运量接近或达到一辆车 8 000 件的容量，但不能超重，确定相应的取货线路，使之成为泪滴状。然后依次找出其他取货线路，如图 10-4 所示。

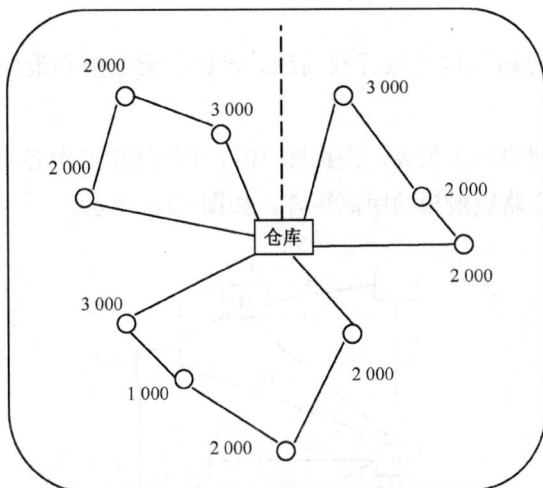

图 10-4 某物流公司取货线路

3．数学求解法

在运筹学中，有关起讫点相同的运输问题可以归结为基本运输问题中的中国邮递员问题和旅行商问题（Traveling Salesman Problem，TSP）。这里利用旅行商问题的解决方法进行运输线路的优化。所谓旅行商问题，可以表述为："一个旅行者从某城市出发，经过所有要到达的城市后，返回到出发地，那么他应该如何选择行程路线，以使总路程最短（或费用、时间最少）。"解决旅行商问题目前有多种算法，如最邻近法、节约算法、神经网络、遗传算法、免疫算法等。这里仅介绍运用节约算法求解旅行商问题的方法。

运用节约算法求解旅行商行程路线的基本思路是：如图 10-5 所示，假设 P 是出发地点，A 和 B 分别是所要到达的地点，它们相互之间的道路距离分别为 a，b，c。如果旅行商从 P 分别到 A 和 B 两地，那么总里程为 $2a+2b$；如果旅行商从 P 到 A 再到 B，然后回到 P，则总里程为 $a+b+c$。两种方法的里程差是 $(2a+2b)-(a+b+c)=a+b-c$，如果 $a+b-c>0$，那么第二种方法将使总里程得到减少。如果旅行商需到达许多地点，那么就可以根据节约距离的大小顺序连接各点并规划出旅行路线。下面用例子来说明节约算法的基本步骤。

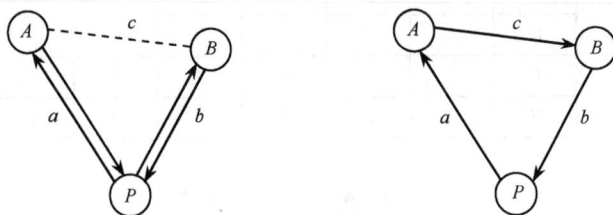

图 10-5 节约算法

例 10-6 假设 P 是配送中心所在地，A～F 是 P 的 6 个配送点。它们之间的距离如图 10-6 所示（单位为 km），括号内的数字是配送量（单位为 t）。现在可以利用的配送车辆是装载量为 2t 和 4t 的两种厢式货车，并限制车辆一次运行距离不超过 30km。试求车辆的最佳配送路线。

求车辆的最佳配送路线属于旅行商问题。该题中配送中心最佳配送路线的求解步骤如下。

（1）计算相互之间的最短距离。根据图 10-6 中配送中心至各用户之间、用户与用户之间的距离，得出配送路线最短的距离矩阵，如图 10-7 所示。

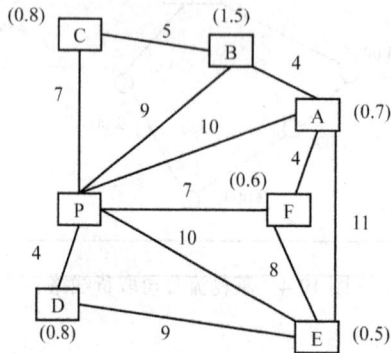

图 10-6 配送中心配送路线网络

	P						
A	10	A					
B	9	4	B				
C	7	9	5	C			
D	4	14	13	11	D		
E	10	11	15	17	9	E	
F	7	4	8	13	11	8	F

图 10-7 最短配送路线距离矩阵

（2）根据图 10-7 计算出各用户之间的节约行程，如图 10-8 所示。

	A					
B	15	B				
C	8	11	C			
D	0	0	0	D		
E	9	4	0	5	E	
F	13	8	1	0	9	F

图 10-8 配送路线节约行程

（3）对节约行程按大小顺序进行排列，如表 10-6 所示。

表 10-6　配送路线节约行程顺序

序　号	连 接 点	节约行程	序　号	连 接 点	节约行程
1	A～B	15	5	A～C	8
2	A～F	13	5	B～F	8
3	B～C	11	6	D～E	5
4	A～E	9	7	B～E	4
4	E～F	9	8	C～F	1

（4）按照节约行程顺序表，组合成配送路线图。

初始解：从配送中心向各配送点配送，如图 10-9 所示。此时配送路线为 6 条，总运行距离 94 km，需用 2 t 货车 6 辆。

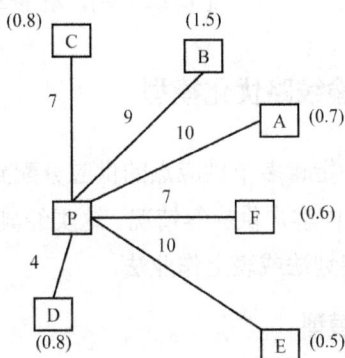

图 10-9　初始解

二次解：按照节约行程的顺序大小，连接 A～B、A～F、B～C 及 P～C、P～F，组成配送路线 1，如图 10-10 所示。该路线装载量为 3.6 t，运行里程为 27 km，需用一辆 4 t 货车。此时总配送路线 3 条，总运行距离 55 km，需要 2 t 货车 2 辆，4 t 货车 1 辆。

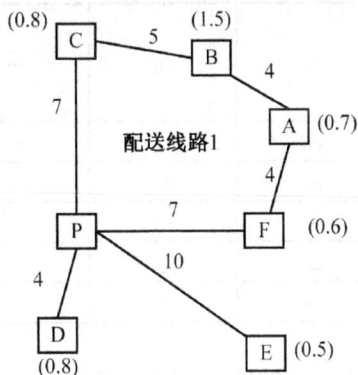

图 10-10　二次解

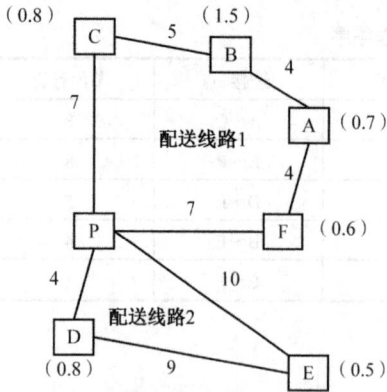

图 10-11　最终解

最终解：按照节约行程的顺序大小，A～E 和 E-F 都有可能连接到二次解的配送路线 1 中，但由于受车辆装载量和每次运行距离这两个条件的限制，配送路线 1 不能再增加配送点，所以不再连接 A-E 和 E-F。同理也不能再连接 B-E。A、B、C、F 已在配送路线 1 中，不再考虑 A-C、B-F、C-F。接下来按节约行程的顺序是 D-E，连接 D-E 以及 P-D、P-E，组成配送路线 2，如图 10-11 所示。该配送路线装载量为 1.3 t，行程为 23 km，需用一辆 2t 货车。至此完成了全部配送路线的规划。总的配送路线一共有两条，运行距离为 50 km，需要 2t 货车 1 辆，4t 货车 1 辆。

10.2.3　多起讫点直达运输线路优化模型

多起讫点直达运输主要是指将多个供应点的供应分配到多个客户需求点，常用在产品从工厂到仓库的配送、从仓库向客户供应等情况。这类经典的运筹学问题称为物资调运问题，求解这类问题常用线性规划法或表上作业法。

1．直达运输的线型规划模型

直达运输问题可以用数学语言描述为：假定某种货物有 m 个产地 A_1，A_2，$\cdots$，A_m，联合供应 n 个销地 B_1，B_2，$\cdots$，B_n；各产地产量、各销地销量、各产地到各销地的运价或运距为已知，并设 A_i 的产量为 a_i（$i=1,2,\cdots,m$），B_j 的销量为 b_j（$j=1,2,\cdots,n$），由 A_i 到 B_j 的单位运价为 c_{ij}，如表 10-7 所示。要求找出使总运费最小的运输方案。

表 10-7　产地产量、销地销量（运价）运距表

运价（运距）销地 ＼ 产地	B_1	B_2	$\cdots$	B_n	产　量
A_1	c_{11}	c_{12}	$\cdots$	c_{1n}	a_1
A_2	c_{21}	c_{22}	$\cdots$	c_{2n}	a_2
$\cdots$	$\cdots$	$\cdots$	$\cdots$	$\cdots$	$\cdots$
A_m	c_{m1}	c_{m2}	$\cdots$	c_{mn}	a_m
销量	b_1	b_2	$\cdots$	b_n	$\cdots$

如果设 x_{ij} 表示由产地 A_i 供应给销地 B_j 的货物数量，则可以得到该运输问题的线性规划模型。此类模型可分为以下 3 种。

（1）产销平衡运输模型。即在 $\sum_{i=1}^{m} a_i = \sum_{j=1}^{n} b_j$ 的情况下（见表 10-8），求 $\min Z = \sum_{j=1}^{n} \sum_{i=1}^{m} c_{ij} x_{ij}$

（总费用最少），也就是说，在产销平衡的条件下，找出使总运费最小的运输方案。其运输模型为：

$$
\begin{cases}
\min Z = \sum_{j=1}^{n} \sum_{i=1}^{m} c_{ij} x_{ij} \\
\sum_{i=1}^{m} x_{ij} = b_j \quad j = 1, 2, \cdots, n（满足各销地的需求量）\\
\sum_{j=1}^{n} x_{ij} = a_i \quad i = 1, 2, \cdots, m（各产地的发出量等于各地产量）\\
x_{ij} \geqslant 0 \quad j = 1, 2, \cdots, n; i = 1, 2, \cdots, m（调运量不能为负数）
\end{cases}
\tag{10-14}
$$

表 10-8　货物产销平衡表

销地 产地	B_1	B_2	$\cdots$	B_n	供应量
A_1	x_{11}	x_{12}	$\cdots$	x_{1n}	a_1
A_2	x_{21}	x_{22}	$\cdots$	x_{2n}	a_2
$\cdots$	$\cdots$	$\cdots$	$\cdots$	$\cdots$	$\cdots$
A_m	x_{m1}	x_{m2}	$\cdots$	x_{mn}	a_m
需求量	b_1	b_2	$\cdots$	b_n	$\sum_{i=1}^{m} a_i = \sum_{j=1}^{n} b_j$

（2）产大于销运输模型。即在 $\sum_{i=1}^{m} a_i > \sum_{j=1}^{n} b_j$ 的情况下（见表 10-9），求 $\min Z = \sum_{j=1}^{n} \sum_{i=1}^{m} c_{ij} x_{ij}$

（总费用最少），其运输模型为：

$$
\begin{cases}
\min Z = \sum_{j=1}^{n} \sum_{i=1}^{m} c_{ij} x_{ij} \\
\sum_{i=1}^{m} x_{ij} = b_j \quad j = 1, 2, \cdots, n \\
\sum_{j=1}^{n} x_{ij} \leqslant a_i \quad i = 1, 2, \cdots, m \\
x_{ij} \geqslant 0 \quad j = 1, 2, \cdots, n; \ i = 1, 2, \cdots, m
\end{cases}
\tag{10-15}
$$

表 10-9　产大于销货物供需状况

销地 产地	B_1	B_2	$\cdots$	B_n	供应量
A_1	x_{11}	x_{12}	$\cdots$	x_{1n}	a_1
A_2	x_{21}	x_{22}	$\cdots$	x_{2n}	a_2

销　地 产　地	B_1	B_2	…	B_n	供 应 量
…	…	…	…	…	…
A_m	x_{m1}	x_{m2}	…	x_{mn}	a_m
需求量	b_1	b_2	…	b_n	$\sum\limits_{i=1}^{m} a_i > \sum\limits_{j=1}^{n} b_j$

（3）产小于销运输模型。即在 $\sum\limits_{i=1}^{m} a_i < \sum\limits_{j=1}^{n} b_j$ 的情况下（见表 10-10），求 $\min Z = \sum\limits_{j=1}^{n}\sum\limits_{i=1}^{m} c_{ij} x_{ij}$（总费用最少），其运输模型为：

$$\begin{cases} \min Z = \sum\limits_{j=1}^{n}\sum\limits_{i=1}^{m} c_{ij} x_{ij} \\ \sum\limits_{i=1}^{m} x_{ij} \leqslant b_j \quad j=1,2,\cdots,n \\ \sum\limits_{j=1}^{n} x_{ij} = a_i \quad i=1,2,\cdots,m \\ x_{ij} \geqslant 0 \quad j=1,2,\cdots,n;\ i=1,2,\cdots,m \end{cases} \quad (10\text{-}16)$$

表 10-10　产小于销货物供需状况

销　地 产　地	B_1	B_2	…	B_n	供 应 量
A_1	x_{11}	x_{12}	…	x_{1n}	a_1
A_2	x_{21}	x_{22}	…	x_{2n}	a_2
…	…	…	…	…	…
A_m	x_{m1}	x_{m2}	…	x_{mn}	a_m
需求量	b_1	b_2	…	b_n	$\sum\limits_{i=1}^{m} a_i < \sum\limits_{j=1}^{n} b_j$

2. 产销平衡运输模型的求解

对于直达运输问题，首先需要建立一个运输模型，然后运用表上作业法或图上作业法进行求解。所谓表上作业法就是把货物运输最优方案的确定过程在产销平衡表上进行的一种方法。下面讨论利用表上作业法求解产销平衡运输模型的方法，其基本步骤可归纳如下：

（1）列出货物产销平衡表及运价表。

（2）确定初始基本可行解。

（3）求检验数，判断是否得到最优解。

（4）调整基变量，进行换基迭代，得到新的基本可行解。

（5）重复（2）、（3）两步，经有限次调整，即可得到最优解。

下面举例说明求解产销平衡运输模型的具体方法。

例 10-7　设某种产品有 A_1、A_2、A_3 3 个生产厂，联合供应 B_1、B_2、B_3、B_4 4 个需求地，其供应量、需要量和单位产品的运价如表 10-11 所示。试求运输费用最少的合理运输方案。

表 10-11　供应量、需求量与运价

产　地　＼　销　地	B_1	B_2	B_3	B_4	供应量
A_1	3	11	3	10	7
A_2	1	9	2	8	4
A_3	7	4	10	5	9
需要量	3	6	5	6	20

下面按照表上作业法的解题步骤进行求解。

（1）列出产品产销平衡表及运价表，如表 10-12 和表 10-13 所示。

表 10-12　产品产销平衡表

产　地　＼　销　地	B_1	B_2	B_3	B_4	供应量
A_1					7
A_2					4
A_3					9
需要量	3	6	5	6	20

表 10-13　运价表

运价　产地　＼　销地	B_1	B_2	B_3	B_4
A_1	3	11	3	10
A_2	1	9	2	8
A_3	7	4	10	5

平衡表和运价表是表上作业法的基本资料和运算的依据。表上作业法的实质就是利用运价表在平衡表上进行求解。

为了叙述和考虑问题的方便，通常把上面的平衡表看作矩阵，并把表中的方格记为 (A_i, B_j) 的形式，如 (A_2, B_3) 表示第 2 行第 3 列的方格；(A_1, B_4) 表示第 1 行第 4 列的方格等。此外，在求解过程中，如果平衡表的 (A_2, B_1) 方格中写上 3，即表示 A_2 工厂供给 3 单位货物给 B_1 需求地，而空格表示供需双方不发生供给关系。

（2）确定初始基本可行解。确定初始基本可行解通常有两种方法：一是西北角法；二是最小元素法。通常情况下，采用最小元素法可以更快地求出最优解，所以这里仅介绍最小元素法的运用。

首先找出具有最小运输成本的路径，并且最大限度地予以满足；然后按"最低运输成本优先集中供应"的原则，依次安排其他路径的运输量。在该例题中，运用最小元素法可制订出如下初始运输方案，如表 10-14 所示（每格左上角为单位运输成本，右下角为运量）。

表 10-14　初始运输方案

销　地 产　地	B₁	B₂	B₃	B₄	供 应 量
A₁	3	11	3　　4	10　　3	7
A₂	1　　3	9	2　　1	8	4
A₃	7	4　　6	10	5　　3	9
需要量	3	6	5	6	20

由于最小运费是 1，所以先由 $A_2 \rightarrow B_1$ 运 3 余 1；再由 $A_2 \rightarrow B_3$ 运 1 余 0；$A_1 \rightarrow B_3$ 运 4 余 3；$A_3 \rightarrow B_2$ 运 6 余 3；$A_3 \rightarrow B_4$ 运 3 余 0；$A_1 \rightarrow B_4$ 运 3 余 0，此时运输总费用为：

$$S = 4 \times 3 + 3 \times 10 + 3 \times 1 + 1 \times 2 + 6 \times 4 + 3 \times 5 = 86$$

（3）求检验数，判断最优解。要判定上述调运方案是否为最优解，有两种方法：一种是闭回路法；另一种是位势法。这里仅介绍闭回路法。

闭回路是货物调运方案的一个重要特征，即在任一可行的调运平衡表中，可以从任一空格（没有调运量的格）出发，做一个闭回路。它是以空格为起点，沿水平或垂直线画，每碰到一个含有调运量（调运量大于 0）的格后，或者前进，或者转90°，继续前进，直到回到起始空格为止，除这个空格外，闭回路的其他顶点都是由数字的格构成的。在表 10-14 中，（A₁,B₁）为一空格。如果从（A₁,B₁）空格出发，沿（A₁,B₃）、（A₂,B₃）、（A₂,B₁）3 个有数字的格，又回到（A₁,B₁）空格，从而形成（A₁,B₁）→（A₁,B₃）→（A₂,B₃）→（A₂,B₁）→（A₁,B₁）回路。以此类推，可以做出所有空格的闭回路，用 (i,j) 表示（Aᵢ,Bⱼ），如表 10-15 所示。

有了闭回路，就可以求出检验数。检验数的求法，就是在闭回路上从空格出发，沿闭回路，将各顶点的运输成本依次设置"+""−"交替正负符号，然后求其代数和。这个代数和数值称为检验数，用 λ_{ij} 表示。例如，上述空格上的检验数$\lambda_{11}=3-3+2-1=1$。用同样的方法可以求其他各空格的检验数，填入空格并加括号，如表 10-16 所示。

表 10-15　闭回路表

空　格	闭　回　路
(1,1)	(1,1)—(1,3)—(2,3)—(2,1)—(1,1)
(1,2)	(1,2)—(1,4)—(3,4)—(3,2)—(1,2)
(2,2)	(2,2)—(2,3)—(1,3)—(1,4)—(3,4)—(3,2)—(2,2)
(2,4)	(2,4)—(2,3)—(1,3)—(1,4)—(2,4)
(3,1)	(3,1)—(3,4)—(1,4)—(1,3)—(2,3)—(2,1)—(3,1)
(3,3)	(3,3)—(3,4)—(1,4)—(1,3)—(3,3)

有了检验数表（见表 10-16），就可以对调运方案做出判断，即如果全部检验数均为正数或零，则调运方案一定为最优方案；如果检验数中仍存在负数，则调运方案不是最优方案。

表 10-16　检验数表

产　地＼销　地	B₁	B₂	B₃	B₄	供 应 量
A₁	3 (1)	11 (2)	3 4	10 3	7
A₂	1 3	9 (1)	2 1	8 (−1)	4
A₃	7 (10)	4 6	10 (12)	5 3	9
需要量	3	6	5	6	20

（4）闭回路调整。当初始基本可行解中空格的检验数出现负数时，便需对初始基本可行解进行调整。

1）若有两个和两个以上的负检验数时，一般选择其中最小的负检验数，以它对应的空格为调入格，以此格为出发点，作一闭回路。从空格出发，沿闭回路，将各顶点的运输成本依次设置“+”“−”交替正负符号。表 10-16 中只有一个负检验数 $\lambda_{24}=-1$，所以以空格（A₂, B₄）为出发点，考虑闭回路（A₂, B₄）→（A₂, B₃）→（A₁, B₃）→（A₁, B₄）→（A₂, B₄），如表 10-17 所示。

表 10-17　闭回路调整表

产　地＼销　地	B₁	B₂	B₃	B₄	供 应 量
A₁			+3 4	−10 3	7
A₂			−2 1	+8	4
A₃					9
需要量	3	6	5	6	20

2）取负检验数所在闭回路中最小的运量 θ=min（3,1）=1 为运量调整量，然后按闭回路中的正、负号，分别加入和减去 θ，得到调整方案，如表 10-18 所示。

表 10-18　调整方案

销 地　产 地	B₁	B₂	B₃	B₄	供 应 量
A₁			+3　　5	−10　　2	7
A₂			−2	+8　　1	4
A₃					9
需要量	3	6	5	6	20

3）重新计算调整解中空格的检验数，如果所有的检验数都为正数和零，那么求出的解就是最优解，不然，重新进行步骤（4）中的所有过程，如表 10-19 所示。

表 10-19　最优方案

销 地　产 地	B₁	B₂	B₃	B₄	供 应 量
A₁	3　（0）	11　（2）	3　　5	10　　2	7
A₂	1　　3	9　（2）	2　（1）	8　　1	4
A₃	7　（9）	4　　6	10　（12）	5　　3	9
需要量	3	6	5	6	20

表中的所有检验数都非负，故表 10-19 中的解为最优解，这时得到的最小总运费为：

$$5 \times 3 + 2 \times 10 + 3 \times 1 + 8 \times 1 + 6 \times 4 + 3 \times 5 = 85$$

3. 产销不平衡运输模型的求解

实际运输工作并非都能满足产销平衡的条件，通常会出现供过于求或者供不应求的情况。对于这两种情况，一般的做法是将不平衡问题转化为平衡问题进行求解。

当产大于销时，即 $\sum_{i=1}^{m} a_i > \sum_{j=1}^{n} b_j$，考虑在平衡表中增加一虚拟列，表示增加一个销货点 $j = n+1$，如仓库，其销货量为 $\left(\sum_{i=1}^{m} a_i - \sum_{j=1}^{n} b_j \right)$，且各运价 $c_{i(n+1)} = 0$；当产小于销时，即 $\sum_{i=1}^{m} a_i < \sum_{j=1}^{n} b_j$ 时，考虑在平衡表中增加一虚拟行，表示增加一个新产地 $i = m+1$，且各运价

$c_{(m+1)j}=0$，再用产销平衡的货物运输模型的解法解之。下面举例说明。

（1）产大于销的情况。

例 10-8　现有 3 个生产基地 A_1、A_2、A_3，联合供应某类产品给 4 个销售地 B_1、B_2、B_3、B_4，各自供应量、需求量和单位产品运价如表 10-20 所示。应该如何调运这些产品，使得在满足需要的前提下，总运输费用最小？

表 10-20　供应量、需求量与运价

运价　销地 产　地	B_1	B_2	B_3	B_4	供应量
A_1	15	18	19	13	50
A_2	20	14	15	17	55
A_3	25	12	17	22	70
需要量	30	60	20	40	$\sum_{i=1}^{m} a_i > \sum_{j=1}^{n} b_j$

解：由题意可知，供应大于需求 25 个单位，因而这是一个产大于销（供大于需）的非平衡运输问题。所以可以在表中虚设一销地 B_5，表示接受超过的供应量，并规定从任何一个供应点到这个虚销地点的单位运费为 0。这样就可以将供需不平衡问题转化为供需平衡问题，然后运用表上作业法求得最优解，得到最优运输方案。

转化后的供应量、需求量与运价如表 10-21 所示。

表 10-21　转化后的供应量、需求量与运价

运价　销地 产地	B_1	B_2	B_3	B_4	B_5	供 应 量
A_1	15	18	19	13	0	50
A_2	20	14	15	17	0	55
A_3	25	12	17	22	0	70
需要量	30	60	20	40	25	175

根据表 10-21 中的数据，用最小元素法求出初始运输方案，如表 10-22 所示（注：表格中括号内的数表示运价，括号外的数表示运量，以下同）。

表 10-22　产大于销模型初始运输方案

运价　销地 产　地	B_1	B_2	B_3	B_4	B_5	供 应 量
A_1	（15）30	（18）	（19）	（13）20	（0）	50
A_2	（20）	（14）	（15）20	（17）20	（0）15	55
A_3	（25）	（12）60	（17）	（22）	（0）10	70
需要量	30	60	20	40	25	175

经验证，该初始方案为最优运输方案。因为销地 B_5 是虚设的，所以方案中产地 A_2 到销地 B_5 的 15 个单位运量、产地 A_3 到销地 B_5 的 10 个单位运量，实际上并不存在真正的运输，即产地 A_2 和产地 A_3 各自保留了 15 个和 10 个单位的产品产量。

（2）供不应求的情况。

例 10-9 现有 3 个生产基地 A_1、A_2、A_3，联合供应某类产品给 4 个销售地 B_1、B_2、B_3、B_4，各自供应量、需求量和单位产品运价如表 10-23 所示。问应该如何调运这些产品，使得在满足需要的前提下，总运输费用最小？

表 10-23　供应量、需求量与运价

运价　销地 产地	B_1	B_2	B_3	B_4	供应量
A_1	15	18	19	13	50
A_2	20	14	15	17	30
A_3	25	12	17	22	70
需要量	30	60	45	40	$\sum_{i=1}^{m} a_i < \sum_{j=1}^{n} b_j$

解： 由题意可知，供小于求 25 个单位，因而这是一个产小于销（供小于需）的非平衡运输问题。所以可以在表中虚设一产地 A_4，表示需求超过的供应量，并规定从虚设产地 A_4 运往任何一个销地的单位运费为 0。这样也可以将供需不平衡问题转化为供需平衡问题，然后利用表上作业法求得最优解，从而得到最优运输方案。

转化后的供应量、需求量与运价如表 10-24 所示。

表 10-24　转化后的供应量、需求量与运价

运价　销地 产地	B_1	B_2	B_3	B_4	供应量
A_1	15	18	19	13	50
A_2	20	14	15	17	30
A_3	25	12	17	22	70
A_4	0	0	0	0	25
需要量	30	60	45	40	175

根据表 10-24 中的数据，用最小元素法先求出初始运输方案；经判断，初始方案不是最优的；再用闭回路法进行调整，得到调整后的运输方案，如表 10-25 所示。

表 10-25　产小于销模型运输方案

运价　销地 产地	B_1	B_2	B_3	B_4	供应量
A_1	（15）10	（18）	（19）	（13）40	50
A_2	（20）	（14）	（15）30	（17）	30
A_3	（25）	（12）60	（17）10	（22）	70
A_4	（0）20	（0）	（0）5	（0）	25
需要量	30	60	45	40	175

经验证，调整后的方案为最优运输方案。因为产地 A_4 是虚设的，所以方案中安排产地 A_4 到销地 B_1 的 20 个单位、产地 A_4 到销地 B_3 的 5 个单位实际上并不存在，即销地 B_1 只由产地 A_1 发送了 10 个单位，另外 20 个单位则无法满足；销地 B_3 则由产地 A_2、A_3 发送了 30 个和 10 个单位的产品，另外 5 个单位也无法满足。

10.2.4 多起讫点中转运输线路优化模型

上面讨论的直达运输问题，都是假定任意产地和销地之间都有直达路线，并且产地只输出货物，销地只输入货物，但实际运输工作可能存在着更为复杂的情况。例如，产地与销地之间没有直达路线，货物由产地到销地必须通过某中间站转运；某些产地既输出货物，也吸收一部分货物；某销地既吸收货物，又输出部分货物，即产地或销地也可以起中转站的作用，或者既是产地又是销地；产地与销地之间虽然有直达路线，但直达运输的费用或运输距离分别比经过某些中转站还要高或远。这些情况统称为多起讫点中转运输问题或转运问题。解决这类问题的基本思路是先把它转化为无转运的直达产销平衡运输问题，然后运用相应的方法求解。

在一般的中转运输问题中，假定某种货物有 m 个生产地点 $A_i(i=1,2,\cdots,m)$，其供应量分别为 a_i；有 n 个销售地点 $B_j(j=1,2,\cdots,n)$，其需求量分别为 b_j，且 $\sum a_i = \sum b_j$；有 p 个真正意义的中转站 T_k（$k=1,2,\cdots,p$）；为简单起见，假定货物中转费用为 0，单位货物运价为 c_{xy}（$x=1,2,\cdots,m+k+n$；$y=1,2,\cdots,m+k+n$）。在所有的产地、销地和中转站中，纯中转站 T_k 可视为供应量和需求量均为 $\sum a_i$ 的一个产地和一个销地；兼中转站的产地 A_i 可视为一个供应量 $\sum a_i + a_i$ 产地和一个需求量为 $\sum a_i$ 的销地；兼中转站的销地 B_j 可视为一个输出量为 $\sum b_j$ 的产地及一个销量为 $\sum b_j + b_j$ 的销地。于是，建立如下数学模型：

$$\min Z = \sum_{x=1}^{m+n+p} \sum_{y=1}^{m+n+p} c_{xy}x_{xy}$$

$$约束条件 \begin{cases} \sum\limits_{y=1}^{m+n+p} x_{xy} = \sum a_i + a_i & (x=1,\cdots,m) \\ \sum\limits_{y=1}^{m+n+p} x_{xy} = \sum a_i & (x=m+1,\cdots,m+n+p) \\ \sum\limits_{x=1}^{m+n+p} x_{xy} = \sum b_j + b_j & (y=m+p+1,\cdots,m+n+p) \\ \sum\limits_{x=1}^{m+n+p} x_{xy} = \sum b_j & (y=1,\cdots,m+p) \\ x_{xy} \geqslant 0 \end{cases} \quad (10\text{-}17)$$

在此基础上，将转运问题转化为直达运输问题，列出各产地的供应量、各销地的需求量和各产销地之间的运价表（见表 10-26），最后用表上作业法求解。

表 10-26　中转运输的运价

	A_1	A_2	...	A_m	T_1	T_2	...	T_p	B_1	B_2	...	B_n	产量
A_1	0	c_{12}	...	c_{1m}	$c_{1(m+1)}$	$c_{1(m+2)}$	...	$c_{1(m+p)}$	$c_{1(m+p+1)}$	$c_{1(m+p+2)}$	...	$c_{1(m+p+n)}$	$a_1+\sum a_i$
A_2	c_{21}	0	...	c_{2m}	$c_{2(m+1)}$	$c_{2(m+2)}$	...	$c_{2(m+p)}$	$c_{2(m+p+1)}$	$c_{2(m+p+2)}$	...	$c_{2(m+p+n)}$	$a_2+\sum a_i$
...	...	...	...	...	...	...		...	...	...	...	...	...
A_m	c_{m1}	c_{m2}	...	0	$c_{m(m+1)}$	$c_{m(m+2)}$	...	$c_{m(m+p)}$	$c_{m(m+p+1)}$	$c_{m(m+p+2)}$	...	$c_{m(m+p+n)}$	$a_m+\sum a_i$
T_1	$c_{(m+1)1}$	$c_{(m+1)2}$	...	$c_{(m+1)m}$	0	$c_{(m+1)(m+2)}$	...	$c_{(m+1)(m+p)}$	$c_{(m+1)(m+p+1)}$	$c_{(m+1)(m+p+2)}$	...	$c_{(m+1)(m+p+n)}$	$\sum a_i$
T_2	$c_{(m+2)1}$	$c_{(m+2)2}$	...	$c_{(m+2)m}$	$c_{(m+2)(m+1)}$	0	...	$c_{(m+2)(m+p)}$	$c_{(m+2)(m+p+1)}$	$c_{(m+2)(m+p+2)}$	...	$c_{(m+2)(m+p+n)}$	$\sum a_i$
...	...	...	...	...	...	...		...	...	...	...	...	$\sum a_i$
T_p	$c_{(m+p)1}$	$c_{(m+p)2}$	...	$c_{(m+p)m}$	$c_{(m+p)(m+1)}$	$c_{(m+p)(m+2)}$	...	0	$c_{(m+p)(m+p+1)}$	$c_{(m+p)(m+p+2)}$	...	$c_{(m+p)(m+p+n)}$	$\sum a_i$
B_1	$c_{(m+p+1)1}$	$c_{(m+p+1)2}$	...	$c_{(m+p+1)m}$	$c_{(m+p+1)(m+1)}$	$c_{(m+p+1)(m+2)}$	...	$c_{(m+p+1)(m+p)}$	0	$c_{(m+p+1)(m+p+2)}$	...	$c_{(m+p+1)(m+p+n)}$	$\sum a_i$
B_2	$c_{(m+p+2)1}$	$c_{(m+p+2)2}$	...	$c_{(m+p+2)m}$	$c_{(m+p+2)(m+1)}$	$c_{(m+p+2)(m+2)}$	...	$c_{(m+p+2)(m+p)}$	$c_{(m+p+2)(m+p+1)}$	0	...	$c_{(m+p+2)(m+p+n)}$	$\sum a_i$
...	...	...	...	...	...	...		...	...	...	...	...	$\sum a_i$
B_n	$c_{(m+p+n)1}$	$c_{(m+p+n)2}$	...	$c_{(m+p+n)m}$	$c_{(m+p+n)(m+1)}$	$c_{(m+p+n)(m+2)}$	...	$c_{(m+p+n)(m+p)}$	$c_{(m+p+n)(m+p+1)}$	$c_{(m+p+n)(m+p+2)}$	...	0	$\sum a_i$
销量	$\sum b_j$	$\sum b_j$	...	$\sum b_j$	$\sum b_j$	$\sum b_j$	...	$\sum b_j$	$b_1+\sum b_j$	$b_2+\sum b_j$	...	$b_n+\sum b_j$	

注：该情况假设中转费用为 0。

例 10-10　某一供应真空管的公司有两个工厂，一个在 A 市，另一个在 B 市。A 市的工厂每天生产能力为 150，B 市的工厂为 200，真空管通过汽车运到各需求点 C 市和 D 市。C 市和 D 市日需求量均为 130。公司还需要两个中间转运站 E 市和 F 市进行整合运输，运输单位费用如表 10-27 所示。确定从工厂到需求点的最优路线。

解： 问题求解可分为两个阶段，第一阶段将运输模型通过以下各步转化为直达平衡运输问题，其步骤如下：

第一步：本例中总供应为 350，总需求为 260，属于供大于求的情况，所以加上一空需求列，需求量为 90。

表 10-27　各地间的运价表

	A	B	C	D	E	F
A	0	13	4	6	12	14
B	13	0	7	6	13	12
C	4	7	0	3	8	8
D	6	6	3	0	7	8
E	12	13	8	7	0	17
F	14	12	8	8	17	0

第二步：构造一个包括所有城市（起点、终点和中间点）作为供需点的运输表，这样就形成了 6×7 矩阵（包括空列）。

第三步：确定供应点的供应量、需求点的需求量和中转点的中转量，可以得到最终运输表，如表 10-28 所示。

表 10-28　最终运输表

	A	B	C	D	E	F	空列	供应
A	0	13	4	6	12	14	0	500
B	13	0	7	6	13	12	0	550
C	4	7	0	3	8	8	0	350
D	6	6	3	0	7	8	0	350
E	12	13	8	7	0	17	0	350
F	14	12	8	8	17	0	0	350
需求	350	350	350	350	480	480	90	

第二阶段可运用求解产销平衡运输问题的方法解决，具体求解过程略。

阅读资料：《阳城电厂大件运输方案选择分析》

10.3　运输节点选址决策

10.3.1　运输节点选址的条件和原则

运输节点是企业运输系统以及运输网络的重要组成部分，具有多方面的重要功能，运输节点的选址是企业一项重要的决策，需要使用一些定性的方法或定量计算的方法。节点选址是指对物流运输网络中的运输节点（如仓库、场站、分销中心、配送中心等）的数量、位置、大小进行优化，以实现整个物流系统的效率最大化。在实际的节点选址过程中，应当着重考虑两个方面的因素，即经济效益和社会效益（本节之后有所阐述）。除此之外，还要考虑下面一些基本条件和原则。

相关链接：节点选址的方法

运输节点选址属于物流系统规划的范畴，节点选址可以采用最优规划法、启发式方法、仿真方法等。最优化规划方法就是用运筹学的理论方法，关键是构造目标函数和选择约束条件，在许多可用的选择中挑选出一个最优方案；启发式方法是一种逐次逼近最优解的方法，当复杂的线性规划或者非线性规划难以用运筹学中的方法原理进行求解时，启发式方法发挥了巨大的作用；仿真方法是试图通过模型重现某一系统的行为或活动，而不必实地去建造并运转一个系统。在选址问题中，通过反复改变和组合各种参数，多次试行来评价不同的选址方案，还可进行动态模拟。例如，假定各个地区的需求是随机变动的，通过一定时间长度的模拟运行，可以估计各个地区的平均需求，从而在此基础上确定节点的分布。

1. 节点选址应考虑的条件

（1）客户条件。要有充足的客源或客户需求潜力，或者临近大型工业、商业企业。

（2）自然地理条件。水电畅通，基础条件好，采光照明良好。

（3）运输条件。方便运输，便于配送，运输基础设施较好，最好靠近各种运输方式的运输节点或多种运输方式的中转点，并应在交通主干道附近。

（4）用地条件。满足需求，留有余地，适当超前。最好能预留出第二期物流工程用地，地价应在能承受的投资能力内。

（5）环境条件。周围区域环保条件较好，没有或有较少的不利影响。

（6）法规制度。国家及本区域的经济发展方针、政策及相关法律有利于运输节点目前及今后的建设和发展。

对于企业来说，运输节点的设置涉及物流系统及运输网络的构建、企业整体发展战略及规划、企业实际经济实力等方面。

2. 节点选址应把握的原则

（1）经济性原则。节点的运输费用、运输距离影响到节点未来运营的成本及效益。节点建设也需要大量的投资。节点选址应坚持经济性原则，尽量做到运距短、运费少、投资节约。

（2）整体性原则。一是把节点选择作为企业物流系统及运输网络的一部分进行综合、整体考虑；二是站在供应链的角度考虑节点地址的选择，综合权衡费用及成本的大小。有些节点的选择对某条运输线路选择来讲是最优的，但对整个物流系统以及供应链来说不是最优的。

（3）利益均衡性原则。节点的选择应考虑企业内部各个部分、合作企业等有关各方的利益，并对因节点选择而受到损害的有关方采取适当的补偿措施。

（4）协调性原则。如果所选择的节点与物流系统其他环节、供应链上下游企业间存在冲突或间隙，会大大影响节点运营的效果及企业乃至供应链的整体竞争力。所以必须使节点与其他方面在物流、信息流、商流、资金流等有效地协调起来。

（5）战略性原则。节点选择应符合企业整体发展战略，同时在节点建设上要有前瞻性，制定长远规划，对今后的发展留有余地。

（6）反复性原则。节点的选址及确定要经历一个定期的评价、重新选址和多次反复的过程。

10.3.2　多因素综合评价法

多因素综合评价法也称为加权评分法，就是遵循前述各项原则，通过分析相关条件，确定备选地点（选址方案）；根据影响节点选址的运输费用、运输路线、运输距离、货源特点、产品市场、企业特点、客户要求以及人力资源、自然环境条件、决策者个人偏好等因素，对待选地点进行综合分析评价并选择最优地点。基本步骤参照 10.1.3 节内容。

应用案例

某城市钢材物流节点的选址

该市钢材物流节点选址的主要步骤如下。

（1）根据城市各区域产业布局的特点及城市规划，提出将 5 个地点作为该市钢材物流节点备选地址，标号为 1～5。

（2）根据各种约束条件，确定节点选址的主要影响因素为：城市规划、交通条件、钢材供应商和客户分布、土地资源以及环境保护 5 个关键因素。

（3）采用专家打分法确定关键因素权重和评分标准，权重数值为 0.00～1.00，分值范围为 1～4，如表 10-29 所示。

表 10-29　关键影响因素权重与评分表

影响因素（评价指标）	权重 W	评价指标评分 F
城市规划	0.35	完全符合得 4 分；基本符合得 3 分；规划目标没有明确得 2 分；不符合得 1 分
交通条件	0.25	公路、铁路、机场均便捷得 4 分，占两项得 3 分，占一项得 2 分，均不具备得 1 分
钢材客户分布	0.20	客户较多且较为紧密得 4 分，客户较多但较为分散得 3 分，客户少但是较为紧密得 2 分，客户少且分散得 1 分

续表

影响因素（评价指标）	权重 W	评价指标评分 F
土地资源	0.10	土地价格较低且充足得 4 分，价格较低但空间有限得 3 分，价格高但土地充足得 2 分，价格高且空间有限得 1 分
环境保护	0.10	对环境不影响得 4 分，对环境有轻微影响得 3 分，对环境影响严重得 2 分，受到政府管制得 1 分
合计	1.00	

（4）对每个备选地点进行评价打分，并计算综合评价值，如表 10-30 所示。

表 10-30　加权评分表

备选地址标号	城市规划（0.35）	交通条件（0.25）	钢材客户分布（0.20）	土地资源（0.10）	环境保护（0.10）	综合评价 M（1.00）
1	3	3	1	4	3	2.70
2	4	3	3	4	3	3.45
3	2	3	4	3	1	2.65
4	3	3	4	3	3	3.20
5	4	2	1	4	3	2.80

（5）选择最优地点。根据表 10-30，备选的 5 个地址的最佳排序顺序为 2>4>5>1>3。由此可见，标号为 2 的地点为最佳选址方案。

在本案例中，较为关键的是确定影响因素及其权重、评价标准；用什么方法对各个因素进行评价打分。

资料来源：根据 2015 年 6 月刊《物流技术》文章"哈尔滨市钢材物流节点调研及选址研究"（作者孙术发）改编。

10.3.3　重心法选址模型

1. 重心法的基本原理

重心法是一种定量决策方法或模型，主要是针对单一节点选址问题。单节点选址就是将一新节点布置到一个与现存运输节点有关的二维空间中去。此时，如果生产费用中运费是很重要的因素，而且多种货物由各个现有节点供应，则可根据重心法确定新址位置。重心法是一种模拟方法，其基本原理是：将现有各个供应点（资源点）或需求点（用户点）看成是分布在某一平面内的物流运输系统的节点，它们的资源数量可以看成是这些节点的重量，这样就可以利用求几何重心的方法来找到距现有节点的距离、供应量、运输费率之积总和为最小的节点，从而确定物流系统的重心，即新的运输节点的最佳位置。

2．重心法的应用

重心法一般有如下假设。

（1）需求量往往被聚集在一定数量的点上，每个点代表分散在一定区域内的众多客户的需求总量。

（2）忽略不同地点选址可能产生的固定资产构建、劳动力成本、库存成本等成本差异。

（3）运输费率的线性假设。

（4）直线运输假设。

（5）静态选址假设，即往往不考虑未来的收益与成本的变化。

如果用 $P_i(x_i, y_i)$ 表示现有节点（或各供应点）的位置（$i=1,2,\cdots,n$），ω_i 表示第 i 个节点的运量，c_i 表示各节点的运输费率；令 $P_0(x_0, y_0)$ 表示新节点的位置，如图 10-12 所示。

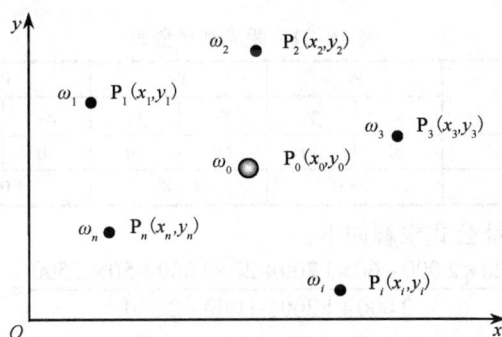

图 10-12　节点位置坐标

则根据重心法有：

$$\begin{cases} \displaystyle\sum_{i=1}^{n} x_i w_i c_i = x_0 \sum_{i=1}^{n} w_i c_i \\ \displaystyle\sum_{i=1}^{n} y_i w_i c_i = y_0 \sum_{i=1}^{n} w_i c_i \end{cases} \quad (10\text{-}18)$$

解之得：

$$\begin{cases} x_0 = \dfrac{\displaystyle\sum_{i=1}^{n} x_i w_i c_i}{\displaystyle\sum_{i=1}^{n} w_i c_i} \\[4ex] y_0 = \dfrac{\displaystyle\sum_{i=1}^{n} y_i w_i c_i}{\displaystyle\sum_{i=1}^{n} w_i c_i} \end{cases} \quad (10\text{-}19)$$

若各供应点的运输费率都相等，则有：

$$
\begin{cases}
x_0 = \dfrac{\displaystyle\sum_{i=1}^{n} x_i w_i}{\displaystyle\sum_{i=1}^{n} w_i} \\[4ex]
y_0 = \dfrac{\displaystyle\sum_{i=1}^{n} y_i w_i}{\displaystyle\sum_{i=1}^{n} w_i}
\end{cases}
\tag{10-20}
$$

式（10-19）和式（10-20）就是用重心法求得新运输节点位置的计算公式。

例 10-11　某家电集团在 P_1 地生产冰箱，在 P_2 地生产洗衣机，在 P_3 地生产空调，在 P_4 地生产小家电。各工厂所在地与某城市中心（坐标原点）的距离和每年的产量如表 10-31 所示。若建一新综合配送中心，请确定其最佳位置（假设各供应点的运输费率都相等）。

表 10-31　距离和运量表

工厂所在地	P_1		P_2		P_3		P_4	
	x_1	y_1	x_2	y_2	x_3	y_3	x_4	y_4
距城市中心的坐标距离（km）	20	70	60	60	20	20	50	20
年运输量（t）	2 000		1 200		1 000		2 500	

解：利用重心法选址公式求解如下。

$$
x_0 = \frac{20 \times 2\,000 + 60 \times 1\,200 + 20 \times 1\,000 + 50 \times 2\,500}{2\,000 + 1\,200 + 1\,000 + 2\,500} = 38.4(\text{km})
$$

$$
y_0 = \frac{70 \times 2\,000 + 60 \times 1\,200 + 20 \times 1\,000 + 20 \times 2\,500}{2\,000 + 1\,200 + 1\,000 + 2\,500} = 42.1(\text{km})
$$

所以，该配送中心应选在坐标为（38.4，42.1）的位置。

为了克服一般重心法的不足，可以将重心法做如下改进：同时考虑新址的横坐标、纵坐标，使求得的新节点位置离各个货物供应点的距离与供应量、运输费率之积的总和为最小。若总费用为：

$$
F = \sum_{i=1}^{n} c_i w_i \left[(x - x_i)^2 + (y - y_i)^2 \right]^{\frac{1}{2}}
\tag{10-21}
$$

则对式（10-21）求最小值，分别令 F 对 x 和 y 的偏导数为 0，得到极值点，即新节点的位置坐标。求解公式为：

$$
\begin{cases}
x_0 = \dfrac{\displaystyle\sum_{i=1}^{n} x_i w_i c_i \left[(x - x_j)^2 + (y - y_j)^2 \right]^{\frac{1}{2}}}{\displaystyle\sum_{i=1}^{n} w_i c_i \left[(x - x_j)^2 + (y - y_j)^2 \right]^{\frac{1}{2}}} \\[5ex]
y_0 = \dfrac{\displaystyle\sum_{i=1}^{n} y_i w_i c_i \left[(x - x_j)^2 + (y - y_j)^2 \right]^{\frac{1}{2}}}{\displaystyle\sum_{i=1}^{n} w_i c_i \left[(x - x_j)^2 + (y - y_j)^2 \right]^{\frac{1}{2}}}
\end{cases}
\tag{10-22}
$$

10.3.4　成本分析法

成本分析法是在已经具有一个运输节点位置选择集的前提下，以物流系统的总成本最小为目标，通过简单的财务计算，比较选择最佳位置。该方法假设有 n 个供给点，分别具有运输量 $(w_1, w_2, \cdots, w_n)$，而且用一定准则已经得到 m 个待选位置 $(P_1, P_2, \cdots, P_m)$。如果每吨每公里的运费都为 c，其余运输条件相同，各待选点到供给点的距离用矩阵

$$D = (d_{ij})_{mn} = \begin{pmatrix} d_{11} & d_{12} & \cdots & d_{1n} \\ d_{21} & d_{22} & \cdots & d_{2n} \\ \cdots & \cdots & \cdots & \cdots \\ d_{m1} & d_{m2} & \cdots & d_{mn} \end{pmatrix} \tag{10-23}$$

表示，其中 d_{ij} 表示第 i 个待选点到第 j 个供给点的距离，则每个待选点位置的总费用为：

$$C_i = \sum_{j=1}^{n} d_{ij} c w_j \qquad (i = 1, 2, \cdots, m; \ j = 1, 2, \cdots, n) \tag{10-24}$$

计算出各个待选点的总费用，从中选择总运输成本最小的点作为新节点的最佳选址。

重心法和成本分析法简单易行，在研究待选点位置的早期得到广泛的应用，但由于它们是用简化和抽象的数学模型模拟，所以与实际情况差距较大，存在许多局限性。

10.3.5　运输规划法

对于多个备选地址的选址问题，如一个公司设有多个工厂、多个销售点（或仓库）的选址问题，也可以采用运输规划法求解，使得所有节点的总运费最小，即目标函数为：

$$\text{目标函数} \qquad \min \sum_{i=1}^{m} \sum_{j=1}^{n} c_{ij} x_{ij}$$

约束条件为：

$$\begin{cases} \sum_{i=1}^{m} x_{ij} = b_j \\ \sum_{j=1}^{n} x_{ij} = a_i \\ x_{ij} \geqslant 0 \end{cases} \tag{10-25}$$

式中，m——供应点数；n——销售点数；a_i——供应点 i 的供应能力（$i = 1, 2, \cdots, m$）；b_j——销售点 j 的需求（$j = 1, 2, \cdots, n$）；c_{ij}——从供应点 i 运到销售点 j 的单位运费；x_{ij}——从供应点 i 运到销售点 j 的产品数量。

例 10-12　已有两个仓库 F_1 和 F_2，供应 4 个销售点 P_1，P_2，P_3，P_4。由于需求量不断增加，需再设一个供货仓库，可供选择的地点是 F_3 和 F_4。试在其中选择一最佳场址。根据资料分析得到各场址到各销售点的运价，如表 10-32 所示。表中的 12 500 表示若选址在 F_3 或 F_4，它们的供应量应为 12 500 台。

表 10-32　生产运输费用

单位：万元

从＼至	P_1	P_2	P_3	P_4	生产量（台）
F_1	8	7.8	7.7	7.8	7 000
F_2	7.65	7.50	7.35	7.15	5 500
F_3	7.15	7.05	7.18	7.65	12 500
F_4	7.08	7.20	7.50	7.45	12 500
需求量（台）	4 000	8 000	7 000	6 000	25 000

解：（1）若新厂设在 F_3，则根据运输问题解法，得最优产量分配，如表 10-33 所示。

表 10-33　设仓库于 F_3 处的供应量分配

从＼至	P_1	P_2	P_3	P_4	供应量（台）
F_1	8.00	7.80	7.70 6 500	7.80 500	7 000
F_2	7.65	7.50	7.35	7.15 5 500	5 500
F_3	7.08 4 000	7.20 8 000	7.50 500	7.45	12 500
需求量（台）	4 000	8 000	7 000	6 000	25 000

则设仓库于 F_3 处，全部费用至少为：

$$C_3 = 6\,500 \times 7.70 + 500 \times 7.80 + 5\,500 \times 7.15 + 4\,000 \times 7.15 + 8\,000 \times 7.05 + 500 \times 7.18$$
$$= 181\,865（万元）$$

（2）若新仓库设在 F_4，解法相同，结果如表 10-34 所示。

表 10-34　设仓库于 F_4 处的供应量分配

从＼至	P_1	P_2	P_3	P_4	供应量（台）
F_1	8.00	7.80	7.70 7 000	7.80	7 000
F_2	7.65	7.50	7.35	7.15 5500	5 500
F_4	7.08 4 000	7.20 8 000	7.50 500	7.45	12 500
需求量（台）	4 000	8 000	7 000	6 000	25 000

解得仓库于 F_4 处的全部费用至少是：

$$C_4 = 7\,000 \times 7.70 + 5\,500 \times 7.15 + 4\,000 \times 7.08 + 8\,000 \times 7.20 + 500 \times 7.45$$
$$= 182\,870(万元）$$

由于 $C_4 > C_3 = 182\,870 - 181\,865 = 1\,005$ （万元），所以新仓库应设在 F_3 处。

阅读资料：《改进的重心法在多节点物流配送中心选址中的应用》

本章小结

通常，运输方式的选择主要受货物的种类、运输量、运输距离、运输时间、运输成本、运输工具的可得性、运输的安全性及其他因素的影响。在选择运输方式时，可以运用定性分析法或定量分析法进行分析判断。

运输路线有几个基本类型：①起讫点不同；②起讫点相同；③多起讫点直达；④多起讫点中转。每种情况对应相应的决策模型。

物流运输节点的选择一般应遵循经济性、整体性、利益均衡性、协调性、战略性、反复性等原则，可采用多因素综合评价法、重心法、成本分析法、运输规划法、混合整数规划选址等决策模型。

复习及练习

一、主要概念

经验试探法　扫描法　多因素评价法　重心法

二、思考及练习题

1. 运输方式选择的影响因素是什么？

2. 运输节点选址的基本原则是什么？

3. 某公司要在汽车、火车、轮船 3 种运输方式中选择一种。如果确定经济性、迅速性、安全性和便利性为影响因素，对应的评价指标分别为总费用、运输天数、货损货差率、运输与经办时间差，它们的权重分别为 $w_1=0.3$，$w_2=0.2$，$w_3=0.2$，$w_4=0.3$。各个运输方式评价指标值分别为：总费用汽车 4，火车 3，轮船 2；运输天数汽车 4，火车 4，轮船 10；货损货差率汽车 0.1，火车 0.2，轮船 0.2；运输与经办时间差汽车 4，火车 6，轮船 5。用综合评价选择法确定最合理的运输方式。

4. 某公司欲将产品从甲厂运往公司自有的仓库，年运量为 700 000 件，可以选择铁路、公路、航空 3 种运输方式。3 种运输方式的费率为 0.10 元/件、0.20 元/件、1.40 元/件。铁路平均运输时间为 21 天，汽车平均运输时间为 5 天，航空平均运输时间为 2 天，每节省 1 天可降低 1%的库存。每件产品的价格为 30 元，每年的库存费用为产品价格的 30%。为满足需求，若用铁路运输，一年需运 7 次，公路要运 14 次，航空要运 28 次。试确定合适的运输方式。

5. 某物流公司从电器公司向自己仓库运送电器，如果使用汽车，运输时间为 6 天，使用铁路运输，平均运输时间为 9 天，汽车运输节省 3 天，每节省 1 天可降低 2%的库存。每箱电器公路运价为 0.3 元，铁路为 0.2 元。客户年需求量为 100 000 箱，每箱电器价格为 400 元，每年每箱电器库存费用为电器价格的 1%。根据客户需要，公路一年要运 20 次，铁路运输需运 10 次。试通过计算选择最好的运输方式。

6. 求图 10-13 中从 A～G 的最短线路。

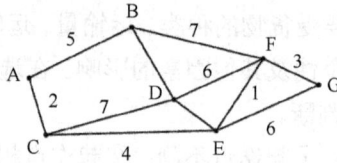

图 10-13

7. 图 10-14 中 P 为配送中心，A、B、C、D、E 为用户，连线上的数字表示公路里程（km），括号中的数字表示用户对货物的需求量（t）。表 10-35 为 P 与用户相互之间的距离。如果配送中心备有 2t 和 4t 载重量汽车，且汽车一次巡回行驶里程不能超过 30km。求解该配送中心满意的送货方案。

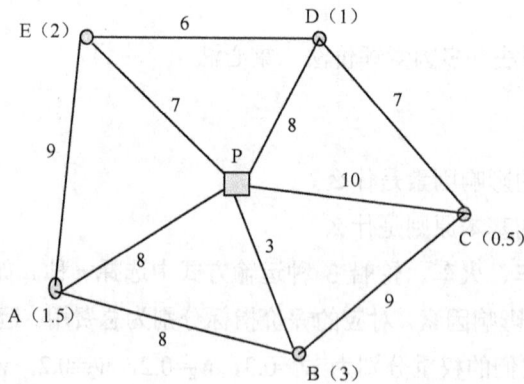

图 10-14

表 10-35　P 与用户之间的距离

	P				
A	8	A			
B	3	8	B		
C	10	17	9	C	
D	8	15	11	7	D
E	7	9	10	13	6	E

8．某生产企业 A，在 P_1 地采购原材料 1，在 P_2 地采购原材料 2，在 P_3 地采购原材料 3，在 P_4 地采购原材料 4。各采购地与坐标原点的距离和每年的采购量如表 10-36 所示，求该生产企业最佳厂址的坐标（假设各采购点的运输费率相等）。

表 10-36　距离和运量表

采购所在地	P_1		P_2		P_3		P_4	
	x_1	y_1	x_2	y_2	x_3	y_3	x_4	y_4
距坐标原点的距离（km）	30	70	60	80	20	30	50	10
年采购运输量（t）	2 500		1 100		1 600		3 000	

9．某物流园区每年需要从 P_1 地运来水果，从 P_2 地运来蔬菜，从 P_3 地运来乳制品，从 P_4 地运来日用百货，各地与某城市中心的距离和每年的货物运量如表 10-37 所示。假设各地运输费率相等。若建一物流中心，请用一般重心法确定其最佳位置。

表 10-37　各地距城市中心距离和运量表

货物供应地及其坐标	P_1		P_2		P_3		P_4	
	x_1	y_1	x_2	y_2	x_3	y_3	x_4	y_4
距城市中心的坐标距离（km）	30	80	70	70	30	30	60	30
年运输量（t）	2 200		1 800		1 500		2 500	

10．用表上作业法求表 10-38、表 10-39 中给出的运输问题的最优解。

表 10-38　运价表 1

运价　销地 产地	甲	乙	丙	丁	产　量
1	10	5	6	7	25
2	8	2	7	6	25
3	9	3	4	8	50
销量	15	20	30	35	

表 10-39　运价表 2

运价 销地 产地	甲	乙	丙	丁	产　量
1	10	6	7	12	4
2	16	10	5	9	9
3	5	4	10	10	4
销量	5	2	4	6	

案例分析

广州宝洁公司对运输方式的选择

宝洁（P&G）中国有限公司在广州黄埔工厂生产的产品要分销到中国内地的全市场区域。宝洁公司为这个分销网络设计了一个配套的物流网络，其中运输是这个物流网络中的主要业务之一。

北京是宝洁公司在北方的一个区域配送中心所在地，商品从广州黄埔工厂到北京（宝洁）区域配送中心的运输可以采用公路、铁路、航空，也可以将以上几种方式进行组合，不同的商品品种可以采取不同的运输方式。

宝洁公司的物流目标是：保证北方市场的销售，尽量降低库存水平，降低物流的系统总成本。宝洁公司对市场销售需求和降低成本的目标要求进行了权衡和协调，最后确定了运输成本目标，在锁定的运输目标成本的前提下，宝洁公司要在铁路、公路和航空运输方式之间进行选择。

铁路运输能够为宝洁公司大批量的运送商品，同时由于铁路运价"递远递减"，从广州到北京采用铁路运输的运价是比较合算的，还有铁路能提供全天候的运输服务等，但是铁路部门致命的弱点就是手续复杂，影响办事效率，运作机制缺乏灵活性，采用铁路运输时，两端还需要公路运输配套，增加了装卸搬运环节和相关的费用，这样使铁路的待运期增加，另外，铁路部门提供的服务与宝洁公司的要求有不少差距。

如果采用公路运输，宝洁公司将需要大批的卡车为它服务，在绵延 1 000 多 km 的京广公路运输线上的宝洁货运车队遇到的风险明显比铁路运输要大得多，同时，卡车运输的准时性、商品的破损率等都不会比铁路运输有优势，再有，超过 1 000km 的距离采用公路运输，从运输成本上来说是不合算的，但是公路运输的最大优势是机动灵活，手续简便，如果气候条件好，卡车能够日夜兼程，在途时间还比铁路运输短，这样从总体上来说，采用公路运输还是比铁路运输合算。

　　如果采用航空运输，虽然在运输速度上比铁路运输和公路运输都快，可以为企业带来时间上的竞争优势，但是航空运输的成本要远远大于另外两种运输方式。鉴于以上几种运输方式各自存在利弊，其运输成本也各不相同，为此，企业在运输方式之间进行权衡和选择是非常重要的。

案例问题

　　请分析，该公司应如何选择运输方式？

第 11 章　托运人运输管理

11.1　运输管理的内容及战略

11.1.1　运输管理的内容

在运输市场中，托运人可能是货主，也可能是货运代理，他们都可以以货主的身份委托承运人组织货物运输。本章将从货主（主要是工商企业）的角度讨论托运人的运输管理。托运人与承运人在运输管理中有相同的管理项目，但其内容及重点不尽相同，对此将以其影响程度大小分别放在本章及第 12 章中阐述。

托运人在整个运输业务中，所涉及的运输管理内容及管理决策有很多，主要的管理内容及决策可以用图 11-1 表示。图中各项内容不是互相独立的，而是紧密相连、相互影响的。

在图 11-1 显示的运输管理内容中，有些已经在前面相关章节中阐述，其他的将在本章及第 12 章中阐述。下面是本章阐述的一些重要的运输管理内容。

1. 企业运输战略管理

企业运输战略涉及企业未来运输业务的方向及规划，是企业战略的一部分，关乎企业整体的生存和发展，影响企业将来的经营业绩。例如，企业经营网点的设置，将会影响未来物流以及运输的成本和效率，从而影响企业的总体成本和效益。因此，现代企业管理将重大的物流及运输问题上升到企业战略层面进行研究和规划。与企业其他战略管理类似，企业运输战略管理包括运输战略的制定和运输战略的实施两部分。企业运输战略应该与企业总体发展战略相连接并保持一致。

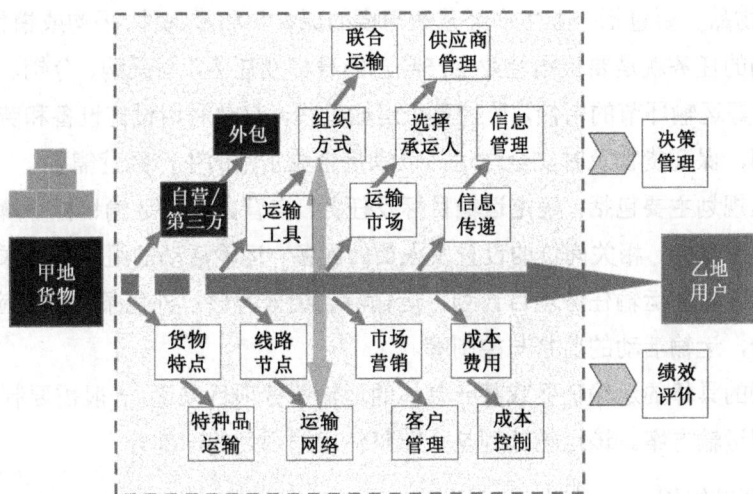

图 11-1　企业运输管理内容及决策

相关链接：企业战略管理

　　斯坦纳在《企业政策战略》中指出：企业战略管理是指确立企业使命，根据企业外部环境和内部经营要素设定企业目标，保证目标的正确落实并使企业使命最终得以实现的动态过程。企业战略管理的内容包括战略分析、战略选择、战略实施及战略评价和调整。战略分析是为了明确企业未来发展方向，对影响企业生存和发展的各种关键要素进行分析与评估。战略选择旨在根据企业的使命、内部的现状，以及企业的外部机遇等制订一系列备选计划方案，并进行评估与选择。战略实施就是将战略计划所涉及的每一项既定规划付诸实际行动。战略评价是指检测战略实施进展，评价战略执行业绩。战略调整是根据企业的实际发展状况，包括企业的经营现况、经营环境、发展机遇等影响因素，对企业之前所制定的战略目标做进行及时更改与调整，进而保证企业战略目标的有效实现。

2. 运输管理决策

　　在企业运输管理决策中，首要的问题就是自营运输还是利用外部资源即外包的决策。若是外包，就会涉及承运人，即供应商的选择、供应商的管理以及外包的控制及监督等问题。若是自营运输，企业所要做的工作几乎囊括所有运输管理内容及决策，如运输节点的选择、运输方式的选择、运输线路的选择、承运人的选择、营销策略的选择、信息系统的建设等。

3．制定货运规划

企业货运规划主要是指在一定时期内，对企业生产经营涉及的物品的运输所进行的整体安排。这些物品主要包括企业生产经营所需要的原材料和零部件、采购或销售的产成品。制定货运规划的任务就是要根据企业生产经营的目标及任务，与采购、分销、生产等部门互相协调，做好运输环节的衔接，监控整个运输过程，有效利用设施设备和劳动力，科学合理安排时间，保证货物及时安全送达，以满足企业正常的生产经营需要。

企业货运规划主要包括：确定运输目标及任务；自营条件下运输目标分解，运输车辆及工具的调配及安排，相关岗位的设置及人员的配备，运输活动的组织及要求，相关人员的教育及培训，具体运输任务项目计划，运输活动绩效考核；外包条件下供应商的选择，供应商的评价，运输活动的监督与控制等。

对于短期的具体的运输任务或某一具体的运输业务项目来说，一般需要制订相应的运输计划，亦即运输方案。该运输计划是企业整体运输规划的一部分。

4．运输活动组织

企业日常运输活动管理主要包括如下内容。

（1）安排运输服务工作。安排运输服务工作要与相关车辆调配人员取得联系，由他们安排空车或电话通知汽车货运公司当地的调度人员。在这两种情况下，都应向运输公司人员通报货主的姓名和接货地点、货物重量，有时还需告知货物体积、类别和到站，以便货物一送到就可开始各项装货作业。这些工作步骤通常根据预先制订的货运计划进行，它包括指定人员、安排装货、货物固定、货物衬垫、文件手续和其他工作。

（2）发运／货运跟踪。这类业务工作包括连续跟踪货运过程和在必要时提醒运输公司中途改变运输路线。有些货主通过计算机网络直接与运输公司的货运系统联网。这样，每天都可得到货主的所有车辆和货物位置的报告。发运／跟踪对托运人和收货人都是一种重要的控制手段，据此他们能根据货运进程或出现的问题来安排各自企业的生产和组装工作。

（3）验货／确定运费。验货是为一次货运确定适当运费的过程。托运人在运输公司填写货单前会同承运人验货，这样可以避免或减少超收或少收运费情况的发生。

（4）审验／付费。审验是指检查货单的计费是否准确。这项工作在运输公司提出货单或付费后进行。一些企业由本单位审核，有的则在付费后再请外部顾问完成这项工作。货单一般要经运输部门核实再交给负责支付的部门。

（5）延期／滞留。延期费是由于装卸超过规定的时间而使运输工具耽搁，由汽车运输公司向托运人或收货人收取的费用。滞留为铁路运输企业的用语，和延期概念相同。运输经理一般要对延期和滞留负责监控、管理和付费。运输经理必须在装卸和人力成本与设备延期费用二者之间权衡比较，做出决策。

（6）索赔。运输公司在货运过程中，可能发生货差和货损。运输经理要负责办理索赔，以补偿部分或全部损失。此外，还要处理货单多收运费事宜。

（7）自用货车和运输工具的管理。在一些企业中，运输经理还要负责对自用货车和汽车车队进行管理。为此，需要做好协调和管理工作，以降低车队成本和提供优质服务。

（8）运输预算管理。运输预算管理是防止财政超支的一项重要工作。运输经理应随时掌握现在和未来的各项活动及其开支，并与原定计划相对照。能源费用的上涨，使大多数试图在计划预算内运营的运输经理都遇到了难题。今后，费用的上涨还会使成本和预算问题越来越复杂化。

（9）信息技术管理。企业管理者需要获取有关运输服务和相关人员工作情况的信息。许多企业还监控并报告所有货运（包括自用车队）的成本和运输时间、有效的实绩评估和决策。所以企业一般会利用各种信息技术以支持各种运输管理活动。

5. 运输成本管理

在企业管理中，运输成本管理作为其中一部分应给予足够的重视。应该使用总成本分析法，将运输成本纳入企业总成本中综合考虑，以降低总成本、提高企业效益为目标来管理运输成本。不仅要考虑运输成本的降低，还要降低总成本，如库存成本、设施成本、服务成本、加工成本等。

对于具体的运输业务来说，自营与外包运输成本不同。自营运输成本包括运输业务所使用具体的运输方式所发生的所有费用（参考第 3～6 章相关内容）。

企业运输业务外包的运输成本则有很大不同，其主要部分是支付给供应商（承运人）的服务报酬，其他的部分主要是管理费用以及交易费用。交易费用一般包括谈判成本和机会成本。来自供应商谈判的成本包括由于谈判本身而产生的成本、意外情况所产生的成本（如修改合同）、监控对方的成本，以及争端机制带来的成本等。机会成本则是企业在自营与外包决策中为了自身利益而行使机会主义（如改变协议条款等）所产生的成本。

相关链接：交易费用

根据交易费用理论，交易费用是指企业用于寻找交易对象、订立合同、执行交易、洽谈交易、监督交易等方面的费用与支出，主要由搜索成本、谈判成本、签约成本与监督成本构成。企业运用收购、兼并、重组等资本运营方式，可以将市场内部化，消除由于市场的不确定性所带来的风险，从而降低交易费用。

6. 承运人管理

承运人管理也就是供应商管理。企业如果将运输业务外包，就会涉及对承运人即运输公司的选择问题，亦即购买运输服务的数量、种类和质量问题。在选择承运人时，运输管理者要考虑许多因素，并使用一些具体技术。可以利用供应商管理的思想制定管理策略。这部分内容将在后面讲述。

相关链接：供应商管理

供应商是指为企业提供原材料、设备、工具、服务及其他资源并收取相应报酬的实体。供应商管理是对供应商的了解、选择、开发、使用和控制等综合性管理工作的总称。供应商管理的目的是建立一群稳定可靠的供应商群体，同时为企业的生产和发展提供可靠的产品供应和服务供应。供应商管理包括：供应商战略、供应商分类、供应商选择、供应商开发、供应商绩效管理、供应商关系管理等。

11.1.2　企业运输战略

托运人运输战略主要涉及企业运输网络、自营与外包运输、运输方式、承运人选择与合作等方面的战略。

1．自营运输或外包运输战略

企业所需要的原材料、零部件及生产产品需要运输，有两种运输模式可供选择，即自营运输和外包运输。如果选择自营运输，企业要投入相应的人、财、物等。首先，企业需要建立运输管理机构，并配备人员，同时需要有办公场所及设施。其次，建设相应运输设施，如装卸场地、车库、站台、道路，甚至有专用铁路线、车站、码头、仓库等。再次，需要购置运输工具，包括汽车、搬运车辆、搬运工具、机车等。

如果企业将运输业务外包给第三方物流或运输公司，将避免长期的要素投入，而只要做好运输承运人的选择与合作即可。但需要考虑外包对于企业在成本、服务、效率等方面的影响，需要综合考虑。所以自营或者外包运输的选择涉及企业的长远投资和发展，对企业有战略性的影响。这些内容将在后面的内容中讨论。

2．企业运输网络的战略

一些企业会在不同国家或地区设置多种经营机构，如联营公司、地区分公司、区域仓库等，形成企业的经营网络，包括企业的物流网络。对应于企业物流网络中的供应物流网络、生产物流网络、销售物流网络、回收物流网络以及废弃物物流网络，企业运输网络也包含相应的各个子运输网络。本文所研究的运输网络主要是指与产品销售相关的运输网络。运输网络及运输节点设置，其目标是找到送送和接收产品最经济的途径，并同时维持或提高客户服务的质量，简而言之即是使利润最大化和服务最优化。这会涉及企业前期整体规划，以及后期企业规划调整问题，在企业未来运输发展战略及企业的战略中处于重要位置。在自营情况下，企业要考虑整体的运输网络，包括运输线路及运输节点的构成。具体内容参见 10.2 节、10.3 节和 11.3 节。

3．运输方式的战略

企业在设立之初，或者企业因为市场环境变化而调整经营战略，需要考虑将产品运往国内外不同地区的市场，应该采取汽车运输还是铁路运输，抑或是航空运输、轮船运输。采取何种运输方式，决定了不同的运输成本，这将会影响企业产品到达市场的成本与价格，进而影响产品的市场销售数量与范围。所以选择何种运输方式将影响到企业长远的运输战略，乃至企业发展战略。具体内容参见 10.1 节。

4．承运人选择与合作的战略

一旦确立运输外包及运输方式战略，接下来就要考虑承运人的选择与合作问题，这实际上也是供应商的选择及合作方式的问题。一个优秀的承运人不仅能够为企业带来良好的服务质量，而且还能够给企业带来较低的运输成本，同时，在企业产品生产、销售、市场信誉以及长远的发展等多个方面为企业带来价值，这类问题都会涉及企业整体的战略。

企业对于承运人可以有多种不同的选择。例如，选择什么类型的企业，是国有企业还是民营企业，是大型企业还是中小型企业，是国内企业还是国外企业、跨国企业；在数量上，是与一家或少数企业合作，还是与多家企业进行合作。

在与承运人的关系上，企业也要考虑多种不同的合作方式。依据不同的标准，可供选择的合作方式可分为不同的类型。例如，根据时间特征，合作关系可分为短期合作、长期合作和永久合作；根据企业之间关系的紧密程度，合作关系可分为一般买卖关系、稳定的供求关系、合作伙伴关系、战略联盟；按照供应商类型和合作时间两个维度，企业之间的合作关系可分为一般交易关系、短期契约关系、长期契约关系、战术合作关系、战略合作关系。

相关链接：企业合作关系

企业合作关系一般是指企业与供应商之间在一定时间范围内信息共享、共担风险、共同获利的协作关系。从供应链的角度看，企业之间的合作关系是指供应链上的企业之间通过相互信任、信息共享等手段，降低交易费用、实现共赢目标的一种协作关系。依据不同的标准，企业合作关系可以划分为多种不同的类型。

11.2　自营运输与外包运输决策

11.2.1　自营运输的优势与劣势

1．自营运输的优势

自营运输的优势主要表现在以下几个方面。

（1）掌握控制权。通过自营运输，企业可以对运输系统运作的全过程进行有效控制。

对于企业内部的采购、制造和销售活动的环节，原材料和产成品的性能、规格，供应商以及销售商的经验能力，企业可以掌握最详尽的资料。企业可以运用自身掌握的资料有效协调运输及物流活动的各个环节，能以较快的速度解决出现的任何问题，掌握供应商、客户端第一手信息，以便随时调整自己的经营战略。

（2）降低交易成本。对于外包运输，由于信息不对称，企业无法完全掌握承运人完整、真正的信息。而企业通过内部组织原材料和产成品的运输时，可不必就相关的运输、仓储、配送和售后服务的佣金问题进行谈判，以避免多次交易造成的开支以及交易结果的不确定性，减少交易费用。

（3）增加企业的品牌价值。企业自建运输及物流系统，能够自主控制营销活动，一方面，可以亲自为顾客服务到家，使顾客以最近的距离了解企业、熟悉产品，接受售后服务，提高企业在客户群体中的亲和力，提升企业形象，让顾客切身体会到企业的人文关怀；另一方面，企业可以掌握最新的顾客信息和市场信息，从而根据顾客需求和市场发展动向，调整战略方案，提高企业竞争力。

（4）避免商业秘密的泄露。一般来说，企业为了维持正常的运营，对某些特殊运营环节必须采取保密措施，如原材料的构成、生产工艺等。当企业将运输业务外包，特别是引入第三方物流来经营其生产环节中的运输等内部物流时，其基本的运营情况就不可避免地向第三方公开。企业运输及物流外包，企业经营中的商业秘密就可能会通过第三方物流泄露给竞争对手，从而会影响企业的市场竞争力。

2. 自营运输的劣势

自营运输的劣势主要表现在以下几个方面。

（1）增大企业的投资。企业为了建立运输系统，需要加大运输设备及相关的人力资本，不利于企业抵御市场风险。这也必然减少企业其他重要环节的投入，削弱企业的市场竞争能力。

（2）影响企业核心业务的开展。企业配送效率低下，管理难以控制。对于绝大部分企业而言，可能运输并不是其所擅长的活动。在这种情况下，企业自营运输就等于迫使自己从事不专长的业务活动，企业的管理人员往往需要花费过多的时间、精力和资源，结果可能是辅助性的工作没有做好，又没有发挥关键业务的作用。

（3）资源配置不合理。企业自营运输必须具备与生产能力相符的运输力量。市场的变化存在着不可预知的波动性，给企业经营带来了一系列的风险。同时，现代物流正在向标准化的方向发展，企业为了保证与供应链上下游的有效连接，必须要改进物流设备，加大企业固定资产的投入。如果处于销售旺季，由于企业运力不足，可能导致其失去销售时机，不仅影响销售额的提高，还可能在下一波的销售淡季到来时，由于产品未及时售出而造成产品积压；如果处于销售淡季，企业的运力和仓储空间就会出现闲置，导致企业资金无法有效利用，在计算固定成本的情况下没有收益。

（4）无法进行准确的效益评估。许多自营运输的企业内部各职能部门独立地完成各自的工作，没有将运输费用从整个企业分离出来进行独立核算，因此企业无法准确计算出产品的物流成本，所以无法进行准确的效益评估。

11.2.2　外包运输的优势与劣势

1．外包运输的优势

外包运输的优势主要体现在以下几个方面。

（1）企业可以有效配置多种资源。任何一家企业在可获得的资源上都有自己的局限性。外包能使企业将用于非关键业务的资源与设备用于刀刃上，从而更好地或更直接地服务客户。通过辅助业务的外包，既节省了公司大量的人力、物力，降低运作成本，又可专注于公司的核心业务，确立企业在行业中的优势。

（2）降低企业运营成本。当企业把非核心业务外包给更好的专业企业时，专业企业的技术和知识能够给企业带来成本的降低。此外，由于非核心业务外包后，企业避免了在这些业务中的设备、技术、研究开发上投入的资源，而把有限的资金和人才用于培养核心竞争力上，从而保持产品在市场上的竞争优势。

（3）提升企业的核心竞争力。把企业的非核心业务外包，使企业能够把有限的资源集中利用在最有价值的核心业务上，使核心竞争力得到不断巩固和提升。

（4）可以避免或降低运作风险。由于市场存在许多不确定因素，企业投资的如果不是自己的优势业务，势必会带来巨大的风险。如果外包这些业务，与外包商建立战略伙伴关系，利益共享、风险共担，在一定程度上会降低企业自己经营带来的风险。

2．外包运输的劣势

外包运输的劣势主要体现在以下几个方面。

（1）对运输活动的控制能力下降。制造企业使用外包运输业务，将不利于自身对物流的控制，质量管理难度增大，运输失控的风险增大，可能会降低企业的客户服务水平。另外，当双方协调出现问题，由于第三方的存在，双方更容易出现相互推托的局面，影响运输的效率。

（2）存在危及客户关系的风险。制造企业是通过第三方物流来完成产品的配送与售后服务的，外包运输业务削弱了企业与客户之间的关系，不利于密切的客户关系的建立；客户信息是一个企业非常重要的资源，外包运输业务使企业难以把握客户的全部和真实信息。另外，第三方物流企业有很多客户，它们在为企业竞争对手提供服务的时候，增大了泄露企业商业秘密的可能性。

（3）给企业带来经营风险。在运输业务合作中，一般会与运输承运人建立长期的合作关系，而两个企业稳定的合作关系是需要较长时间来磨合的。如果运输承运人自身经营不好，就会影响企业的运营。而如果解除合作关系，又会产生较高的成本。

11.2.3　运输外包决策

有些企业采用自营运输方式，在企业内部设立物流或运输的综合管理部门，通过资源和功能的整合，统一管理企业的运输业务。而有些企业注重把资源用于企业核心竞争力上，把一些运输业务外包给更有优势的企业。自营运输与外包运输各自有其优缺点，如果选择不当，将会对企业带来成本及效益的长远影响。

1. 运输外包的影响因素

（1）企业战略目标。企业战略目标是指企业在实现其使命过程中所追求的长期结果，是在一些最重要的领域对企业使命的进一步具体化。企业的所有经营决策与活动都必须围绕战略目标来进行。企业制定运输外包决策时，就需要考虑是否有利于战略目标的实现。

（2）运输外包的成本及总成本。运输外包首先要考虑其所带来的成本大小。一般自营运输成本包括固定成本与可变成本等。在选择外包运输时，需要比较其总成本与自营总成本。

（3）货物运输业务在企业经营活动中的地位（重要程度）。在有些企业中，无论在运输承运人选择还是在运输服务的种类与质量方面，原材料及产品的运输对于企业战略目标、经营成本及效益影响较小，所以运输业务对于企业的重要程度相对较低。而有些企业中运输业务的重要程度则较高。对于前者，如果选择外包，那么将不会为企业带来太大的风险。对于后者，如果选择外包，那么将可能为企业带来较大的风险。

（4）企业对于运输外包的控制能力。如果企业对于外包运输业务以及运输承运人的控制能力较强，在整个运输业务过程中能够有效地掌控，则可以避免出现运输中断、延迟或货损等情况，这就有利于运输业务的外包决策。否则，将不利于运输业务外包。

（5）运输服务供给者的情况。例如，数量、能力、关系、信誉等。如果运输市场有足够数量的运输企业，其运输服务的水平较高，具有较强的竞争实力，企业将有可能做出合理的决策，选择出合适的运输承运人，并使得运输外包带来积极的效果。否则，如果选择外包，将会给企业带来极大的运营风险。

（6）运输外包带来的各种风险。一是来自承运人方面的风险，主要包括运输服务质量下降、企业客户资源受到破坏、对供应商产生依赖等方面的风险；二是企业的产品核心信息外泄的风险，如企业为第三方物流提供技术支持时将产品标准、核心技术等泄露出来；三是由于沟通不畅产生的风险，主要由于企业文化、管理方式差异而产生的对企业竞争力不利的风险；四是由于失去对承运人的控制而带来的风险，如不能对承运人做出有效评价和监督时就容易产生对其失去控制的风险；五是企业内部协调出现问题的风险，如运输外包会对内部物资和人员进行调整，这可能影响部分人员的工作及利益，从而使有些员工产生消极情绪等问题；六是合同纠纷和法律诉讼的问题。外包风险也可以进行量化分析，以判断运输业务是否外包。

在影响企业运输外包决策的因素中，企业战略目标是企业业务活动的根本性指导方针，对企业运输是否外包具有决定性的影响；企业运输管理能力是企业能否成功运作运输物流的基础，是关系到物流能否对企业生产与销售起到积极促进作用、能否满足客户需求的关键因素，对外包策略的制定具有重要影响；物流经济效益取决于自营与外包效益的差值，选择合适的承运商，并对承运商进行有效控制，外包能够带来企业物流经济效益的提高。

2．运输外包决策定性分析方法

运输外包的决策应基于上述几个因素及其他相关因素进行综合分析与权衡。例如，当运量较小、运输不是企业成功的关键因素时，由于自营运输物流成本太高，可以将运输外包给第三方承担，以节约成本，降低风险；然而当运量很大，客户服务水平要求高，运输对企业发展战略的成功影响非常大时，企业应考虑自营运输。根据运输对企业运作成功的重要程度和企业处理运输的能力，企业可以采取 4 种策略发展运输物流业务，如图 11-2 所示。

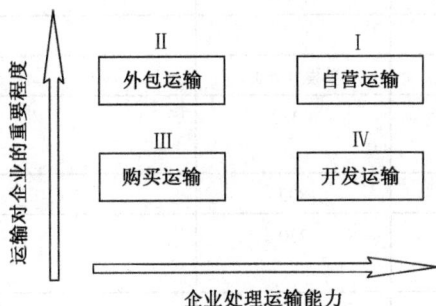

图 11-2　企业运输自营与外包的策略

（1）策略Ⅰ：运输对企业成功具有重大的作用，且企业具有很高的运输业务处理能力，企业适合采用自营运输。

（2）策略Ⅱ：运输对企业成功具有重大的影响作用，但是企业处理运输业务的能力较低，所以此种情况比较适合将运输业务外包，即采用合同运输。

（3）策略Ⅲ：运输对企业成功影响作用不大，同时企业具有较低的运输业务处理能力，此种情况比较适合采用购买运输服务，即采用公共运输。

（4）策略Ⅳ：运输对企业成功影响作用不大，但是企业处理物流的能力强，企业适合采用投资开发运输及相关业务。

3．运输外包决策定量计算方法

运输业务自营与外包决策时，也可以采用定量计算的方法。例如，采用总成本比较法，分别计算自营运输与外包运输在不同情况下发生的费用之和，然后进行比较和选择。

例 11-1　假设某公司在甲地至乙地之间具有比较稳定的货流量。该企业的物流管理人员面临这样两种选择：(1)外包给第三方物流公司。对方按平均的市场价格报价：每 t/km 0.45 元。甲地至乙地距离计为 1 500km，每趟运载能力为 10t，每趟（10t）单程报价为 6 750 元（0.45×1500×10，含所有的装卸费用）。同时，对于往返运输的回程，则按单程报价的 50% 计算。(2)自营。需要考虑自己投资买车、配备司机、建自己的车队。他们进行了测算，投资购买一辆普通加长（10t）卡车，并改装成厢式货车，一次性投资为 20 万元。每辆车配备两名司机（按正式员工录用，并享受所有人事方面的福利），运营中的固定和可变成本（见表 11-1）。根据上述材料，讨论在什么情况下自营运输或外包运输更为合理？

表 11-1　自建车队运输中的固定成本和可变成本

	每月固定成本（元）	备　　注
每月折旧	3 333	按五年直线折旧
人工	4 200	基本工资 1 500 元/人，福利（养老、医疗、失业和住房）大致为基本工资的 40%
保险与维修	3 000	车辆保险和 5 年中平均每月的维修保养
养路费	1 400	
小计	11 933	

每趟可变成本	单程（元）	往返（元）
油耗（按百公里油耗 30L，每升 3 元，1 500km 计算）	1 350	2 700
路桥费（实测）	800	1 600
住宿（按每人每天 90 元，单程每趟 3 天计算）	270	540
装卸（每年）	100	200
小计	2 520	5 040

解：

（1）外包成本计算

每月一趟，往返运输费用= 6 750 元×（1+50%）=10 125 元

每月两趟往返运输费用=2×10 125 元=20 250 元

每月 3 趟往返运输费用=3×10 125 元=30 375 元

（2）自营成本计算

每趟往返运输可变成本=5 040 元

每月固定成本=11 933 元

每月一趟，往返运输成本= 5 040+11 933=16 973（元）

每月两趟，往返运输成本= 2×5 040+11 933 =22 013（元）

每月 3 趟，往返运输成本= 3×5 040+ 11 933 =27 053（元）

所以，在具有稳定货流量的情况下，每月往返运输 3 趟及以上，选择自营运输较为合理；如果往返运输低于 3 趟，宜选择外包运输。

11.3　运输网络构建

11.3.1　运输网络构建的影响因素及原则

企业运输网络构建的任务是依据企业内部和外部环境及其变化，结合企业总体发展战略及物流发展战略，运用定性的和定量的分析和决策方法，为企业建设物流运输网络。

1．运输网络构建的影响因素

（1）企业外部因素，主要包括：

1）国家及地区政治、经济、社会、法律、文化、宗教等因素。例如，社会政治上比较稳定，能够为企业创造有利的发展环境，有利于企业在当地建立分支机构或设置仓库等设施；一个地区经济发达，能够为物流运输企业提供运输市场需求，带来更大的运输量；优惠的财政、税收政策有利于企业减少运营成本；国家之间的关税及汇率也会影响企业在国际上的网络布局。

2）社会基础设施条件，包括公路、铁路建设情况，交通枢纽及港口、机场、车站等设施建设情况等。例如，一个地区公路、铁路密度高，交通发达，为物流及运输提供良好的条件。

3）市场竞争状况，包括竞争对手的数量、规模、分布、竞争实力、竞争战略及策略等，这些因素会影响运输企业节点数量、规模的选择及决策以及未来经营的规模及盈利水平等。

（2）企业内部因素，主要包括：

1）企业发展战略。主要包括企业发展整体战略、物流发展战略及运输战略、其他相关分战略等。例如，一家企业要在若干年内发展成为国际性的外贸运输企业，需要拓展欧洲、北美地区市场，这必将发展相应的物流及运输业务，所以需要在相应的地区考虑运输方式、运输路线以及分支机构和仓储设置。

2）企业产品市场状况。主要包括：产品市场覆盖范围；产品的数量、品种及销售地的客户分布；各个客户对每一种产品的需求量；产品的订货周期、订单频率、批量、季节波动；产品的运输距离、时间和批量。这些因素会直接影响到运输方式和运输线路的选择、节点设置的数量、规模及密度等。

3）企业管理能力。如果一家企业的综合管理能力很强，可以管理和控制较大范围的、强大的运输网络，当然就可以考虑建立相应的物流网络。

4）资金、技术方面的实力。如果资金雄厚、设备及信息系统的水平较高，就能够建立起较为强大的运输网络。

5）企业物流及运输服务内容及标准水平。一般来说，客户服务需求水平要求越高，要求企业服务设施与客户的距离越近；反之，与客户的距离可以远些，如图 11-3 所示。在较大的市场范围内，客户服务需求水平要求越高，就需要建立更多的服务设施；反之，服务设施可以少些，如图 11-4 所示

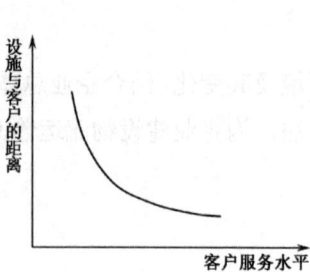

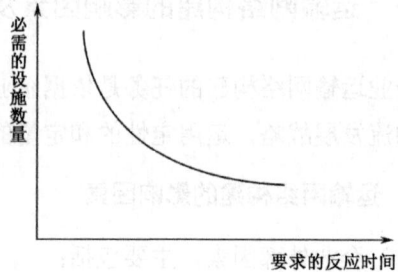

图 11-3　客户服务水平与企业服务设施距离的关系　　图 11-4　客户服务水平与设施数量关系

依据客户服务需求水平，企业应该综合考虑其战略、管理水平，资金及技术能力，成本等多方面因素，确定服务设施的选址及数量。如果确定较大的服务范围和较高的服务标准，企业就需要配置较多的、规模较大的服务设施。

6）成本因素。这里所说的成本应属于总成本的范畴，即除了运输成本之外，还有与其相关的节点建设费用、管理费用和仓储、加工、信息处理等成本。主要考虑的成本因素：一是运输网络线路及节点的变化带来的成本的变化。例如，企业进行扩大运输网络、在某地设置新仓库的决策，可能使得原来的直达运输改变为中转运输，这就需要考虑决策实施前后运输成本及相关成本的变化；如果是增加了成本而没有带来成本的节约，这样的决策需要慎重考虑。二是建立整体物流及运输网络的总成本水平，企业能够承担的总成本水平决定了企业物流及运输网络的总体规模及节点设施的数量及规模。

2．运输网络构建的原则

构建企业运输网络应同时遵守适应性原则、战略胜原则、一致性原则、经济性原则、系统性原则和总成本最小原则。

（1）适应性原则。即企业运输网络应该与前述的外部因素或条件相适应。

（2）战略性原则。即企业运输网络的构建应具有战略眼光，具有前瞻性。既要考虑目前企业生产经营及物流的实际需要，又要考虑企业未来发展的可能需要。企业运输网络应纳入企业总体物流及运输发展战略。

（3）一致性原则。即企业运输网络应该同企业总体发展战略和目标、目前生产经营计划和目标、市场营销目标、目前及以后物流发展目标一致起来。

（4）经济性原则。即坚持节省的原则，使得网络的建设费用、经营费用尽可能降低。例如，在进行运输线路选择、仓库选址时，尽量优化选择，节省各种费用。

（5）系统性原则。即把运输网络作为一个完整的系统来考虑，进行系统设计；同时，还应该把运输网络作为企业物流系统，以及企业整体管理系统的子系统进行设计，使得运输网络系统与企业生产经营系统及物流系统相协调。

（6）总成本最小原则。即遵循效益悖反原理，既要尽量降低网络的建设费用，又要尽量降低经营费用；既要考虑降低运输费用，又要降低诸如仓库设置、节点管理、信息处理等其他相关方面的费用，使得总成本最小。

在对运输网络及节点选址进行动态改变时，除考虑前述影响因素及原则外，还要考虑运输网络节点从一种布局形式转换到另一种布局方式需要支付一定的转移成本。当采用新的选址方案所带来的成本节约大于转移成本时，企业就应该考虑更换新的选址。

11.3.2 运输网络布局及结构选择

1. 运输网络布局方式

运输网络布局涉及企业运输线路和运输节点相对位置及关系的总体安排。比较典型的网络布局有两种：点对点布局方式和中心辐射布局方式。

（1）点对点布局方式，如图 11-5 所示。该种方式主要是在两个节点之间采用直达运输，无须在其他节点进行中转作业。该方式的特点是较为简单，方便快捷，但其缺陷也很明显。例如，起始地至目的地如果距离不太远，两端集货、作业时间远大于运输时间；可能会出现对流运输、倒流运输、运输工具不能满载或空驶等不合理运输现象（参见 12.1.1 节内容）；当运输规模不足时，可能会使运输系统总运输效率降低、总运输成本增加。

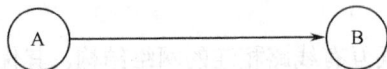

图 11-5 点对点布局方式

当运输量较大、客户有特殊要求或货物特点明显（如易腐、易爆等）时，可以采用此种方式。

（2）中心辐射布局方式。这种方式主要是将几条线路上的货物集中到位于中心的一个汇集点（如物流中心、配送中心或中转仓库），再将货物分别送给周边不同的客户，如图 11-6 所示，将图中 A 点处货物集中运送到汇集点 G（中心），货物可以从这里送达 B、C、D、E、F 等处。该方式可以减少运输线路，在面对较多的小客户时，降低总运输成本，但缺点是从起始地到目的地的中间作业环节增多，运输效率较低。

当客户比较集中且每家货运量不大、距离货源较远时，可以采用此种方式。

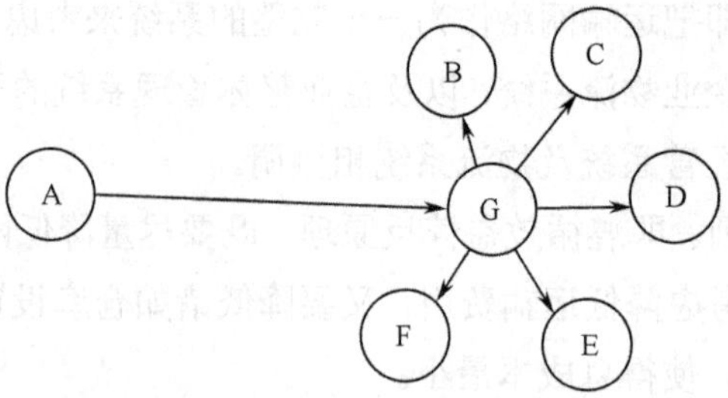

图 11-6　中心辐射方式布局

2. 运输网络结构类型

运输网络中线路与节点之间的连接方式不同，就形成了不同的网络结构类型。一般来说，企业运输网络结构可以分为 4 种类型，如图 11-7 所示。

（1）线状。即由节点和连接节点的线路组成，两个节点之间只由一条线连接且没有连成圈的简单网络。例如，某公司将工厂生产的产品送到仓库，再由仓库运送到各个客户手中，就构成了一个线状图，如图 11-7（a）所示。

（2）圈状。即至少包含一个连接成圈的线路，同时至少有一个节点没有包含在圈中。例如，一家公司在两个市场区域分别建设有一个物流中心，每个物流中心在各自的市场区域按照循环路线送货；两个物流中心通过干线连接起来，其货物可以相互调剂。这就形成了圈形图，如图 11-7（b）所示。

（3）树状。即树状连通的网络结构。例如，一家公司在不同的市场区域分别建有物流中心或配送中心，而他们又形成了各自的运输网络，且相互独立，互不交叉，如图 11-7（c）所示。

（4）网状。即各节点之间互有线路相连的网络结构。其优点是方便销售，缺点是物流效率低下，如图 11-7（d）所示。

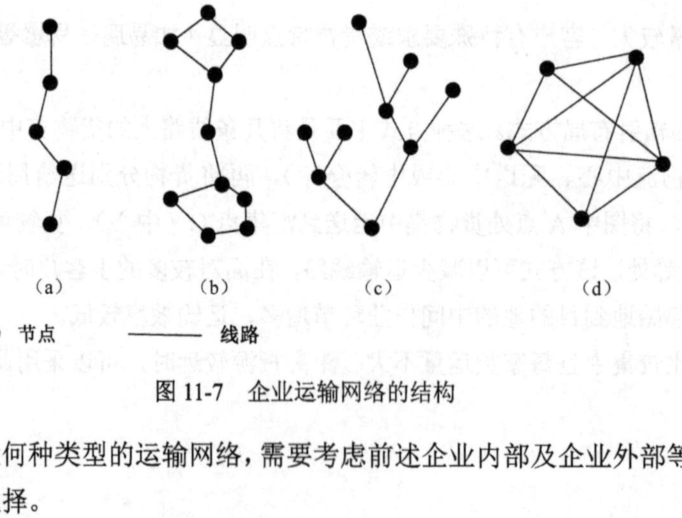

（a）　　　　（b）　　　　（c）　　　　（d）

注：● 节点　　——— 线路

图 11-7　企业运输网络的结构

企业到底建设何种类型的运输网络，需要考虑前述企业内部及企业外部等多种因素和原则，进行比较选择。

11.3.3　运输网络及节点决策内容和方法

1．运输网络及节点相关决策内容

企业运输网络设计通常需要考虑多方面的问题，如企业需要构建什么结构的网络，网络如何布局？运输网络中应利用何种运输方式以及如何设置运输线路？应设置多少运输节点以及如何选址？运输节点的设置是通过自建或租赁还是新增或改建扩容来实现？等等。

在运输网络构建的过程中，企业所面临的内、外部环境在不断变化，所以企业运输网络还要随着环境的变化而变化，这就涉及运输网络的动态设计及改变。

2．运输网络的设计及决策方法

理论上，国内外学者关于物流网络的设计及决策主要是从运筹学、市场营销学、组织理论、信息管理学以及供应链管理等领域进行研究的。但企业在进行实际决策时，除参考理论模型提供的结果外，还应综合衡量影响选址的各方面因素。

运筹学作为一门广泛应用定量分析方法的学科为物流网络设计提供了重要的研究手段和分析工具。运筹学运用于物流网络的建模方法主要有最优化模型、模拟仿真模型和探索性模型。最优化模型建立在精确的数学方法基础上，将要评价的问题进行数学定义，由此找到最优解决方案。常用的最优化模型有线性规划、混合整数规划、列举、排序技术等。模拟仿真模型运用模糊建模和模拟方法，确定在某时间区间内物流库存点的存货量和采购量以合理的成本取得预期的绩效，它通常通过计算机模拟物流网络的实际运作达到评价物流网络优劣的目的。探索性模型也是一种应用广泛的物流网络设计方法，有助于物流网络理论研究综述将问题缩减至可以有效管理的规模，同时能够在各种方案中进行自动搜索，以发现更好的解决方案，其常用的方法是坐标方格技术。

阅读材料：《基于城市冷链系统的客户冷链物流网络设计研究》

11.4　承运人管理

11.4.1　承运人选择的影响因素及原则

在一个没有垄断存在的运输市场中，不同的运输方式及同一运输方式中会有许多运输承运人。承运人就是为托运人提供运输服务产品的供应商。这些承运人可能各有特点，能力相差很大，所以货主或托运人为了有效地实现货物运输的目的，需要选择合适的运输承运人。可以运用供应商关系管理的思想，对运输承运人进行有效管理。

1．承运人选择的影响因素

要选择一个合适的承运人，可能受多方面的因素影响，如货物特点、运输量、运输距离、运输时间、运输成本、运输的安全性等（参见 10.1.1 节）。除此之外，还要考虑以下因素。

（1）企业管理水平。

（2）企业服务质量及水平。

（3）运输价格。

（4）企业服务品牌及信誉。

（5）企业综合实力，包括资金、技术、运输网络等。

（6）与本企业合作关系及合作意愿。

（7）本企业经济负担能力。

2．承运人选择的原则

（1）符合实际需要。根据运输业务的特性选择承运人。例如，考虑货物的性质、体积、运送频次等，将其归类为普通运输、大件运输、零担运输或危险品运输等，并以此选择具有某方面特长的运输承运人。

（2）综合成本最小。应考虑运输成本及其对其他因素的影响，使物流整体成本最小。

（3）适度原则。即所选的承运人规模、综合能力与企业运输业务要求相适应。

（4）就近原则。一般根据运输业务发生的主要地理范围，选择一些本地或对该范围运输业务较为熟悉的承运人。

（5）战略性原则。树立全局的和战略的观念，从长远考虑企业自身发展、承运人近期及未来发展及双方的合作关系。

11.4.2　承运人选择的步骤

1．确定承运人选择的原则

依据不同时期、不同业务的要求，确定选择承运人的原则（参见 11.4.1 节内容）。

2．初步选定承运人的范围

可以根据已经了解的运输企业情况，并通过其他途径了解一些符合运输业务类型的运输企业，以初步确定运输企业范围；接着通过电话、传真或信函等形式与之取得联系，初步了解这些企业的运输业务类型及范围、运输资源，确认是否是自己需要的承运人；然后初步选定承运人及其数量。

3．与承运人进行洽谈

在洽谈中，双方可以交流本企业的有关信息。客户应详细了解承运人拥有的资源，如拥有的车辆（如车型、吨位、数量、是否安装 GPS 等）、硬件设施（如停车场、维修站、集装箱堆场等）、运输网络的覆盖范围，以及有关运输、报价等方面的具体问题。客户也可以向承运人发放问卷表，以便更为详细地了解他们的整体情况。

4．初步筛选

将承运人有关资料及问卷表录入计算机，作为承运人的第一手资料，供以后查询、评判及进一步调研。然后进行分析，淘汰一些明显不符合企业运输业务要求的承运人，确定进一步评价的承运人的名单。

5．评价经初步筛选的承运人

首先确定评价承运人的方法，如服务质量比较法、运输价格比较法和综合评价法等；然后对经过初步筛选的运输承运人进行评价、比较，确定少数（如 2～3 家）可供选择的承运人。

6．确定承运人

对确定下来的少数承运人进行实地考察，并把自己的详细运输标书交给他们，以使他们制订出各自的运输方案。然后，对他们的运输方案进行比较权衡，从而做出最终的选择。或者在经过初步筛选的运输承运人中进行招投标，从中确定最终的承运人。

11.4.3　承运人选择的方法

1．服务质量比较法

客户在付出同等运费的情况下，总是希望得到好的服务，因此，服务质量往往成为客户选择不同运输承运人的首要标准。

（1）运输能力。主要包括以下内容：

1）该运输公司提供运输工具的完好程度，如车辆的车龄、集装箱新旧程度等。

2）该公司所雇用的装卸公司的服务质量。货物在装卸过程中是容易造成货损、货差的，因此装卸工人的服务质量会直接影响货物的运输质量。

3）该公司所雇用的从业人员的经验及工作责任心。从业人员丰富的经验及高超的技艺是保证货物安全运输的首要条件。

4）该公司的货物运输控制流程。良好的运输控制流程将保证货物及时准确的发运、转运和卸载，减少货物的灭失、错卸、短卸和溢卸以及错误交付等，从而保证运输质量。

（2）运输质量。具体指标为：

1）运输的准班率，较高的准班率可以方便客户对货物的库存和发运进行控制，当然也为安排其接运等提供了便利。

2）航班的时间间隔、船舶的发船密度、铁路运输的发车间隔等。合理的间隔同样也将方便客户选择托运的时间及发货的密度等。

3）单证的准确率。

4）信息查询的方便程度。不同的承运人除提供运输外还在附加服务上进行投入，如价格查询、航班查询及货物跟踪等。

5）货运纠纷的处理。无论承运人如何提高运输质量，改进服务水平，货运纠纷还是难免会发生，发生后如何及时圆满地处理是客户所关心的。

2. 运输价格比较法

正如前文所述，各运输承运人为了稳定自己的市场份额，都会努力提高运输服务质量，而随着竞争的日趋激烈，对于某些货物来说不同的运输承运人所提供的服务质量已近乎相同，因此运价很容易成为各承运人的最后竞争手段。于是客户在进行选择时，如面对几乎相同的服务质量，或有些客户对服务质量要求不高时，运输价格便成了另一个重要的决策依据。

3. 综合评价选择法

在实际选择运输承运人时，客户会同时考虑许多对运输业务有影响的因素，如承运人的服务质量、运输价格、承运人的品牌、承运人的经济实力、承运人的运输网点数量以及承运人的主观态度等。承运人的主观态度主要反映其对托运人的重视程度。如果将这些因素综合考虑，则可以用如下公式来表示：

$$S = \frac{k_1 Q}{k_2 P} + k_3 B + k_4 C + k_5 N + \cdots + k_n O$$

式中，S——综合因素评价值；k_n——不同因素的权数，$n = 1，2，3，\cdots$；Q——服务质量；P——运输价格；B——运输承运人的品牌；C——运输承运人的总资产状况；N——运输承运人的网点数；O——其他因素。

客户可以根据自己的需要，调整不同因素的权数，对不同承运人进行评价，比较他们的得分，然后做出决策。当然也可以组织专家小组对承运人进行评价，汇总各个承运人的得分，选择最终的承运人。

承运人的选择方法也可以参照运输方式的选择方法，参见本书 10.1 节内容。

应用案例

某公司对承运人的评价

某公司运用综合评价法对运输企业进行评价与选择（见表 11-2）。

表 11-2　某公司对运输企业的评价

评估指标	评分（分）	×	权重	=	最终得分（分）
技术	80		0.10		8.00
质量	90		0.25		22.50
响应速度	95		0.15		14.25
运送	90		0.15		13.50
成本	80		0.15		12.00
环境因素	90		0.05		4.50
业务	90		0.15		13.50
总分			1.00		88.25

11.4.4　承运人评价与监控

1．承运人绩效评价

对承运人进行绩效评价需要建立一系列指标，以便对承运人进行绩效衡量，同时也对承运商行为进行约束。不同企业用不同的绩效指标考核承运人，一般来说从内部和外部两个方面进行考核。内部绩效评价主要包括考核承运人的运输服务质量、运输效率、财务指标等，如准时提货率、及时正点率、货损货差率等；外部绩效考核通常从客户反馈信息来评价，包括客户投诉率、客户满意度等。对承运人进行绩效评价有许多方法，可以参考11.4.3 节、12.5 节的内容。

企业可以要求承运商每天报报表，作为评价依据。报表要包括货单号、提货时间、发货时间、在途时间、长途运输中不同地点的报告，如果发生事故，事故分析原因也要出现在报表中。考核时间一般以 1 个月为一个周期，如果企业认为运输对企业运作非常重要，也可 1 周或半个月进行一次考核。

2．承运人的监控

承运人帮助企业运货并与客户进行货物交接的过程代表着企业的服务形象。如果运输过程出现货物差错、灭损、递送不及时等问题，则可能降低用户满意度，使企业面临失去市场的风险。因此，对承运人的监控是企业运输外包管理中非常重要的内容。

对承运商监控的内容包括：一是对日常管理工作的监控，可通过明确承运人服务要求，制定对承运人服务质量的考核标准来实现；二是对运输过程的监控，可通过对 Internet、EDI、GPS、GIS 等现代信息技术的应用，对承运商的运输路线、车辆型号、货物运送状况等进行监控。

11.4.5　承运人管理策略

供应商关系管理是指供应链上的企业为了更好地满足用户需求，通过对采购方（供应方)资源和竞争优势的整合实现供应链整体竞争力和成本的最小化而与供应商建立某种长期稳定的合作关系，并采取一定的手段（电子商务、数据挖掘、协同技术等信息技术）维护发展这种关系、实现共赢的管理模式。按照供应商关系管理的基本思想，对于运输承运人进行分类和管理，以改善双方合作关系，实现两者"双赢"。

1．承运人的分类及认证

通过对运输承运人进行分类，可以根据企业的实际情况，寻找适合自己的承运人。该承运人应具有与本企业的战略匹配性特征，并适合企业经营状况。对承运人可以采用多种不同的方法进行分类，在此基础之上进行认证。根据前述对于承运人评价情况，可以按照评价得分高低进行分级管理。例如，评分 95 分以上为一级，85～95 分为二级，75～85 分为三级。

也可以根据承运人完成的运输量（货物数量或者货物价值）的多少，将其分为 A、B、C 三个等级。例如，A 级供应商，完成公司的运输量达到所有货物运输需求量的 70%；B 级供应商，完成公司的运输量达到所有货物运输需求量的 20%；C 级供应商，完成公司的运输量达到所有货物运输需求量的 10%。

相关链接：供应商认证

供应商认证是采购流程和供应商管理中具有重要意义的活动，它是稳定供应商关系、提升供应商能力、规范供应商管理行为、降低采购风险和总成本的一种手段。在供应商认证中，不同的企业衡量供应商的内容不尽相同，但一般包括质量、交付、服务、创新、管理以及成本等。供应商认证的流程一般包括认证准备、准入资质审核、多部门现场评估、综合评估与审批、签署相关协议、确认《合格供应商清单》等。

2．不同承运人的管理策略

对于上述承运人的不同等级，可以采取不同的管理策略。

（1）对于一级或 A 级承运人，应建立长期的、紧密的伙伴关系或战略联盟，一些运量比较大或者价值比较高、关键性的货物可以交由他们运输。应定期与他们进行沟通，必要时予以帮助。一般来说，企业开发和更换此类供应商的成本较高，所以要求企业与较少的承运人建立伙伴关系。

（2）对于二级或 B 级承运人，一般建立契约式关系。由于该类承运人竞争实力、服务质量等方面水平不高，企业货运需求量不大，因此企业与此类物资的承运人很难建立伙伴关系。企业可以分品种和运输量定期招标。例如，以每年的运输需求量招标，价格一年或半年议定一次。更换承运人时应努力寻找信誉好、资金实力雄厚的运输服务商。

（3）对于三级或 C 级承运人，可以不需要建立合作关系，一般可以通过服务商信息库寻找价格合适的服务商，协商安排运输任务。由于该类承运人竞争实力、服务质量等方面水平较低，或者运输量比较小、货物价值不高，所以需要根据企业需要及时更换，并尽可能选择规模适中、服务质量相对较高的承运人。

11.5　运输成本控制

11.5.1　企业运输成本构成

托运人（主要是工商企业）在不同情况下，运输成本构成有所不同。从运输自营和外包两种情况看，企业运输成本构成差别较大。

在自营运输情况下，企业运输成本是企业在一定时间内完成一定货物运输量而发生的全部费用支出，包括货运、车队、燃料、设备维护、劳动力、保险、装卸、税收等费用。按照支付形态，企业运输成本具体包括以下几项。

（1）材料费。即运输过程中耗费的原材料、辅助材料、构配件、零件、半成品的费用。具体包括资材费、工具费、器具费、低值易耗品摊销以及其他物料消耗费用等。

（2）人工费。即人力劳作而发生的费用，具体包括职工工资、奖金、福利、津贴、劳动保护费、保险费、福利基金、教育培训费等。

（3）维护费。主要是对企业库房、设备等固定资产进行养护、保养而消耗各种资源的费用，具体包括设备折旧费、维修费、保险费用及税金等。

（4）一般经费。主要是物流运输功能成本在人工、材料、维护费之外的形态支付。

（5）特别经费。主要是和存货有关的费用，包括存货占用资金、存货保险费和存货风险损失等经费。

在业务外包情况下，企业运输成本是指企业将部分或全部运输业务委托外部企业完成所发生的费用，如与物流服务商的谈判、监督、协商等方面的费用；运输业务委托外部企业运作所花费用；委托咨询公司或专家、学者进行物流规划、系统设计的费用等。

11.5.2　运输外包成本控制

当企业将运输业务外包出去后，运输成本的控制可以采用综合控制的方法，包括运输外包过程中的事前控制、事中控制、事后控制。

1．事前控制

事前控制是指对运输外包进行事前分析、决策、规划等过程的成本控制，它一方面从总体上对运输成本进行控制；另一方面，对运输外包事前所有活动或环节的成本进行控制。运输自营与外包的决策过程、运输外包的战略规划是运输外包正式实施之前两项重要的活动，所以应做好这两项工作。另外，对于运输各个环节的作业进行详细分析，并进行成本预算是后期有效控制成本的重要基础。

2．事中控制

事中控制是指在运输外包实施过程当中，对各个环节进行监督并控制其成本。这个阶段有如下几项重要的活动。

（1）在调查、交流、谈判、签订协议等活动中，严格控制各方面的费用。

（2）选择合适的承运商以及对供应商的管理。

（3）与承运商协作，优化运输流程。

（4）监督外包协议以及控制运输成本措施的有效落实。

3．事后控制

事后控制则是在运输业务完成、各项运输成本形成之后，对实际发生的运输成本进行核算、差异分析和绩效评价。这些工作的结论可以作为承托双方未来进行合作以及改进成本控制措施的依据。

11.5.3　运输自营成本控制

运输自营情况下，成本控制是企业许多部门的责任，涉及很多环节。下面是一些成本控制的重要策略。

1．选择合理的运输方式

使用不同的运输方式会给企业带来不同的运输成本，所以应根据实际需要合理选择运输方式。选择运输方式时，应根据不同货物的形状、价格、运输批量、交货日期、到达地点等情况，考虑运输工具的经济性和迅速性、安全性、便利性之间相互制约的关系，并进行综合评价。例如，可根据各种运输方式的成本与货物重量的关系来选择运输方式，以控制运输成本。图 11-8 表明了各种不同运输方式的成本比较。如果企业运送货物的重量平均少于 10kg，则用空运可以降低运输成本；如果平均重量为 10～35kg，则用卡车运送较为有利；当超过 35kg 时，由铁路运送将会降低运费。当然，在实际工作中，企业还要根据不同运送方式所带来的存货成本及所需要的运送时间进行综合判断。

2．拥有适当数量的车辆

当企业拥有车辆过少，发货量多时，会出现车辆不足的现象，要从别处租车。相反，拥有车辆过多，发货量少时，会出现车辆闲置的现象，造成浪费。所以，对运输部门来讲，拥有适当数量的车辆是必要的。

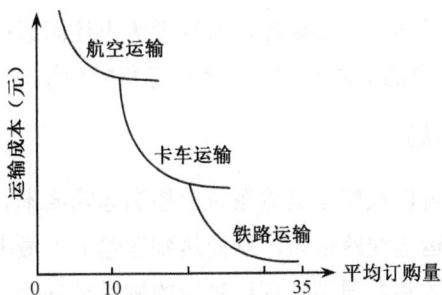

图 11-8　运输成本、运输重量与运输方式的关系

3．实施集运策略

所谓集运，就是利用规模经济来降低运输成本的集中运输策略。在运输活动中，货物装运量越大，每吨公里的费率就越低；如果将小批量运输集中起来以形成大规模的运输，就会有效地控制运输成本，所以集运是企业物流作业中实施运输成本控制的重要手段之一。当然，组织集运还要考虑因此而可能延迟物流响应时间的负面影响。从运作的角度看，集运有 3 种有效的方法：自发集运、计划集运和共同输送。

（1）自发集运。集运最基本的形式是将一个市场区域中到达不同客户的小批量货物集中起来运输，即自发集运。这种方式在进行运输时只是修正，而不是自然的货物流动。集运的货物可以被送到一个中间的散件货点，在这里各批货物被分开装运，运到它们各自的目的地。

（2）计划集运。计划集运就是将某一个时间段内的订单集中起来组织运输。通常，运输公司以集运互利的原则与客户沟通，并向客户做出承诺，保证所有在特定截止期前收到的订单都可在预定之日送到。该集运方式往往要求运输公司具备较高水平的物流能力，以确保将任何大小的货物在任何特定的时间内输送到客户所要求的地方。

（3）共同输送。共同输送是指货运代理公司、公共仓储公司或运输公司为在相同市场中的多个货主安排货物运输的一种集运方式。货运代理公司主要是通过提供代理服务来集聚小批量货物从而达到共同运输的目的。公共仓储公司或运输公司通常具备大批量送货的集运能力，可以按照客户要求提供增值服务，如分类、排序、进口货物的单据处理等。

4．推行直运战略

直运即直达运输，就是在组织货物运输过程中，越过商业物资仓库环节或铁路等交通周转环节直接运达目的地的运输方式。就生产资料来说，由于某些物资体大笨重，一般采取生产工厂直接供应消费单位（生产消费）的方法实行直达运输。在商业部门，则根据不同的商品采取不同的运输方法。有些商品规格简单，如纸张、肥皂等，可以由生产工厂直接运到三级批发商、大型商店或用户，越过二级批发商环节；也有些商品规格、花色比较复杂，可由生产工厂供应到批发商，再由批发商配送到零售商店或用户。至于外贸部门，多采取直达运输，对出口商品实行产地直达口岸的办法。

企业在决定是否采取直达运输战略时，必须考虑下述因素：该产品的特性（如单价、易腐性和季节性）、所需运送的路程与成本、客户订货的数量与重量、地理位置与方向等。

5. 优化网络及节点布局

运输网络设置的优化可以从整个运输系统上控制运输成本。例如，通过优化仓库布局，可以实现运输时间最短，运输线路最短，从而达到运输成本最小化。

建立一个合理化节点的基本原则是利用集运的规模经济性。一个制造商通常在广泛的市场区域中卖出产品，如果一些客户的订货是少量的，那么只要将他们的订货集中起来，形成足够的货运量去覆盖每个仓库设施的固定成本，并使仓库与当地发送的总成本等于或少于直接运送货物至客户的总成本，这样建立的仓库设施在经济上就是合理的。

增加节点可能会带来相应的中转运输，在进行相应决策时，就需要考虑中转运输与直达运输的悖反问题，充分考虑到二者带来的总成本的大小。

6. 采用"四就"直拨运输

"四就"直拨运输，是指各商业、物资批发企业在组织货物调运的过程中，对当地生产或由外地调达的货物，不运进批发仓库，而采取直拨的办法，把货物直接分拨给市内基层批发、零售商店或用户，减少一道中间环节，这样可以收到双重的经济效益。其具体做法有就厂直拨、就车站（码头）直拨、就库直拨、就车（船）过载等。

提示："四就"直拨运输实施的条件

"四就"直拨运输要有效地实施，需要做好各个环节的衔接，而这需要企业具备一定的条件，如具备能够进行有效沟通的信息系统、企业合理的运输计划、相关组织及人员的有效协作、合适的运输作业工具、合理的现场作业组织与管理等。

7. 提高装载量

提高装载量是指最大限度地利用车辆载重吨位和充分利用车辆装载容积，主要做法有以下几种。

（1）组织轻重装配。即把实重货物和轻泡货物组装在一起，既可充分利用车船装载容积，又能不超过装载重量，以提高运输工具的使用率。

（2）实行解体运输。对一些体大笨重、不易装卸又容易碰撞致损的货物，如自行车、缝纫机、科学仪器等可将其拆卸装车，分别包装，以缩小所占空间，从而提高运输装载效率。

（3）改进堆码方法。根据车船的货位情况和不同货物的包装形状，采取各种有效的堆码方法，如多层装载、骑缝装载、紧密半截等，以提高运输效率。

（4）推进物品包装标准化。逐步实行单元化、托盘化，也是提高车船装载技术的重要手段。

有效控制运输成本的策略还有许多。例如，推进联合运输；实施托盘化运输、集装箱运输、拼装整车运输；采取措施，避免或减少不合理运输；建立适当的信息系统；实施安全运输，减少事故带来的损失；提高运输组织管理水平，等等。

本章小结

托运人运输管理内容一般包括：企业运输战略管理、运输管理决策、制定货运规划、运输活动组织、运输成本管理、承运人管理等，而运输自营与外包选择、运输网络构建、运输方式选择、承运人选择是其重要的战略。运输自营与外包决策应充分考虑二者的优势劣势以及企业战略目标、成本、业务地位、外包控制能力、各种风险等多方面的因素，用定性或定量的方法进行决策。运输网络构建需要考虑企业内部及外部因素的影响，利用运筹学、市场营销学、组织理论、信息管理学，以及供应链管理等多种理论进行网络布局及结构的设计。承运人作为托运人的供应商，在对其进行选择、评价以及分类管理时，要考虑货物特点、运输量、运输距离、运输时间、运输成本、运输的安全性等因素。托运人应根据自营和外包的不同情况，采取相应的措施进行运输成本控制。

复习及练习

一、主要概念

运输网络构建　运输网络布局　点对点布局方式　中心辐射布局方式

二、思考及练习题

1. 简述一般企业运输管理内容。
2. 以一家物流企业为例，具体说明该企业运输管理战略。
3. 举例分析：企业运输业务外包策略。
4. 简述承运人选择的步骤。
5. 对承运人监控的内容及方法是什么？
6. 试述运输成本控制的方法。
7. 做好"四就"直拨运输的关键是什么？企业应关注哪些方面的工作？
8. A公司要从位于S市的工厂直接装运500台电视机送往位于T市的一个批发中心。这票货物价值为150万元，T市的批发中心确定这批货物的标准运输时间为2.5天，如果超出标准时间，每台电视机每天的机会成本是30元。请根据下述3个物流方案，从成本角度选择合适的运输方案。

（1）甲公司运输。该公司是一家长途货物运输企业，可以按照优惠费率每公里0.05元/台来运送这批电视机，装卸费用为每台0.1元，已知S市到T市的公路运输里程为1 100km，估计需要 3 天的时间才可以运到（需要时间考虑货物装卸）。

（2）乙公司运输。该公司是一家水运企业，可以提供水陆联运服务，即先用汽车从 A 公司的代仓库将货物运至 S 市的码头（20km），再用船运至 T 市的码头（1 200km），然后用汽车从码头运至批发中心（17km），由于中转的过程中需要多次装卸，因此整个运输时间大约为 5 天，询价后得知，陆运运费为每公里 0.05 元/台，装卸费为每台 0.1 元，水运运费为每台 0.006 元。

（3）本公司自己车队运输。组织该项运输的固定成本为 30 800 元，变动成本为 5 300 元，其他费用 600 元。

案例分析

A 公司产品运输及决策

1．A 公司简介

A 公司是电力和自动化技术领域的厂商，其技术可以帮助电力、公共事业和工业客户提高业绩，同时降低对环境的不良影响。A 公司业务遍布全球多个国家，年销售额达 300 多亿美元。A 公司自进入中国市场以来，在全国建立了几十家工厂，中国也是 A 公司的全球第一大市场。

A 公司采用矩阵式管理方式，分为不同的事业部，拥有广泛的产品线。其中电力产品事业部主要生产变压器、断路器、开关、电缆等产品；低压产品事业部主要生产自动转换开关电器、低压控制及自动化产品、开关、断路器、插座及智能建筑控制系统等；电力系统事业部主要为输配电网络和发电厂提供系统和服务，如高压直流输电系统、交流输电系统、变电站自动控制系统和电网管理系统等；过程自动化事业部则侧重于为石油、电力、天然气、造纸等行业提供自动化产品，以协助提高效率；还有一些事业部生产风力发电、太阳能发电等需要的电力设施以及一些工业机器人。

A 公司的业务范围涉及较广，客户包含公司、经销商和个体经营者，部分位于偏远地区；产品既包含高压的避雷器（需要低板车甚至超低板车方可运输），也包含只有几十立方厘米的小型配件（部分产品需要防倾斜、防震）；在运输中涉及的车型包含厢车、平板车、高栏车；客户对产品的运输期限有严格要求，需要在指定的时间送至指定地点。这些都对产品运输及承运人服务质量提出了较高的要求。

2．A 公司承运人管理现状

A 公司采用矩阵式管理，由各工厂的物流部门对其运输业务进行单独管理，公司总部没有设立统一的管理机构。公司按照业务的不同分为以销售为主的工厂和项目为主的工厂，不同类型的工厂在选择承运人时采用不同的模式。

每家以销售为主的工厂，将运输作为主要的支持性业务，其物流部门会根据运输路线和运输量，在物流市场上选择运输成本低、可以满足工厂运输需求的 2～3 家承运人进行运输。而各家的承运人不尽相同。各工厂在选择时会制定简单的评价指标，集中考核承运人注册资金、运输价格、运输网点的设置、运输干线的设置、运输车辆的数额等硬性指标，对信息系统、下级承运人管控能力和低碳理念等软性指标不予考虑，价格指标一般会占据 85% 以上的权重。若选择的承运人没有达到工厂设定的考核指标则停止业务，重新在市场中选择，很少有长期合作关系的承运人。

各家以项目为主的工厂，对运输的安排按照项目的进度进行。由于货量不固定，通常不指定承运人，在产生运输需求时随机从市场上选择或者采用其他工厂现有的承运人安排运输，对服务质量难以管控。一家承运人可能仅限于一次合作，合作的风险性很高。A 公司各工厂的主营业务集中于电力产品，所以运输需求类似，但是在承运人选择时没有统一的评价指标体系，同时对承运人的作业流程没有统一的规定。

工厂在对承运人进行招标、评标时，工厂负责人根据经验确定各个指标的权重和分值，通常根据承运人提供的价格以及公司各类资源的信息，结合经验，对承运人进行评分，一般不再进行实地参观考察。

表 11-3 是对 2017 年 A 公司京津区域的 10 家工厂使用过的 30 家承运人基本信息的汇总。表中显示，部分承运人的注册资金低于 200 万元；由于部分电力设备昂贵，单台设备多达几十万欧元，若破损难以进行索赔，公司存在运输风险；有些承运人自有车辆资源较少，常常将运输业务转包给下级承运人，运输服务时限和服务质量难以保证。

表 11-3　A 公司京津区域运输承运人

指标	类别	份额
公司性质	国企	27%
	外企	30%
	私企	43%
注册资金（元）	0～200 万	23%
	201 万～5 000 万	40%
	5 001 万～10 000 万	17%
	10 001 万以上	20%
自有车辆	0～50 辆	43%
	51～100 辆	17%
	101～500 辆	20%
	501 辆以上	20%
年营业额（元）	0～3 000 万	27%
	3 001 万～10 000 万	13%
	10 001 万～50 000 万	27%
	50 001 万以上	33%

3. 公司货物配载及运输路线现状

目前 A 公司各工厂的货物配载和运输路线安排，主要是由各工厂的承运人负责。目前市场上的运输费用是根据运输车型及运输的始发地和目的地确定的，因此工厂以成本最低原则选择运输车型，运输路线则通常考虑最短路径或者按照司机的习惯进行选择。

公司主营电力产品，各工厂的产品侧重点有所不同，但覆盖区域会有重叠。表 11-4 汇总了 2017 年京津区域 10 个工厂发往不同区域的运输量。其中，以销售为主的工厂业务覆盖全国。

表 11-4 A 公司京津区域工厂运输量分布（t）

	东北	华北	华东	华南	华中	西北	西南	合计
P_1	56	20	2	382	96	40	6	602
P_2	86	396	1 253	317	30	44	20	2 146
P_3	36	382	96	40	6	30	0	590
P_4	260	3 424	389	453	90	100	91	4 807
P_5	317	30	96	40	20	2	6	511
P_6	0	30	31	0	22	0	0	83
P_7	0	0	140	0	0	0	0	140
P_8	23	0	0	43	0	0	0	66
P_9	0	34	0	0	0	3	0	37
P_{10}	0	0	56	0	56	0	0	112
合计	778	4 316	2 063	1 275	320	219	123	9094

注：公司京津地区的 10 家工厂，$P_1 \sim P_5$ 为以销售为主的工厂，$P_6 \sim P_{10}$ 为以项目为主的工厂。

A 公司的产品涉及高压、中压、低压各类电力产品，作为客户的经销商会同时对公司不同工厂的货物产生需求。目前的货物配载和运输路线都是工厂单独考虑，因业务量有限，通常采用小吨位运输车辆进行运输。

如 A 公司天津市某公司的客户同时向 P_1 和 P_2 工厂采购 3T 和 2T 的货物，如表 11-5、表 11-6 资料所示。若目前的运输安排，P_1 工厂采用 3T 货车运输，运费为 720 元，每百千米耗油量为 $135 \times 10/100 = 13.5$（L）；P_2 工厂采用 2T 的货车运输，运费为 480 元，每百千米耗油量为 $135 \times 8/100 = 10.8$（L），则总运输成本为 1 200 元，耗油量 24.3L。

若按目前运输市场使用同一承运人共同配送，估算情况是：使用 5T 的运输车辆，运输成本为 840 元，每百千米耗油量为 $135 \times 12/100 = 16.2$（L）。显然这样可以节约运输成本。

表 11-5 A 公司 P_1、P_2 工厂的运输信息

工厂	送达客户名称	数量	运输车型
P_1	天津市某电力公司	1	3T
P_2	天津市某电力公司	1	2T

表 11-6　A 公司北京到天津的运输费用和耗油量

车型	2T	3T	5T	6T	8T	10T
运输成本（元）	480	720	840	960	1 200	1 560
耗油量（L/百千米）	8	10	12	14	16	18

　　目前，A 公司选择的承运人更换比较频繁，服务水平参差不齐，客户满意度低，不符合公司构建低碳生活的理念，整体的运输成本依旧很高。因此如何解决公司存在的运输问题，是公司必须考虑的。

注：案例摘抄、改编自《基于碳减排的公司运输决策研究》（作者李志华）。

案例问题

1．分析 A 公司运输及决策的问题及原因。
2．请为 A 公司提出解决问题的方法。

第 12 章　承运人运输管理

学习目标

- 了解承运人企业运输管理的主要内容。
- 了解承运人运输战略。
- 熟悉不合理运输的表现形式和运输合理化的策略。
- 熟悉客户管理的特点及原则。
- 熟悉客户关系管理的内容及实施。
- 熟悉运输组织任务。
- 熟悉运输方案设计步骤及内容。
- 了解运输绩效评价指标体系、评价步骤与方法。

12.1　运输管理内容及战略

12.1.1　运输管理内容

从整体上来说，承运人所有的管理活动都属于运输管理范围。如果从企业管理的具体内容看，其可以分为一般的企业管理活动和直接相关的运输管理活动。当然直接的运输管理是承运人经营管理的主要内容，是企业获取利益的主要途径。本章将以此为主进行讨论。运输管理涉及运输战略管理、市场营销管理、供应商与客户管理、运输成本管理、运输项目管理、运输设备管理、运输信息管理、运输计划与组织、运输合理化管理、运输方式选择、运输路线优化、运输绩效评价及货源组织管理等。

1．运输战略管理

运输战略是企业运输的谋略，是对企业运输整体性、长期性、基本性问题的计谋。企业应确定自己的运输战略。运输战略也是企业用来开发核心竞争力、获取竞争优势的一系列综合的、协调的约定和行动。如果选择了一种战略，就决定了企业运输活动的方向、目标。企业运输战略管理的流程包括：①战略分析。即分析影响企业目前和今后发展的关键因素，并确定在战略选择步骤中的具体影响因素，包括确定企业的使命和目标、对外部环境进行分析、对内部条件进行分析。②战略选择。即确定企业未来的发展方向，包括制订战略选择方案、评估战略备选方案、选择战略 3 个步骤。③战略实施和控制。即将战略转化为行动。运输战略是企业总体战略的主要组成部分，当一个公司成功地制定和执行价值创造的运输战略时，即能够获得战略竞争力。

2．市场营销管理

市场营销管理就是依据市场营销的基本理论和方法，为实现企业任务和目标而发现、分析、选择和利用市场机会的管理过程。主要包括：发现和评价运输市场的机会；细分市场和选择目标市场；发展市场营销组合和决定市场营销预算；执行和控制市场营销计划（参见第 9 章内容）。

3．供应商与客户管理

承运人在运输业务较多、运输量较大时，或者权衡成本因素之后，可能会将部分运输业务外包给其他运输企业，这就面临着供应商选择与管理问题。对供应商的管理一方面需要在考虑自营与外包的总成本、其他因素的综合影响情况下选择合适的物流企业，另一方面需要做好供应商开发、供应商评估与选择、供应商合作关系、供应商绩效管理等（参见 11.4 节）。承运人作为服务型企业，其核心的理念就是"以客户为中心"，所以客户管理是其重要的管理内容（参见 12.3 节）。

4．运输成本管理

承运人成本构成中，运输成本是主要的组成部分，所以降低运输成本有利于降低企业总成本。对运输成本进行管理首先要从企业整体管理的角度进行管理与控制，与企业各方面的业务一起进行综合考虑（参见 11.5 节及前面相关章节内容）。

5．运输项目管理

有些运输业务由于其影响比较大，又涉及企业不同的业务部门，需要做大量的协调工作，所以，为了提高运作效率，企业可以成立运输项目进行管理，如某某公司运业务项目、某某工程运输项目等。运输项目管理一般需要成立相应的管理团队，包括项目经理和团队成员，团队成员一般包括运输部门的人员和计划，仓储、营销、财务等部门的人员。其职责包括：与客户的沟通与协调、运输业务的安排与实施、运输活动的监控、运输与其他业务的衔接、事故问题的处理等。

6．运输信息管理

信息技术是运输管理的支撑手段，特别是作为服务型的物流企业，需要与客户及相关企业保持及时的沟通，保持信息畅通，以便为客户提供满意的服务，并及时解决问题。企业通常使用的信息系统有电子数据交换系统（EDI）、运输管理系统、互联网及企业开发的信息软件系统。其主要功能包括企业间信息交流、网上交易、运输业务办理、货物查询、货物跟踪等。

7. 货源组织管理

货源组织即物流企业的揽货工作。货源组织始于货源调查，止于货物受理托运，其主要是为了寻找、落实货源。就是运输企业对货物流量、流向进行调查，承揽货源，落实托运计划等业务活动。根据社会产品配置的原则和政策，货源一般包括国家指令性计划分配物资、国家合同订购物资、国家组织产需衔接物资、企业自己购销物资。

货源组织一般可以采取多种方式，如自营、委托或外包等。自营方式是企业建立机构并配备人员组织货源；委托方式是对于具有零星、分散、品种多、批量小和流向广等特点的货物，如日杂、百货等货物，委托一些运输站点、货物代办站（点），或者委托货物联运公司，日杂、百货公司以及邮局等单位，代理货运受理业务；外包方式是将揽货的部分或全部工作交给货代公司，形成较为稳定的和长期的货源供应。

常见组织货源的方法：组货人员深入物资单位调查，掌握物资供销情况，摸清货物的流量、流向；对大宗固定货物、重点厂矿企业以及物资集散中心的货物、联运货物，通过签订合同与协议，相对固定承托运输关系，保持稳定的货源供应。近几年来，有些物流企业利用互联网建立信息平台，实现供需双方直接沟通、车货对接，既实现了承运人的货源供应，也保证了货主尽快实现货物运输。

应用案例

"云平台"招揽货源"公转铁"

2016年4月，太原局集团公司与百度公司合作开发了物流信息处理系统"云平台"。该系统集物流电商、云仓库、支付结算、数据交换等功能于一体，使客户足不出户就能享受到数据监控、第三方结算、仓单质押等产融结合的集约化服务。通过"云平台"，公司与多家通过公路运输货物的企业加强沟通，吸引了越来越多货主到铁路发运，推动"公转铁"不断取得新成果。截至2018年5月，该段在"云平台"交易的货物已有18种大宗、105种零散货物品类，累计交易额突破1亿元。

资料来源：2018年5月18日《人民铁道》"'云平台'招揽货源'公转铁'"（作者樊康屹）。

12.1.2 企业运输相关战略

1. 企业总体战略

根据运输企业所面临的市场竞争状况，可以制定如下竞争战略。

（1）成本领先战略。亦称低成本战略，就是在追求规模经济效益的基础上，加强内部成本控制，把成本降到最低限度，成为行业中的成本领先者，并获得高于行业平均水平的利润的一种战略。这一战略要求企业大力开拓市场，占有较大的运输市场份额。

（2）产品差异化战略。亦称特色经营战略或别具一格战略，是指运输企业向市场提供与众不同的产品和服务，以满足顾客特殊的需求，从而形成竞争优势的一种战略。这一战略要求企业能够向客户提供具有鲜明特色的运输服务。

（3）集中化战略。亦称专门化战略，即运输企业把经营战略的重点放在一个特定的目标市场上，为特定的地区和特定的购买者提供特殊的产品或服务。例如，企业提供专业化的化工危险品运输服务。

2．企业分战略

根据企业总体战略，还可以制定企业分战略，如市场战略、产品战略、联合兼并战略、国际化经营战略等。市场战略是指企业在复杂的运输市场环境中，为实现其经营目标制定的一定时期内的市场营销总体规划。市场战略是总体战略的核心，其他发展战略都是围绕实现市场战略而相互支持和配合。市场战略按内容可以分为：市场渗透战略，其目的是对于原来的服务产品增加其在原有市场上的销售量；市场开拓战略，重在寻找新的细分市场；市场发展战略，目的在于依靠新的服务产品拓展市场。产品战略是在市场战略确定后，针对目标市场战略的要求，对不同类别的产品发展方向所做出的战略。它是实现市场战略的支柱，离开了产品战略，市场战略就无法实现；产品战略又是其他分战略制定和实施的依据，其他战略都是为了产品战略的实现服务。国际化经营战略是按照国际经营特点拟定和实施国际市场战略和产品战略。

3．企业运输网络构建

企业在运输组织过程中，根据运输货物的地点、距离、数量和频率，可采用干线运输、支线运输、二次运输等组织方式，不同的组织形式会涉及货物生产企业、仓库、中转站、客户各种运输方式、运输线路组成的网状结构。不同的网络结构直接影响企业的短期和长期的资源投入、长期的发展战略与规划。所以企业运输网络构建是运输企业的战略问题。运输企业与工商企业（托运人）运输网络构建类似，但与前者不同的是，物流企业在选择运输网络中节点及路线时，不会直接涉及产品的生产成本，主要考虑运输、仓储及配送等方面的物流成本。

12.2　运输合理化

12.2.1　运输合理化的含义及作用

1．运输合理化的含义

运输是物流中一个重要的环节和内容，它与其他各个环节都有紧密的联系。而诸如节点选择、运输方式选择、运输计划制订等运输活动也都是相互关联、相互影响的。如何使运输活动各个部分、运输与物流其他环节以及运输与企业其他活动有机地联系起来，使物流、信息流及资金流等方面保持畅通，并获取较高的效率、较低的成本和良好的效益，这是运输合理化需要解决的问题。运输合理化就是在保证货物运量、运距、流向和中转环节合理的前提下，在整个运输过程中确保运输质量，能以适宜的运输工具、最少的运输环节、最佳的运输路线和最低的运输成本，将货物从始发地运送至目的地。

2．运输合理化的作用

无论是托运人还是承运人，在进行运输管理和决策时，都需要考虑运输合理化问题，实现合理化运输是运输组织与管理的一项最基本的任务。运输合理化的作用主要表现在以下两个方面。

（1）合理分工，提高效率。物流运输合理化可以充分利用现有的运输工具、运输能力，促进各种运输方式的合理分工，获得较高的运输效率。

（2）降低成本，增加效益。运输合理化能充分发挥运输工具的效能，节约运力和劳力，减少运输环节，选择最佳的运输路线，降低库存物品数量，降低运输总成本，确保运输质量的前提下，以最快的速度实现运输目的，从而获得最大的经济效益和社会效益。

12.2.2　不合理运输的表现形式

在企业以及社会运输实践中，往往存在着许多不合理运输的现象，具体表现形式有以下四种。

1．与运输方向有关的不合理运输

（1）对流运输。对流运输是指同类的或可以互相代替的货物，在同一线路或不同运输方式的平行线路上的相向运输，因此又称为"相向运输"或"交错运输"。对流运输是不合理运输中最突出、最普遍的一种，它有两种表现形式：① 明显对流，指同类的（或可以互相代替的）货物沿着同一线路相向运输；② 隐蔽对流，指同类的（或可以互相代替的）货物以不同运输方式在平行路线上或不同时间内进行相反方向的运输。

如图 12-1 所示，一批货物从甲地经过乙地运至丙地，同时另一批同类货物从丁地经过丙地运至乙地，这样在乙地与丙地之间便产生了对流运输，且属于明显对流的情况。

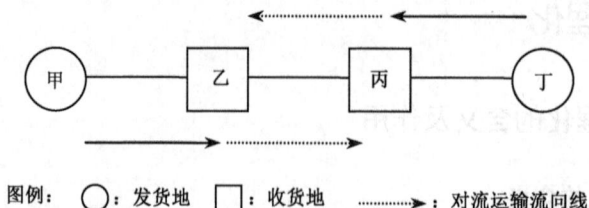

图例：○：发货地　□：收货地　┈┈┈▶：对流运输流向线

图 12-1　货物对流运输（明显对流）

如图 12-2 所示，同类货物从丁地发货 2t 给丙地，从甲地发货 2t 给乙地，这种运输路线是不合理的，属于隐蔽对流的情况。其主要原因是：正确的运输路线应该是丁地发给乙地，甲地发给丙地，其货物周转量为 2×10+2×30=80（t·km）；而图中运输路线的货物周转量为 2×40+2×20=120（t·km），这样就节省了 40 t·km 的运力。

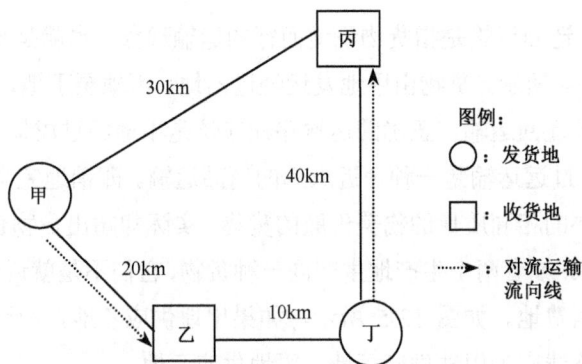

图 12-2　货物对流运输（隐蔽对流）

（2）倒流运输。倒流运输是对流运输的一种派生形式，指同一批货物或同批货物中的一部分货物，由发运站至目的站后，又从目的站向发运站方向倒运。在实际运输工作中，倒流有两种情况：一种是同一种货物从甲地（供应地）运达乙地（销地）后，又从乙地（销地）运回甲地（供应地），或者中途的丁地（销地）；另一种是货物从丙地（销地）运往甲地（供应地），如图 12-3 所示。

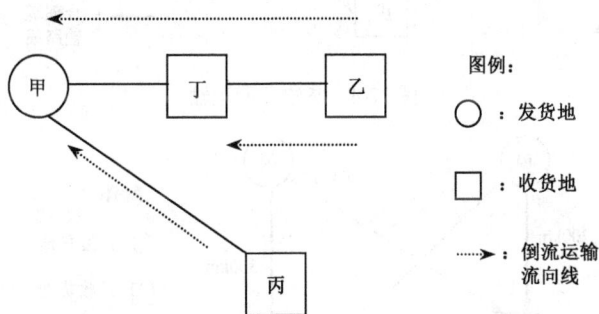

图 12-3　货物倒流运输

提示：企业对流运输和倒流运输的可能原因及对策

对流运输和倒流运输现象在运输企业运营以及社会运输业中是比较常见的，其原因可能包括多个方面，如供需信息不对称，运输企业之间以及客户之间对有关运输需求的信息不了解；企业间信息沟通代价太大；同行业竞争者，单独考虑自己的运输业务，各自考虑自身利益。这些情况都有可能带来不合理的对流运输和倒流运输现象。

企业应采取积极措施避免或减少对流运输和倒流运输现象。例如，企业之间应加强信息交流与沟通，如企业相关部门及人员之间建立联系，或者建立公共信息平台；企业应树立全局意识和共赢意识，加强合作。企业间合作、减少对流或倒流运输带来运输业务减少，可能会导致有的企业有利益损失，所以应建立业务分配、利益共享、风险共担的机制。

2．与运输距离有关的不合理运输

（1）迂回运输。迂回运输是指货物绕道而行的运输现象，也就是平常所说的"近路不走走远路"。如图12-4所示，货物由甲地发运经过乙地、丙地至丁地，那么在甲、乙、丙、丁各地之间便发生了迂回运输。正确的运输路线应该是甲地经过戊地至丁地。

（2）过远运输。过远运输是一种舍近求远的商品运输。即销地完全有可能由距离较近的供应地购进所需要的相同质量的物美价廉的货物，实际却超出货物合理流向的范围，从远距离的地区运进来；或者两个生产地生产同一种货物，它们不是就近供应邻近的消费地，却调给较远的其他消费地。如图12-5所示，如果甲地供应乙地，丙地供应丁地，是不合理的，合理的运输路线应为甲地供应丁地，丙地供应乙地。

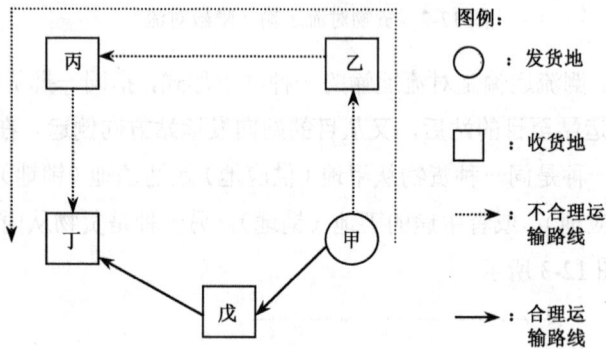

图12-4　货物迂回运输

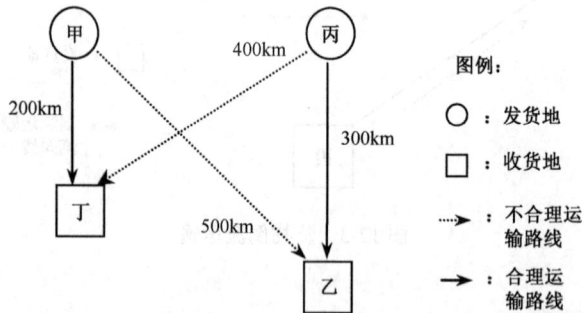

图12-5　货物过远运输

3．与运量有关的不合理运输

（1）重复运输。重复运输指同一批货物由产地运抵目的地，不需经过任何加工和必要的作业处理，也不是为联运及中转需要，而在途中停顿、重复装运的现象。重复运输虽未延长运输里程，但增加了多余的中间装卸环节，延长了货物的在途时间，增加了装卸搬运费用，增大了货损的可能，并且降低了运输工具的使用效率，延缓了流通速度。

（2）无效运输。无效运输指被运输的货物杂质较多（如煤炭中的矿石、原油中的水分等），使运输能力浪费在不必要的物资运输上。例如，我国每年有大批圆木进行远距离的调运，但圆木材的直接使用率只有 70%左右，致使 30%圆木的边角废料的运输基本上属于无效运输。

（3）返程或起程空驶。空车或无货载行驶，可以说是不合理运输的最严重的形式。在实际运输组织中，有时候必须调运空车，从管理上不能将其看成不合理运输，但因调运不当，货源计划不周密而形成的空驶，是不合理运输的主要表现。其主要原因有以下几方面。

1）依靠自备车送货提货，往往出现单程重车、单程空驶的不合理运输；

2）由于工作失误或计划不周，造成货源不实，车辆空去空回，形成双程空驶；

3）由于车辆过分专用，无法搭运回程货，只能单程回空周转。

4. 与运力有关的不合理运输

（1）弃水走陆的运输。指在可以同时利用水运及陆运时，放弃成本费用较低的水运或水陆联运，而选择成本费用较高的铁路或公路进行的运输。

（2）运距与运输工具的经济里程不匹配的运输。指运距不在铁路、水路大型船舶的经济运行里程之内，却选择利用这些运力来组织运输的现象。这种运输的不合理之处在于：与小型运输工具相比，由于火车及大型船舶装卸难度大，装卸时间长，手续复杂，且需要专用的装卸设备，故在过近距离运输中，相对来说费用较高，效率较低。

（3）货运量与运力不匹配的运输。指不根据货物数量或重量要求，使用不相匹配的运输工具所进行的运输。此种运输不合理之处在于"小马拉大车""大马拉小车"。前者可能会因为超载、超时运输而造成运输工具的损坏或交通事故的发生；后者则会因载运量不足而浪费运力，同时也使单位运输成本增加。

应用案例

温州外贸集装箱"弃水从陆"

2006 年温州市外贸集装箱生成量约为 33.25 万标箱，其中通过公路、铁路运输的外贸集装箱总量为 30.75 万标箱，占总生成量的 92.5%，而温州港口水路仅承担了其余 7.5%的运输量。造成企业选择价格昂贵的陆路运输，放弃近在咫尺、极具优势的温州港的主要原因是：

（1）温州港硬件条件相对不足。温州外贸集装箱货源很丰富，但是由于港口设施的限制，大吨位船舶无法靠泊，以至于很多远洋干线无法开辟。而如果通过内支线到上海港、宁波港中转，运输时间必将拖延。

（2）水路运输花费时间较长。从水路运输的时间看，温州至宁波港用集卡运输需五六个小时，内支线需 10 个小时左右，加上工厂到码头经过两次起吊装船，水路运输在时间上处于劣势。

所以，港口的硬件和运输速度成为水路运输的制约条件，要改变外贸企业集装箱运输"弃水从陆"的局面，需要改善这些条件。

资料来源：根据 2007 年 12 月 4 日《中国交通报》文章"外贸集装箱'弃水从陆'为哪般"（作者曾长新、吴纯青）改编。

12.2.3　影响运输合理化的因素

1. 影响运输合理化的外部因素

（1）政府。由于运输对国民经济的发展有至关重要的作用，所以世界上各国政府一般都要采用规章制度或经济政策等形式，对运输活动进行不同程度的干预和调节。例如，通过限制承运人所能服务的市场或确定他们所能收取的价格来规范他们的行为；通过支持研究开发或提供诸如公路或航空交通控制系统之类的通行权来促进承运人开展业务活动等，这些都直接或间接地影响着物流运输组织的合理化。

（2）资源分布状况。我国地大物博，资源丰富，但分布不均衡，这在很大程度上影响了运输布局的合理性。例如，能源工业中的煤炭和石油，基本上都集中于我国北方和西南、西北地区，而我国东南部省区的储量很小，但东南部省份的经济发达，工业产值较大，这样就形成了我国煤炭、石油运输的总流向是"北煤南运""西煤东运""北油南运""西油东运"的格局。

（3）产业结构的变化。产业结构的变化可直接导致生产结构及产品结构的变化。运输是生产过程的继续，它所运送的货物是工农业产品。因此，不仅工农业产品的增长速度呈正比例地影响着货运量及其增长速度，而且工农业生产结构的变动也会引起货物运输结构及其增长速度的变化。当运输系数较大的产品比重提高时，运输量也会以较快的速度增长。由此可见，产业结构的变化会影响物流运输组织的合理化。

（4）运输网布局的变化。交通运输网络的线路和港站的地区分布及其运输能力，直接影响着运输网络的辐射范围，从而影响货运量在地区上的分布与变化。例如，某地铁路网分布密度高于公路网分布密度，则铁路运量就大于公路运量；如果该地运输网布局合理，将会促进货运量的均衡分布，从而促进运输的合理化。

（5）运输决策的参与者。运输决策的参与者主要有托运人、承运人和收货人。托运人和收货人有共同的目的，就是要在规定的时间内以最低的成本将货物从起始地转移到目的地。承运人作为中间人，则期望以最低的成本完成所需的运输任务，同时获得最大的运输收入，并期望在提取和交付时间上有灵活性，以便于能够使个别的装运整合成经济批量运输。

2. 影响运输合理化的内部因素

影响运输合理化的内部因素主要有以下 5 个方面，即运输合理化的"五要素"。

（1）运输距离。在运输过程中，运输时间、货损、运费、车辆或船舶周转等运输的若干技术经济指标，都与运输距离有一定的比例关系。因此，运距长短是运输是否合理的一个最基本因素。

（2）运输环节。每增加一个运输环节，如装卸、搬卸、包装等，必然会增加一些时间、费用，也会增加货损、货差的可能性，所以减少运输环节或二次运输，可以促进运输的合理化。

（3）运输工具。各种运输工具都有其使用的优势领域，对运输工具进行优化选择，按运输工具特点进行装卸运输作业，是运输合理化的重要内容。

（4）运输时间。运输是物流过程中需要花费较多时间的环节，尤其是远程运输，在全部物流时间中，运输时间占绝大部分，因而运输时间的长短会直接影响运输的合理化。

（5）运输费用。运费在全部物流成本中占很大比例，运费高低很大程度上决定了整个物流系统的竞争能力。实际上，运输费用的降低，无论对货主企业来讲还是对物流经营企业来讲，都是运输合理化的一个重要目标。

在企业经营管理中，许多方面都会影响运输的合理化，如企业管理者的管理理念及思想重视程度、计划管理水平、信息化水平、现有的设备技术条件限制、现场组织管理水平、管理人员及作业人员的素质、企业间协作水平等，这些都会影响企业能否有效实施合理化运输。

12.2.4　运输合理化的策略

运输企业要实现运输合理化，可以采用如下策略。

1．合理配置运输网络

在规划运输网络时，应合理配置仓库、物流中心、配送中心及中转站、货运站、港口、空港等物流节点。例如，企业为了确保市场占有率，就需要考虑利用多少个仓库、配送中心；配送中心、仓库如何布局，密度多大，相距多远；运输业务是全部外包，或是自己承担一部分等。企业对这些问题都需要整体规划，统一考虑，做到既满足销售的需要，又能减少交叉、迂回、空载运输，降低运输成本，提高运输效率。

2．选择最佳的运输方式

由于铁路、公路、水路、航空、管道等运输方式各具特点，所以在货物运输中要根据实际情况选用适宜的运输方式。例如，长距离、大批量的货物运输宜采用铁路或水路运输；小批量、多品种、近距离的货物运输宜采用公路运输；体积小、价值高的货物及紧急救灾、抢险物资的运输则适合航空运输方式。

在中短距离运输中，可以实施铁路、公路分流和"以公代铁"运输。这一措施是指在公路运输经济里程范围内，或者在经过论证、超出通常的平均经济里程范围内，尽量利用公路进行货物运输。我国"以公代铁"目前在杂货、日用百货运输及煤炭运输中较为普遍，运输里程一般在 200 km 以内，有时可达 700～1 000 km。例如，经认真的技术经济论证，山西煤炭用公路代替铁路运至河北、天津、北京等地是经济合理的。

运输方式确定以后，还要考虑具体运输工具的选择问题，如公路运输中要选择什么样的汽车车型（大型、轻小型或专用车辆），是用自有车辆还是选择运输公司的车辆等。运输方式选择可以采用 10.1 节中的方法。

3. 选择合理的运输路线

在组织完成货物运送工作时，有多种可供选择的路线。合理的运输路线可以节约运输时间和运输距离，提高运输效率，降低运输成本。有 3 类可供选择的运输路线，即往复式行驶路线、环形式行驶路线和汇集式行驶路线。选择方法可以利用 10.2 节中的运输路线优化模型。

（1）往复式行驶路线。往复式行驶路线是指车辆在两个物流点之间往复行驶的路线类型，其里程利用率较低。若考虑进出车场的调空行程在内，其里程利用率小于 50%。这种形式包括：①单程有载往复式，即车辆在运送货物过程中回程空载，在汽车集装箱运输中较为常见，其里程利用率较低，一般小于 0.5。②回程部分有载往复式，即车辆在回程运输中有回程货物运送，但货物不是运到路线始点，而只运到路线上的某一个中途货运点，其车辆里程利用率有所提高，其范围一般为 50%～100%。③双程有载往复式，即双程运输均为全程载货运输，其线路空驶行程为零，里程利用率达到 100%。④辐射式行驶线路，即货物由某一地点运往不同方向的收货点，或由不同方向发货点运往同一收货点而形成的车辆行驶线路。实际上它是由若干往复式行驶线路组合而成的线路。在城市货运工作中，车站、码头的货物集散，以及煤炭、粮食仓库的煤、粮分运工作，一般都采用辐射式行驶线路。

（2）环形式行驶路线。环形式行驶线路是指车辆在由若干个装卸作业地点所组成的封闭回路上，作连续单向行驶的线路。组织货车在环形路线上行驶，应使空车流向里程之和小于重车流向里程之和。这种形式主要包括：①简单式环形行驶线路。即货物运输方向基本上相向或平行，但两端装卸货场都不在同一点上的循环回路。②交叉或三角形式环形行驶线路。即由相向的两条单程运输线路形成一个三角形或交叉组成两个三角形的循环回路。③复合式环形行驶线路。即兼有简单式环形行驶线路和交叉或三角形式环形行驶线路特征的环形行驶线路。

（3）汇集式行驶路线。汇集式行驶线路是指车辆沿运行线路上各货运点依次进行装（卸）货物，并且每运次运量都小于一整车时的车辆行驶线路，主要包括：①分送式行驶线路。即车辆沿运行线路上各货运点依次进行卸货，直到卸完所有待卸货物返回出发点的线路。②收集式行驶线路。即车辆沿运行线路上各货运点依次进行装货，直到装完所有待装货物返回出发点的线路。③分送—收集式行驶线路。即车辆沿运行线路上各货运点分别或同时进行分送及收集货物，直到完成对所有待运货物的装卸作业返回出发点的线路。

4．提高车辆运行效率

努力提高车辆的运行率、实载率，减少车辆空载、迂回运输、对流运输、重复运输、倒流运输等现象，缩短等待时间或装运时间，提高有效工作时间，从而可以有效地促进运输的合理化。

提高运输工具实载率是运输合理化的一种有效方式。运输工具实载率包括两方面的含义：一是单车实际载重与运距乘积与标定载重与行驶里程之乘积的比率；二是车船的统计指标，即一定时期内车船实际完成的货物周转量（t·km）占车船载重吨位与行驶公里乘积的百分比。物流系统的"配送"和车辆"配载"就是提高车辆实载率的有效方式。

在实际运输工作中，在一定基础设施条件下，提高运输效率、增加运输能力的具体做法还包括以下几方面。

（1）铁路运输的"满载超轴"法。在我国铁路运输曾经提倡的"满载超轴"法中，"满载"就是为了充分利用货车的容积和载重量，多载货，不空驶。"超轴"就是在机车能力允许情况下，多加挂车皮，增加运输量。我国在客运紧张时，采取加长列车、多挂车皮的办法，在不增加机车情况下增加运输量。

（2）水路运输的"拖排拖带"法。这种方法指在竹、木等物品的运输中，不用运输工具载运，而是利用竹、木本身浮力，采取拖带法运输，从而节省运输工具本身的动力消耗；或者将无动力驳船编成一定队形（一般是"纵列"），用拖轮拖带行驶，加大船舶的运载能力。

（3）内河运输的顶推法。该法就是将内河驳船编成一定队形，由机动船顶推前进。其优点是航行阻力小，顶推量大，速度较快，运输成本低。这是我国内河货运采取的一种有效方法。

（4）公路运输的挂车法。这种方法的原理与船舶拖带、火车加挂基本相同，都是在充分利用动力能力的基础上，增加运输能力。

5．采用先进的运输技术装备

不断开发特殊运输技术和采用先进的运输工具是实现运输合理化的重要途径。例如，利用专用散装及罐车可以解决粉状、液态物运输损耗大、安全性差等问题；袋鼠式车皮、大型半挂车可以解决大型设备整体运输问题；"滚装船"可以解决车载货的运输问题；集装箱船比一般船能容纳更多的箱体；集装箱高速直达车船加快了运输速度等，这些都是通过运用先进的科学技术来实现合理化。运输合理化还要利用现代化信息系统，依靠先进的信息技术的支撑。

6．采用合理的运输策略和模式

要实现运输合理化，还必须采用合理的运输策略。例如，企业可根据实际情况，尽量采用直达运输、"四就"直拨运输、共同运输、集运等策略。直达运输是追求运输合理化的重要形式，它可以通过减少中转过载换装提高运输速度、节省装卸费用、降低中转货损。在一次运输批量和客户一次性需求量达到了一整车时直达运输的优势最为突出。企业也可以实施"四就"直拨运输，首先由管理机构预先筹划，然后就厂、就站（码头）、就库、就车（船）将物品分送给客户。在运输实际工作中，应推进共同运输，即企业部门之间、企业之间、行业之间进行合作，协调运输计划，共同利用运力。

随着运输业及物流技术的发展，应大力推广一些先进的运输模式与方法，如多式联合运输、一贯托盘化运输、集装箱运输、散装化运输、智能化运输、"门到门"运输等。另外，应分析各种不合理运输现象的原因，有针对性地采取相应的策略。

阅读材料：《云南中烟合作生产卷烟减少重复运输问题研究》

12.3　客户管理

12.3.1　客户管理的特点及原则

1. 客户管理的特点

承运人（运输企业）的客户即工商企业（托运人）。有关客户管理的基本理论也适用于运输企业的客户管理活动。承运人客户管理就是把物流或运输的各个环节作为一个系统，从整体的角度进行系统化客户管理。它坚持"以客户为中心"，在客户需求拉动下，充分挖掘和利用企业内部和外部资源，通过提供个性化的客户服务，提升客户和企业价值。

（1）客户关系具有连带性。运输企业的业务流程涉及供应链的上下游，与供应链上的原材料供应商、制造企业、零分销商或零售企业、最终消费者之间均可能存在客户关系，即存在着连带的客户关系，如图 12-6 所示。当运输企业与制造企业形成合作关系时，可能同时会连带到其供应商、分销商或者终端消费者。所以，当运输企业获得供应链中的某一个客户时，同时也就间接获得了该链中的其他客户。同理，当物流企业失去某一个客户时，也就间接失去了供应链里的其他客户。

（2）承托双方共赢。承运人作为专业的物流服务企业，与客户建立双赢的合作关系是最基本的原则，所以要求企业同时考虑双方的利益，维持长久的合作关系。

（3）合作的战略性。随着社会经济的发展，对于生产制造企业或者商业企业来说，产品的采购、生产、销售、客户服务等方面越来越需要物流服务企业的配合，双方更加相互交融，掌握着双方诸如客户资源、市场策略、产品特性、发展战略等战略信息，这些都需要双方建立长期的、战略性的合作关系。

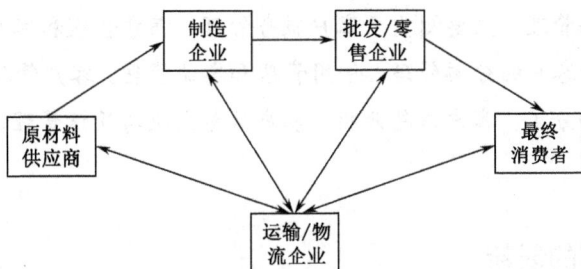

图 12-6　运输企业与客户之间的关系

（4）服务柔性化和个性化。因为运输企业服务的对象大多数是制造企业、商业企业和贸易企业，其服务需求随着市场竞争的激烈变化而不断变化，时间性、专业性、个性化越来越强，所以要求运输企业提供更多的柔性化和个性化服务。

（5）高标准服务。随着市场竞争的激烈变化，运输客户的服务要求越来越高。作为提供专业化物流服务的企业能够整合各种社会资源，提供客户需要的综合化、高标准的服务。所以运输企业往往要承诺并做到高标准的服务，如 100%地满足客户的服务订单。

2．客户管理的基本原则

（1）动态管理。由于运输企业的客户类型、层次较多，并且会不断变化，因此，要及时维护和更新客户档案。同时，要注意对客户的筛选，留住大客户，淘汰无利润、无发展潜力的客户。

（2）突出重点。一是对于诸如运输量大、比较重要的客户要重点管理。要经常检查、评估，确定哪些是重要客户，包括现有客户、未来客户和潜在客户。二是针对不同类型的客户建立不同的客户档案，如资料卡等。三是采用不同的策略和管理办法，特别是对于重点客户要制订完善的方案。

（3）灵活运用。建立客户资料卡或客户管理卡后，以灵活的方式及时提供给管理人员及其他有关人员，使他们能进行更详细的分析，使此资料变成活材料，提高客户管理的效率。

（4）专人负责。许多客户资料是不能外流的，只能供内部使用，所以客户管理应确定具体的规定和办法，由专人负责管理，严格控制、管理客户情报资料的利用和借阅。

相关链接：一般的客户管理

一般意义的客户管理是指经营者在现代信息技术的基础上收集和分析客户信息，把握客户需求特征和行为偏好，积累和共享客户知识，有针对性地为客户提供产品或服务，发展和管理与客户之间的关系，从而培养长期忠诚度，以实现客户价值最大化和企业收益最大化之间的平衡的管理方式。客户管理的基本内容包括：营销过程管理，主要侧重于客户开发、信息管理和服务管理，包括客户需求信息收集、营销方案制订、方案实施和信息跟踪等阶段；客户状态管理，主要侧重于客户服务管理、满意管理和客户关系管理；客户成本管理，主要侧重于客户的分类管理、信用管理和忠诚管理。客户管理的流程包括客户信息资料收集、整理和分类，客户信息分析，客户信息交流与反馈管理，客户服务管理，客户时间管理。

12.3.2 客户管理的创新

1. 服务优先

服务为先是指企业利用物流能力，贯彻服务为先的理念以获得竞争优势。运输企业能否以快于本企业的发展速度来扩大其市场份额，将取决于它能否吸引和拥有最成功的客户。服务为先是基于以客户为核心的市场营销所做出的广泛承诺，虽然追求高质量、使客户满意、对客户忠诚等本身并不构成企业战略，却是获得竞争优势、增值为本、关系至上的决定因素之一。这种创新要求运输企业把资源集中在首选的关键客户上，在同等条件下以良好的态度、周到的服务赢得客户。例如，对于企业的大客户、重要客户，提供物流方案设计、原材料运输、仓储、产成品储存、销售物流等一条龙服务。

2. 增值为本

增值为本是指企业不仅仅要为客户提供基础的运输服务，还要不断创新，为客户提供增值服务，从而也为自己带来增值。这就需要运输企业采取独特的行动，为客户带来特殊的价值。例如，与客户协作，参与客户产品研发策略、运输策略的制定，产品包装改进以及物流相关岗位培训等。

3. 关系至上

随着现代客户管理向关系客户管理方向的发展，运输企业也应该在客户管理方面进行创新，树立关系至上的理念。客户关系管理（CRM）也是客户管理的重要内容，所以企业应增大这方面的资源投入，加强客户关系管理，如建立 CRM 系统。

应用案例

江苏速递物流加强大客户管理

为进一步加强大客户管理工作，江苏速递物流公司制定了《江苏邮政速递物流大客户管理办法》和《江苏邮政速递物流大客户营销专项费用管理办法》，采取多项措施加强大客户管理，大客户梳理工作初见成效。

经过近一阶段对速递物流商客系统中数据的摸索、整理和汇总，江苏速递物流公司建立健全了大客户基础资料，摸清了大客户收入贡献情况及大客户分布结构。他们建立了大客户省、市、县三级分类管理制度，按照客户所属行业及对应的管理层级划分客户类别，明确了各级大客户管理机构的职责。明确了大客户开发的原则及开发注册流程，执行"客户调查—方案策划—营销洽谈—方案执行—绩效反馈"的闭环管理流程，提高客户开发的水平。制定了大客户服务与管理制度，对优质大客户试行专属客户经理"一站式"服务，对于不同类别的大客户采取高层走访、客户经理一对一维护、网点服务、派驻服务、流动服务等多种服务方式。对客户经理的日常管理、资费管理及风险控制手段进行了相应的规范，规范了大客户营销专项费用的管理，费用的考核采取百分制，逐月检查，按季核定专项补助费用。

资料来源：2009 年 6 月 13 日《中国邮政报》文章"江苏速递物流加强大客户管理"（作者王梦怡、燕学宁）。

12.3.3 客户关系管理的含义及内容

1. 客户关系管理的含义

承运人的客户关系管理是指在客户需求的拉动下，通过信息管理技术对客户信息资源实行计算机化、自动化、智能化管理，并从供应链整体角度进行系统化的客户关系的管理。它是从供应商（产品设计或原材料采购）、生产商、分销商、零售商直到最终消费者的全过程的客户服务管理，并不断优化客户群体，实现客户价值的最大化。

相关链接：一般的客户关系管理

客户关系管理首先是一种管理理念，其核心思想是将企业的顾客（包括最终客户、分销商和合作伙伴）作为最重要的企业资源，通过完善的客户服务和深入的客户分析来满足客户的需求，保证实现客户的终生价值。客户关系管理又是一种旨在改善企业与客户之间关系的新型管理机制，同时也是一种管理软件与技术。

客户关系管理的目标主要有 3 个方面：①客户保留，通过保留忠诚和创利客户以及渠道的能力，带来业务的增长；②客户获得，基于已知的和了解的客户特征以获得正确的客户；③客户盈利能力，通过在正确的时间提供正确的产品，增加单一客户的利润。

2. 客户关系管理的主要内容

客户关系管理的主要内容包括：客户识别与管理、客户的拓展与巩固管理、客户细分与服务管理、客户满意度管理。

（1）客户识别与管理。主要包括对客户信息资料的搜集、识别、分析、交流与反馈。客户资料的收集主要是做好客户原始资料的搜集，构成信息技术的营销数据库；客户的识别主要是了解谁是企业的客户，分辨关键客户、合适客户和一般客户，以便实施差别化服务；客户分析是分析各类客户的生命周期阶段、购买情况、终身价值等；客户交流与反馈可以衡量企业目标的实现程度，及时发现、处理客户服务中出现的问题，最大限度减少客户流失。

（2）客户的拓展与巩固管理。主要是开拓新客户，并对客户进行生命周期管理。例如，对于潜在客户，要进行拓展，并通过良好的物流服务体系、精准的物流市场定位、多样的促销活动来开发客户；对于新客户，要进行忠诚度管理，以客户为中心建立数据库，按客户级次制定营销策略，用信息技术服务忠诚客户，用信息系统与客户互动。

（3）客户细分与服务管理。可以依据不同的标准将客户分为不同的类型。例如，按时间顺序划分，可以分为过去型客户、现在型客户、未来型客户；按市场营销角度划分，可以分为经济型客户、道德型客户、个性化客户、方便型客户；按客户价值划分，可以分为 A、B、C 3 类客户；按客户满意度划分，可以分为非常满意、比较满意、不满意、很不满意 4 类客户；按客户忠诚度划分，可以分为忠诚、比较忠诚、不忠诚 3 类客户。

将客户进行分类之后，可以采取不同的策略进行差别化管理。例如，对于忠诚、比较忠诚、不忠诚 3 类客户分别采取不同的管理策略。

（4）客户满意度管理。主要包括：确立以客户为中心的理念，即加强与客户的沟通，了解客户需求，倾听客户建议，建立适当的管理机构及制度；建立评价客户满意度体系，即依据客户需求，设置一系列评价指标和标准，特别是要重视客户感知运输服务质量、客户感知价值、客户预期质量、客户抱怨等；提供个性化运输服务并增强客户体验，即了解客户的真实想法，让客户参与运输服务产品的设计，使客户体验到个性化的运输服务，从而培养客户的认知信任；重视客户关怀，包括交易前、交易后的客户关怀，促进客户信任，实现长期合作。

12.3.4　客户关系管理的实施

1．建立客户关系管理的价值链模型

根据运输企业客户管理的特点及一般的客户关系管理理论，可以建立运输企业的客户关系管理价值链模型，如图 12-7 所示。在该模型中，基本活动包括客户的信息收集、客户的价值分析、客户服务策略、客户潜在价值挖掘、供应链一体化管理 5 个方面，这 5 个方面也体现了实施客户关系管理后具体应用的方向和重点。客户关系管理的实施需要借助于技术和管理的支持活动，包括客户关系管理系统的实施和企业文化、组织结构、业务流程、人力资源等方面的调整和改进。在具体的企业运用中，需要根据企业的不同阶段和现状对该价值链模型进行调整。

2．制定客户关系管理的实施规划

客户关系管理的实施首先应围绕企业的战略规划及目标并进行分解、量化，确定客户关系管理的整体目标，如找出并留住真正的价值客户，提高客户忠诚度，提高客户获利能力等。然后制定客户关系管理的实施规划，一般规划包括客户关系管理系统的实施、客户关系管理的管理支持和实施后的使用、维护、评估和改进，如表 12-1 所示。

图 12-7 运输企业客户关系管理价值链模型

表 12-1 运输企业客户关系管理规划

规划阶段	实施阶段		实施后的跟进
总体思路： 实施目标确立	CRM 系统实施	CRM 项目小组成立	实施后的使用、维护、评估 及改进
		CRM 实施模式选择	
		CRM 解决方案选择	
	CRM 的管理支持	企业文化及领导支持	
		企业组织结构	
		业务流程重组	
		人力资源管理	

客户关系管理规划制定之后，企业可以利用各种条件分步组织实施。要进行有效实施，企业一般需要具备相应的条件，例如：获得企业最高管理层的全力支持；员工转变观念并转变到以客户为中心的行为方式；组织和业务流程的变革；资金和资源配置的到位；实施规则和范围的界定等。

阅读材料：《铁路保价运输大客户管理研究》

12.4 企业运输组织管理

12.4.1 企业运输组织的基本要求

企业运输组织与管理是对运输生产活动和经营活动的管理，其涉及的内容既包括对运输工具、装卸工具等设备本身的组织与管理工作，也包括对货运市场及货物的组织与管理工作，主要任务包括生产计划制订、业务组织或生产作业组织、调度管理等。在运输组织过程中，要满足连续性、平行性、协调性和均衡性等基本要求。

（1）连续性。就是要使各个服务项目、各项作业之间，在时间上能够紧密衔接和连续进行，不发生各种不合理的中断现象，不发生或少发生不必要的停留和等待现象，以提高工作的效率，提高设备、站场和仓库的利用率。例如，公路运输组织需要做到：一是推行"三化"，即运输车辆、运输设施、装卸设备、承载器具、包装设备等的标准化、系列化和通用化；二是以系统化思想制订先进的工艺方案，使各种设施、设备、信息系统以及组织与控制方法有效结合；三是车辆运行安排要合理，尽可能地减少车辆的空驶行程，如调度部门周密编制车辆运行作业计划，组织循环运输；四是增强辅助过程的紧凑性，如通过车辆与装卸设备有效配置、做好设施设备的维护与保养、提高相关部门工作（手续办理，货物装卸、交付等）效率等办法，压缩辅助过程的时间并使之有效地衔接。

（2）平行性。是指运输过程的各个环节、各项作业在时间上尽可能平行地进行。例如，订单的处理与车辆的准备、人员的选择与配备等环节就可以平行进行。保持运输过程的平行性，能够在同一时间内更有效地进行运输活动，也为运输过程的连续性创造条件。

（3）协调性。即比例性，是指运输过程的各个环节、各项作业之间，在能力上保持适当的比例关系，使所配备的人员（驾驶员、装卸工人及其他生产工作人员等）、车辆（车型、吨座位等）、运输设施（站场、装卸设备等）在数量上和能力上互相协调、配套平衡，不发生失调、脱节现象。要做到协调性，还需要注意发现并改善薄弱环节，加强企业各职能部门的通力合作、密切协作。

（4）均衡性。即节奏性，是指企业及运输过程各个环节、各项作业之间，在相同的单位时间内完成大致相等的工作量或稳步递增的工作量，使企业的车队、场站、维修厂（场）等的工作量能保持相对平衡，避免出现时紧时松、前松后紧、你松我紧的不正常现象。

对于组织运输过程的上述 4 个方面的要求，需要从整体、系统的角度看待，不可偏废。对于任何一项运输业务，要求做到连续性的同时，也意味着在平行性、协调性和均衡性方面都有一致性的要求。

12.4.2 运输组织管理的主要任务

本节阐述的内容主要针对承运人在一般运输线路上，使用运输工具从事的运输活动，其他条件下的运输企业（如港站企业）与此类似。

1. 制订运输生产计划

运输生产计划也就是货运生产计划，主要涉及货物运量计划、运输工具利用计划（运力计划）、运输工具作业计划等。货运生产计划是制订运输企业其他计划（如设备维修更新计划、物资供应计划、成本计划、财务计划等）的依据和基础，也是整个运输组织与管理的基础性工作。

货物运量计划的制订是以货运市场分析和运输量预测为基础的。实际上，运量计划还要结合企业资源和运输设备的效率和能力,在运输成本分析与收益分析的基础上制订。另外,要实现运输生产计划的最佳化,就要对运输方式、运输工具、运输线路、运输时间、运输成本预算、运输人员配备等多种方案进行最佳决策,因而要借用运输优化与决策技术。

2. 运输业务组织与运输工具运送组织

运输业务组织是对货运生产、经营过程中有关运输服务交易及业务进行的组织与管理,其目的是对企业所拥有的各种资源进行协调和最佳配置,贯穿于整个货物运输生产过程。运输业务组织与管理包括的范围很广,如运输合同及谈判、运输市场营销及客户关系管理、运输成本分析及定价、运营组织方式、运输业务流程管理等内容。

运输工具运送组织包括铁路行车工作组织、公路车辆行车组织、船舶运行组织、飞机飞行组织,主要是为了完成货物运输任务,通过编制和执行运输工具运送作业计划,力求运输工具在时间、速度、行程、载重量、动力等方面有良好的利用程度,以最佳的运输线路和运行方式来组织载运工具的运行。

3. 运输调度管理

货物运输生产活动具有流动、分散、作业环节多等特点,且时间上有连续性要求。为保证各环节协调进行,有必要成立一个统一的组织机构来监督、管理整个运输生产过程及相关部门和环节,需要进行运输调度管理。可见,运输调度管理就是指企业调度部门为保证货物运输作业计划的实现而进行的一系列检查、督促、沟通、协调、指挥和部署工作的总称。

运输调度管理的主要内容包括:通过一系列作业计划来组织运输生产活动,对载运机具的作业和安全状况进行监控,对运输生产活动进行统计分析,进行运输效果评价等。

相关链接:港站企业运输组织

港站企业主要使用在港运输工具从事运输业务,如货物进出、装卸活动的组织与管理等。其运输组织活动包括:制订港站生产计划,主要是根据运输工具到港、离港的信息和港站通过能力,制订运输工具靠泊(进站)计划,进而制订货物装载或卸车计划、装卸设备运用计划等;港站货运业务组织与生产作业组织,主要是货物装卸、搬运、堆存保管等作业过程的组织与管理;调度管理,即对所有在港(站)运输工具的进站、离站、货物的装卸及存取等环节的调度和管理。

12.4.3 运输方案设计

1. 运输方案设计的定义及原则

在很多时候,客户可能有单项的或者短时间内较为集中的运输任务或运输项目。例如,某公司要求将一件 80t 的大件货物从某地运到本公司；某公司有 5 批货物需要在一周之内从 A 地运往 B 地。承运人如果接受了这些运输任务，就需要制订运输方案，即对运输活动所做的整体安排或综合运输计划。这种方案一般也可看作专项运输方案。

运输方案设计就是针对客户的运输需求，运用系统论等理论和运输管理的原理及方法，选择合理的运输方式、运输路线、承运人、运输工具，并对组织及人员、时间进行安排的过程。有时运输方案设计是在已有运输计划的基础上，综合了运输目标和达到目标的条件、前提，进行整体策划，对可能方案进行可行性分析，包括运输方式和运输工具的选择、运输路线的规划和安全保障措施的建立等，这也可以看作运输方案的优化或再设计。

一般来说，运输方案设计的基本原则是经济性、可靠性、适用性、可操作性、安全性、及时性和整体最优化。

2．运输方案设计步骤

运输方案设计步骤如图 12-8 所示。

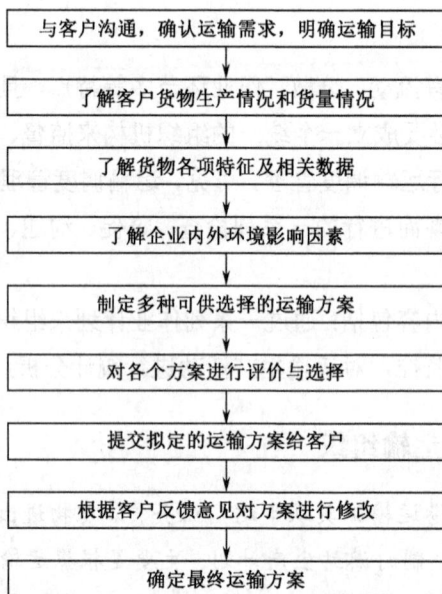

图 12-8　运输方案设计步骤

在运输方案设计过程中，应特别注意以下几个方面。

（1）充分做好调查研究。一是与客户充分交流沟通，详细了解运输技术、质量、时间等方面的要求；二是弄清楚本企业与客户达成的协议内容，明确具体的任务目标；三是了解所要运送的货物的数量、形态、性质及其他方面的数据资料；四是了解和分析企业内部可供使用的运输网络、设施设备、信息系统、人员、资金状况，企业外部所涉及的路网条件、地区交通运输政策、气候条件等。

（2）依据各方面的因素及基本原则，在分析或计算运输成本、运输方式、运输路线、运输工具等方面的基础上制订出若干套运输方案。在这个过程中,需要使用定性分析方法(如综合因素分析)和定量计算方法(如利用运筹学理论建立数学模型)确定合理的运输方式、运输路线。

(3)经过反复评价、对比分析和修改完善,形成最终方案。对每个可供选择的方案进行科学论证、客观评价,形成拟定的方案,然后征求客户意见,反复修改完善。

3. 运输方案主要内容

运输方案设计的结果就是形成各方可以接受的运输方案。一般来说,运输方案主要包括如下内容。

(1)运输任务及目标,包括运输起讫地点、运输数量、服务质量等。

(2)运输组织机构及工作人员,相应的规章制度。

(3)运输方式,如公路运输、铁路运输、航空运输、水路运输或者联合运输,也可能需要确定具体的运输组织形式,如整车运输、集装箱多式联运等。

(4)运输路线,如公路运输经过的高速、国道以及经过不同地区的节点。

(5)确定详细的运输流程,包括起讫地点各个环节的作业(如货物的集中、装卸、交接)、运输过程先后路段及中转点的衔接过程(如货物交接、装卸、暂存)等。

(6)时间进度安排,对每个阶段的工作任务做出具体的安排。

(7)运输成本预算,预测及确定各个环节的费用以及总成本,提供资金支持。

(8)制定风险控制措施和应急预案。在充分分析可能出现的各种风险基础上,制定相应的应急措施,如发生恶劣天气、盗窃、事故、人员伤亡等紧急情况,应该有具体的应对措施。

阅读资料:《箱式变电设备运输方案选择研究》

12.5　运输绩效评价

12.5.1　运输绩效评价的含义及影响因素

1. 运输绩效评价的含义

运输绩效评价是运输企业绩效管理的一项重要内容,主要指对运输活动或运输过程的绩效评价,一般是采用一定的指标体系,对照统一的评价标准,按照一定的程序,运用定性和定量的方法,对一定时期内运输活动或过程的效益和效率做出的综合判断,以便管理者掌握运输活动的进展情况、任务完成情况、成本与效益等情况。

相关链接：组织绩效管理及绩效评价

绩效管理是一个管理组织绩效的过程，即围绕组织战略和目标，利用组织结构、技术、信息系统和管理程序等，对一定时期组织的绩效进行管理，从而实现组织目标的过程。一般来说，绩效管理应主要包括 4 个过程：制订绩效计划、过程监控、绩效评价、绩效改进。绩效评价则是绩效管理中的关键过程，主要是指按照绩效指标体系，对组织活动或工作进行评价，确认评价结果，找出与绩效目标的差距及其原因。

由一般绩效管理的过程知道，运输绩效评价是运输绩效管理中的一部分或一个关键过程，起着承上启下的作用。运输绩效评价对过去运输活动或过程进行评估和检查，又为以后的绩效改进等工作提供基本信息依据。它不仅为全面、综合评判分析企业及有关活动绩效提供一个有效衡量系统，为实施有效的绩效管理提供前提和基础，而且也有助于促进绩效管理水平的提高。

2．运输绩效评价的影响因素

由于绩效评价涉及企业的内部组织、员工及运输活动各环节等多个方面，所以许多因素会影响绩效评价的效果，可能会导致结果出现偏差。这些因素主要包括环境、评价标准、考评者及被考评者等，如图 12-9 所示。

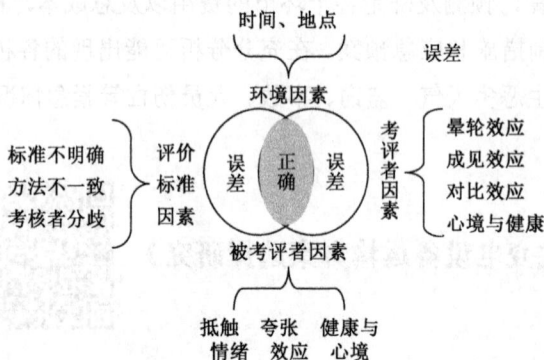

图 12-9　影响绩效评价的因素

（1）环境因素。环境因素主要包括时间因素和地点因素。时间因素指在考核过程中时间对绩效评价结果的影响。例如，在较长时间完成的任务，如果在短期内就加以考核，则会产生误差。地点因素指在考核时不同地点对绩效评价的影响。例如，对于同样批量的同种货物，交通发达的大城市间的运输与边远地区运输的营业额和利润会有较大区别。

（2）评价标准因素。评价标准不明确，即含义模糊，或不同的人可能有不同的解释，这样会导致不同考评者在考评时，使用不一致的评价标准与方法，或者评价标准与实际情况差距较大，这都会造成评价结果出现较大偏差。

（3）考评者因素。在考评过程中，考评者的一些主观因素，如晕轮效应、成见效应、对比效应、优先效应和近因效应、心境与健康等都会影响考评的客观结果。

（4）被考评者因素。在考评时，相关的运输行为或活动与原计划差别较大，造成原考评标准或方法不太适应，这会影响评价的客观性、准确性。被考评的相关人员如果有抵触情绪、夸张效应或心境与健康问题等，都会影响其工作绩效，并对考评产生直接或间接的影响。

12.5.2　运输绩效评价指标体系

一般来说，运输绩效评价指标体系可以由货物运输量、运输效率、运输质量、运输效益等方面的指标组成，如图 12-10 所示。

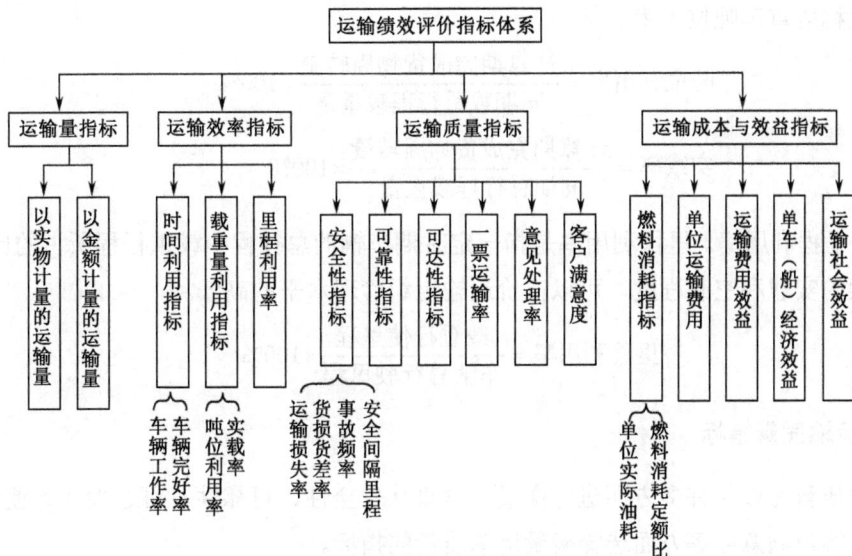

图 12-10　物流运输绩效评价指标体系

1．运输量指标

运输量可以以实物量（t）为计量单位进行衡量，也可以以金额为计量单位进行衡量。货物运输量指标可以用以下两种方法来表示。

（1）以实物为计量单位的指标。

$$运输量（t）=\frac{商品件数×每件货物毛重}{1\,000} \tag{12-1}$$

（2）以金额为计量单位的指标。

$$运输量（t）=\frac{运输货物总金额}{该类商品每吨平均金额} \tag{12-2}$$

2．运输效率指标

运输效率指标主要是指车（船）利用效率指标，可以从多个方面（如时间、速度、里程及载重量等）反映运输工具的利用率。

（1）时间利用指标，主要包括车辆工作率与车辆完好率指标。车辆工作率是指一定时期内运营车辆总天数（时数）中工作天数（时数）所占的比重；车辆完好率则是一定时期内运营车辆总天数中车辆技术状况完好天数所占的比重。

$$车辆工作率 = \frac{计算期运营车辆工作总天数}{同期运营车辆总天数} \times 100\% \qquad (12\text{-}3)$$

$$车辆完好率 = \frac{计算期运营车辆完好总天数}{同期运营车辆总天数} \times 100\% \qquad (12\text{-}4)$$

（2）载重量利用指标，反映车辆载重能力利用程度，包括吨位利用率和实载率指标。吨位利用率一般按照一定时期内全部营运车辆载重行程载重量的利用程度来计算。载重行程载重量称为重车吨位千米。

$$吨位利用率 = \frac{计算期完成货物周转量}{同期载重行程载重量} \times 100\% \qquad (12\text{-}5)$$

$$实载率 = \frac{计算期完成货物周转量}{同期总行程载重量} \times 100\% \qquad (12\text{-}6)$$

（3）里程利用率。里程利用率是指一定时期车辆的总行程中载重行程所占的比重，反映了车辆的实载和空载程度，可以评价运输组织管理水平的高低。

$$里程利用率 = \frac{载重行使里程}{车辆总行驶里程} \times 100\% \qquad (12\text{-}7)$$

3. 运输质量指标

运输质量可以从许多方面进行衡量，这里从安全性、可靠性、可达性（方便性）、联运水平及客户满意度等方面选择衡量运输质量的指标。

（1）安全性指标。

1）运输损失率。运输过程中的货物损失率有两种表示方式，一种是以货物损失总价值与所运输货物总价值进行比较，另一种是用运输损失赔偿金额与运输业务收入总额来反映。前者主要适用于货主企业的运输损失绩效考核，后者更适用于运输企业或物流企业为货主企业提供运输服务时的货物安全性绩效考核。

$$运输损失率 = \frac{货物损失总价值}{运输货物总价值} \times 100\% \qquad (12\text{-}8)$$

$$运输损失率 = \frac{运输损失赔偿金额}{运输业务收入总额} \times 100\% \qquad (12\text{-}9)$$

2）货损货差率。该指标是指办理发运货物总票数中货损货差票数所占的比重。

$$货损货差率 = \frac{货损货差票数}{办理发运货物总票数} \times 100\% \qquad (12\text{-}10)$$

3）事故频率。指单位行程内发生行车安全事故的次数，一般只计大事故和重大事故。它反映车辆运行过程中随时发生或遭遇行车安全事故的概率。

$$事故频率（次/万km）=\frac{报告期事故次数}{报告期总运输里程\div10\,000} \tag{12-11}$$

4）安全间隔里程。指平均每两次行车安全事故之间车辆安全行驶的里程数，该指标是事故频率的倒数。

$$安全间隔里程=\frac{报告期总运输里程\div10\,000}{报告期事故次数} \tag{12-12}$$

（2）可靠性指标。正点运输率是对运输可靠性评价的主要指标。它反映运输工作的质量，可以促进企业做好运输调度管理，采用先进的运输管理技术，保证货物流转的及时性。

$$正点运输率=\frac{正点营运次数}{营运总次数}\times100\% \tag{12-13}$$

（3）可达性（方便性）指标。由于有些运输方式如铁路、航空等，不能直接把货物运至最终目的地，所以要利用直达性这个标准来评价物流企业提供多式联运服务的能力。尤其是当货物来往于机场、铁路端点站、港口时，直达性就显得尤为重要。

$$货物直达率=\frac{直达票号数}{同期票号数}\times100\% \tag{12-14}$$

（4）一票运输率。货主经一次购票（办理托运手续）后，由企业全程负责，提供货物中转直至将货物送达最终目的地的运输服务，这被称为一票运输。该指标反映了联合运输或一体化服务程度的高低。

$$一票运输率=\frac{一票运输票号数}{同期票号数}\times100\% \tag{12-15}$$

（5）意见处理率。它反映了对客户信息的及时处理能力，通常采用设置意见箱收集货主意见的办法进行操作。在货主针对运输服务质量问题提出的诸多意见中，企业予以及时查处并给予货主必要的物质或精神补偿，取得满意效果的意见，称为已处理意见。

$$意见处理率=\frac{已处理意见数}{货主提出意见数}\times100\% \tag{12-16}$$

（6）客户满意率。在对货主进行满意度调查中，凡在调查问卷上回答对运输服务感到满意及以上档次的货主，称为满意货主。意见处理率和满意率均可按季度计，必要时也可按月计。前者反映了货主对运输服务性好坏的基本倾向及企业补救力度的大小，后者是对运输服务质量的总体评价。

$$客户满意率=\frac{满意货主数}{被调查货主数}\times100\% \tag{12-17}$$

4．运输成本与效益指标

运输成本与效益指标包括如下几项。

（1）燃料消耗指标。燃料消耗是运输费用中的重要支出，评价燃料消耗的指标主要有单位实际消耗和燃料消耗定额比。燃料消耗量定额比反映驾驶人员消耗燃料是否合理，促进企业加强对燃料消耗的管理。

$$单位实际油耗 = \frac{报告期实际油耗}{报告期运输吨千米数 \div 100} \tag{12-18}$$

$$燃料消耗定额比 = \frac{百千米燃料实耗量}{百千米燃料定额量} \tag{12-19}$$

（2）单位运输费用。单位运输费用可用来评价运输作业效益高低及综合管理水平。运输费用主要包括燃料、各种配件、工资、修理、折旧及其他费用支出。货物周转量是运输作业的工作量，它是车辆完成的各种货物的货运量与其相应运输距离乘积之和。

$$单位运输费用 = \frac{运输费用总额}{报告期货物总周转量} \tag{12-20}$$

（3）运输费用效益。它是指单位运输费用支出额所带来的盈利额。

$$运输费用效益 = \frac{经营盈利额}{运输费用支出额} \tag{12-21}$$

（4）单车（船）经济收益。它是指单车（船）运营收入中扣除成本后的净收益。

$$单车（船）经济收益 = 单车（船）运营总收入 - 单车（船）成本合计 \tag{12-22}$$

上式计算结果为正值，说明车辆运营是盈利的；计算结果为负值，说明车辆运营是亏损的。

（5）运输社会效益。它主要衡量运输活动对环境污染的程度以及对城市交通的影响程度等。鉴于目前对运输项目的社会评价着重于宏观评价，且环境评价的指标过于专业，所以在这里可以更多地从定性的角度对企业具体的运输活动进行评价，如运输活动中是否采用清洁能源的车辆、运输时间是否考虑避开城市交通高峰等。

提示：企业设置评价指标应符合实际情况

设置绩效评价指标应综合考虑各种因素，依据实际状况来设置。在进行运输绩效评价时，可能面临多种不同情况，如某时期一家企业的运输绩效，某时期企业运输管理部门的运输绩效，某企业运输车队的运输绩效，某企业运输业务自营或外包的运输绩效等，所以针对不同情况，在指标种类、数量、内容等方面应该不尽相同。

12.5.3 运输绩效评价的步骤

运输绩效评价的步骤如图 12-11 所示。

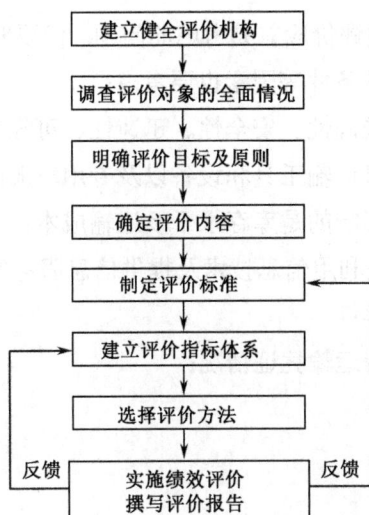

图 12-11 运输绩效评价的步骤

1．建立健全评价机构

建立一个由有关部门负责人组成的绩效评价组织，也可以邀请其他有关专家参与。应对其中的每个部分及其人员进行明确分工，明确职责和权利。

2．调查评价对象的全面情况

通过调查，弄清楚评价对象的运输活动计划、目标、相关组织与人员及相关的环境条件，尽可能掌握较为全面的数据资料。

3．明确评价目标及原则

应根据运输绩效管理目标、企业实际状况及发展战略和目标来确定评价的目标。围绕评价目标，还应制定一些具体评价工作中应遵守的基本原则。一般来说，实施绩效评价可以把握以下基本原则。

（1）突出重点，要对关键绩效指标进行重点分析。

（2）建立完善的指标体系，使之能反映实际运输业务流程和全部运输过程。

（3）应尽可能采用实时分析与评价的方法，把绩效度量范围扩大到能反映运输作业实时运营的信息上去。

（4）保证系统评价的客观性，要使评价所依据的资料全面、可靠、准确，同时要防止评价人员的倾向性，其组成也要有代表性。

（5）应特别重视用户满意度方面的评价。

4．确定评价内容

应根据评价对象的实际情况与评价目标确定绩效评价的具体内容。评价内容一般包括如下项目：

（1）运输成本，这是绩效评价应首先考虑的问题。但要明确，运费并不是唯一的成本构成，装载情况、索赔、设备条件等因素也要考虑；

（2）服务质量状况，即准确性、安全性、迅速性、可靠性；

（3）运输能力，包括提供运输工具和设备以及专用车船的能力、装卸车船的能力等；

（4）中转时间，其直接影响的是库存水平及运输成本；

（5）服务的能力，主要是利用信息技术及提供信息服务的能力，实现"门到门"服务的能力，运输可达性的高低等；

（6）处理提货单、票据等运输凭证情况；

（7）与客户的合作关系。

5．制定评价标准

一般来说，可以考虑从如下 3 个方面制定绩效评价标准。

（1）历史标准。这是以企业运输活动过去的绩效作为评价标准，进行自身纵向的比较，以判断运输活动绩效发展状况。

（2）标杆标准。这是将行业中优秀企业运输活动的绩效水平作为标准，这样可以判断出本企业的市场竞争力，认清自己在市场中的位置，找到自身的不足，以便不断改进和提高，持续提升竞争的实力和地位。

（3）客户标准。这是按照客户对运输货物的要求设立的绩效标准，按此标准衡量运输活动的业绩水准，以了解是否达到客户的要求，从而更好地提高客户的满意度，与客户建立良好的合作伙伴关系。

6．建立评价指标体系

当确定了评价对象、评价目标、评价原则及评价标准之后，就可以建立评价指标体系了。运输绩效指标体系可以按照运输量、运输服务质量、运输效率及运输成本与效益等方面来建立。

7．选择评价方法

依据评价指标和评价标准，根据评价目标、实施费用、评价效果等来选择一定的方法。评价方法是现代物流企业绩效评价的具体手段，其内容作为绩效评价的一个重点将在12.5.4 节中详细阐述。

8．实施绩效评价　撰写评价报告

这是具体实施运输绩效评价的阶段。在这个过程中，应随时关注实施过程，及时发现可能会产生的偏差，并做出纠偏的决策。最后要撰写评价报告，即实施绩效评价的最终结果。

阅读材料:《北京 DHL 快递公司绩效评价的实施步骤》

12.5.4　运输绩效评价方法

在进行运输绩效评价时,可以结合实际情况选择不同的评价方法,如专家评价法、层次分析法、模糊综合评价法等。下面介绍专家评价法。

专家评价法是以具有各种专业知识的专家学者的主观判断为基础,对评价对象做出总的评价的方法。它首先由专家们分别对各个具体指标评分,再通过其他技术方法做处理,并给出总的评价。这些方法有加法评分法、加权加法评分法两种形式。

1. 加法评分法

加法评分法即将各个评价指标的分数求总和的方法。若用 s_i 表示每个指标的分值,则评价对象的综合评分值为 S,即

$$S = \sum_{i=1}^{n} s_i \quad (i=1,\ 2,\ \cdots,\ n) \tag{12-23}$$

2. 加权加法评分法

首先,将所有指标放到总的系统评价环境中,权衡它们各自在其中的重要程度,并分别确定其权重系数。用 w_i 表示第 i 个属性的权重系数。w_i 满足下式:

$$\sum_{i=1}^{n} w_i = 1 \quad (0 < w_i < 1,\ i=1,\ 2,\ \cdots,\ n) \tag{12-24}$$

获得权重系数本身也是一个评价过程,也有一些常用的方法可以参考。有了 w_i 后,用加权加法评分,就可以算出综合评分值 S,即

$$S = \sum_{i=1}^{n} w_i s_i \quad (i=1,\ 2,\ \cdots,\ n) \tag{12-25}$$

图 12-12 表示一个加权加法评分法的示意图。其中,评价指标体系包括费用、时间、可靠性、效益等方面的指标。每项评价指标与相应的加权值乘积之和就是综合绩效评价的值。

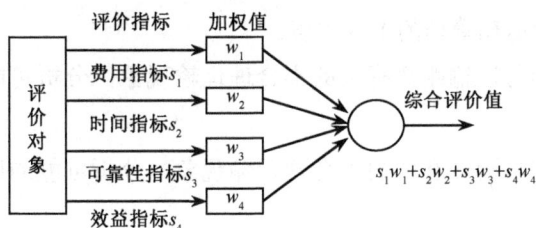

图 12-12　加权加法评价

例 12-1 某运输企业在对下属单位的绩效考核中，评价指标中成本、响应速度、客户满意度和效益的权重分别为 0.25、0.2、0.25、0.3，每项指标分值为 0～10 分。经过季度评价，该下属单位的评价结果如表 12-2 所示。

表 12-2 评价结果

评价指标	成　　本	响应速度	客户满意度	效　　益	综合评价值
加权值	0.25	0.2	0.25	0.3	
评价值	8	7	9	8	8.05

对所有单位进行评价，然后将不同单位的综合评价值计算出来，就可以考核不同单位的季度业务绩效。

本章小结

承运人运输管理内容一般包括：运输战略管理、市场营销管理、供应商与客户管理、运输成本管理、运输项目管理、运输设备管理、运输信息管理、运输计划与组织、运输合理化管理、运输方式选择、运输路线优化、运输绩效评价及货源组织管理等。在运输管理中，应认识到各种不合理运输现象及其原因，依据合理化影响因素，从运输网络、运输方式、运输路线、车辆运行、技术装备、运输策略和模式等方面采取措施，实现合理化运输。运输企业应根据行业客户管理特点及原则，在服务为先、增值为本、关系至上等方面进行创新；同时，围绕客户关系管理内容，建立客户关系管理的价值链模型，制定客户关系管理的实施规划，以有效实施客户关系管理。企业运输组织应依据基本要求和任务，按照设计步骤，设计合理的运输方案。在对企业运输绩效进行评价时，应分析各种影响因素，确定完善的指标体系，使用合理的评价步骤和评价方法。

复习及练习

一、主要概念

运输合理化　不合理运输　客户管理　客户关系管理　运输绩效评价

二、思考及练习题

1. 简述承运人企业运输管理的主要内容。

2. 对于企业存在的与运输距离有关的不合理运输现象，分析可能的原因并提出相应的解决方法。

3. 对于企业存在的与运量有关的不合理运输现象，分析可能的原因并提出相应的解决方法。

4. 对于企业存在的与运力有关的不合理运输现象，分析可能的原因并提出相应的解决方法。

5. 运输企业客户管理的内容及方法是什么？

6. 以一家企业为例，说明其运输方案内容。

7. 举例说明如何设置运输绩效评价指标。

案例分析

W 物流公司运输管理的问题

1. W 物流公司概况

W 物流公司成立于 2009 年，是一家专业从事国内陆运整车、零担货物配送的第三方物流服务性企业。成立之初，公司主要做长三角区域的汽车配送业务，先后承担过大米商超配送，木材、进口棉纱、机械设备、电气设备等配送业务。经过多年发展，公司逐步开辟了多条厢车零担路线，在运输方式上，能提供短途配送、长途专线或干线一站式运输以及多种运输组合的服务方式，形成了以上海为运输中心，辐射全国一级、二级、三级城市的物流网络。

公司依托上海独特的地理位置、经济环境及产业特点，加之良好的关系营销网络，在市内短途及干线配送服务上取得比较显著的成绩，留有一定的口碑。公司拥有自己的车辆，有自己的优势路线，如长三角区域配送，上海开深圳、广州的干线运输路线。公司经过多年的积累，在保证服务的基础上，价格要比其他同行有竞争优势。目前，电子商务的蓬勃发展给企业提供了巨大的机遇。

2. W 物流公司的主营业务

W 物流公司主要运营的业务有两种形式，分别为长三角短途运输和长途干线运输。

（1）长三角短途运输。长三角以整车运输为主，通常客户以生产型企业和进口贸易商为主，提供整车点到点运输服务，操作流程相对简单。第三方物流公司操作部根据客户的出货指令通知运力部调配与之相匹配的车辆，运力部通过整合公司自有车辆和社会车辆，调配合适的车辆并将相关车辆信息发送给操作部的客服人员。客服收到车辆信息后，通过邮件、传真或者其他通信方式将所安排的车辆信息发送给客户，并对后续各个节点进行跟单。

（2）长途干线运输。即把客户往同一方向发的零散货收集过来之后，以整车的方式向同一方向运输，到达目的地后再卸货入仓，然后进行落地配送至各个客户。干线运输两端分别存在一个集货与配送的环节。

3. 公司运输业务经营状况

（1）W 物流公司主要部门。

W 物流公司组织结构采用的是职能制结构，如图 12-13 所示。各职能部门划分基本体现了专业化分工原则。

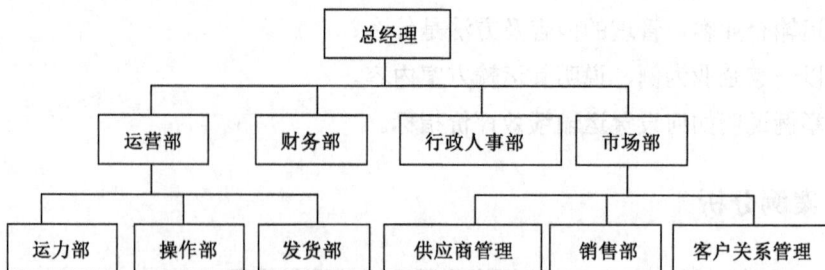

图 12-13　W 物流公司组织结构

行政人事部：负责公司的日常行政事宜，包括编制用工计划、招聘合适的员工。

市场部：维护好现有公司客户，不断引进优质客户，扩大公司经营份额，同时把握物流市场货物价格及货物量的变化，为公司及时调整运价及调配车辆提供指导。

财务部：负责公司客户货款的结账及回收，同时对内负责公司财务制度的编制及执行，公司每天出车费的安排及内勤人员的报销，为公司的运营提供资金支持。

运营部：包含操作部、发货部、运力部 3 个部门。操作部主要负责日常单据的操作及流转、订单的整体响应时间、公司各类报表的编制；发货部主要负责货物的查验、二次包装、分拣、堆码装配及作业标准化流程建设；运力部主要负责公司的车辆安排，对自有车辆运行进行管理。

公司成立初期，公司人员和业务量都不多，现有组织架构能够确保公司的有序运营。随着业务量的不断增加，所有部门事宜都需跟总经理汇报，有时总经理没有精力解决，影响事情的解决。日常工作中，操作部主要负责操作管理，供应商和操作部门交集最多，市场部管理供应商，有时出现了市场部门和操作部门互相推诿的情况。有时供应商出现问题，市场部无法第一时间做出反应，影响了问题的解决。

（2）运输作业。

W 物流公司的运输作业主要由运营部负责，主要包括客户的货物收集、理货、摆放上车，运输至目的地。公司干线运输流程如图 12-14 所示。

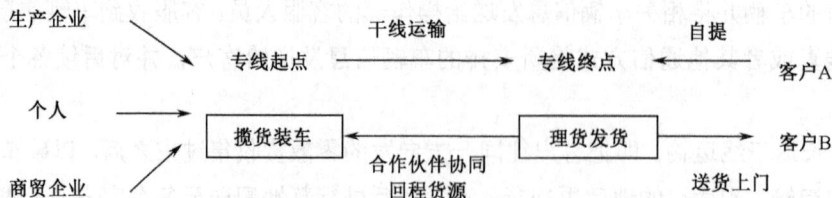

图 12-14　W 物流公司干线运输流程

具体运作流程如下。

1）受理托运。操作部接到托运委托，信息有可能来源于自来客或者网络，也有可能是合作客户。对于送货上门的客户，操作部直接生成托运单录入系统。如需上门提货，操作部制单给运力部，运力部根据客户要求及时调配车辆提货。

2）分拣装卸。发货部根据提回来的货物依据属性、发货日期进行分拣，并按照货物的堆码方法有序装车，等待配送。

3）干线运输。货物装拣完毕后，运力部根据发车计划表，安排不同线路的车辆有序运输至目的地。

4）收货站卸载分拣。货物运输至目的地后，收货站安排员工对货物进行卸载、分拣，联系客户安排送货。

5）货物送达：根据客户的收货指令，安排车辆把货物安全配送给客户，并签收。

W 物流公司也一直非常关注配送时效，但最近出现了一些问题。图 12-15 为 W 物流公司其中一个服务配送项目 7～9 月货物配送的准时率。

但从图 12-5 中可以看出，3 个月该项目的平均准时率只有 84%，远远低于客户 93% 的配送准时率要求，其原因是某些环节出现了问题。例如，货物提回来后，本应当日发车，由于车子未装满或者已经装满等原因，延误至第二天发车，这种情况在节假日尤其多；车子从发货城市出发至目的地的途中，由于天气原因、道路情况、车辆故障等意外情况而造成的路途延误；货物到达目的地分货点后，由于分发点未及时卸货、配送线路不合理、车辆资源缺乏等各种原因造成延误；货物运输过程中，货物丢失或者破损造成严重的延误情况。

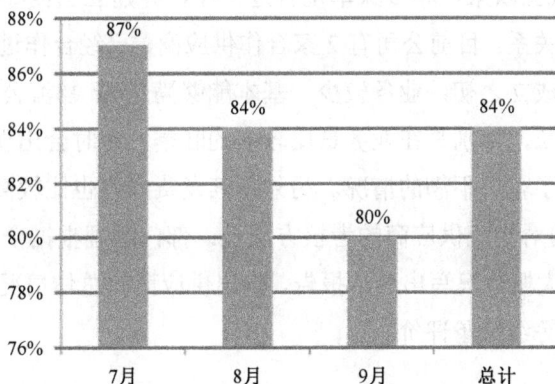

图 12-15　某项目 7～9 月配送准时率

表 12-3 列举了 W 物流公司国内配送业务某一项目 3 个月延误原因票数统计。

表 12-3　某项目 3 个月延误原因票数统计

原因	4 月	5 月	6 月
发运延误	2	3	2
干线延误	1	—	2
最后 1km 延误	—	2	—
货物遗失或破损	—	1	2

货损货差主要具体表现为：一是货物从客户手中提货至仓库，直至送到目的地过程中的损坏；二是运输途中或者在仓库由于不明原因造成的短少；三是不可抗力造成的货物潮湿或者灭失。货损货差不仅降低客户的满意度和信赖度，而且因企业承担货损货差责任而增加企业的运营成本，如图 12-16 所示。

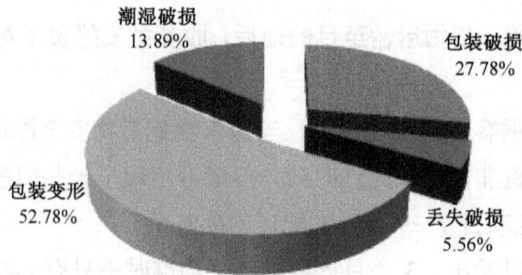

潮湿破损 13.89%
包装破损 27.78%
包装变形 52.78%
丢失破损 5.56%

图 12-16　某项目 1～3 月货物破损类型比例

对于车辆货物装载的要求，一般要达到满装满载。实际运营中，会出现某一产品类别过多，经常造成空间满了，还没有达到车子载重量的一半。要不就是已经超重了，车子还没装满，这些经常都会造成车子的运力浪费，从而导致运输效率的低下。

（3）供应商管理。

W 物流公司自成立以来，和多家单位有过合作，并建立了良好的商务关系，并和各单位保持良好的伙伴关系。目前公司有 2 家合作供应商，已经合作过四五年，他们配合公司给客户发货。公司成立之初，业务较少，基本能够满足 W 物流公司的外包需求。但随着公司业务的不断增长，特别是在业务量比较多的旺季，有时会出现无法及时调配车辆，响应速度过慢，出现了客户不满的情况。另外，其发货成本也比较高。

W 物流公司目前对物流供应商的考核方法是：部门经理根据个人对供应商的了解及经验，年底对供应商大概情况写出总结报告，指出供应商的总体情况，一般不使用评价指标，用优、中、良的等级给予评价。

（4）客户管理。

市场部负责市场开拓、客户开发以及客户关系管理。市场部应在对公司的项目以及客户进行详细的考察及对利润、回收账期进行综合考察后，上报给公司管理层进行决策。2014年 W 物流公司曾参与一家空调公司的投标。第一阶段中标后，对方要求交保证金 10 万元。在初步参观了该公司的场地之后，公司付了对方 10 万元押金。但接下来的 2 个月也只走了几单货，空调公司一再以各种理由推迟发货期，后来老板骗取 10 多家物流公司的保证金逃跑了。原来这是一家濒临倒闭的空调公司，气派的生产场地是租赁的，而且已经欠了几个季度的物业费。

为了赢得客户，增加市场份额，运输业务基本上都是赊账，每月结账，甚至是季度结账。但有的客户信誉能力及结账能力下降，没有按照预期结款，给公司带来现金流困难及经营的困扰。

（5）运输安全。

在公司的组织架构中，运力部负责安全管理工作。运力部根据货物的不同类型制定了具体的文件，具体规定包括使用相适应的车型装载和运输，做到货物、车辆以及装卸设备相匹配；出车前进行相关的车辆检查，以保证上路车辆的正常运营。但并没有明确专门负责车辆及设备维护的管理部门及人员。

公司后来出现了一些安全事故。例如，2017 年 5 月，广州干线运输的车辆突然在赣州段起火，事后调查发现，主要原因是出车安全检查的疏忽和驾驶员严重缺乏安全意识，驾驶员并不知道一些最基本的应急措施，只是一味电话联系火警寻求最后的帮助，错过了扑灭火势的最佳时间，甚至灭火器气压不足竟然在出车前未能发现。从根源上看，公司没有落实专业的安全管理人员，只是把安全管理工作作为一个常规项安排在运力部，但是运力部业务繁忙时，根本无暇顾及车子的安全检查问题，车子的出车安全检查、驾驶员安全操作和安全意识的培训等工作就会落空。

（6）驾驶员管理。

W 物流公司的每台车都有两位驾驶员，一位主驾和一位副驾。主驾除了驾驶车辆之外还需要负责出车费管理、费用支出登记、公司报账、客户沟通以及车辆管理等工作；副驾主要是完成驾驶车辆的任务，并且协助主驾处理其他事情。公司的运输重任最终要通过每辆车的驾驶员去完成，驾驶员在整个过程中起到了关键作用。公司有薪酬的相关规定，驾驶员工资体系组成是：基本工资（往返一趟的工资×每个月往返趟数）+安全奖+餐补，公司每个月会提供保底趟数的工资，考核的主要依据是运输的趟数及安全事故。

目前存在几种现象：驾驶员偷油和虚报费用的现象屡禁不止；主驾和副驾彼此之间关系没有处理妥当，影响正常工作；驾驶员不服从调度管理安排，出现问题不能得到及时解决；驾驶员离职率非常高；晚点、货损、车辆故障等运作异常频发；公司人力成本、管理成本不断上升。

W 物流公司驾驶员更换的频率非常高，驾驶员的平均工作时长仅为 10 个月左右。据分析，其原因主要是：

（1）公司认可驾驶员的技术但不认可其职业操守，如对有些驾驶员在工作期间有过偷油、虚报过路过桥费用和维修费用的情形，公司都会予以辞退。

（2）驾驶员薪酬未能达到其预期造成人员的流失。

（3）驾驶员之间闹矛盾或者驾驶员跟家人之间没协调好都会带来驾驶员工作状况的不稳定。

注：案例改编自《WT 物流公司运输管理优化研究》（作者季慧芝）。

案例问题

1. 分析 W 物流公司存在的运输问题。
2. 针对该公司的运输问题，提出解决问题的建议。

参考文献

[1] 王学峰. 国际航运业务[M]. 上海：同济大学出版社，2011.

[2] 杨志刚，孙志强，陈杨. 国际航运实务、法规与案例[M]. 北京：人民交通出版社，2009.

[3] 张理，刘志萍. 物流运输管理[M]. 北京：清华大学出版社，北京交通大学出版社，2012.

[4] 赵园园. 运输管理实务[M]. 北京：人民邮电出版社，2011.

[5] 王述英. 物流运输组织与管理[M]. 北京：电子工业出版社，2011.

[6] 张旭凤. 物流运输组织[M]. 北京：北京大学出版社，2010.

[7] 张理. 物流运输组织[M]. 北京：北京交通出版社，2012.

[8] 胡美芬，王义源. 远洋运输业务[M]. 北京：人民交通出版社，2006.

[9] 关善勇. 运输管理实务[M]. 北京：北京师范大学出版社，2011.

[10] 胡思继. 交通运输学[M]. 北京：人民交通出版社，2011.

[11] 王长琼. 物流运输组织与管理[M]. 武汉：华中科技大学出版社，2009.

[12] 魏巧云. 物流运输管理与技术[M]. 北京：中国发展出版社，2009.

[13] 杨志刚. 国际集装箱码头实务、法规与案例[M]. 北京：人民交通出版社，2009.

[14] 丰毅 潘波. 物流运输组织与管理[M]. 北京：机械工业出版社，2009.

[15] 关善勇. 特种货物运输管理[M]. 北京：人民交通出版社，2008.

[16] 徐丽群. 运输物流管理[M]. 北京：机械工业出版社，2010.

[17] 刘南. 现代运输管理[M]. 北京：高等教育出版社，2005.

[18] 胡思继. 综合运输工程学[M]. 北京：清华大学出版社，北京交通大学出版社，2005.

[19] 陈秋双，等. 现代物流系统概论[M]. 北京：中国水利水电出版社，2005.

[20] 郑全成. 运输与包装[M]. 北京：清华大学出版社，北京交通大学出版社，2005.

[21] 余群英. 运输组织与管理[M]. 北京：机械工业出版社，2004.

[22] 缪六莹，王进. 运输管理实务[M]. 北京：电子工业出版社，2004.

[23] 朱新民. 物流运输管理[M]. 大连：东北财经大学出版社，2004.

[24] 张敏，黄中鼎. 物流运输管理[M]. 上海：上海财经大学出版社，2004.

[25] 王学锋. 国际物流运输[M]. 北京：化学工业出版社，2004.

[26] 冯媛媛. 运输实务[M]. 北京：对外经济贸易大学出版社，2004.

[27] 王任祥. 国际物流[M]. 杭州：浙江大学出版社，2004.

[28] 杨霞芳. 现代物流技术[M]. 上海：上海财经大学出版社，2004.

[29] 郑春藩. 物流信息管理[M]. 杭州：浙江大学出版社，2004.

[30] 杨婕. 物流管理[M]. 北京：中国言实出版社，2004.

[31] 梁军，刘长利. 运输与配送[M]. 杭州：浙江大学出版社，2004.

[32] 李维斌. 公路运输组织学[M]. 北京：人民交通出版社，2004.

[33] 高自友，孙会君. 现代物流与交通运输系统[M]. 北京：人民交通出版社，2003.

[34] 成耀荣. 综合运输学[M]. 北京：人民交通出版社，2003.

[35] 杨长春，顾永才. 国际物流[M]. 北京：首都经济贸易大学出版社，2003.

[36] 寇亚明. 国际物流学[M]. 重庆：西南财经大学出版社，2003.

[37] 鲍吉龙，江锦祥. 物流信息技术[M]. 北京：机械工业出版社，2003.

[38] 孙秋菊. 物流实务操作与法律[M]. 大连：东北财经大学出版社，2003.

[39] 严作人，张戎. 运输经济学[M]. 北京：人民交通出版社，2003.

[40] 陈志红. 运输组织技术[M]. 北京：人民交通出版社，2003.

[41] 王立坤，孙明. 物流管理信息系统[M]. 北京：化学工业出版社，2003.

[42] 爱德华．J．巴蒂，约翰．J．科伊尔，罗伯特．A．诺瓦克. 运输管理[M]. 刘南，周蕾，李燕，译. 北京：机械工业出版社，2009.

[43] 唐纳德·沃斯特. 物流管理概论[M]. 刘秉镰，等译. 北京：电子工业出版社，2004.

[44] 道格拉斯·兰博特，等. 物流管理[M]. 张文杰，等译. 北京：电子工业出版社，2003.

[45] 王曦. 促进现代物流业发展的公共政策建议[D]. 长沙：中南大学，2010.

[46] 王建伟，颜飞. 公路运输经济管制研究的回顾和进展[D]. 长安大学学报，2008，10（1）：11-16.

[47] 孔文. 国际物流发展趋势下的供应链管理[M]. 江西财经大学学报，2005（1）：9~13.

[48] 徐红琳. 绩效管理的理论研究[M]. 西南民族大学学报，2005（2）：158~160.

[49] 孙朝苑. 网运分离条件下铁路运输成本的测算研究[D]. 成都：西南交通大学，2002.

[50] 吴文娴. 石长铁路运输成本与经济效益分析及对策研究[D]. 长沙：湖南大学，2002.

[51] 曲衍国. 汽车甩挂运输的货源条件及组织模式[M]. 物流技术，2012（10）.

[52] 徐水波. 对中国公路运输市场的思考与建议[M]. 中国物流与采购，2010（22）.

[53] 朱其倩. 公路货运现状及发展趋势分析[M]. 科技资讯，2010（11）.

[54] 李松，解永乐. 公路运输型物流企业发展策略[M]. 综合运输，1010（2）.

[55] 王英，郭兰青. 浅析如何加快公路货运发展进程[M]. 内蒙古煤炭经济，2010（6）.

[56] 王珏，郑翔. 简论我国铁路物流产业政策体系[M]. 物流技术，2010（9）.

[57] 赵丽霞，高月娥. 关于世界交通运输发展历程及启示[M]. 黑龙江交通科技，2009（3）.

[58] 程世东. 我国运输市场的发展及管理政策的变革[M]. 综合运输，2008（9）.

[59] 王左. 国际物流运作中的法律适用性问题[M]. 港口经济，2004（3）：24~28.

[60] 陈金海. 关于国际物流健康有序发展的几个问题[M]. 现代物流，2004（5）：33~37.

[61] 韩素芹. 危险货物的运输及防护措施[M]. 安全，2002（5）：32.

[62] 吴芳，张新文. 危险货物运输组织管理中应注意的若干问题[M]. 铁道货运，2002
（3）.

[63] 张华勤.西方国家危险货物运输管理的经验及对我们的启示[M].水路运输文摘，2002
（12）.

[64] 李罗力. 建立和发展综合运输体系已成我国当务之急[N]. 中国经济时报，2005-05-24.

[65] 张建斌，孙启鹏. 我国物流设备发展趋势[M]. 综合运输，2004（8）.

[66] 李津. 中国公路货运现代化需化解五大困境[M]. 科技中国，2005（1）.

[67] 刘勇，李鹏. 铁路货物周转量占全社会周转量 54.6%[EB/OL]. 人民铁道网，
2005-07-28.

[68] 毛军. 绩效管理的四结合原则[M]. 企业改革与管理. 中国，2005（1）.

[69] 徐中奇，顾卫俊. 绩效管理的内涵、意义与方法[M]. 中国人力资源开发，2005.

[70] 曾勇. 铁路货运组织改革的"势"与"道". 新华网广东频道，2013.

[71] 袁佩如. "黄金通道"见证世界级城市群崛起[N]. 南方日报，2017-05.

[72] 封姗姗. 道路运输市场规范化管理研究[M]. 西安：长安大学，2008.

[73] 叶心梅. 我国交通运输物流政策法规体系研究[M]. 武汉：武汉理工大学，2004.

[74] 秦茂. 高铁快运需求预测与组织模式组合优化研究[M]. 成都：西南交通大学，2017.

[75] 王智. DD 航运公司成本内部控制问题研究[M]. 大连：辽宁大学，2014.

[76] 邓红梅. 中欧班列公铁多式联运集货枢纽选址研究[M]. 重庆：重庆工商大学，2018.

[77] 郭振刚. ZC 国际运输有限公司贸运结合业务成功运作案例研究[M]. 北京：首都经
济贸易大学，2014.

[78] 陈雪薇. 国际 EPC 项目物流运输流程优化研究[M]. 大连：大连海事大学，2014.

[79] 季健. LD 公司危险品运输管理[M]. 杨凌：西北农林科技大学，2012.

[80] 王万琴. A 公司大中华区运输方式与运输模式选择[M]. 上海：上海交通大学，2009.

[81] 杨萍. 公路大件运输线路选择研究[M]. 成都：西华大学，2013.

[82] 张雄. SF 快递企业航空运输网络布局及优化研究[M]. 成都：西南交通大学，2011.

[83] 邹通. I 半导体公司运输商选择问题实证分析[M]. 大连：大连海事大学，2017.

[84] 薛华. 数据挖掘在物流客户关系管理中的应用研究[M]. 北京：北京物资学院，2012.

[85] 王慧. 客户关系管理在第三方物流企业的实施研究[M]. 长沙：湖南大学，2013.

[86] 才祝新. H 物流公司客户关系管理研究[M]. 长春：吉林大学，2017.

[87] 蒙佳琳. 箱式变电设备运输方案选择研究[M]. 大连：大连海事大学，2016.

[88] 徐莉. 航空公司成本控制研究[M]. 交通财会，2015（1）.

[89] 韩伟民. 云南中烟合作生产卷烟减少重复运输问题研究[M]. 中国烟草学会 2015 年度优秀论文汇编，2015.

[90] 李静宇. 关注铁路货运改革[M]. 中国储运，2014（12）.

[91] 东君. 班轮行业规模经济新空间在哪[M]. 中国水运报，2017-05-08.

[92] 严智. S 铁路公司成本领先战略实践[M]. 现代商业，2018（15）.

[93] 杨文秀，黄辉，包欣鑫. 甩挂运输的发展研究[M]. 中国储运，2017（8）.

[94] 高怀国. 甩挂运输公路货运切实可行的发展方向[M]. 物流工程与管理，2017（5）.

[95] 盛玉奎. 甩挂运输发展中的制度因素分析[M]. 公路与汽运，2017（5）.

[96] Boyer K D. Principles of Transportation Economics. New York: Addison Wesley Longmen Inc., 1997.

[97] Bowersox D J, Closs D J. Logistical Management[M]. McGraw-Hill Book Co-Singapore, 1996.

[98] Barbarics T, Iványi A. Modelling the Charge Transport in ESP[M]. The International Journal for Computation and Mathematics in Electrical and Electronic Engineering, 1998 Vol.: 17,201 ~ 205.

[99] Caputo A C,. Pelagagge D M. Integrating Transport Systems in Supply Chain Management Software Tools[M]. Industrial Management & Data Systems, 2003 Vol.: 103, 503 ~ 515.

[100] Inayatullah I. Alternative Futures of Transport[M]. Foresight, 2003, Vol.: 5, 34 ~ 43.

[101] Crowley J A. Virtual Logistics: Transport in the Market space International[M]. Journal of Physical Distribution & Logistics Management, 1998 Vol.: 28, 547 ~ 574.